普通高等教育土木工程系列教材

土木工程经济与管理

主　编　项　勇　卢立宇　陈泽友
副主编　袁　婷　李丹丹　周　彤
参　编　陈胜明　田兵权　童雅雯　马丹阳

机械工业出版社

本书结合土木工程专业特性，以项目投资和建设流程为主线，从实用性和适用性出发，将土木工程专业人才应具备的工程经济和项目管理方面的主要基础知识、专业实践素质与工程建造活动的特殊性相结合，在阐明相关理论与方法的基础上，辅助大量的实例，系统地论述了工程建设过程中与经济分析和目标管理相关的理论与方法，突出建设工程项目经济分析和目标管理的特点，突出基础性、综合性和实践性。

全书共 15 章，内容包括：土木工程经济概论、土木工程项目经济分析基本要素构成、资金时间价值计算、工程技术方案经济评价指标与选择、工程技术方案不确定性与风险分析、工程技术方案投资估算与现金流量表编制、工程经济中的设备更新分析、价值工程在工程建设中的应用、工程项目采购模式与组织结构、工程项目施工成本控制、工程项目进度管理、工程项目质量控制、工程项目合同管理、建设工程安全生产与环境管理、工程项目风险管理。章前设置"本章重点内容""本章学习目标"模块，章后设置思考题，方便师生教与学。

本书既可作为高等院校土木工程、建筑工程技术等专业的教材，也可作为从事土木工程建设相关人员的业务学习用书，还可作为参加一级注册建造师、造价工程师执业考试人员的参考书，以及土木工程专业有关业务人员的自学教材和参考书。

本书配套 PPT 电子课件等教学资源，免费提供给选用本书作为教材的授课教师，需要者请登录机械工业出版社教育服务网（www.cmpedu.com）注册后下载。

图书在版编目（CIP）数据

土木工程经济与管理/项勇，卢立宇，陈泽友主编. —北京：机械工业出版社，2022.9
普通高等教育土木工程系列教材
ISBN 978-7-111-71221-3

Ⅰ.①土… Ⅱ.①项…②卢…③陈… Ⅲ.①土木工程-工程经济-经济管理-高等学校-教材 Ⅳ.①F407.9

中国版本图书馆 CIP 数据核字（2022）第 125487 号

机械工业出版社（北京市百万庄大街 22 号　邮政编码 100037）
策划编辑：刘　涛　　　　　责任编辑：刘　涛　刘春晖
责任校对：张晓蓉　刘雅娜　封面设计：张　静
责任印制：常天培
天津翔远印刷有限公司印刷
2022 年 9 月第 1 版第 1 次印刷
184mm×260mm · 19.75 印张 · 487 千字
标准书号：ISBN 978-7-111-71221-3
定价：59.80 元

电话服务　　　　　　　　　网络服务
客服电话：010-88361066　　机　工　官　网：www.cmpbook.com
　　　　　010-88379833　　机　工　官　博：weibo.com/cmp1952
　　　　　010-68326294　　金　书　网：www.golden-book.com
封底无防伪标均为盗版　　机工教育服务网：www.cmpedu.com

前　言

目前我国建筑业处于转型升级瓶颈期和高质量发展起步阶段，建筑业的可持续发展对工程教育的改革和发展均提出了新的挑战。在2016年6月，我国成为国际本科工程学位互认的《华盛顿协议》的正式成员后，对工程教育的改革创新，培养造就多样化、创新型卓越工程科技人才提出更高的要求。为推动工程教育的改革创新，教育部自2017年2月以来，积极推进新工科建设，先后形成了"复旦共识""天大行动"和"北京指南"，并发布了《关于开展新工科研究与实践的通知》和《关于推荐新工科研究与实践项目的通知》。各高校相继开展了新工科背景下工程教育的新模式研究与实践。

土木工程作为传统的工科专业，在专业课程设置以及实践教学环节的安排上有较强的专业性。新工科背景下对土木工程专业的培养目标提出了更高的要求，要求学生不仅要掌握土木工程的相关专业技术知识，还要有一定的合作与协调能力、领导能力、组织实施能力和计划能力。培养面向社会与工程实际的土木工程专业复合型人才，就要充分重视学生经济管理素质的培养和知识结构的完善，使科学技术教育与经济管理教育互相渗透。因此，土木工程专业的学生要成为知识经济时代创新创业人才，需要提高经济管理方面的素养。

土木工程专业学生的培养目标主要体现在：培养符合社会需要，满足市场需求，具有一定人文社科、经济管理等科学素养，具备从事土木工程建造及工程项目管理的复合型高级技术与管理人才。由此可知，该专业学生在掌握专业技术知识的同时，还必须具备相应的经济、管理类知识，要通晓经济、知晓管理。学生通过学习经济、管理、法律等方面的知识，可以培养创造性思维，从而更加科学、准确地进行判断与决策，更加顺利地解决实际问题。"土木工程经济与管理"课程是土木工程专业课程培养计划的重要组成部分，是一门从项目角度对工程项目进行经济分析，并对项目建造过程实现目标管理的课程。做好土木工程的经营管理活动工作，对于提高建筑企业的经济效益，起着十分重要的作用。

本书编写团队在深入研究部分高校"土木工程经济与管理"课程教学实际情况的基础上，结合当前行业需求与人才培养目标进行编写。本书从实用性和适用性出发，将土木工程专业人才应具备的工程经济和项目管理方面的主要基础知识、专业实践素质与工程建造活动的特殊性相结合，在阐明相关理论与方法的基础上，辅助大量的实例，系统地论述了工程投资和建设过程中与经济分析、目标管理相关的理论与方法。本书充分考虑建筑行业特点、建筑企业经营活动的特殊性，并适度与工程管理相关执业资格（造价工程师、一级建造师等）考试相结合，纳入经济管理方面的内容，从而区别于其他行业中的专业知识。"土木工程经济与管理"课程在教学内容上注重培养学生的实践能力，具有较强的综合性、实用性和可操作性，让学生熟悉土木工程经济与项目管理的基本理论。

本书结构体系完整，构架思路清晰，知识点分析过程详略得当，由浅入深。各章安排考虑了工程项目经济分析和项目目标管理的内容，并充分结合工程项目经营活动规律和特点。在每章后附有思考题，以帮助学习者加深理解、巩固所学知识，并为任课教师提供电子课件。全书大纲由西华大学项勇教授、卢立宇老师和成都工业学院李丹丹老师提出。各章编写分工：第 1 章由周彤和童雅雯编写；第 2~4 章由卢立宇、田兵权编写；第 5~7 章由项勇、袁婷编写；第 8 章和第 9 章由陈泽友编写；第 10 章和第 11 章由项勇、周彤和马丹阳编写；第 12 章由陈胜明编写；第 13 章由李丹丹编写；第 14 章和第 15 章由马丹阳和童雅雯编写。全书的统稿和整理、校对工作由西华大学陈胜明、陈泽友和袁婷负责。课后思考题答案的整理校对由西华大学周彤、童雅雯、马丹阳负责。

在本书的编写过程中，参考了部分已出版的相关教材和部分学者的研究成果，在此对这些作者和专家、学者表示衷心的感谢！

由于本书编写团队水平有限，书中难免会有缺点、纰漏和不足之处，恳请读者提出问题、批评指正，以便再版时修改、完善。

本书编写团队

2022 年 4 月

目 录

前言
第1章 土木工程经济概论 … 1
本章重点内容 … 1
本章学习目标 … 1
1.1 土木工程经济的含义 … 1
1.1.1 技术和经济的概念及关系 … 1
1.1.2 土木工程经济学的概念 … 3
1.2 土木工程经济学的基本原理 … 3
1.2.1 土木工程经济分析的基本原则 … 3
1.2.2 土木工程经济分析的一般程序 … 4
1.2.3 土木工程经济学中的经济效益原理 … 5
思考题 … 7

第2章 土木工程项目经济分析基本要素构成 … 9
本章重点内容 … 9
本章学习目标 … 9
2.1 建设工程项目投资构成 … 9
2.1.1 建设工程项目总投资 … 9
2.1.2 设备及工器具购置费 … 11
2.1.3 预备费 … 18
2.1.4 资金筹措费 … 19
2.1.5 流动资金的计算 … 20
2.2 建筑安装工程费用项目的组成 … 20
2.3 工程项目收入及成本费用构成 … 24
2.3.1 工程项目收入及利润 … 24
2.3.2 工程项目成本费用 … 26
2.3.3 相关税费计算 … 27
思考题 … 30

第3章 资金时间价值计算 … 31
本章重点内容 … 31
本章学习目标 … 31
3.1 资金时间价值及利息 … 31
3.1.1 资金时间价值的概念 … 31
3.1.2 利息与利率的概念 … 32
3.1.3 利息的计算 … 33
3.2 现金流量图及资金等值的计算 … 34
3.2.1 项目现金流量的含义 … 35
3.2.2 现金流量图的绘制 … 35
3.2.3 资金时间价值计算的基本条件 … 36
3.2.4 终值和现值的计算 … 36
3.3 名义利率与有效利率的计算 … 40
3.4 资金时间价值计算例题 … 41
思考题 … 42

第4章 工程技术方案经济评价指标与选择 … 44
本章重点内容 … 44
本章学习目标 … 44
4.1 工程技术方案经济评价指标体系 … 44
4.1.1 经济评价的静态指标 … 45
4.1.2 经济评价的动态指标 … 48
4.2 工程方案的类型与选择 … 53
4.2.1 工程方案的类型 … 53
4.2.2 工程方案的选择 … 55
思考题 … 63

第5章 工程技术方案不确定性与风险分析 … 65
本章重点内容 … 65
本章学习目标 … 65
5.1 工程技术方案不确定性分析 … 65
5.1.1 不确定性分析概述 … 65
5.1.2 盈亏平衡分析 … 66
5.1.3 敏感性分析 … 70
5.2 工程技术方案风险分析 … 74
5.2.1 工程方案风险分析概述 … 74
5.2.2 工程技术方案投资风险分析基本

　　　　方法 ……………………………… 75
　思考题 ……………………………………… 78
第6章　工程技术方案投资估算与
　　　　现金流量表编制 …………………… 79
　本章重点内容 ……………………………… 79
　本章学习目标 ……………………………… 79
　6.1　工程项目投资估算 …………………… 79
　　6.1.1　投资估算概述 …………………… 79
　　6.1.2　常用工程项目投资估算方法 …… 80
　6.2　技术方案现金流量表编制 …………… 86
　　6.2.1　投资现金流量表 ………………… 86
　　6.2.2　资本金现金流量表 ……………… 87
　　6.2.3　投资各方现金流量表 …………… 88
　　6.2.4　财务计划现金流量表 …………… 89
　思考题 ……………………………………… 91
第7章　工程经济中的设备更新分析 ……… 92
　本章重点内容 ……………………………… 92
　本章学习目标 ……………………………… 92
　7.1　设备磨损与补偿 ……………………… 92
　　7.1.1　设备磨损的类型 ………………… 92
　　7.1.2　设备磨损的补偿方式 …………… 93
　7.2　设备更新与更新方案的比选原则 …… 94
　7.3　设备寿命与更新时机的确定 ………… 95
　7.4　设备租赁与购买方案的比选分析 …… 98
　思考题 ……………………………………… 104
第8章　价值工程在工程建设中的
　　　　应用 ………………………………… 105
　本章重点内容 ……………………………… 105
　本章学习目标 ……………………………… 105
　8.1　价值工程及其提高途径 ……………… 105
　　8.1.1　价值工程的概念 ………………… 105
　　8.1.2　价值工程的特点 ………………… 106
　　8.1.3　价值提升的途径 ………………… 108
　8.2　价值工程的工作程序 ………………… 109
　8.3　价值工程准备阶段的工作 …………… 110
　　8.3.1　对象选择的原则与方法 ………… 110
　　8.3.2　信息资料收集 …………………… 112
　8.4　价值工程分析阶段的工作 …………… 113
　　8.4.1　价值工程中的功能定义 ………… 113
　　8.4.2　价值工程中的功能整理 ………… 115
　　8.4.3　价值工程中的功能评价 ………… 115
　　8.4.4　确定价值工程对象的改进范围 … 121

　8.5　价值工程创新阶段与实施阶段的
　　　　工作 ………………………………… 122
　　8.5.1　价值工程创新阶段的工作 ……… 122
　　8.5.2　价值工程实施阶段的工作 ……… 123
　思考题 ……………………………………… 123
第9章　工程项目采购模式与组织
　　　　结构 ………………………………… 125
　本章重点内容 ……………………………… 125
　本章学习目标 ……………………………… 125
　9.1　建设工程项目采购的模式 …………… 125
　　9.1.1　委托采购模式 …………………… 125
　　9.1.2　项目总承包模式 ………………… 125
　　9.1.3　施工任务委托模式 ……………… 127
　9.2　工程项目组织 ………………………… 131
　　9.2.1　工程项目组织概述 ……………… 131
　　9.2.2　组织结构在项目管理中的应用 … 133
　　9.2.3　项目经理部 ……………………… 138
　思考题 ……………………………………… 140
第10章　工程项目施工成本控制 …………… 141
　本章重点内容 ……………………………… 141
　本章学习目标 ……………………………… 141
　10.1　施工成本管理的任务与措施 ………… 141
　　10.1.1　施工成本管理的任务 …………… 141
　　10.1.2　施工成本管理的措施 …………… 142
　10.2　施工成本计划 ………………………… 143
　　10.2.1　施工成本计划的类型 …………… 143
　　10.2.2　施工成本计划的编制依据 ……… 144
　　10.2.3　编制施工成本计划的方法 ……… 144
　10.3　施工成本控制 ………………………… 148
　　10.3.1　施工成本控制的依据 …………… 148
　　10.3.2　施工成本控制的程序 …………… 148
　　10.3.3　施工成本控制的方法 …………… 149
　10.4　施工成本分析 ………………………… 156
　　10.4.1　施工成本分析概述 ……………… 156
　　10.4.2　施工成本分析的方法 …………… 157
　思考题 ……………………………………… 164
第11章　工程项目进度管理 ………………… 166
　本章重点内容 ……………………………… 166
　本章学习目标 ……………………………… 166
　11.1　工程项目进度控制相关知识 ………… 166
　　11.1.1　工程项目进度控制的目的与
　　　　　　任务 ………………………………166

11.1.2 工程项目进度计划系统的建立 …… 167
11.1.3 工程项目总进度目标的论证 …… 167
11.2 工程项目进度计划编制 …… 169
　11.2.1 工程项目进度计划的表示方法 …… 169
　11.2.2 工程项目进度计划的编制程序 …… 170
11.3 工程项目进度优化 …… 172
　11.3.1 工期优化 …… 172
　11.3.2 工期—费用优化 …… 173
　11.3.3 资源均衡—工期最短优化 …… 174
11.4 工程项目进度实施计划中的检测与调整 …… 175
　11.4.1 实际进度监测与调整的系统过程 …… 175
　11.4.2 实际进度与计划进度的比较方法 …… 176
　11.4.3 进度计划实施中的调整方法 …… 183
11.5 建设工程项目进度控制的措施 …… 187
思考题 …… 188

第12章　工程项目质量控制 …… 193
本章重点内容 …… 193
本章学习目标 …… 193
12.1 建设工程项目质量控制的内涵 …… 193
　12.1.1 工程项目质量控制概述 …… 193
　12.1.2 工程项目质量的基本特性和影响因素 …… 194
12.2 建设工程项目质量控制体系 …… 196
　12.2.1 全面质量管理思想和方法的应用 …… 196
　12.2.2 工程项目质量控制体系的建立和运行 …… 197
12.3 建设工程项目施工质量控制 …… 199
　12.3.1 施工质量控制的依据与基本环节 …… 199
　12.3.2 施工质量计划的内容与质量控制点 …… 200
　12.3.3 施工生产要素的质量控制 …… 203
　12.3.4 施工准备的质量控制 …… 204
　12.3.5 施工过程的质量控制 …… 206
12.4 建设工程项目施工质量验收 …… 209
　12.4.1 施工过程的质量验收 …… 209
　12.4.2 竣工质量验收 …… 212
12.5 施工质量不合格的处理 …… 214
　12.5.1 工程质量问题和质量事故的分类 …… 214
　12.5.2 施工质量事故的预防 …… 215
　12.5.3 施工质量问题和质量事故的处理 …… 216
12.6 数理统计方法在工程质量管理中的应用 …… 219
　12.6.1 分层法的应用 …… 219
　12.6.2 因果分析图法的应用 …… 220
　12.6.3 排列图法的应用 …… 221
　12.6.4 直方图法的应用 …… 221
思考题 …… 224

第13章　工程项目合同管理 …… 226
本章重点内容 …… 226
本章学习目标 …… 226
13.1 合同的谈判与签约 …… 226
13.2 工程施工合同中的权利和义务 …… 228
13.3 建设工程施工合同风险管理和工程担保 …… 237
　13.3.1 施工合同风险管理 …… 237
　13.3.2 工程担保的内容 …… 238
13.4 建设工程施工合同实施 …… 240
　13.4.1 施工合同分析的任务 …… 240
　13.4.2 施工合同交底的任务 …… 242
　13.4.3 施工合同实施的控制 …… 242
13.5 建设工程索赔 …… 245
　13.5.1 索赔的证据及成立条件 …… 245
　13.5.2 承包人和发包人提出的索赔 …… 247
　13.5.3 索赔的基本程序 …… 248
　13.5.4 索赔费用和工期的计算 …… 249
思考题 …… 252

第14章　建设工程安全生产与环境管理 …… 256
本章重点内容 …… 256
本章学习目标 …… 256
14.1 建设工程安全生产管理 …… 256
　14.1.1 安全生产管理制度 …… 256
　14.1.2 施工安全技术措施和安全技术交底 …… 262

14.1.3　安全生产检查监督的类型和内容 …………………………… 265
　14.1.4　安全隐患的处理 …………… 266
14.2　职业健康安全事故的分类和处理 …… 268
14.3　建设工程施工现场职业健康安全与环境管理的要求和措施 ………… 271
　14.3.1　施工现场文明施工的要求和措施 ……………………………… 271
　14.3.2　施工现场环境保护的要求和措施 ……………………………… 273
　14.3.3　施工现场职业健康安全卫生的要求和措施 …………………… 276
思考题 …………………………………… 277

第 15 章　工程项目风险管理 ………… 279
本章重点内容 …………………………… 279
本章学习目标 …………………………… 279
15.1　工程项目风险管理概述 …………… 279
　15.1.1　工程项目风险管理的基本概念 ………………………………… 279
　15.1.2　工程项目风险管理的过程 …… 281
15.2　工程项目施工阶段风险管理 ……… 282
　15.2.1　工程项目施工阶段风险管理概述 ……………………………… 282
　15.2.2　工程项目施工阶段风险识别 …… 284
　15.2.3　工程项目施工阶段风险衡量 …… 286
　15.2.4　工程项目施工阶段风险防范策略与措施 ……………………… 287
思考题 …………………………………… 290

附录　复利系数表 …………………… 291

参考文献 ……………………………… 306

第 1 章
土木工程经济概论

本章重点内容：土木工程经济分析的基本原则，土木工程经济学中的经济效益原理。

本章学习目标：熟悉技术与经济的关系，掌握土木工程经济学的概念，熟悉土木工程经济分析的基本原则、一般程序和经济效益原理。学生通过本章学习，认识土木工程经济在行业中的地位及在国家经济发展中的重要性，增强探索未知的创新精神、创造意识和创业能力，增强解决实际工程问题的实践能力。

1.1 土木工程经济的含义

1.1.1 技术和经济的概念及关系

现代科学技术的发展有两个特点：一是向深度发展，形成许多分支学科；二是向广度进军，形成许多边缘学科。

技术经济学是介于自然科学和社会科学之间的边缘学科，是根据现代科学技术和社会经济发展的需要，在自然科学和社会科学的发展过程中互相渗透、互相促进，逐渐形成和发展起来的交叉学科。

1. 工程

工程是指土木建筑或其他生产、制造部门用较大且复杂的设备进行工作的对象，如土木工程、机械工程、交通工程、化学工程、采矿工程和水利工程等。

一项工程能被决策者所接受必须具备两个条件：一是技术上可行；二是经济上合理。

2. 技术

广义的技术是指人类利用和改造自然的手段和方法，包括劳动者的技艺和部分取代这些技艺的物质手段。因此，技术是包括劳动工具和劳动对象等一切劳动的物质手段（硬技术）和体现为工艺、方法、程序、信息、经验、技巧和管理能力的非物质手段（软技术）。从另一角度可以将技术分为自然技术和社会技术。自然技术是根据生产实践和自然科学原理发展形成的各种工艺操作方法、技能和相应的生产工具及其他物质装备。社会技术是指组织生产和流通等的技术。

技术除了应用性外，还有明显的经济目的性。任何一种技术，都必须考虑经济效果的问题。脱离了经济效果的标准，技术的好与坏、先进与落后，都无从判断。此外，技术的先进性表现在两个方面：一方面是能够创造原有技术所不能创造的产品和劳务，如宇航技术、海洋技术、微电子技术、新材料技术、新能源技术等；另一方面是能够用更少的人力、物力和时间，创造出相同的产品或劳务。

综上所述，技术是为实现投资目标的系统的物质形态技术、社会形态技术和组织形态技术等的总称，不仅包括相应的生产工具和物资设备，还包括生产的工艺过程或作业程序与方法，以及在劳动生产方面的经验、知识、能力和技巧。

3. 经济

土木工程经济学中的"经济"属于经济学范畴，可理解为社会生产与再生产过程及与之相关的政策、制度等方面的总和。通常有以下四方面的含义：

1) 经济是指节约或节省。

2) 经济是指生产关系，是人类社会发展到一定阶段的社会经济制度，是生产关系的总和，是政治和思想意识等上层建筑建立起来的基础，如市场经济、经济制度。

3) 经济是指国民经济的总称，或指国民经济的各部门，如工业经济、农业经济和运输经济等。

4) 经济是指社会生产和再生产，即物质资料的生产、交换、分配、消费的现象和过程，如经济活动和经济增长。

随着科学技术的进步和社会经济的发展，工程项目投资者在生产实际中越来越体会到土木工程经济的重要性。很多重大工程技术的失误不是科学技术的原因，而是经济分析决策方面的原因。合格的工程师不仅要对其所提出方案的技术可行性负责，也必须对其经济合理性负责，这就要求工程师掌握工程经济学的客观规律和所体现的思想方法并具备经济意识。

4. 技术和经济的关系

技术和经济是人类社会进行物质生产活动过程中始终并存的两个方面，两者相互促进又相互制约。技术和经济的关系如下：

1) 技术进步是推动经济发展、提高经济效益的重要条件和手段。技术进步改变了生产中的劳动手段和方式，改善了劳动条件和环境，使人们在广度和深度上更合理地利用自然资源，加速了信息的流通，造就了发达的商品经济体系，推动了社会经济的发展。

2) 发展经济是技术进步的物质基础。技术进步的发展不能脱离一定的社会经济基础。任何技术的产生和发展，都是由于社会经济发展的需要而引起，并在一定的社会经济条件下得以推广和应用。国家、行业和企业的技术选择与技术发展，在很大程度上将受其经济实力的制约。

3) 技术与经济必须协调发展。技术与经济之间的关系可能出现两种情况：一种情况是技术进步能推动经济的发展，技术与经济协调一致；另一种情况是，先进的技术方案受自然条件、社会条件及人等因素的制约，不能充分发挥作用而实现最佳经济效果，技术与经济之间存在矛盾。工程经济学的任务是研究工程技术方案的经济问题，建立工程技术方案的先进性与经济合理性之间联系的桥梁，使两者能够得到协调发展。

4) 经济发展为技术进步提出了新的要求和发展方向。社会经济的发展和人类需求的增长，对生产和生活提出了更高的要求。

社会生产实践中技术与经济之间的关系较为复杂。如何正确认识和处理好技术与经济的关系，使项目产生最大的社会经济效益，是社会经济发展中的重要问题，也是投资决策、项目评价所要研究的重要课题。

1.1.2 土木工程经济学的概念

土木工程经济学是以土木工程为对象，运用工程学和经济学有关知识相互交融而形成的分析原理与方法，对能够完成工程项目预定目标的各种技术方案进行技术经济论证、比较、计算和评价，优选出技术和经济上有利的方案，为工程项目投资决策提供科学依据的应用性经济学科。

土木工程经济学是工程与经济的交叉学科，是研究工程技术实践活动经济效果的学科。即以工程项目为主体，以技术-经济系统为核心，研究如何有效利用资源，提高经济效益的学科。土木工程经济学研究各种工程技术方案的经济效益，研究各种技术在使用过程中如何以最小的投入获得预期产出，如何以等量的投入获得最大的产出，如何用最低的寿命周期成本实现产品、作业及服务的必要功能。土木工程经济学的产生是为了从经济角度解决技术方案的选择问题，这也是区别于其他经济学的显著标志。

1.2 土木工程经济学的基本原理

1.2.1 土木工程经济分析的基本原则

土木工程经济分析的基本原则主要有以下几个：

（1）资金的时间价值原则　在不同时间付出或得到同样数额的资金在价值上是不等的，即资金的价值会随时间发生变化。目前一笔可以用来投资的资金，即使不考虑通货膨胀因素，也比将来可获得同样数额的资金更有价值。因为当前可用的资金能够立即进行投资并带来收益，而将来可获得的资金则无法用于当前投资，也无法获取相应收益。若不考虑资金的时间价值，则无法合理地评价项目的未来收益水平。

（2）现金流量原则　衡量工程项目投资收益用的是现金流量而不是会计利润。现金流量反映项目发生的实际现金的流入与流出，而不反映应收、应付款项及折旧、摊销等非现金性质的款项；会计利润是会计账面数字，而不是直接可使用的现金。

（3）增量分析原则　对不同方案评价和比较必须从增量角度进行。即用两个方案的现金流量差进行分析，得到各种差额评价指标，再与基准指标对比，以确定投资多的方案的可行性。

（4）机会成本原则　企业投资进行项目建设，只要是资金投入此项目，不管资金是借款还是自有的，或者是企业自有的机械、设备、厂房等资源，都要计入成本，此成本叫作机会成本。

（5）有无对比原则和前后对比原则　"有无对比法"将有此项目和没有此项目时的现金流量情况进行对比；"前后对比法"将某一项目实现以前和实现以后所出现的各种效益费用情况进行对比。

（6）可比性原则　投资项目的可行性比较在时间上、金额上必须可比。因此，项目的效益和费用必须有相同的货币单位，并且在时间上匹配。

（7）风险收益的权衡原则　投资任何项目都存在风险，因此必须考虑方案的风险和不确定性。不同投资项目的风险与收益不同，对风险和收益的权衡取决于投资者对待风险的态度。选择高风险的项目，就有可能有较高的收益。

1.2.2 土木工程经济分析的一般程序

土木工程经济分析主要是对各种潜在的投资方案或者投资项目进行综合分析、计算、比较和评价，全面衡量其经济效益，为决策提供科学依据。其分析的一般程序如图 1-1 所示。

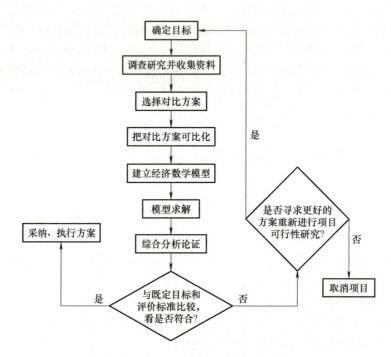

图 1-1　土木工程经济分析的一般程序

（1）确定目标　土木工程经济分析的目的在于寻求各个投资项目或方案之间的优势比较。要比较就需要有共同的目标。根据需要形成问题，由问题产生目标，然后依目标去寻求最佳方案。

（2）调查研究并收集资料　目标确定后，要对实现目标的需求进行调查研究，分析是否具有实现目标所需的资源、技术、经济和信息等条件。

（3）选择对比方案　在已有资料的基础上，罗列尽可能多的对比方案，提供充分的比较对象，以确保优势质量。

（4）把对比方案可比化　将不同数量和质量指标尽可能转化为统一的可比性指标，满足可比的要求。

（5）建立经济数学模型　通过建立经济数学模型，进一步扩大方案的目标体系和约束条件，为以后的经济分析创造条件。

（6）模型求解　把各种具体资料和数据代入数学模型中运算，求出各方案主要经济指标的具体数值并进行比较，初步选定方案。

（7）综合分析论证　对不同方案的指标分析计算和综合比较，选出最优方案。

(8) 与既定目标和评价标准比较　将选定的方案与既定目标和评价标准比较，符合标准的就采纳，不符合可取消项目，或者重新按照此程序进行其他替代方案的分析。

1.2.3　土木工程经济学中的经济效益原理

1. 经济效益概述

一切经济活动都是以取得直接的经济效益为目标的。经济活动有益无益、益大益小的标准是由社会生产目的决定。社会生产的目的是为了满足人们日益增长的物质与文化需要，所以经济效益的有无和大小，是通过是否能满足需要的程度来评价的。从事实践活动所获得的经济效益可以从两个角度考察：一是在既定的人力、物力、财力条件下如何充分合理地使用资源，使其发挥最大的效能，获得最大的产出，更好地实现既定的目标；二是在既定目标下如何充分合理地使用现有的人力、物力、财力等资源，使其消耗量最小。两种考察方式是同一实践活动的两种表述形式，不同之处在于分别以最大值和最小值来评价实践活动的效果。

经济效益是指物质资料在生产中所得到的对社会有用的成果和所耗费的社会劳动（包括物化劳动和活劳动的占用和消耗）之差或之比，该经济效益的取得应以合理利用资源和保护生态环境为前提。从经济效益的概念出发，通过对有用成果和劳动耗费的分析，得出经济效益的一般表达式有以下两种：

1）比率表示法，即

$$经济效益 = \frac{有用成果}{劳动耗费}$$

2）差额表示法，即

$$经济效益 = 有用成果 - 劳动耗费$$

有用成果是指在生产活动中消耗与占用劳动后创造出来的对社会有用的成果，既可以是物质产品成果，也可以是非物质产品成果，如能满足人们生产生活需要的产品、为企业增加有用产量等，这些提供给社会的利润和服务等都是有用成果。如果取得的成果毫无用处，只能是无效劳动，甚至是浪费。

劳动耗费是指生产中占用和消耗的活劳动和物化劳动之和。

活劳动消耗是指生产过程中具有一定的科学知识和生产经验，并掌握一定生产技能的人的脑力劳动和体力劳动的占用及消耗。在生产过程中，以工资、福利、奖金等形式出现。

物化劳动消耗则是指生产过程中耗费的物质资料，包括原材料、燃料、动力、辅助材料的消耗和机器、设备、厂房等在生产过程中的占用及磨损等。

用有用成果与劳动耗费之比表示经济效益相对值的大小。如果比值大于1，则说明存在经济效益，否则不存在经济效益；比值越大，经济效益越好；比值越小，经济效益越差。用有用成果与劳动耗费之差来表示经济效益差值的大小。如果差值大于0，则说明有经济效益；否则不存在经济效益；绝对值越大，经济效益越好；反之越差。

2. 经济效益的评价原则

在土木工程经济学中，评价投资项目或技术方案的原则通常有技术和经济相结合的评价原则、定性分析和定量分析相结合的评价原则、财务分析和国民经济分析相结合的评价原则及可比性原则。这些原则从不同角度对项目或方案进行考评，可得到项目或方案较全面的评价结果。

(1) 技术和经济相结合的评价原则　土木工程经济学是研究工程技术和经济相互关系的科学，其目的是根据社会生产的实际情况及技术与经济的发展水平，研究、探索和寻找工程技术与经济相互促进、协调发展的途径。此外，土木工程经济分析的主要内容还包括分析投资项目各种可能的实施方案在技术上的可行性与先进性，在经济上的合理性与节约性。因此，在讨论、评价投资项目或技术方案时，必须要遵循技术和经济相结合的评价原则。

在应用土木工程经济学的理论评价投资项目或技术方案时，为保证工程技术很好地服务于经济，满足社会的需要，最大限度地创造效益，要采用技术和经济相结合的原则来评价工程项目的经济效果。

(2) 定性分析和定量分析相结合的评价原则　多数情况土木工程经济分析都是对将要投资的项目进行分析，项目尚未实施，项目功能要求还不十分明确，项目的细节问题还有待改进，有些经济问题非常复杂，甚至有些内容难以用准确的数量来表达。所以，在某些情况下，定性分析是十分必要的。定量分析和定性分析相互配合，相互依存，缺一不可。定性分析可以对定量分析进行修正，是定量分析的补充和完善；定性分析又是定量分析的基础，在定量分析以前，又必须进行必要的定性分析，才能正确选择评价的参数。因此，在实际分析评价中，应善于将定性分析与定量分析结合起来，相互补充从而使分析结果更科学、更准确。

(3) 财务分析和国民经济分析相结合的评价原则　财务分析是从投资者的角度出发，根据国家现行的财务制度和价格体系，分析和计算项目直接发生的财务效益和费用，考察项目给投资者带来的经济效益，据此判断项目的财务可行性。财务分析是站在企业立场上的微观经济分析，其目的是考察投资项目给企业带来的经济效益。对于企业或投资者，投资项目的目的是希望从项目的实施中获得回报，取得效益。因此，企业就必须本着获利的原则对项目进行财务分析，计算项目直接发生的财务效益和费用，编制各种财务报表，计算评价指标，考察项目的盈利能力和偿债能力，以便对项目自身的盈利水平和生存能力做出评价。由此，财务分析是以企业获得最大净收益为目标。

国民经济分析则是从国民经济的角度出发，根据国家有关政策，按照资源优化配置原则，分析和计算项目发生的间接效益和间接费用，考察项目给国家带来的经济效益，据此判断项目的可行性。国民经济分析的目的是考察项目给国家带来的净贡献，是站在国家和社会的立场上进行的宏观经济分析。一般情况下，投资项目对整个国民经济的影响不仅仅表现在项目的财务效果上，还可能会对国民经济其他部门和单位或是对国家资源、环境等造成影响，只有通过项目的国民经济分析，才能具体考察项目的整体经济效果。

从以上内容可以看出，财务分析和国民经济分析都是用来评价投资项目的，但其出发点不同。

当财务分析与国民经济分析结果不一致时，应以国民经济分析结果为主。财务分析与国民经济分析结论均可行的项目，应予以通过。国民经济分析结论不可行而财务分析结果可行的项目应予以否定。对于关系国计民生必需的项目，国民经济分析结论可行，但财务分析结果不可行，通常要重新考虑方案，或向有关主管部门建议申请采取相应的经济优惠措施，使投资项目具有财务上的生存能力，既满足人民群众生产与生活的必需，又不给国家造成严重的经济负担。

(4) 可比性原则 在对投资项目决策分析中，既要对某方案的各项指标进行研究，以确定其经济效益的大小，也要把该方案与其他方案进行比较评价，以便找出具有最佳经济效果的方案。可比性原则是进行工程经济分析时应遵循的重要原则之一。经济效益评价中，只有满足可比条件的投资或方案才能进行比较。这些可比条件有：满足需要上的可比、消耗费用上的可比、时间上的可比和价格上的可比。

1) 满足需要上的可比。任何一个项目或方案的实施都是为了满足一定的社会需要。不同的项目可以满足不同的社会需要，只有当进行比较的项目满足相同的社会需要时才能进行比较。一切投资项目或技术方案总是以一定的品种质量和数量来满足社会需要的。因此，满足社会需要上的可比，就要从产品的产量、质量和品种上进行考虑。

① 产量的可比。产量的可比是指投资项目或技术方案满足社会需要时的产品产量相等。不同的方案只有在产量相等时才能直接进行比较。

② 质量的可比。在满足需要的可比原则中，除产量可比外，还需满足质量的可比。如果产品质量不同，必须采取修正计算，将质量差异换算成可比量。

③ 品种的可比。产品品种是指企业在一定时期内应当生产的产品的名称、规格和数目，反映企业在一定时期内在产品品种方面满足社会需要的程度。在进行经济效益评价时，必须是品种相同的方案才能进行比较。当品种不同时可以采取不同方法进行修正。

2) 消耗费用上的可比。比较投资项目或技术方案消耗的费用，应该从项目建设到产出产品，以及产品消费过程中整个社会的消耗费用进行比较，而不是依据个别国民经济部门或个别环节的部门消耗进行比较，应该以总的、全部消耗为出发点考虑。

3) 时间上的可比。在投资、成本、产品质量、产量相同条件下的两个项目或方案其投入的时间不同，经济效益也不同。而在相同的时间内，不同规模的项目或方案，其经济效益也不同。时间短、规模小的方案，建设期短，投产后很快实现收益，经济内部贴现率高，资金回收期短，但往往需要追加投资；时间长、规模大且工艺先进的方案，一般经济效益好，但收益的周期长。可见，时间因素对经济效益有直接影响。比较不同的项目或方案的经济效益，时间因素的可比条件应满足计算期相同、考虑资金的时间价值和整体效益。

4) 价格上的可比。在进行经济效益评价时，无论是计算收益还是费用，都要借助于价格。价格的可比性是分析比较项目或技术方案经济效益的一个重要原则。

要使价格具有可比性，投资项目或技术方案所采用的价格指标体系必须一致，这是价格具有可比性的基础。每个技术方案，无论是消耗费用还是产值的增加，均按产品的价格计算。

思 考 题

1. 简述技术和经济的关系。
2. 土木工程经济学的概念是什么？

3. 土木工程经济分析的基本原则有哪些?
4. 简述土木工程经济分析的一般程序。
5. 什么是经济效益?应怎样理解经济效益的实质?
6. 简述经济效益的评价原则。
7. 项目经济效益评价的可比性原则有哪些?

第 2 章
土木工程项目经济分析基本要素构成

本章重点内容：建设工程项目总投资的构成；预备费的组成；设备及工器具购置费的组成；建筑安装工程费用项目的组成；工程项目成本费用。

本章学习目标：掌握工程项目中总投资构成，熟悉建筑安装工程费用项目的组成，掌握收入、利润及成本费用的计算，了解相关税费的计算。学生通过本章学习，培养在学习、工作和生活中理性思维和理性决策的习惯，培养在未来学习生活中决策的辩证思想。

2.1 建设工程项目投资构成

2.1.1 建设工程项目总投资

建设工程项目总投资是指为完成工程项目建设并达到使用要求或生产条件，在项目建设期内预计或者实际投入的总费用。生产性建设工程项目总投资包括建设投资和流动资金两部分；非生产性建设工程项目总投资包括建设投资。

建设投资由工程费用（包括建筑工程费、设备及工器具购置费、建筑安装工程费）、工程建设其他费用、预备费（包括基本预备费和价差预备费）和建设期利息组成。

工程费用是指项目建设期内直接用于工程建造、设备购置及其安装的费用，包括建筑工程费、设备及工器具购置费和安装工程费。

建筑工程费是指建筑物、构筑物及与其配套的线路、管道等的建造、装饰费用。安装工程费是指设备、工艺设施及其附属物的组合、装配、调试等费用。

设备及工器具购置费是指购置或自制的达到固定资产标准的设备、工器具及生产家具所需的费用。设备及工器具购置费由设备原价、工器具原价和运杂费（包括设备成套公司服务费）组成。

工程建设其他费用是指项目建设期内发生的与土地使用权取得、整个工程项目建设及未来生产有关的费用。工程建设其他费用可分为三类：第一类是建设用地费，包括土地征用及迁移补偿费和土地使用权出让金；第二类是与项目建设有关的费用，包括建设管理费、勘察设计费、研究试验费等；第三类是与未来企业生产经营有关的费用，包括联合试运转费、生产准备费、办公和生活家具购置费等。

预备费是为了保证工程项目的顺利实施，避免在难以预料的情况下造成投资不足而预先安排的费用。

建设期利息（资金筹措费）是指在项目建设期内应计的利息和在项目建设期内为筹集项目资金发生的费用。包括各类借款利息、债券利息、贷款评估费、国外借款手续费及承诺费、汇兑损益、债券发行费用及其他债务利息支出或融资费用。

流动资金是指为进行正常生产运营，用于购买原材料、燃料、支付工资及其他运营费用所需的周转资金。在可行性研究阶段是指全部流动资金，在初步设计及以后阶段用于计算"项目报批总投资"或"项目概算总投资"时，指的是铺底流动资金。铺底流动资金是指生产性建设工程项目为保证生产和经营正常进行，按规定应列入建设工程项目总投资的铺底流动资金，一般按流动资金的 30% 计算。

固定资产投资可以分为静态投资部分和动态投资部分。静态投资部分由建筑安装工程费、设备及工器具购置费、工程建设其他费用和基本预备费构成。动态投资部分是指在建设期内，因建设期利息和国家新批准的税费、汇率、利率变动以及建设期价格变动引起的建设投资增加额，包括价差预备费、建设期利息等。

工程造价是指工程项目在建设期预计或实际支出的建设费用，包括工程费用、工程建设其他费用和预备费，见表 2-1。

表 2-1 建设工程项目总投资组成

			费用项目名称
建设工程项目总投资	建设投资	第一部分工程费用	设备及工器具购置费
			建筑工程费
			安装工程费用
		第二部分工程建设其他费用	1. 建设用地费
			2. 建设管理费
			3. 可行性研究费
			4. 专项评价费
			5. 研究试验费
			6. 勘察设计费
			7. 场地准备及临时设施费
			8. 引进技术和进口设备其他费
			9. 特殊设备安全监督检验费
			10. 市政公用配套设施费
			11. 工程保险费
			12. 专利及专有技术使用费
			13. 联合试运转费
			14. 生产准备费
			15. 办公和生产家具购置费
			16. 其他
		第三部分预备费	基本预备费
			价差预备费
	建设期利息（资金筹措费）		
	流动资产投资——流动资金		

2.1.2 设备及工器具购置费

1. 设备购置费的组成和计算

设备购置费是指购置或自制的达到固定资产标准的设备、工器具及生产家具等所需的费用。设备购置费分为外购设备费和自制设备费。外购设备是指设备生产厂制造，符合规定标准的设备。自制设备是指按照订货要求，并根据具体的设计图自行制造的设备。新建项目和扩建项目的新建车间购置或自制的全部设备、工具和器具，不论是否达到固定资产标准，均计入设备及工器具购置费中。设备购置费包括设备原价和设备运杂费，即

$$设备购置费 = 设备原价或进口设备抵岸价 + 设备运杂费$$

式中，设备原价是指国产标准设备、非标准设备的原价。设备运杂费是指设备原价中未包括的包装和包装材料费、运输费、装卸费、采购费及仓库保管费、供销部门手续费等。如果设备是由设备成套公司供应，成套公司的服务费也应计入设备运杂费中。

（1）国产标准设备原价　国产标准设备是指按照主管部门颁布的标准图纸和技术要求，由设备生产厂批量生产的，符合国家质量检验标准的设备。国产标准设备原价一般是指设备制造厂的交货价，即出厂价。如设备由设备成套公司供应，则以订货合同价为设备原价。有的设备有两种出厂价，即带有备件的出厂价和不带有备件的出厂价。在计算设备原价时，一般按带有备件的出厂价计算。

（2）国产非标准设备原价　国产非标准设备是指国家尚无定型标准，各设备生产厂不可能在工艺过程中采用批量生产，只能按一次订货，并根据具体的设备图纸制造的设备。非标准设备原价有多种不同的计算方法，如成本计算估价法、系列设备插入估价法、分部组合估价法、定额估价法等。无论哪种方法都应该使非标准设备计价的准确度接近实际出厂价，并且计算方法要简便。

（3）进口设备抵岸价的构成及计算　进口设备抵岸价是指抵达买方边境港口或边境车站且交完关税以后的价格。

1）进口设备的交货方式。进口设备的交货方式可分为内陆交货类、目的地交货类和装运港交货类。

① 内陆交货类即卖方在出口国内陆的某个地点完成交货任务。在交货地点，卖方及时提交合同规定的货物和有关凭证，并承担交货前的一切费用和风险；买方按时接受货物，交付货款，承担接货后的一切费用和风险，并自行办理出口手续和装运出口。货物的所有权也在交货后由卖方转移给买方。

② 目的地交货类即卖方要在进口国的港口或内地交货，包括目的港船上交货价，目的港船边交货价（FOS）和目的港码头交货价（关税已付）及完税后交货价（进口国目的地的指定地点）。其特点是：买卖双方承担的责任、费用和风险是以目的地约定交货点为分界线，只有当卖方在交货点将货物置于买方控制下方算交货，方能向买方收取货款。这类交货价对卖方来说承担的风险较大，在国际贸易中卖方一般不愿意采用这类交货方式。

③ 装运港交货类即卖方在出口国装运港完成交货任务。主要有装运港船上交货价（FOB），也称为离岸价；运费在内价（CFR）；运费、保险费在内价（CIF），也称为到岸价。其特点主要是：卖方按照约定的时间在装运港交货，只要卖方把合同规定的货物装船后提供货运单据便完成交货任务，并可凭单据收回货款。

采用装运港船上交货价（FOB）时卖方的责任是：负责在合同规定的装运港口和规定的期限内，将货物装上买方指定的船只并及时通知买方；负责货物装船前的一切费用和风险；负责办理出口手续；提供出口国政府或有关方面签发的证件；负责提供有关装运单据。买方的责任是：负责租船或订舱，支付运费，并将船期、船名通知卖方；承担货物装船后的一切费用和风险；负责办理保险及支付保险费，办理在目的港的进口和收货手续；接受卖方提供的有关装运单据，并按合同规定支付货款。

2）进口设备抵岸价的构成。进口设备如果采用装运港船上交货价（FOB），其抵岸价构成为：

① 进口设备抵岸价＝货价＋国外运输＋国外运输保险费＋银行财务费＋外贸手续费＋进口关税＋增值税＋消费税

进口设备的货价一般可采用下列公式计算，即

$$货价＝离岸价(FOB 价)\times 人民币外汇牌价$$

② 国外运费。我国进口设备大部分采用海洋运输方式，小部分采用铁路运输方式，个别采用航空运输方式。

$$国外运费＝离岸价\times 运费率$$

或

$$国外运费＝运量\times 单位运价$$

式中，运费率或单位运价参照有关部门或进出口公司的规定。计算进口设备抵岸价时，再将国外运费换算为人民币。

③ 国外运输保险费。对外贸易货物运输保险是由保险人（保险公司）与被保险人（出口人或进口人）订立保险契约，在被保险人交付议定的保险费后，保险人根据保险契约的规定对货物在运输过程中发生的承保责任范围内的损失给予经济上的补偿。计算公式为

$$国外运输保险费＝\frac{离岸价＋国外运输}{1-国外运输保险费率}\times 国外运输保险费率$$

计算进口设备抵岸价时，再将国外运输保险费换算为人民币。

④ 银行财务费。一般指银行手续费，计算公式为

$$银行财务费＝离岸价\times 人民币外汇牌价\times 银行财务费率$$

式中，银行财务费率一般为 $0.4\%\sim 0.5\%$。

⑤ 外贸手续费。是指按商务部规定的外贸手续费率计取的费用，外贸手续费率一般取 1.5%。计算公式为

$$外贸手续费＝进口设备到岸价\times 人民币外汇牌价\times 外贸手续费率$$

式中，进口设备到岸价（CIF）＝离岸价＋国外运费＋国外运输保险费。

⑥ 进口关税。关税是由海关对进出国境的货物和物品征收的一种税，属于流转性课税。计算公式为

$$进口关税＝进口设备到岸价\times 人民币外汇牌价\times 进口关税率$$

⑦ 增值税。增值税是我国政府对从事进口贸易的单位和个人，在进口商品报关进口后征收的税种。我国增值税条例规定，进口应税产品均按组成计税价格，依税率直接计算应纳税额，不扣除任何项目的金额或已纳税额。即

$$增值税＝组成计税价格\times 增值税率$$

组成计税价格=进口设备到岸价×人民币外汇牌价+进口关税+消费税

式中，增值税基本税率为17%。

⑧ 消费税。对部分进口产品（如轿车等）征收。计算公式为

$$消费税 = \frac{到岸价 \times 人民币外汇牌价 + 关税}{1-消费税率} \times 消费税率$$

(4) 设备运杂费的构成及计算

1) 设备运杂费的构成。设备运杂费通常由下列各项构成：

① 国产标准设备由设备制造厂交货地点起至工地仓库（或施工组织设计指定的需要安装设备的堆放地点）止所发生的运费和装卸费。

进口设备则由我国到岸港口、边境车站起至工地仓库（或施工组织设计指定的需要安装设备的堆放地点）止所发生的运费和装卸费。

② 在设备出厂价格中没有包含设备包装和包装材料器具费；在设备出厂价格或进口设备价格中如已包括此项费用，则不应重复计算。

③ 供销部门的手续费，按有关部门规定的统一费率计算。

④ 建设单位（或工程承包公司）的采购与仓库保管费。它是指采购、验收、保管和收发设备所发生的各种费用，包括设备采购、保管和管理人员工资、工资附加费、办公费、差旅交通费、设备供应部门办公和仓库所占固定资产使用费、工具用具使用费、劳动保护费、检验试验费等。这些费用可按主管部门规定的采购保管费率计算。

2) 设备运杂费的计算。设备运杂费按设备原价乘以设备运杂费率计算。其计算公式为

设备运杂费=设备原价×设备运杂费率

式中，设备运杂费率按各部门及省、市等的规定计取。

一般来说，沿海和交通便利的地区，设备运杂费率相对较低；内地和交通不便利的地区相对较高；边远省份则要更高些。对于非标准设备来说，应尽量就近委托设备制造厂，以大幅度降低设备运杂费。进口设备由于原价较高，国内运距较短，因而运杂费率应适当降低。

【例2-1】 某公司拟从国外进口一套机电设备，质量为1500t，装运港船上交货价，即离岸价为400万美元。其他有关费用参数为：国际运费标准为360美元/t，海上运输保险费率为0.266%，中国银行手续费率为0.5%，外贸手续费率为1.5%，关税税率为22%，增值税税率为13%，美元的银行外汇牌价为1美元=7.03元人民币，设备的国内运杂费率为2.5%。估算该设备的购置费。

解：根据上述各项费用的计算公式。则有

进口设备货价=400万元×7.03=2812万元

国际运费=(360×1500×7.03)万元=379.62万元

国外运输保险费=[(2812+379.62)÷(1-0.266%)]万元×0.266%=8.512万元

进口关税=(2812+379.62+8.512)万元×22%=704.029万元

增值税=(2812+379.62+8.512+704.029)万元×13%=507.541万元

银行财务费=2812万元×0.5%=14.06万元

外贸手续费=(2812+379.62+8.512)万元×1.5%=48万元

国内运杂费 = 2812 万元 × 2.5% = 70.30 万元

设备购置费 = (2812+379.62+8.512+704.029+507.541+14.06+48+70.30) 万元 = 4544.062 万元

2. 工器具及生产家具购置费的组成和计算

工器具及生产家具购置费是指新建项目或扩建项目初步设计规定所必须购置的不够固定资产标准的设备、仪器、工卡模具、器具、生产家具和备品备件的费用。其计算公式一般为

$$工器具及生产家具购置费 = 设备购置费 × 定额费率$$

3. 工程建设其他费用的组成

工程建设其他费用是指工程项目从筹建起到竣工验收交付使用止的整个建设期间，除建筑安装工程费、设备及工器具购置费外，为保证工程建设顺利完成和交付使用后能够正常发挥效用而发生的一些费用。

工程建设其他费用，按内容大体可分为三类：第一类为建设用地费，由于工程项目固定于一定地点与地面相连接，必须占用一定量的土地，也就必然要发生为获得建设用地而支付的费用；第二类是与项目建设有关的其他费用；第三类是与未来企业生产和经营有关的其他费用。

（1）建设用地费　建设用地费是指为获得建设项目土地的使用权而在建设期内发生的各项费用。包括征收农用地的土地补偿费、安置补助费，或者通过土地使用权出让方式取得土地使用权而支付的土地使用权出让金等。

1）农用土地征用费。根据《中华人民共和国土地管理法》《中华人民共和国土地管理法实施条例》的规定，征收土地应当给予公平、合理的补偿，保障被征地农民原有生活水平不降低、长远生计有保障。征收土地应当依法及时足额支付土地补偿费、安置补助费，以及农村村民住宅、其他地上附着物和青苗等的补偿费用，并安排被征地农民的社会保障费用。

征收农用地的土地补偿费、安置补助费标准由省、自治区、直辖市通过制定公布区片综合地价确定。制定区片综合地价应当综合考虑土地原用途、土地资源条件、土地产值、土地区位、土地供求关系、人口以及经济社会发展水平等因素，并至少每三年调整或者重新公布一次。

征收农用地以外的其他土地、地上附着物和青苗等的补偿标准，由省、自治区、直辖市制定。对其中的农村村民住宅，应当按照先补偿后搬迁、居住条件有改善的原则，尊重农村村民意愿，采取重新安排宅基地建房、提供安置房或者货币补偿等方式给予公平、合理的补偿，并对因征收造成的搬迁、临时安置等费用予以补偿，保障农村村民居住的权利和合法的住房财产权益。地上附着物和青苗等的补偿费用，归其所有权人所有。

县级以上地方人民政府应当将被征地农民纳入相应的养老等社会保障体系。被征地农民的社会保障费用主要用于符合条件的被征地农民的养老保险等社会保险缴费补贴。被征地农民社会保障费用的筹集、管理和使用办法，由省、自治区、直辖市制定。

大中型水利、水电工程建设征收土地的补偿费标准和移民安置办法，由国务院另行规定。

建设项目施工和地质勘查需要临时使用国有土地或者农民集体所有的土地的，由县级以上人民政府自然资源主管部门批准。其中，在城市规划区内的临时用地，在报批前，应当先

经有关城市规划行政主管部门同意。土地使用者应当根据土地权属，与有关自然资源主管部门或者农村集体经济组织、村民委员会签订临时使用土地合同，并按照合同的约定支付临时使用土地补偿费。

建设项目施工、地质勘查需要临时使用土地的，应当尽量不占或者少占耕地。临时用地由县级以上人民政府自然资源主管部门批准，期限一般不超过二年；建设周期较长的能源、交通、水利等基础设施建设使用的临时用地，期限不超过四年；法律、行政法规另有规定的除外。土地使用者应当自临时用地期满之日起一年内完成土地复垦，使其达到可供利用状态，其中占用耕地的应当恢复种植条件。

2）取得国有土地使用费。取得国有土地使用费包括土地使用权出让金、城市建设配套费、房屋征收与补偿费等。

① 土地使用权出让金是指建设工程通过土地使用权出让方式，取得有限期的土地使用权，依照《中华人民共和国城镇国有土地使用权出让和转让暂行条例》规定，支付的费用。

② 城市建设配套费是指因进行城市公共设施的建设而分摊的费用。

③ 房屋征收与补偿费。根据《国有土地上房屋征收与补偿条例》的规定，房屋征收对被征收人给予的补偿包括：被征收房屋价值的补偿；因征收房屋造成的搬迁、临时安置的补偿；因征收房屋造成的停产停业损失的补偿。

市、县级人民政府应当制定补助和奖励办法，对被征收人给予补助和奖励。对被征收房屋价值的补偿，不得低于房屋征收决定公告之日被征收房屋类似房地产的市场价格。被征收房屋的价值，由具有相应资质的房地产价格评估机构按照房屋征收评估办法评估确定。被征收人可以选择货币补偿，也可以选择房屋产权调换。被征收人选择房屋产权调换的，市、县级人民政府应当提供用于产权调换的房屋，并与被征收人计算、结清被征收房屋价值与用于产权调换房屋价值的差价。因旧城区改建征收个人住宅，被征收人选择在改建地段进行房屋产权调换的，做出房屋征收决定的市、县级人民政府应当提供改建地段或者就近地段的房屋。因征收房屋造成搬迁的，房屋征收部门应当向被征收人支付搬迁费；选择房屋产权调换的，产权调换房屋交付前，房屋征收部门应当向被征收人支付临时安置费或者提供周转用房。对因征收房屋造成停产停业损失的补偿，根据房屋被征收前的效益、停产停业期限等因素确定。具体办法由省、自治区、直辖市制定。房屋征收部门与被征收人依照条例的规定，就补偿方式、补偿金额和支付期限、用于产权调换房屋的地点和面积、搬迁费、临时安置费或者周转用房、停产停业损失、搬迁期限、过渡方式和过渡期限等事项，订立补偿协议。实施房屋征收应当先补偿，后搬迁。做出房屋征收决定的市、县级人民政府对被征收人给予补偿后，被征收人应当在补偿协议约定或者补偿决定确定的搬迁期限内完成搬迁。

（2）与项目建设有关的其他费用

1）建设管理费。建设管理费是指建设单位从项目筹建开始直至工程竣工验收合格或交付使用为止发生的项目建设管理费用。费用内容包括建设单位管理费和工程监理费。

① 建设单位管理费。建设单位管理费是指建设单位发生的管理性质的开支，包括工作人员工资、工资性补贴、施工现场津贴、职工福利费、住房基金、基本养老保险费、基本医疗保险费、失业保险费、工伤保险费、办公费、差旅交通费、劳动保护费、工具用具使用费、固定资产使用费、必要的办公及生活用品购置费、必要的通信设备及交通工具购置费、

零星固定资产购置费、招募生产工人费、技术图书资料费、业务招待费、设计审查费、工程招标费、合同契约公证费、法律顾问费、咨询费、完工清理费、竣工验收费、印花税和其他管理性质的开支。如建设管理采用工程总承包方式，其总包管理费由建设单位与总包单位根据总包工作范围在合同中商定，从建设单位管理费中支出。

建设单位管理费以建设投资中的工程费用为基数乘以建设单位管理费费率计算，即

$$建设单位管理费 = 工程费用 \times 建设单位管理费费率$$

式中，工程费用是指建筑安装工程费和设备及工器具购置费之和。

② 工程监理费。工程监理费是指建设单位委托工程监理单位实施工程监理的费用。

由于工程监理是受建设单位委托的工程建设技术服务，属于建设管理范畴。如采用监理，建设单位部分管理工作量转移至监理单位。监理费应根据委托的监理工作范围和监理深度在监理合同中商定或按当地或所属行业部门有关规定计算。

2）可行性研究费。可行性研究费是指在建设工程项目前期工作中，编制和评估项目建议书（或预可行性研究报告）、可行性研究报告所需的费用。

3）专项评价费。专项评价费是指建设单位按照国家规定委托有资质的单位开展专项评价及有关验收工作发生的费用，包括环境影响评价及验收费、安全预评价及验收费、职业病危害预评价及控制效果评价费、地震安全性评价费、地质灾害危险性评价费、水土保持评价及验收费、压覆矿产资源评价费、节能评估费、危险与可操作性分析及安全完整性评价费和其他专项评价及验收费。

4）研究试验费。研究试验费是指为建设项目提供和验证设计参数、数据、资料等进行必要的研究和试验，以及设计规定在施工中必须进行试验、验证所需要的费用。它包括自行或委托其他部门的专题研究、试验所需人工费、材料费、试验设备及仪器使用费等。

研究试验费不包括以下项目：

① 应由科技三项费用（即新产品试制费、中间试验费和重要科学研究补助费）开支的项目。

② 应在建筑安装工程费中列支的施工企业对建筑材料、构件和建筑物进行一般鉴定、检查所发生的费用及技术革新的研究试验费。

③ 应由勘察设计费或工程费用中开支的项目。

5）勘察设计费。

① 勘察费是指勘察人根据发包人的委托，收集已有资料、现场踏勘、制定勘察纲要，进行勘察作业，以及编制工程勘察文件和岩土工程设计文件等收取的费用。

② 设计费是指设计人根据发包人的委托，提供编制建设项目初步设计文件、施工图设计文件、非标准设备设计文件、竣工图文件等服务所收取的费用。

6）场地准备和临时设施费。

① 场地准备费是指建设工程项目为达到工程开工条件所发生的场地平整和对建设场地遗留的有碍于施工建设的设施进行拆除清理的费用。

② 临时设施费是指为满足施工建设需要而提供的未列入工程费用的临时水、电、路、信、气等工程和临时仓库等建（构）筑物的建设、维修、拆除、摊销或建设期间租赁费用，以及铁路、码头租赁等费用。此项费用不包括已列入建筑安装工程费中的施工单位临时设施费用。

场地准备和临时设施应尽量与永久性工程统一考虑。建设场地的大型土石方工程应计入工程费用中的总图运输费用中。

新建项目的场地准备和临时设施费应根据实际工程量估算,或按工程费用的比例计算。改扩建项目一般只计拆除清理费。

$$场地准备和临时设施费=工程费用×费率+拆除清理费$$

发生拆除清理费时可按新建同类工程造价或主材费、设备费的比例计算。凡可回收材料的拆除工程采用以料抵工方式冲抵拆除清理费。

7) 引进技术和进口设备材料其他费。引进技术和进口设备材料其他费是指引进技术和设备发生的但未计入引进技术费和设备材料购置费的费用。它包括图纸资料翻译复制费、备品备件测绘费、出国人员费用、来华人员费用、银行担保及承诺费、进口设备材料国内检验费等。

8) 特殊设备安全监督检验费。特殊设备安全监督检验费是指对在施工现场安装的列入国家特种设备范围内的设备(设施)检验检测和监督检查所发生的列入项目的费用。

特殊设备安全监督检验费按照建设工程项目所在省(市、自治区)安全监察部门的规定标准计算。无具体规定的,在编制投资估算和概算时可按受检设备现场安装费的比例估算。

9) 市政公用配套设施费。市政公用配套设施费是指使用市政公用设施的工程项目,按照项目所在地政府有关规定建设或缴纳的市政公用设施建设配套费用。

10) 工程保险费。工程保险费是指在建设期内对建筑工程、安装工程、机器设备和人身安全进行投保而发生的保险费用。它包括建筑安装工程一切险、进口设备财产保险和人身意外伤害险等。

不同的建设工程项目可根据工程特点选择投保险种,根据投保合同计列保险费用。编制投资估算和概算时可按工程费用的比例估算。

11) 专利及专有技术使用费。专利及专有技术使用费是指在建设期内取得专利、专有技术、商标、商誉和特许经营的所有权或使用权发生的费用。它包括工艺包费、设计及技术资料费、有效专利、专有技术使用费、技术保密费和技术服务费等;商标权、商誉和特许经营权费;软件费等。

12) 生产准备费。生产准备费是指在建设期内,建设单位为保证项目正常生产而发生的人员培训、提前进厂费,以及投产使用必备的办公、生活家具用具及工器具等的购置费用。

13) 其他费用。其他费用是指以上费用之外,根据工程建设需要必须发生的其他费用。

(3) 与未来企业生产和经营有关的其他费用

1) 联合试运转费。联合试运转费是指新建或新增生产能力的工程项目,在交付生产前按照批准的设计文件规定的工程质量标准和技术要求,对整个生产线或装置进行负荷联合试运转所发生的费用净支出。它包括试运转所需材料、燃料及动力消耗、低值易耗品、其他物料消耗、机械使用费、联合试运转人员工资、施工单位参加试运转人工费、专家指导费,以及必要的工业炉烘炉费。

联合试运转费不包括应由设备安装工程费用开支的调试及试车费用,以及在试运转中暴露出来的因施工原因或设备缺陷等发生的处理费用。

不发生试运转或试运转收入大于或等于费用支出的工程，不列入此项费用。

当联合试运转收入小于试运转支出时，联合试运转费为

$$联合试运转费 = 联合试运转支出 - 联合试运转收入$$

试运行期按照以下规定确定：引进国外设备项目按照建设合同中规定的试运行期执行；国内一般性建设工程项目试运行期原则上按照批准的设计文件所规定的期限执行。个别行业的建设工程项目试运行期需要超过规定试运行期的，应报项目设计文件审批机关批准。试运行期一经确定，建设单位应严格按规定执行，不得擅自缩短或延长。

2）生产准备费。生产准备费是指新建项目或新增生产能力的项目，为保证竣工交付使用进行必要的生产准备所发生的费用。费用内容如下：

① 生产职工培训费。自行培训、委托其他单位培训人员的工资、工资性补贴、职工福利费、差旅交通费、学习资料费、学费、劳动保护费。

② 生产单位提前进厂参加施工、设备安装、调试等，以及熟悉工艺流程及设备性能等人员的工资、工资性补贴、职工福利费、差旅交通费、劳动保护费等。

新建项目按设计定员为基数计算，改扩建项目按新增设计定员为基数计算，则有

$$生产准备费 = 设计定员 \times 生产准备费指标（元/人）$$

3）办公和生产家具购置费。办公和生活家具购置费是指为保证新建、改建和扩建项目初期正常生产、使用和管理所必须购置的办公和生活家具、用具的费用。改建和扩建项目所需的办公和生产用具购置费，应低于新建项目。其范围包括办公室、会议室、资料档案室、阅览室、文娱室、食堂、浴室、理发室和单身宿舍等。这项费用按照设计定员人数乘以综合指标计算。

一般建设工程项目很少发生一些具有明显行业特征的工程建设其他费用项目，如移民安置费、水资源费、水土保持评价费、地震安全性评价费、地质灾害危险性评价费、河道占用补偿费、超限设备运输特殊措施费、航道维护费、植被恢复费、引种测试费等，具体项目发生时依据有关政策规定列入。

2.1.3 预备费

预备费包括基本预备费和价差预备费。

1. 基本预备费

基本预备费是指在项目实施中可能发生难以预料的支出，需要预留的费用，又称为不可预见费。主要是指设计变更及施工过程中可能增加工程量的费用。其计算公式为

$$基本预备费 = （设备及工器具购置费 + 建筑安装工程费 + 工程建设其他费用） \times 基本预备费费率$$

2. 价差预备费

价差预备费是指为在建设期内利率、汇率或价格等因素的变化而预留的可能增加的费用，又称为价格变动不可预见费。价差预备费的内容包括人工、设备、材料、施工机具的价差费，建筑安装工程费及工程建设其他费用调整，利率、汇率调整等增加费用。其计算公式为

$$P = \sum_{t=1}^{n} I_t \left[(1+f)^m (1+f)^{0.5} (1+f)^{t-1} - 1 \right]$$

式中　　P——价差预备费；

n——建设期年份数；

I_t——建设期第 t 年的投资计划额，包括工程费用、工程建设其他费用及基本预备费，即第 t 年的静态投资计划额；

f——投资价格指数；

t——建设期第 t 年；

m——建设前期年限（从编制概算到开工建设年数）。

价差预备费中的投资价格指数按国家颁布的计取，当前暂时为 0，计算式中 $(1+f)^{0.5}$ 表示建设期第 t 年当年投资分期均匀投入考虑涨价的幅度。对涉及建设周期较短的项目，价差预备费计算公式可简化处理。特殊项目或必要时可进行项目未来价差分析预测，确定各时期投资价格指数。

【例 2-2】　某建设工程项目在建安装工程费为 10000 万元、设备购置费为 6000 万元，工程建设其他费用为 4000 万元。基本预备费费率为 5%，项目建设前期年限为 1 年，建设期为 3 年。各年投资计划额为：第一年完成投资 20%，第二年完成投资 60%，第三年投资 20%。年均投资价格上涨率为 6%。计算建设项目建设期间的价差预备费。

解：

基本预备费 =（10000+6000+4000）万元 × 5% = 1000 万元

静态投资 =（10000+6000+4000+1000）万元 = 21000 万元

建设期第一年完成投资 = 21000 万元 × 20% = 4200 万元

第一年价差预备费 = $I_1[(1+f)(1+f)^{0.5}-1]$ = 383.6 万元

建筑期第二年完成投资 = 21000 万元 × 60% = 12600 万元

第二年价差预备费 = $I_2[(1+f)(1+f)^{0.5}(1+f)-1]$ = 1975.89 万元

建设期第三年完成投资 = 21000 万元 × 20% = 4200 万元

第三年价差预备费 = $I_3[(1+f)(1+f)^{0.5}(1+f)^2-1]$ = 950.15 万元

该项目建设期的价差预备费 =（383.6+1975.89+950.15）万元 = 3309.64 万元

2.1.4　资金筹措费

资金筹措费（建设期利息）包括各类贷款利息、债券利息、贷款评估费、国外借款手续费及承诺费、汇兑损益、债券发行费用及其他债务利息支出或者融资费用。

1）自有资金额度应符合国家或行业有关规定。

2）建设期利息是指项目借款在建设期内发生并计入固定资产的利息。为简化计算，在编制投资估算时通常假定借款均在每年的年中支用，借款第一年按半年计息，其余各年份按全年计息。计算公式为

各年应计利息 =（年初借款本息累计 + 本年借款额 ÷ 2）× 年利率

【例 2-3】　某新建项目，建设期为 3 年，共向银行贷款 1300 万元。贷款情况为：第 1 年为 300 万元，第 2 年为 600 万元，第 3 年为 400 万元，年利率为 6%。计算建设期利息。

解：在建设期，各年利息计算如下：

第 1 年应计利息 = $\frac{1}{2} \times 300$ 万元 $\times 6\%$ = 9 万元

第 2 年应计利息 = $\left(300 + 9 + \frac{1}{2} \times 600\right)$ 万元 $\times 6\%$ = 36.54 万元

第 3 年应计利息 = $\left(300 + 9 + 36.54 + \frac{1}{2} \times 400\right)$ 万元 $\times 6\%$ = 32.73 万元

建设期利息总和为 78.27 万元。

2.1.5 流动资金的计算

流动资金是指运营期内长期占用并周转使用的营运资金，不包括运营中需要的临时性运营资金。流动资金的估算方法有扩大指标估算法和分项详细估算法两种。

1. 扩大指标估算法

扩大指标估算法是参照同类企业的流动资金占营业收入、经营成本的比例或者是单位产量占营运资金的数额估算流动资金，并按以下公式计算：

流动资金额 = 各种费用基数 × 相应的流动资金所占比例（或占营运资金的数额）

式中，各种费用基数是指年营业收入、年经营成本或年产量等。

2. 分项详细估算法

分项估算法可以简化计算，其公式如下：

流动资金 = 流动资产 − 流动资产

流动资产 = 应收账款 + 预付账款 + 存货 + 库存现金

流动负债 = 应付账款 + 预收账款

2.2 建筑安装工程费用项目的组成

按费用构成要素划分，建筑安装工程费包括人工费、材料费、施工机具使用费、企业管理费、利润、规费和税金，如图 2-1 所示。

1. 人工费

人工费是指按工资总额构成规定，支付给从事建筑安装工程施工的生产工人和附属生产单位工人的各项费用。内容包括：

1）计时工资或计件工资：是指按计时工资标准和工作时间或对已做工作按计件单价支付给个人的劳动报酬。

2）奖金：是指对超额劳动和增收节支支付给个人的劳动报酬。如节约奖、劳动竞赛奖等。

3）津贴、补贴：是指为了补偿职工特殊或额外的劳动消耗和因其他特殊原因支付给个人的津贴，以及为了保证职工工资水平不受物价影响支付给个人的物价补贴。如流动施工津贴、特殊地区施工津贴、高温（寒）作业临时津贴、高空津贴等。

4）加班加点工资：是指按规定支付的在法定节假日工作的加班工资和在法定日工作时间外延时工作的加点工资。

5）特殊情况下支付的工资：是指根据国家法律、法规和政策规定，因病、工伤、产假、计划生育假、婚丧假、事假、探亲假、定期休假、停工学习、执行国家或社会义务等原因按计时工资标准或计时工资标准的一定比例支付的工资。

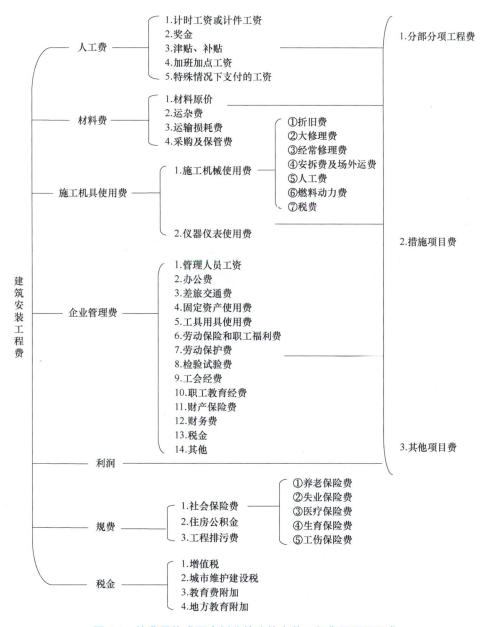

图 2-1　按费用构成要素划分的建筑安装工程费用项目组成

2. 材料费

材料费是指施工过程中耗费的原材料、辅助材料、构配件、零件、半成品或成品、工程设备的费用。内容包括：

1）材料原价：是指材料、工程设备的出厂价格或商家供应价格。

2）运杂费：是指材料、工程设备自来源地运至工地仓库或指定堆放地点所发生的全部费用。

3）运输损耗费：是指材料在运输装卸过程中不可避免的损耗。

4）采购及保管费：是指为组织采购、供应和保管材料、工程设备的过程中所需要的各项费用。包括采购费、仓储费、工地保管费、仓储损耗。

工程设备是指构成或计划构成永久工程一部分的机电设备、金属结构设备、仪器装置及其他类似的设备和装置。

3. 施工机具使用费

施工机具使用费是指施工作业所发生的施工机械、仪器仪表使用费或其租赁费。内容包括：

（1）施工机械使用费　以施工机械台班耗用量乘以施工机械台班单价表示，施工机械台班单价应由下列七项费用组成：

1）折旧费：是指施工机械在规定的使用年限内，陆续收回其原值的费用。

2）大修理费：是指施工机械按规定的大修理间隔台班进行必要的大修理，以恢复其正常功能所需的费用。

3）经常修理费：是指施工机械除大修理以外的各级保养和临时故障排除所需的费用。包括为保障机械正常运转所需替换设备与随机配备工具附具的摊销和维护费用，机械运转中日常保养所需润滑与擦拭的材料费用及机械停滞期间的维护和保养费用等。

4）安拆费及场外运费：安拆费是指施工机械（大型机械除外）在现场进行安装与拆卸所需的人工、材料、机械和试运转费用以及机械辅助设施的折旧、搭设、拆除等费用；场外运费是指施工机械整体或分体自停放地点运至施工现场或由一施工地点运至另一施工地点的运输、装卸、辅助材料及架线等费用。

5）人工费：是指机上司机（司炉）和其他操作人员的人工费。

6）燃料动力费：是指施工机械在运转作业中所消耗的各种燃料及水、电等产生的费用。

7）税费：是指施工机械按照国家规定应缴纳的车船使用税、保险费及年检费等。

（2）仪器仪表使用费　仪器仪表使用费是指工程施工所需使用的仪器仪表的摊销及维修费用。

4. 企业管理费

企业管理费是指建筑安装企业组织施工生产和经营管理所需的费用。内容包括：

1）管理人员工资：是指按规定支付给管理人员的计时工资、奖金、津贴补贴、加班加点工资及特殊情况下支付的工资等。

2）办公费：是指企业管理办公用的文具、纸张、账表、印刷、邮电、书报、办公软件、现场监控、会议、水电、烧水和集体取暖降温（包括现场临时宿舍取暖降温）等费用。

3）差旅交通费：是指职工因公出差调动工作的差旅费、住勤补助费，市内交通费和误餐补助费，职工探亲路费，劳动力招募费，职工退休、退职一次性路费，工伤人员就医路费，工地转移费以及管理部门使用的交通工具的油料、燃料等费用。

4）固定资产使用费：是指管理和试验部门及附属生产单位使用的属于固定资产的房屋、设备、仪器等的折旧、大修、维修或租赁费。

5) 工具用具使用费：是指企业施工生产和管理使用的不属于固定资产的工具、器具、家具、交通工具和检验、试验、测绘、消防用具等的购置、维修和摊销费。

6) 劳动保险和职工福利费：是指由企业支付的职工退职金、按规定支付给离休干部的经费、集体福利费、夏季防暑降温费、冬季取暖补贴、上下班交通补贴等。

7) 劳动保护费：是指企业按规定发放的劳动保护用品的支出。如工作服、手套、防暑降温饮料以及在有碍身体健康的环境中施工的保健费用等。

8) 检验试验费：是指施工企业按照有关标准规定，对建筑以及材料、构件和建筑安装物进行一般鉴定、检查所发生的费用，包括自设试验室进行试验所耗用的材料等费用。不包括新结构、新材料的试验费，对构件做破坏性试验及其他特殊要求检验试验的费用和发包人委托检测机构进行检测的费用，对此类检测发生的费用，由发包人在工程建设其他费用中列支。但对施工企业提供的具有合格证明的材料进行检测其结果不合格的，该检测费用由施工企业支付。

9) 工会经费：是指企业按《工会法》规定的全部职工工资总额比例计提的工会经费。

10) 职工教育经费：是指按职工工资总额的规定比例计提，企业为职工进行专业技术和职业技能培训，专业技术人员继续教育、职工职业技能鉴定、职业资格认定以及根据需要对职工进行各类文化教育所发生的费用。

11) 财产保险费：是指施工管理用财产、车辆等的保险费用。

12) 财务费：是指企业为施工生产筹集资金或提供预付款担保、履约担保、职工工资支付担保等所发生的各种费用。

13) 税金：是指企业按规定缴纳的房产税、车船使用税、土地使用税、印花税等。

14) 其他：包括技术转让费、技术开发费、投标费、业务招待费、绿化费、广告费、公证费、法律顾问费、审计费、咨询费、保险费等。

5. 利润

利润是指施工企业完成所承包工程获得的盈利。

6. 规费

规费是指按国家法律、法规规定，由省级政府和省级有关权力部门规定必须缴纳或计取的费用。包括：

（1）社会保险费

1) 养老保险费：是指企业按照规定标准为职工缴纳的基本养老保险费。

2) 失业保险费：是指企业按照规定标准为职工缴纳的失业保险费。

3) 医疗保险费：是指企业按照规定标准为职工缴纳的基本医疗保险费。

4) 生育保险费：是指企业按照规定标准为职工缴纳的生育保险费。

5) 工伤保险费：是指企业按照规定标准为职工缴纳的工伤保险费。

（2）住房公积金　住房公积金是指企业按规定标准为职工缴纳的住房公积金。

（3）工程排污费　工程排污费是指按规定缴纳的施工现场工程排污费。

其他应列而未列入的规费，按实际发生计取。

7. 税金

税金是指国家税法规定的应计入建筑安装工程造价内的增值税、城市维护建设税、教育费附加以及地方教育附加。

1）增值税：建筑安装工程费用的增值税是指国家税法规定应计入建筑安装工程造价类的增值税销项税额。税前工程造价为人工费、材料费、施工机具使用费、企业管理费、利润和规费之和，各费用项目均以不包含增值税（可抵扣进项税额）的价格计算。

2）城市维护建设税：是指为了加强城市的维护建设，扩大和稳定城市维护建设资金的来源，规定凡缴纳消费税、增值税的单位和个人，都应当依照规定缴纳城市维护建设税。城市维护建设税税率如下：①纳税人所在地在市区的，税率为7%；②纳税人所在地在县城、镇的，税率为5%；③纳税人所在地不在市区、县城或者镇的，税率为1%。

3）教育费附加：是对缴纳增值税、消费税的单位和个人征收的一种附加费。其作用是为了发展地方性教育事业，扩大地方教育经费的资金来源。以纳税人实际缴纳的增值税、消费税的税额为计费依据，教育费附加的征收率为3%。

4）地方教育附加：按照《财政部关于统一地方教育附加政策有关问题的通知》（财综〔2010〕98号）要求，各地统一征收地方教育附加，地方教育附加征收标准为单位和个人实际缴纳的增值税和消费税税额的2%。

2.3 工程项目收入及成本费用构成

2.3.1 工程项目收入及利润

1. 营业收入

营业收入是指工程技术方案实施后各年销售产品或提供服务所获得的收入。即：

$$营业收入 = 产品销售量（或服务量）\times 产品单价（或服务单价）$$

主副产品（或不同等级产品）的销售收入应全部计入营业收入；所提供的不同类型服务收入也应同时计入营业收入。营业收入是现金流量表中现金流入的主体，也是利润表的主要科目。营业收入是经济效果分析的重要数据，其估算的准确性极大地影响着工程技术方案经济效果的评价。因此，营业收入的计算既需要在正确估算各年生产能力利用率（或称生产负荷或开工率）基础上的年产品销售量（或服务量），也需要合理确定产品（或服务）的价格。

（1）产品年销售量（或服务量）的确定　在工程技术方案营业收入估算中，应先根据市场需求预测确定技术方案产品（或服务量）的市场份额，进而合理确定企业的生产规模，再根据企业的设计生产能力和各年的运营负荷确定年产量（服务量）。为计算简便，通常假定年生产量等于年销售量，不考虑库存，即当期的产出（扣除自用量后）当期全部销售。但须注意年销售量应按投产期与达产期分别测算。

（2）产品（或服务）价格的选择　经济效果分析采用以市场价格体系为基础的预测价格，有要求时可考虑价格变动因素。因此，在选择产品（或服务）的价格时，要分析所采用的价格基点、价格体系、价格预测方法，特别应对采用价格的合理性进行说明。

（3）生产多种产品和提供多项服务的营业收入计算　对生产多种产品和提供多项服务的，应分别计算各种产品及服务的营业收入。对不便于按详细的品种分类计算营业收入的情况，可采取折算为标准产品（或服务）的方法计算营业收入。

2. 补贴收入

某些经营性的公益事业、基础设施工程技术方案，如城市轨道交通项目、垃圾处理项目、污水处理项目等，政府在项目运营期给予一定数额的财政补助，以维持正常运营，使投资者能获得合理的投资收益。对这类工程技术方案应按有关规定估算企业可能得到与收益相关的政府补助（与资产相关的政府补助不在此处核算，与资产相关的政府补助是指企业取得的、用于购建或以其他方式形成长期资产的政府补助），包括先征后返的增值税、按销量或工作量等依据国家规定的补助定额计算并按期给予的定额补贴，以及属于财政扶持而给予的其他形式的补贴等，应按相关规定合理估算，记作补贴收入。

补贴收入同营业收入一样，应列入工程技术方案投资现金流量表、资本金现金流量表和财务计划现金流量表。补贴收入应根据财政、税务部门的规定，分别计入或不计入应税收入。

3. 利润

利润是企业在一定会计期间内从事生产经营活动所取得的财务成果。它能综合反映企业生产经营各方面的情况。企业产品产量多少、质量的优劣、成本的高低，多种经营情况，以及技术和管理工作的水平等，都可以通过盈利（或亏损）集中表现出来。利润主要包括营业利润、利润总额、税后利润（净利润）等。

（1）营业利润　营业利润是指企业一定期间取得的主营业务利润和其他业务利润减去期间费用后的余额，即

营业利润=营业收入−营业成本−营业税费−期间费用+公允价值变动净收益+投资净收益

投资净收益是指投资收益扣除投资损失后的余额。投资收益包括对外投资分得的利润、股利和债券利息等。投资损失包括投资作价损失、投资到期收回或者中途转让取得款项低于账面净值的差额等。

（2）利润总额　利润总额是指企业一定期间各项收支相抵后的盈亏总额，包括营业利润、营业外收支净额和补贴收入，即

利润总额=营业利润+营业外收入−营业外支出

企业的营业外收入、营业外支出，是指与企业生产经营无直接关系的各项收入和支出。营业外收入包括固定资产盘盈、处理固定资产净收益、罚没收入、罚款收入、确实无法支付的应付款项、以前年度收入等。营业外支出包括固定资产盘亏、报废毁损、研究与开发失败损失、非常损失、公益救济性捐赠、罚息、赔偿金、违约金、以前年度损失等。

（3）税后利润（净利润）　企业实现利润，一部分以税金的形式上缴国家，另一部分按规定进行分配。企业的税后利润（净利润）为利润总额减去所得税后的余额，即

税后利润（净利润）= 利润总额−所得税

企业的利润按照国家规定做相应的调整后，必须依法缴纳所得税。缴纳所得税后的利润，除国家另有规定外，按照以下顺序分配：①被没收财务的损失，违反税法规定支付的滞纳金和罚款；②弥补企业5年前的亏损；③提取法定公积金（法定公积金用于弥补亏损，按照国家规定转增的资本金等）；④提取公益金（公益金主要用于企业职工的集体福利设施支出）；⑤提取特种基金（企业在盈利年份计提的，专门用于应对突发自然灾害为企业带来财务风险的支出）；⑥向投资者分配利润（企业以前年度未分配的利润，可以并入本年度向投资者分配）；⑦未分配利润（留存收益）。

2.3.2 工程项目成本费用

1. 总成本费用

总成本费用是指在一定时期内为生产和销售产品所花费的全部费用。总成本费用包括产品生产成本和期间费用两部分。

(1) 生产成本　生产成本也称制造成本，是指工业企业为制造一定种类和数量的产品所发生的各项生产费用的总和。生产成本包括直接材料费、直接工资、其他直接支出以及制造费用等。

1) 直接材料费：是指在生产过程中直接消耗于产品生产的各种物资费用。它包括生产经营过程中实际消耗的原材料、辅助材料、外购半成品、备品配件、燃料、动力、包装物以及其他直接材料费用。

2) 直接工资：是指在生产过程中直接从事产品生产人员的工资性消耗，包括直接从事产品生产人员的工资、奖金、津贴和各类补贴。

3) 其他直接支出：包括直接从事产品生产人员的职工福利费等。

4) 制造费用：是指组织和管理生产所发生的各项间接费用，即发生在生产作业单位的间接费用，包括生产作业单位管理人员工资、职工福利费，生产作业单位房屋建筑和机器设备的折旧费、修理维护费、机物料消耗、取暖费、水电费、低值易耗品、办公费、差旅费、运输费、保险费、设计制图费、试验检验费、劳动保护费、季节性及维修期间停工损失等费用。

直接材料费、直接工资及其他直接支出构成产品的直接成本；制造费用则构成产品的间接成本。直接成本加上间接成本构成产品的生产成本。

(2) 期间费用　期间费用包括销售费用、财务费用和管理费用。

1) 销售费用：是指销售商品、提供劳务等日常经营过程中发生的各项费用以及专设销售机构的各项经费，包括应由企业负担的运输费、装卸费、包装费、保险费、展览费、差旅费、广告费以及销售部门人员工资、职工福利费、折旧费、修理费及其他销售费用。

2) 财务费用：是指在企业筹集资金等财务活动中发生的各项费用，包括生产经营期间发生的利息净支出及其他财务费用（如汇兑净损失、外汇调剂手续费、支付给金融机构的手续费等）。

3) 管理费用：是指企业行政管理部门为管理和组织生产经营活动所发生的一般管理费。管理费用包括管理人员工资和福利费、折旧费、修理费、无形及递延资产摊销费及其他管理费用（办公费、差旅费、劳动保护费、技术转让费、土地使用税）等。

2. 经营成本

经营成本是工程经济分析中的专用术语，用于技术方案经济效果评价的现金流量分析。

在经济效果评价中，由于建设投资已按其发生的时间作为一次性支出被计入现金流出，在技术方案建成后建设投资形成固定资产、无形资产和其他资产。折旧是建设投资所形成的固定资产的补偿价值，如将折旧随成本计入现金流出，会造成现金流出的重复计算。同样，由于无形资产及其他资产摊销费也是建设投资所形成资产的补偿价值，只是工程技术方案内部的现金转移，而非现金支出，故为避免重复计算也不予考虑。贷款利息是使用借贷资金所要付出的代价，对于工程技术方案来说是实际的现金流出，但在评价工程技术方案总投资的经济效果时，并不考虑资金来源问题，故在这种情况下也不考虑贷款利息的支出。在资本金现金流量表中由于已将利息支出单列，因此经营成本中也不包括利息支出。由此可见，经营成本作为技术方案现金流量表中运营期现金流出的主体部分，是从技术方案本身考察的，在一定期间（通常为一年）内由于生产和销售产品及提供服务而实际发生的现金支出。计算公式为

经营成本=总成本费用-折旧费-摊销费-维简费-利息支出

或　　　　经营成本=外购原材料、燃料动力费+工资及福利费+修理费+其他费

经营成本与融资方案无关。因此在完成建设投资和营业收入估算后，就可以估算经营成本，为技术方案融资前分析提供数据。

经营成本估算的行业性很强，不同行业在成本构成科目和名称上都可能有较大的不同。估算应按行业规定，没有行业规定的也应注意反映行业特点。

2.3.3　相关税费计算

在技术方案经济效果评价中合理计算各种税费，是正确计算工程技术方案效益与费用的重要基础。

工程技术方案经济效果评价涉及的税费主要包括增值税、消费税、资源税、城市维护建设税和教育费附加、地方教育附加、耕地占用税、环境保护税、关税、所得税等，有些行业还包括土地增值税。此外还有车船税、房产税、土地使用税、印花税和契税等。

税金一般属于财务现金流出。在进行税金计算时应说明税种、征税方式、税基、税率、计税额等，这些内容应根据相关税法和工程技术方案的具体情况确定。

1. 增值税

增值税是一种对商品生产、流通、劳务服务中多个环节的新增价值或商品的附加值征收的流转税。实行价外税，也就是由消费者负担，有增值才征税，没增值不征税。增值税已经成为我国最主要的税种之一。

根据《中华人民共和国增值税暂行条例》《中华人民共和国增值税暂行条例实施细则》和《关于全面推开营业税改征增值税试点的通知》（财税〔2016〕36号）等规定，工程项目投资构成中的建筑安装工程费、设备购置费、工程建设其他费用中所含增值税进项税额，应根据国家增值税相关规定实施抵扣。但是，为了满足筹资的需要，必须足额估算工程技术方案建设投资，为此，工程技术方案建设投资估算应按含增值税进项税额的价格进行。同时要将可抵扣固定资产进项税额单独列示，以便财务分析中正确计算固定资产原值和应纳增值税。

2. 消费税

消费税是针对特定消费品征收的税金。在经济效果评价中，对适用消费税的产品，消费税实行从价定率、从量定额，或者从价定率和从量定额复合计税（简称复合计税）的办法计算应纳税额。应纳税额计算公式如下。

1）实行从价定率办法：应纳消费税=销售额×比例税率。

2）实行从量定额办法：应纳消费税=销售数量×比例税率。

3）实行复合计税办法：应纳消费税=销售额×比例税率+销售数量×比例税率。

纳税人销售的应税消费品，以人民币计算销售额；纳税人以人民币以外的货币结算销售额的，应当折合成人民币计算。销售额为纳税人销售应税消费品向购买方收取的全部价款和价外费用。

3. 资源税

资源税是国家对开发应税资源的单位和个人在应税资源产品（简称应税产品）的销售或自用环节征收的税种。

资源税按照《税目税率表》实行从价计征或者从量计征。

1）采用从价计征的方法：应纳资源税额＝应税产品的销售额×适用税率。
2）采用从量计征的方法：应纳资源税额＝应税产品的销售量×适用单位税率。

纳税人开采或者生产不同税目应税产品的，应当分别核算不同税目应税产品的销售额或者销售数量。纳税人开采或者生产应税产品自用的，应当依照规定缴纳资源税；但是，自用于连续生产应税产品的，不缴纳资源税。

依照《中华人民共和国资源税法》的原则，国务院根据国民经济和社会发展需要，对取用地表水或者地下水的单位和个人试点征收水资源税。征收水资源税的，停止征收水资源费。

4. 土地增值税

土地增值税是对有偿转让房地产取得的增值额征收的税种。房地产开发项目应按规定计算土地增值税。土地增值税按四级超率累进税率计算，公式为

$$土地增值税税额 = 增值额 \times 适用税率$$

式中，适用税率根据增值额是否超过扣除项目金额的比率多少确定。

5. 附加税

附加税是随某种税收按一定比例加征的税。工程技术方案经济效果评价涉及的附加税主要是城市维护建设税和教育费附加、地方教育附加。

城市维护建设税是一种为了加强城市的维护建设，扩大和稳定城市维护建设资金来源的地方附加税；教育费附加是国家为发展地方教育事业，扩大地方教育经费来源，计征用于教育的政府性基金，是地方收取的专项费用；地方教育附加是各省、自治区、直辖市根据国家有关规定，为实施"科教兴省"战略，增加地方教育的资金投入，开征的一项地方政府性基金，主要用于各地方教育经费的投入补充。

城市维护建设税和教育费附加、地方教育附加，以增值税和消费税为税基乘以相应的税率计算。其中，城市维护建设税税率根据技术方案所在地不同，有三个等级：市区为7%，县城和镇为5%，市区、县城和镇以外为1%；教育费附加率为3%；地方教育附加率为2%。城市维护建设税和教育费附加、地方教育附加分别与增值税和消费税同时缴纳。

在经济效果分析时，消费税、土地增值税、资源税和城市维护建设税、教育费附加、地方教育附加均可包含在营业中税金及附加中。

6. 耕地占用税

耕地占用税是为了合理利用土地资源，加强土地管理，保护耕地，对在我国境内占用用于种植农作物的土地建设建筑物、构筑物或者从事非农业建设的单位和个人征收的税金。耕地占用税的纳税人，应当依照规定缴纳耕地占用税。

耕地占用税以纳税人实际占用的耕地面积为计税依据，按照规定的适用税额一次性征收。计算公式为

$$应纳耕地占用税额 = 实际占用的耕地面积（平方米） \times 适用税率$$

对占用耕地建设农田水利设施的，不缴纳耕地占用税。

7. 环境保护税

环境保护税是为了保护和改善环境，减少污染物排放，推进生态文明建设，对在我国领域和我国管辖的其他海域，直接向环境排放应税污染物的企事业单位和其他生产经营者征收的税金。环境保护税所称应税污染物是指《环境保护税税目税额表》《应税污染物和当量值表》规定的大气污染物、水污染物、固体废物和噪声。环境保护税应纳税额按照应税污染物分别计算。

1）按照应税大气污染物，应纳环境保护税额为

$$应纳环境保护税额 = 大气污染当量数 \times 适用税额$$

式中，大气污染当量数按照应税大气污染物排放量折合的污染当量数确定。

2）按照应税水污染物，应纳环境保护税额为

$$应纳环境保护税额 = 水污染当量数 \times 适用税额$$

式中，水污染当量数按照应税水污染物排放量折合的污染当量数确定。

3）按照应税固体废物，应纳环境保护税额为

$$应纳环境保护税额 = 固体废物排放量 \times 适用税额$$

式中，固体废物排放量按照应税固体废物排放量确定。

4）按照应税噪声，应纳环境保护税额为

$$应纳环境保护税额 = 分贝数 \times 适用税额$$

式中，分贝数按照应税噪声超过国家规定标准的分贝数确定。

8. 关税

关税是以进出口的应税货物为纳税对象的税种。工程技术方案经济效果评价中涉及引进设备、技术和进口原材料时，应按有关税法和国家的税收优惠政策，正确估算进口关税。进口货物关税以从价计征、从量计征或者国家规定的其他方式征收。

1）从价计征时，应纳税额计算公式为

$$应纳关税额 = 完税价格 \times 关税税率$$

进口货物的完税价格，由海关以该货物的成交价格为基础审查确定，并应当包括货物运抵中华人民共和国境内输入地点起卸前的运输及其相关费用、保险费。

出口货物的完税价格，由海关以该货物的成交价格为基础审查确定，并应当包括货物运至中华人民共和国境内输出地点装载前的运输及其相关费用、保险费。

2）从量计征时，应纳税额计算公式为

$$应纳关税额 = 货物数量 \times 单位税额$$

我国仅对少数货物征收出口关税，而对大部分货物免征出口关税。若工程技术方案的出口产品属于征税货物，应按规定估算出口关税。

9. 所得税

工程技术方案经济效果评价中所得税是指企业所得税，即针对企业应纳税所得额征收的税种。企业所得税按有关税法扣除所得税前项目计算应纳税所得额，并采用适宜的税率计算。计算公式为

$$应纳所得税额 = 应纳税所得额 \times 适用税率 - 减免额 - 抵免额$$

上述各税费如有减征、免征和抵免的优惠，应说明政策依据及减免、抵免的方式，并按相关规定估算减免、抵免金额。

思 考 题

1. 简述建设工程项目投资构成。
2. 什么是建筑安装工程费用，它由什么构成？
3. 什么是工程建设其他费用，它可以分为哪几类？
4. 什么是经营成本？为什么经营成本中不包括折旧费、摊销费、维简费及流动资金贷款利息？
5. 某建设项目工程费用为 7200 万元，工程建设其他费用为 1800 万元，基本预备费为 400 万元。项目前期年限为 1 年，建设期为 2 年，各年度完成静态投资额的比例分别为 60% 与 40%，年均投资价格上涨率为 6%。则该项目建设期第二年价差预备费为多少？
6. 已知某项目设备及工器具购置费为 1000 万元，建筑安装工程费为 580 万元，工程建设其他费用为 240 万元，基本预备费为 150 万元，价差预备费为 50 万元，建设期贷款为 500 万元，建设期贷款利息为 80 万元，项目正常生产年份流动资产平均占用额为 350 万元，流动负债平均占用额为 280 万元。则该项目建设投资为多少？
7. 进口某设备，已知装运港船上交货价为 500 万美元，国际运费率为 7.5%，运输保险费率为 4%，关税税率为 15%，增值税税率为 17%，消费税税率为 10%。则该设备的关税完税价格为多少？（1 美元 = 6.80 元人民币）

第 3 章
资金时间价值计算

本章重点内容： 资金时间价值的概念，利息与利率的概念，项目现金流量的含义。

本章学习目标： 掌握资金时间价值的概念、利息与利率的概念，掌握现金流量图的绘制和资金等值的计算，掌握名义利率与有效利率的计算，熟悉资金时间价值的各种变换计算。学生通过本章学习，培养良好的经济意识和职业素养；建立正确的价值观和良好的时间观念；培养透过现象看本质的素质。

3.1 资金时间价值及利息

3.1.1 资金时间价值的概念

在工程经济计算中，工程方案的经济效益，所消耗的人力、物力和自然资源，最后都是以价值形态，即资金的形式表现出来。资金运动反映了物化劳动和活劳动的运动过程，而此过程也是资金随时间运动的过程。因此，在工程经济分析时，不仅要着眼于技术方案资金量的大小（资金收入和支出的多少），而且要考虑资金发生的时间。资金是运动的价值，资金的价值随时间变化而变化，是时间的函数，随时间的推移而增值，其增值的资金就是原有资金的时间价值。其实质是资金作为生产经营要素，在扩大再生产及其资金流通过程中，资金随时间周转使用的结果。

影响资金时间价值的因素很多，主要有以下几点：

1) 资金的使用时间。在单位时间的资金增值率一定的条件下，资金使用时间越长，则资金的时间价值越大；使用时间越短，则资金的时间价值越小。

2) 资金的数量。在其他条件不变的情况下，资金数量越多，资金的时间价值越大；反之，资金的时间价值则越小。

3) 资金投入和回收的特点。在总资金一定的情况下，前期投入的资金越多，资金的负效益越大；反之，后期投入的资金越多，资金的负效益越小。而在资金回收额一定的情况下，离现在越近的时间回收的资金越多，资金的时间价值越大；反之，离现在越远的时间回收的资金越多，资金的时间价值越小。

4) 资金周转的速度。资金周转的速度越快，在一定的时间内等量资金的周转次数越多，资金的时间价值越大；反之，资金的时间价值越小。

总之，资金的时间价值是客观存在的，生产经营的一项基本原则就是充分利用资金流转的时间并最大限度地获得其时间价值，这就要加速资金周转，早期回收资金，并不断进行利润较高的投资活动，任何资金的闲置都是损失资金的时间价值。

3.1.2 利息与利率的概念

对于资金时间价值的换算方法与采用复利计算利息的方法完全相同。因为利息就是资金时间价值的一种重要表现形式。而且通常用利息额作为衡量资金时间价值的绝对尺度,用利率作为衡量资金时间价值的相对尺度。

(1) 利息 利息是指在借贷过程中,债务人支付给债权人超过原借贷金额的部分。计算公式为

$$I = F - P$$

式中 I——利息;
  F——目前债务人应付(或债权人应收)总金额,即还本付息总额;
  P——原借贷金额,常称为本金。

从本质上看,利息是由贷款发生利润的一种再分配。在工程经济分析中,利息通常被看作资金的一种机会成本。这是因为如果放弃资金的使用权利,相当于失去收益的机会,也就相当于付出了一定的代价。事实上,投资是为了在未来获得更大的收益而对目前资金进行的安排。很显然,未来的收益应当超过现在的投资,正是这种预期的价值增长才能刺激投资者对项目进行投资。因此,在工程经济分析中,利息通常是指占用资金所付的代价或者是放弃使用资金所得的补偿。

(2) 利率 在经济学中,利率的定义是从利息的定义中衍生出来。即在理论上先承认了利息,再以利息来解释利率。在实际计算中,正好相反,常根据利率计算利息。

利率是指在单位时间内所得利息额与原借贷金额之比,通常用百分数表示。计算公式为

$$i = \frac{I_t}{P} \times 100\%$$

式中 i——利率;
  I_t——单位时间内所得的利息额。

用于表示计算利息的时间单位称为计息周期,计息周期 t 通常为年、半年、季、月、周或日。

【例 3-1】 某公司现借得本金 1000 万元,一年后付息 80 万元,则年利率为多少?

解 $$年利率 = \frac{80}{1000} \times 100\% = 8\%$$

利率是发展国民经济的重要杠杆之一,利率的高低由以下因素决定:

1) 利率的高低首先取决于社会平均利润率的高低,并随之变动。在通常情况下,社会平均利润率是利率的最高界限。因为如果利率高于利润率,则不能产生借款行为。

2) 在社会平均利润率不变的情况下,利率高低取决于金融市场上借贷资本的供求情况。借贷资本供过于求,利率便下降;反之,利率便上升。

3) 借出资本要承担一定的风险,风险越大,利率也就越高。

4) 通货膨胀对利息的波动有直接影响,导致的资金贬值会使利息无形中成为负值。

5) 借出资本的期限长短。贷款期限长,不可预见因素多,风险大,利率就高;反之,利率就低。

(3) 利息和利率在工程经济活动中的作用

1) 利息和利率是以信用方式动员投资者筹集资金的动力。以信用方式筹集资金的特点就是自愿性，而自愿性的动力在于利息和利率。比如一个投资者，首先要考虑的是投资某一项目所得到的利息是否比把这笔资金投入其他项目所得的利息多。

2) 利息促进投资者加强经济核算，节约使用资金。建设项目投资者借款需付利息，增加支出负担，就促使其精打细算，合理使用借入资金，减少借入资金的占用，以少付利息。同时可以使投资者自觉减少多环节占压资金。

3) 利息和利率是宏观经济管理的重要杠杆。国家在不同的时期制定不同的利息政策，对不同地区、不同行业规定不同的利率标准，会对整个国民经济产生影响。例如对于限制发展的行业，适度提高利率；对于提倡发展的行业，适度降低利率，从而引导行业和企业的生产经营服从国民经济发展的总方向。同样，占用资金时间短的，收取低息；占用时间长的，收取高息。对产品适销对路、质量好、信誉高的企业，在资金供应上给予低息支持；反之，收取较高利息。

4) 利息与利率是金融企业经营发展的重要条件。金融机构作为企业，必须获取利润。由于金融机构的存放款利率不同，其差额成为金融机构业务收入。此款扣除业务费后就是金融机构的利润，所以利息和利率能刺激金融企业的经营发展。

3.1.3 利息的计算

利息计算有单利和复利之分。当计息周期在一个以上时，就需要考虑"单利"与"复利"的问题。

(1) 单利 单利是指在计算利息时，仅用最初本金来计算，而不计入先前计息周期中所累积增加的利息，即通常所说的"利不生利"的计息方法。计算公式为

$$I_t = Pi$$

式中　I_t——第 t 计息周期的利息额；
　　　P——本金；
　　　i——计息周期单利利率。

而 n 期末单利本利和 F 等于本金加上总利息，即

$$F = P + I_n = P(1+ni)$$

式中　I_n——n 个计息周期所付或所收的单利总利息，即 $I_n = Pin$。

在以单利计息的情况下，总利息与本金、利率及计息周期数成正比关系。

在计算本利和 F 时，要注意式中 n 和 i 反映的时期要一致。若 i 为年利率，则 n 应为计息的年数；若 i 为月利率，则 n 应为计息的月数。

【例 3-2】 某公司以单利方式借入 1000 万元，年利率为 8%，第四年年末偿还全部借款及利息，则各年利息及期末本利和见表 3-1。

由表 3-1 可知，单利的年利息额都仅由本金所产生，其新生利息不再加入本金产生利息，即"利不生利"。此计息模式不符合客观的经济发展规律，没有反映资金随时都在"增值"的理念，也即没有完全反映资金的时间价值。因此，在工程经济分析中使用较少，通常只适用于短期投资或短期贷款。

表 3-1　单利方式借款本息计算表　　　　　　　　　（单位：万元）

使用期	年初款额	年末利息	年末本利和	年末偿还
1	1000	1000×8%=80	1080	0
2	1080	80	1160	0
3	1160	80	1240	0
4	1240	80	1320	1320

（2）复利　复利是指在计算某一计息周期的利息时，其先前周期中所累积的利息要计算利息，即"利生利""利滚利"的计息方式。其表达式为

$$I_t = iF_{t-1}$$

式中　i——计息周期复利利率；

F_{t-1}——第（$t-1$）期末复利本利和。

而第 t 期末复利本利和的表达式为

$$F_t = F_{t-1}(1+i)$$

【例 3-3】　数据同例 3-2，按复利计算，则各年利息与本利和见表 3-2。

表 3-2　复利方式借款本息计算表　　　　　　　　　（单位：万元）

使用期	年初款额	年末利息	年末本利和	年末偿还
1	1000	1000×8%=80	1080	0
2	1080	1080×8%=86.4	1166.4	0
3	1166.4	1166.4×8%=93.312	1259.712	0
4	1259.712	1259.712×8%=100.777	1360.489	1360.489

从表 3-1 和表 3-2 比较可以看出，同一笔借款，在利率和计息周期均相同的情况下，用复利计算出的利息金额比用单利计算出的利息金额多，相差 40.489 万元（1360.489-1320）。本金越大，利率越高，计息周期越多时，两者差距就越大。复利计息比较符合资金在社会再生产过程中运动的实际状况。因此，在工程经济分析中，一般采用复利计算。

复利计算有间断复利和连续复利之分。按计息周期（年、半年、季、月、周、日）计算复利的方法称为间断复利（即普通复利）；按瞬时计算复利的方法称为连续复利。在实际使用中都采用间断复利，一方面是出于习惯，另一方面是因为会计通常在年底结算一年的进出款，按年支付税金、保险金和抵押费用，因而采用间断复利考虑问题更适宜。

3.2　现金流量图及资金等值的计算

资金有时间价值，即使金额相同，因其发生在不同时间，其价值就不相同。反之，不同

时点绝对不等的资金在时间价值的作用下却可能具有相等的价值。这些不同时期、不同数额但其"价值等效"的资金称为等值，又称作等效值。资金等值计算公式和复利计算公式的形式是相同的。常用的等值计算公式主要有终值和现值计算公式。

3.2.1 项目现金流量的含义

在进行工程经济分析时，把所考察的对象视为一个系统。该系统可以是一个建设项目、一个企业，也可以是一个地区、一个国家。而投入的资金、花费的成本、获取的收益，均可看作以资金形式体现在该系统的资金流出或资金流入，这种在考察对象整个期间各时点t上实际发生的资金流出或资金流入称为现金流量。

流入系统的资金称为现金流入（Cash Input），用符号CI_t表示，主要有产品销售收入、回收固定资产残值、回收流动资金。流出系统的资金称为现金流出（Cash Output），用符号CO_t表示，主要有固定资产投资、投资利息、流动资金、经营成本、销售税金及附加、所得税、借款本金偿还。现金流入与现金流出之差称为净现金流量，用符号$(CI-CO)_t$表示，即净现金流量等于项目同一年份的现金流入量减去现金流出量。

3.2.2 现金流量图的绘制

1. 现金流量图的含义及基本符号

现金流量图是指在时间坐标轴上用带箭头的垂直线段表示特定系统在一段时间内发生的现金流量的大小和方向。一个项目的现金流，从时间上看，有起点、终点和一系列的中间点。把起点称为"现在"（尽管它可能并不发生在现在这个时刻），除现在以外的时间称为"将来"，现金流结束的时点称为"终点"。把发生在现在的资金收支额称为"现值"，用符号P表示；把发生在"将来"和"终点"的资金收支额称为"终值"，用符号F表示；当时间间隔相等时，把中间时点发生的资金收支额称为"年值"或"年金"，用符号A表示，如果系统中的各年值都相等，年值也称为"等额年值"。

2. 现金流量图的绘制原则

现金流量图如图3-1所示，横轴表示时间，0点表示所考察的起始时刻。垂直线的长度与现金流的大小相关。箭头向下，表示资金流出，即货币离开所讨论的经济系统，为负的现金流量。箭头向上，表示资金流入，即货币进入所讨论的经济系统，为正的现金流量。

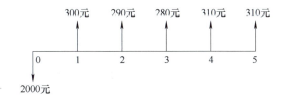

图3-1 现金流量图

1）对项目投资额，未特别说明时点的情况下，一律发生在投资各期期初。
2）对项目寿命期满的残值，在项目寿命期末产生。
3）对生产期流动资金，通常情况下，在生产期第1年年初作为现金流出，在生产期最后一年年末收回。

4）对年金 A，未特别说明的情况下，一律发生在等额时段内各时点的期末。

在图 3-1 中，"2000 元"作为现金流出中的投资在第 1 年年初发生，而在各年年末形成不等额的现金流入。

要正确绘制现金流量图，必须把握现金流量的三要素，即现金流量的大小（现金流量数额）、方向（现金流入或现金流出）和作用点（现金流量发生的时点）。

3.2.3 资金时间价值计算的基本条件

由于实际投资项目千差万别，在计算时需要将其抽象为便于计算的模型，因此应遵循以下假定：

1）假设投资项目或者技术方案的初期投资发生在方案的寿命期初。
2）方案实施中发生的经常性收益和费用假定发生在计息周期的期末，即等额年值发生在期末。
3）本期的期末为下期的期初。
4）现值 P 是当前期初开始时发生的。
5）终值 F 是自期初以后的第 n 期期末发生的。
6）年值 A 是在考察期间各期期末发生的。
7）当问题包括 P 和 A 时，系列的第一个 A 在 P 发生一个期间后的期末发生。
8）当问题包括 F 和 A 时，系列的最后一个 A 与 F 同时发生。
9）P_0 在第一个（等额增加或减少的数额）G 的前两期发生，A_1 在第一个 G 的前一期发生。

3.2.4 终值和现值的计算

1. 一次支付现金流量的终值和现值计算

（1）一次支付现金流量　一次支付又称整存整付，是指所分析投资项目或技术方案的现金流量，无论是流入或是流出，分别在各时点上只发生一次，如图 3-2 所示。

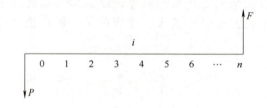

图 3-2　一次支付现金流量图

i—计息期复利利率　n—计息的期数　P—现值（即现在的资金价值或本金），
资金发生在（或折算为）某一特定时间序列起点时的价值
F—终值（即 n 期末的资金价值或本利和），资金发生在（或折算为）某一特定时间序列终点的价值

（2）终值计算（已知 P，求 F）　现有一项资金 P，年利率 i，按复利计算，n 年以后的本利和为多少？根据复利的定义即可求得 n 年年末本利和（即终值）F，见表 3-3。

表 3-3　一次支付终值公式推算表　　　　　　　　　　　　（单位：万元）

计息期	期初金额（1）	本期利息额（2）	期末本利和 $F_t=(1)+(2)$
1	P	Pi	$F_1=P+P_i=P(1+i)$
2	$P(1+i)$	$P(1+i)i$	$F_2=P(1+i)+P(1+i)i=P(1+i)^2$
3	$P(1+i)^2$	$P(1+i)^2i$	$F_3=P(1+i)^2+P(1+i)^2i=P(1+i)^3$
⋮	⋮	⋮	⋮
n	$P(1+i)^{n-1}$	$P(1+i)^{n-1}i$	$F=F_n=P(1+i)^{n-1}+P(1+i)^{n-1}i=P(1+i)^n$

由表 3-3 可知，一次支付 n 年年末终值 F 的计算公式为

$$F=P(1+i)^n$$

式中　$(1+i)^n$——一次支付终值系数，用（F/P，i，n）表示，故

$$F=P(F/P,i,n)$$

在（F/P，i，n）表达式中，括号内斜线上的符号表示所求的未知数，斜线下的符号表示已知数。（F/P，i，n）表示在已知 P、i 和 n 的情况下求解 F 的值。

【例 3-4】　某公司借款 1000 万元，年复利利率 $i=10\%$，则在第 5 年年末本利和一次需偿还多少万元？

解：$F=P(1+i)^n=1000$ 万元 $\times(1+10\%)^5=1000$ 万元 $\times 1.61051=1610.51$ 万元

（3）现值计算（已知 F，求 P）　由终值计算的逆运算可得出现值 P 的计算式为

$$P=\frac{F}{(1+i)^n}=F(1+i)^{-n}$$

式中　$(1+i)^{-n}$——一次支付现值系数，用符号（P/F，i，n）表示。则现值表达式又可写成

$$P=F(P/F,i,n)$$

计算现值 P 的过程称为"折现"或"贴现"，其所使用的利率常称为折现率或贴现率。故 $(1+i)^{-n}$ 或（P/F，i，n）也可称为折现系数或贴现系数。

【例 3-5】　某公司希望所投资项目 5 年年末有 1000 万元资金，年复利利率 $i=10\%$，试问现在需一次投入多少？

解：$P=F(1+i)^{-n}=1000$ 万元 $\times(1+10\%)^{-5}=1000$ 万元 $\times 0.6209=620.9$ 万元

从上面计算可知，现值系数与终值系数互为倒数，即（F/P，i，n）$=\dfrac{1}{(P/F,i,n)}$。在 P 一定，n 相同时，i 越高，F 越大；在 i 相同时，n 越长，F 越大，见表 3-4。在 F 一定，n 相同时，i 越高，P 越小；在 i 相同时，n 越长，P 越小，见表 3-5。

表 3-4　一元现值与终值的关系　　　　　　　　　　　　（单位：元）

利率（%）	时间			
	1 年	5 年	10 年	20 年
1	1.0100	1.0510	1.1046	1.2202
5	1.0500	1.2763	1.6289	2.6533

(续)

利率（%）	时间			
	1年	5年	10年	20年
8	1.0800	1.4693	2.1589	4.6610
10	1.1000	1.6105	2.5937	6.7275
12	1.1200	1.7623	3.1058	9.6463
15	1.1500	2.0114	4.0456	16.3665

表 3-5　一元终值与现值的关系　　　　　　　　（单位：元）

利率（%）	时间			
	1年	5年	10年	20年
1	0.99010	0.95147	0.90529	0.81954
5	0.95238	0.78353	0.61391	0.37689
8	0.92593	0.68058	0.46319	0.21455
10	0.90909	0.62092	0.38554	0.14864
12	0.89286	0.56743	0.32197	0.10367
15	0.86957	0.49718	0.24718	0.06110

从表 3-4 可知，按 12% 的年利率，时间为 20 年，现值与终值相差 9.6 倍。如用终值进行分析，会使人感到评价结论可信度降低；而用现值进行分析，很容易被决策者接受。因此，在工程经济分析中，现值比终值使用更为广泛。

在工程经济评价中，由于现值评价通常是选择现在为同一时点，把投资项目或技术方案预计的不同时期的现金流量折算成现值，并按现值的代数和大小做出决策。因此，在工程经济分析时应当注意以下两点：

一是正确选取折现率。折现率是决定现值大小的一个重要因素，必须根据实际情况灵活选用。

二是注意现金流量的分布情况。从收益方面来看，获得的时间越早、数额越多，其现值也越大。因此，应使技术方案早日完成，早日实现生产能力，早获收益，多获收益，才能达到最佳经济效益。从投资方面看，在投资额一定的情况下，投资支出的时间越晚、数额越少，其现值也越小。因此，应合理分配各年投资额，在不影响投资项目技术方案正常实施的前提下，尽量减少建设初期投资额，加大建设后期投资比重。

2. 等额支付系列现金流量的终值和现值计算

（1）多次或者等额支付系列现金流量　多次支付是指现金流量在多个时点发生，而不是集中在某一个时点上。如果用 A_t 表示第 t 期末发生的现金流量大小，可正可负，用逐个折现的方法，可将多次支付现金流量换算成现值，即

$$P = A_1(1+i)^{-1} + A_2(1+i)^{-2} + \cdots + A_n(1+i)^{-n} = \sum_{t=1}^{n} A_t(1+i)^{-t}$$

或

$$P = \sum_{t=1}^{n} A_t(P/F, i, t)$$

同理，也可将多次支付现金流量换算成终值，即

$$F = \sum_{t=1}^{n} A_t (1+i)^{n-t}$$

或

$$F = \sum_{t=1}^{n} A_t (F/P, i, n-t)$$

在上述公式中，虽然系数都可以计算得到，但如果 n 较长，A_t 较多时，计算比较烦琐。如果多次支付现金流量 A_t 有如下特征，则可简化上述计算公式。各年的现金流量序列是连续的，且数额相等，即

$$A_t = A = 常数（t = 1, 2, 3, \cdots, n）$$

式中　A——年金，发生在（或折算为）某一特定时间序列各计息周期末（不包括零期）的等额资金序列的价值。

等额支付系列现金流量示意如图 3-3 所示。

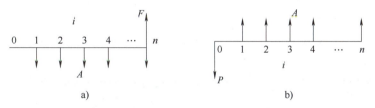

图 3-3　等额支付系列现金流量示意图
a）年金与终值关系　b）年金与现值关系

（2）终值计算（已知 A，求 F）　等额支付系列现金流量的终值为

$$F = \sum_{t=1}^{n} A_t (1+i)^{n-t} = A(1+i)^{n-1} + A(1+i)^{n-2} + \cdots + A(1+i) + 1 = A \frac{(1+i)^n - 1}{i}$$

式中　$\dfrac{(1+i)^n - 1}{i}$——等额支付系列终值/（系数）或年金终值系数，用 $(F/A, i, n)$ 表示，则上式又可写成

$$F = A(F/A, i, n)$$

【例 3-6】　某投资人若 10 年内每年年末存 10000 元，年利率为 8%，则在第 10 年年末本利和为多少元？

解：$F = A \dfrac{(1+i)^n - 1}{i} = 10000\ 元 \times \dfrac{(1+8\%)^{10} - 1}{8\%} = 10000\ 元 \times 14.487 = 144870\ 元$

（3）现值计算（已知 A，求 P）　等额支付系列现金流量的现值为

$$P = F(1+i)^{-n} = A \frac{(1+i)^n - 1}{i(1+i)^n}$$

式中　$\dfrac{(1+i)^n - 1}{i(1+i)^n}$——等额支付系列现值系数或年金现值系数，用 $(P/A, i, n)$ 表示。则上式又可写成

$$P = A(P/A, i, n)$$

【例 3-7】 某投资项目，计算期为 5 年，每年年末等额收回 100 万元，则在年利率为 10% 时，开始需一次投资多少万元？

解：$P = A \dfrac{(1+i)^n - 1}{i(1+i)^n} = 100 \text{ 万元} \times \dfrac{(1+10\%)^5 - 1}{10\% \times (1+10\%)^5} = 100 \text{ 万元} \times 3.7908 = 379.08 \text{ 万元}$

3.3 名义利率与有效利率的计算

在复利计算中，利率周期通常以年为单位，它可以与计息周期相同，也可以不同。当计息周期小于一年时，就出现了名义利率和有效利率的概念。

1. 名义利率的计算

名义利率 r 是指计息周期利率 i 乘以一年内的计息周期数 m 所得的年利率。即 $r = im$。

若计息周期月利率为 1%，则年名义利率为 12%。然而，计算名义利率时忽略了前面各期利息再生的因素，这与单利的计算相同。通常所说的年利率都是名义利率。

2. 有效利率的计算

有效利率是指资金在计息中所发生的实际利率，包括计息周期有效利率和年有效利率两种情况。

（1）计息周期有效利率的计算　计息周期有效利率，即计息周期利率 i，有

$$i = \dfrac{r}{m}$$

（2）年有效利率的计算　若用计息周期利率来计算年有效利率，并将年内的利息再生因素考虑进去，这时所得的年利率称为年有效利率，又称为年实际利率。根据利率的概念即可推导出年有效利率的计算公式。

已知某年初有资金 P，名义利率为 r，一年内计息 m 次，如图 3-4 所示，则计息周期利率为 $i = r/m$。

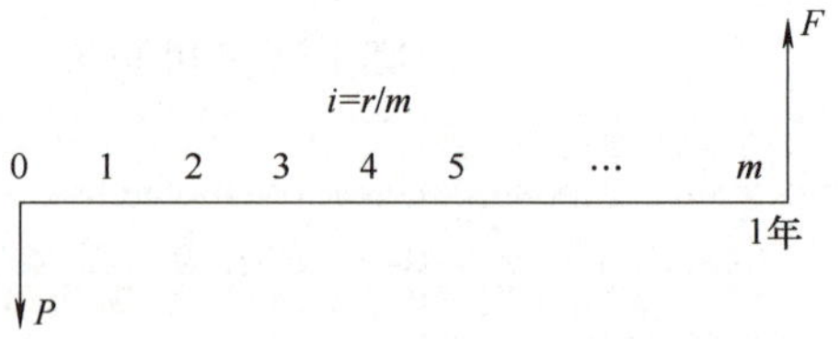

根据一次支付终值公式可得该年的本利和 F，即

$$F = P\left(1 + \dfrac{r}{m}\right)^m$$

图 3-4　年有效利率计算现金流量图

根据利息的定义可得该年的利息 I，即

$$I = F - P = P\left(1 + \dfrac{r}{m}\right)^m - P = P\left[\left(1 + \dfrac{r}{m}\right)^m - 1\right]$$

再根据利率的定义可得该年的实际利率，即年有效利率 i_{eff} 为

$$i_{\text{eff}} = \dfrac{I}{P} = \left(1 + \dfrac{r}{m}\right)^m - 1$$

由此可见，年有效利率和名义利率的关系实质上与复利和单利的关系一样。

【例 3-8】 现假设年名义利率 $r = 10\%$，则年、半年、季、月、日的年有效利率见表 3-6。

表 3-6 名义利率与有效利率比较表

年名义利率 r	计息周期 t	年计息次数 m	计息周期利率 i=r/m	年有效利率 i_{eff}
10%	年	1	10%	10%
	半年	2	5%	10.25%
	季	4	2.5%	10.38%
	月	12	0.833%	10.46%
	日	365	0.0274%	10.51%

从表 3-6 可以看出，每年计息次数 m 越多，i_{eff} 与 r 相差越大；年名义利率为 10%，按季度计息时，按季度利率 2.5% 计息与按年利率 10.38% 计息，两者是等价的。所以，在工程经济分析中，如果各投资项目或技术方案的计息周期不同，就必须换算成有效利率进行评价，否则会得出不正确的结论。

3.4 资金时间价值计算例题

【例 3-9】 假设年利率为 6%，每季度复利一次，若想此后 10 年内每季度都能得到 5000 元，则现在应存款多少元？

解： 6% 是名义利率，则周期利率为 1.5%，每年按 1.5% 复利 4 次，10 年复利次数为 40 次，则有

$$P = A\frac{(1+i)^n - 1}{i(1+i)^n}$$

题中 $A=5000$ 元，$i=1.5\%$，$n=40$，则

$$P = 5000 \text{ 元} \times \frac{(1+1.5\%)^{40} - 1}{1.5\% \times (1+1.5\%)^{40}} = 149579.226 \text{ 元}$$

或者，先求出一年的有效利率为

$$i = \left(1 + \frac{6\%}{4}\right)^4 - 1 = 6.14\%$$

再按资金时间价值的计算公式，求解现在应存款的金额为

$$P = 5000 \text{ 元} \times (F/A, 1.5\%, 4) \times (P/A, 6.14\%, 10) = 149566.96 \text{ 元}$$

【例 3-10】 某建筑公司计划从一年后开始的今后 20 年间，每年能从银行取出 21 万元，第 5 年能多取出 10 万元，第 10 年能多取出 14 万元。若年利率为 6%，则该公司现在应存多少万元才能满足上述用款需要？

解： 画出现金流量图（图 3-5）。

存款总额为等额支付的 $A = 21$ 万元的现值与两次单项支付金额的现值之和，即

$$P = 21 \text{ 万元} \times (P/A, 6\%, 20) + 10 \text{ 万元} \times (P/F, 6\%, 5) + 14 \text{ 万元} \times (P/F, 6\%, 10)$$

$$= 21 \text{ 万元} \times 11.4699 + 10 \text{ 万元} \times 0.7473 + 14 \text{ 万元} \times 0.5584 = 256.16 \text{ 万元}$$

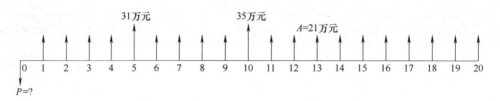

图 3-5 现金流量图

【例 3-11】 某投资者欲建工厂需购置土地，与土地所有者商定的结果是：现时点支付 600 万元；此后，第一个 5 年每半年需支付 40 万元；第二个 5 年每半年需支付 60 万元；第三个 5 年每半年需支付 80 万元。按复利计算，每半年的资本利率 $i=4\%$。则该土地的价格相当于现时点的值是多少万元？

解：画出现金流量图（图 3-6）。解答该题的方法有很多种，下面用几种方法求解，以熟练地掌握资金时间价值的计算公式。

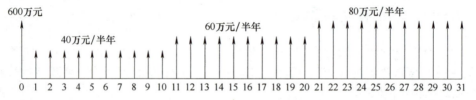

图 3-6 某公司的现金流量图

1) $P = 600$ 万元 $+ 40$ 万元 $\times (P/A, 4\%, 30) + 20$ 万元 $\times (P/A, 4\%, 20) \times (P/F, 4\%, 10) +$ 20 万元 $\times (P/A, 4\%, 10) \times (P/F, 4\%, 20)$
   $= 1549$ 万元

2) $P = 600$ 万元 $+ 80$ 万元 $\times (P/A, 4\%, 30) - 20$ 万元 $\times (P/A, 4\%, 20) - 20$ 万元 $\times (P/A, 4\%, 10) = 1549$ 万元

3) $P = 600$ 万元 $+ [40$ 万元 $\times (F/A, 4\%, 30) + 20$ 万元 $\times (F/A, 4\%, 20) + 20$ 万元 $\times (F/A, 4\%, 10)] \times (P/F, 4\%, 30) = 1549$ 万元

思 考 题

1. 简述利率的影响因素及利率在工程经济活动中的作用。
2. 简述资金时间价值计算的基本条件。
3. 简述名义利率与有效利率的关系。
4. 某人借款 10000 元，偿还期为 5 年，年利率为 10%。试就下面四种还款方式，分别计算 5 年还款总额和利息分别是多少？
   1) 每年年末等额偿还。
   2) 每年年末支付当年利息，偿还 2000 元本金。
   3) 每年年末支付当年利息，第 5 年年末一次偿还。

4）第5年年末一次还本付息。

5. 某台设备初期投资为10万元，投资效果持续时间为10年，净收益发生于每年年末且数值相等，资本年利率为10%，年净收益为多少合适？寿命期为20年、30年又应为多少？

6. 某公司欲买一台机床，卖方提出两种付款方式：①若购买时一次付清，则售价为30000元；②若购买时第一次支付10000元，以后24个月内每月支付1000元。当时银行年利率为12%。若这两种付款方案在经济上是等值的话，那么对于等值的两种付款方式，试求卖方实际上得到了多少的名义利率与有效利率。

7. 设有一个25岁的人投资人身保险，保险期为50年，在此期间，每年缴纳150元保险费，在保险期间内，若发生人身死亡或期末死亡，保险人均可获得10000元。试求购买这段保险期的有效利率。若该人活到52岁去世，银行年利率为6%，保险公司是否亏损？

8. 某企业向外资贷款200万元建一工程，第3年投产，投产后每年净收益为40万元，若年利率为10%。试求投产后多少年能归还200万元贷款的本息。

第 4 章
工程技术方案经济评价指标与选择

本章重点内容：经济评价的静态指标和动态指标，工程方案的类型与选择。

本章学习目标：掌握工程经济评价的静态指标和动态指标的概念与计算，熟悉工程方案的类型，掌握工程方案的选择。通过本章教学，引导学生多面性看待与分析问题，转换角度，换位思考，培养学生打破思维定式的创新意识。

4.1 工程技术方案经济评价指标体系

工程技术方案的经济评价，一方面取决于基础数据的完整性和可靠性；另一方面取决于选取评价指标体系的合理性。只有选取正确的评价指标体系，经济评价的结果才能与客观实际情况相吻合，才具有实际意义。在工程经济分析中，常用的经济评价指标体系如图 4-1 所示。

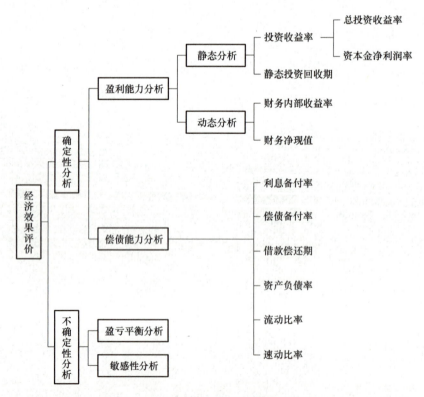

图 4-1　土木工程技术经济评价指标体系

静态分析指标的最大特点是不考虑资金的时间因素,计算简便。所以在对工程技术方案进行粗略评价,或对短期投资方案进行评价,或对逐年收益大致相等的工程技术方案进行评价时,可采用静态分析指标。

动态分析指标强调利用复利方法计算资金时间价值,它将不同时间内资金的流入和流出,换算成同一时点的价值,从而为不同工程技术方案的经济比较提供了可比基础,并能反映工程技术方案在未来时期的发展变化情况。

在进行工程技术方案经济评价时,应根据评价深度要求、可获得资料的多少及评价方案本身所处的条件,选用多个不同的评价指标,从不同侧面反映评价方案的经济效果。

4.1.1 经济评价的静态指标

1. 投资收益率

(1) 概念 投资收益率是衡量工程技术方案获利水平的评价指标,是工程技术方案建成投产达到设计生产能力后一个正常生产年份的年净收益额与投资的比率。表明工程技术方案在正常生产年份中,单位投资每年所创造的净收益额。对生产期内各年的净收益额变化幅度较大的工程技术方案,可计算生产期年平均净收益额与投资的比率,其计算公式为

$$R = \frac{A}{I} \times 100\%$$

式中 R——投资收益率;

A——工程技术方案年净收益额或年平均净收益额;

I——工程技术方案投资。

(2) 判别准则 将计算出的投资收益率(R)与所确定的基准投资收益率(R_c)进行比较。若$R \geq R_c$,则工程技术方案可以考虑接受;若$R < R_c$,则工程技术方案不可行。

(3) 应用形式 根据分析的目的不同,投资收益率又具体分为总投资收益率(ROI)和资本金净利润率(ROE)。

1) 总投资收益率(ROI):表示总投资的盈利水平,计算公式为

$$\text{ROI} = \frac{\text{EBIT}}{\text{TI}} \times 100\%$$

式中 EBIT——工程技术方案正常年份的年息税前利润或运营期内年平均息税前利润;

TI——工程技术方案总投资(包括建设投资、建设期贷款利息和全部流动资金)。

公式中所需的财务数据,均可从相关的财务报表中获得。总投资收益率高于同行业的收益率参考值,表明用总投资收益率表示的工程技术方案盈利能力满足要求。

2) 资本金净利润率(ROE):表示工程技术方案资本金的盈利水平,计算式为

$$\text{ROE} = \frac{\text{NP}}{\text{EC}} \times 100\%$$

式中 NP——工程技术方案正常年份的年净利润或运营期内年平均净利润,净利润=利润总额-所得税;

EC——工程技术方案资本金。

公式中所需的财务数据,均可从相关的财务报表中获得。工程技术方案资本金净利润率

高于同行业的净利润率参考值，表明用资本金净利润率表示的工程技术方案盈利能力满足要求。

【例 4-1】 某工程技术方案拟投入总投资为 4400 万元，其中资本金为 1840 万元。年平均息税利润为 594.4 万元，年平均净利润为 404.06 万元。

解：(1) 计算总投资收益率（ROI）

$$ROI = \frac{EBIT}{TI} \times 100\% = \frac{595.4}{4400} \times 100\% = 13.53\%$$

(2) 计算资本金净利润率（ROE）

$$ROE = \frac{NP}{EC} \times 100\% = \frac{404.06}{1840} \times 100\% = 21.96\%$$

总投资收益率（ROI）是用来衡量整个工程技术方案的获利能力，通常总投资收益率（ROI）应大于行业的平均投资收益率；总投资收益率越高，从工程技术方案所获得的收益就越多。而资本金净利润率（ROE）则是用来衡量工程技术方案资本金的获利能力，资本金净利润率（ROE）越高，资本金所取得的利润就越多，权益投资盈利水平也就越高；反之，则情况相反。对于工程技术方案而言，若总投资收益率或资本金净利润率高于同期银行利率，适度举债是有利的；反之，过高的负债比率将损害企业和投资者的利益。由此，总投资收益率或资本金净利润率指标不仅可以用来衡量工程技术方案的获利能力，还可以作为工程技术方案筹资决策参考的依据。

(4) 优劣　投资收益率（R）指标经济意义明确、直观，计算简便，在一定程度上反映了投资效果的优劣，可适用于各种投资规模。但不足的是没有考虑投资收益的时间因素，忽视了资金具有时间价值的重要性；指标的计算主观随意性太强，正常生产年份的选择比较困难，带有一定的不确定性和人为因素。因此，以投资收益率指标作为主要的决策依据不太可靠，其主要用在工程技术方案制订的早期阶段或研究过程，且计算期较短、不具备综合分析所需详细资料的工程技术方案，尤其适用于工艺简单且生产情况变化不大的工程技术方案的选择和投资经济效果的评价。

2. 静态投资回收期

(1) 概念　投资回收期也称返本期，是反映工程技术方案投资回收能力的重要指标，分为静态投资回收期和动态投资回收期，通常只进行工程技术方案静态投资回收期计算分析。

工程技术方案静态投资回收期是在不考虑资金时间价值的条件下，以净收益回收其总投资（包括建设投资和流动资金）所需要的时间，一般以年为单位。静态投资回收期宜从工程技术方案建设开始年算起，若从工程技术方案投产开始年算起，应予以特别注明。从建设开始年算起，静态投资回收期（P_t）的计算公式为

$$\sum_{t=0}^{P_t}(CI-CO)_t = 0$$

式中　P_t——工程技术方案静态投资回收期；
　　　CI——工程技术方案现金流入量；

CO——工程技术方案现金流出量；

$(CI-CO)_t$——工程技术方案第 t 年净现金流量。

（2）应用形式　静态投资回收期可借助工程技术方案投资现金流量表，根据净现金流量计算，其具体计算分为以下两种情况：

1）当工程技术方案实施后各年的净收益（即净现金流量）均相同时，静态投资回收期的计算公式为

$$P_t = \frac{I}{A}$$

式中　I——工程技术方案总投资；

A——工程技术方案每年的净收益，即 $A=(CI-CO)_t$。

【例4-2】　某工程技术方案估计总投资2800万元，实施后各年净收益为320万元，则该工程技术方案的静态投资回收期为多少？

解：
$$P_t = \frac{2800 \text{ 万元}}{320 \text{ 万元/年}} = 8.75 \text{ 年}$$

2）当工程技术方案实施后各年的净收益不相同时，静态投资回收期可根据累计净现金流量求得，如图4-2所示，即在工程技术方案投资现金流量表中累计净现金流量由负值变为零的时点。其计算公式为

$$P_t = T - 1 + \frac{\sum_{t=0}^{T-1}(CI-CO)_t}{(CI-CO)_T}$$

式中　　T——工程技术方案各年累计净现金流量首次为正或零的年数；

$\sum_{t=0}^{T-1}(CI-CO)_t$——工程技术方案第（$T-1$）年累计净现金流量的绝对值；

$(CI-CO)_T$——工程技术方案第 T 年的净现金流量。

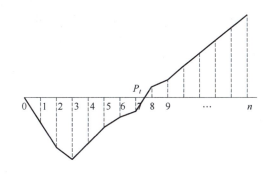

图4-2　静态投资回收期示意图

【例4-3】　某工程技术方案投资现金流量表的数据见表4-1，计算该工程技术方案的静态投资回收期。

表 4-1　工程技术方案投资的现金流量表　　　　　（单位：万元）

项目	年份								
	0	1	2	3	4	5	6	7	8
1. 现金流入	—	—	—	800	1200	1200	1200	1200	1200
2. 现金流出	—	600	900	500	700	700	700	700	700
3. 净现金流量	—	-600	-900	300	500	500	500	500	500
4. 累计净现金流量	—	-600	-1500	-1200	-700	-200	300	800	1300

解：

$$P_t = (6-1)\text{年} + \frac{|-200|}{500}\text{年} = 5.4\text{年}$$

(3) 判别准则　将计算出的静态投资回收期 P_t 与预定的基准投资回收期 P_c 进行比较。若 $P_t \leqslant P_c$，表明工程技术方案投资能在预定的时间内收回，则可以考虑接受；若 $P_t \geqslant P_c$，则工程技术方案不可行。

(4) 优劣　静态投资回收期指标容易理解，计算也比较简便，在一定程度上显示了资本的周转速度。显然，资本周转速度越快，静态投资回收期越短，风险越小，工程技术方案抗风险能力越强。因此在工程技术方案经济评价中一般都要求计算静态投资回收期，以反映工程技术方案原始投资的补偿速度和工程技术方案投资风险性。对于技术上更新迅速的工程技术方案，或资金相当短缺的工程技术方案，或未来的情况很难预测而投资者又特别关注资金补偿的工程技术方案，采用静态投资回收期评价特别有实用意义。但不足的是，静态投资回收期没有全面地考虑工程技术方案整个计算期内现金流量，即只考虑回收之前的效果，不能反映投资回收之后的情况，故无法准确衡量工程技术方案在整个计算期内的经济效果。所以，静态投资回收期只能作为辅助评价指标，或结合其他评价指标应用。

4.1.2　经济评价的动态指标

1. 动态投资回收期

(1) 概念　为了克服静态投资回收期未考虑资金时间价值的缺点，在投资项目评价中通常将资金的时间价值考虑在内，此指标称为动态投资回收期（P'_t）。

根据动态投资回收期的定义，其表达式为

$$\sum_{t=0}^{P'_t} [(CI-CO)_t (1+i_0)^{-t}] = 0$$

动态投资回收期 P'_t 的计算通常用列表法。首先根据各年净现金流量，计算出各年折现值的累计值，再采用插值法计算出 P'_t。插值公式为

$$P'_t = (\text{累计折现值出现正值的年数} - 1) + \frac{\text{上年累计折现值的绝对值}}{\text{当年净现金流量的现值}}$$

用动态投资回收期 P'_t 评价投资项目的可行性时，需要与基准投资回收期 P_c 相比较。

【例 4-4】　某项目的投资支出和净收益数据见表 4-2 中第 1、2 行。基准折现率 $i_0 = 10\%$，基准投资回收期 $P_c = 8$ 年，试计算动态投资回收期，并判断该项目的可行性。

表 4-2 动态投资回收期计算表　　　　　　　　（单位：万元）

项目	年份										
	0	1	2	3	4	5	6	7	8	9	10
1. 投资支出	−20	−500	−100								
2. 净收入				150	250	250	250	250	250	250	250
3. 净现金流量 (CI−CO)$_t$	−20	−500	−100	150	250	250	250	250	250	250	250
4. 现值系数 $(1+10\%)^{-t}$	1.0	0.9091	0.8264	0.7513	0.6830	0.6209	0.5645	0.5132	0.4665	0.4241	0.3855
5. 折现值	−20.0	−454.6	−82.6	112.7	170.8	155.2	141.1	128.3	116.6	106.0	96.38
6. 累计折现值	−20	−474.6	−557.2	−444.5	−273.7	−118.5	22.6	150.9	267.5	373.5	469.9

解：先用投资和收益数据计算出各年净现金流量，得出表 4-2 中第 3 行。再计算出各年净现金流量的折现值，得表 4-2 中的第 5 行。表 4-2 中第 6 行为折现值的累积值，即 $\sum(CI-CO)_t(1+i_0)^{-t}$。由表 4-2 中数据可知，投资回收期应在第 5 年和第 6 年之间。

则

$$P_t' = (6-1)\text{年} + \frac{|-118.5|}{141.1}\text{年} = 5.84 \text{ 年}$$

因为 $P_t' < P_c$，所以项目可以被接受。

(2) 判别准则　判别准则为：若 $P_t' \leq P_c$，则项目可以考虑接受；若 $P_t' > P_c$，则项目应被拒绝。

2. 财务净现值

(1) 概念　财务净现值 (FNPV) 是反映工程技术方案在计算期内盈利能力的动态评价指标，是指用一个预定的基准收益率（或设定的折现率）i_0，分别把整个计算期内各年所发生的净现金流量都折现到工程技术方案开始实施时的现值之和。财务净现值计算公式为

$$\text{FNPV} = \sum_{t=0}^{n}(CI-CO)_t(1+i_0)^{-t}$$

式中　FNPV——财务净现值；

(CI−CO)$_t$——工程技术方案第 t 年的净现金流量；

i_0——基准收益率；

n——工程技术方案计算期。

对于计算所得税前财务净现值或所得税后财务净现值，可根据需要进行选择。

(2) 判别准则　财务净现值是评价工程技术方案盈利能力的绝对指标。当 FNPV>0 时，说明该工程技术方案除满足基准收益率要求的盈利外，还能得到超额收益，即工程技术方案现金流入的现值和大于现金流出的现值和，该工程技术方案有收益，故该工程技术方案财务上可行；当 FNPV=0 时，说明该工程技术方案基本能满足基准收益率要求的盈利水平，即工程技术方案现金流入的现值正好抵偿工程技术方案现金流出的现值，该工程技术方案财务上还是可行的；当 FNPV<0 时，说明该工程技术方案不能满足基准收益率要求的盈利水平，即工程技术方案收益的现值不能抵偿支出的现值，该工程技术方案财务上不可行。

【例 4-5】 已知某工程技术方案的净现金流量见表 4-3,设 $i_0=8\%$,试计算财务净现值(FNPV)。

表 4-3　某土木工程技术方案净现金流量

年份	1	2	3	4	5	6	7
净现金流量(万元)	-4200	-4700	2000	2500	2500	2500	2500

解:

$$FNPV = \left[-4200 \times \frac{1}{(1+8\%)} - 4700 \times \frac{1}{(1+8\%)^2} + 2000 \times \frac{1}{(1+8\%)^3} + 2500 \times \frac{1}{(1+8\%)^4} + 2500 \times \frac{1}{(1+8\%)^5} + 2500 \times \frac{1}{(1+8\%)^6} + 2500 \times \frac{1}{(1+8\%)^7}\right] 万元$$

$$= [-4200 \times 0.9259 - 4700 \times 0.8573 + 2000 \times 0.7938 + 2500 \times 0.7350 + 2500 \times 0.6806 + 2500 \times 0.6302 + 2500 \times 0.5835] 万元$$

$$= 242.76 \text{ 万元}$$

由于 FNPV = 242.76 万元 > 0,所以该工程技术方案在经济上可行。

(3) 优劣　财务净现值指标的优点是:考虑了资金的时间价值和工程技术方案在整个计算期内现金流量的时间分布的状况;经济意义明确直观,能够直接以货币额表示工程技术方案的盈利水平;判断直观。不足之处是:必须首先确定一个符合经济现实的基准收益率,而基准收益率的确定比较困难的;在互斥方案评价时,财务净现值必须慎重考虑互斥方案的寿命,如果互斥方案寿命不等,必须设定一个相同的分析期限,才能进行各个方案之间的比较选择;财务净现值也不能真正反映工程技术方案投资中单位投资的使用效率;不能直接说明在工程技术方案运营期间各年的经营成果;没有给出该投资过程确切的收益大小,不能反映投资的回收速度。

3. 净现值率

(1) 概念　净现值率(NPVR)又称净现值比、净现值指数,是指项目净现值与总投资现值的比率。净现值率是一种动态投资收益指标,用于衡量不同投资方案的获利能力大小,说明某项目单位投资现值所能实现的净现值大小。净现值率小,单位投资的收益就低;净现值率大,单位投资的收益就高。

(2) 经济含义　净现值率的经济含义是单位投资现值所能带来的净现值,是一个考察项目单位投资盈利能力的指标,常作为净现值的辅助评价指标。其计算公式为

$$NPVR = \frac{NPV}{总投资额现值}$$

(3) 优劣　优点是从动态角度反映项目投资的资金投入与净产出之间的关系。缺点是无法直接反映投资项目的实际收益率水平。

4. 净年值

(1) 概念　净年值(Net Annual Value,NAV),是指方案寿命期内的净现值用复利方法

平均分摊到各个年度而得到的等额年盈利额。其表达式为
$$NAV = NPV(A/P, i_0, n)$$

（2）经济含义及判别准则

1）经济含义：项目在寿命期内，附加收益的年金额。

2）判别准则：NAV≥0，项目可以考虑接受；NAV<0，项目不能接受。

3）考虑到方案间投资额的大小不同，也可采用净年值指数（NAV）指标。净年值指数（NAVI）指标可以同时克服 NAV 有利于投资额大和寿命期长的方案的两个偏差。

4）经济效益表达不直观，一般不用于单个方案的评价。即使用于多个方案的比较评价时，也只是作为辅助指标来考虑。

NAV 指标评价一般适用于现金流量和利率已知、初始投资额相等，但各方案的寿命期相差悬殊时的方案比较，NAV 最大值的方案是最优的。如果各方案的 NAV 值均为负值时，投资者最佳决策为不投资。

在投资方案的比选中，净年值法在应用上是净现值法的补充。

现有 A、B 两个方案，基准收益率为 10%，投资均为 5 万元。方案 A 年收益为 2 万元，运行 5 年；方案 B 年收益为 1.5 万元，运行 8 年。用 NAV 评价指标计算可得
$$NAV_A = -5 \text{万元} \times (A/P, 10\%, 5) + 2 \text{万元} = 0.68 \text{万元}$$
$$NAV_B = -5 \text{万元} \times (A/P, 10\%, 8) + 1.5 \text{万元} = 0.56 \text{万元}$$

$NAV_A > NAV_B$，这样就得出了方案 A 优于方案 B 的正确结果。

因此，NAV 指标适用于投资额相差不大且寿命期不等方案的比选。

该指标只考虑了项目中净利润的再投资，而没有考虑折旧基金和资金中自有资金利息的再投资。因此，从盈利性角度考虑，用 NAV 指标判断后认为是较好的项目，却不一定是最优的。

5. 财务内部收益率

（1）概念 对具有常规现金流量的工程技术方案，其财务净现值的大小与折现率的高低有直接的关系。若已知某工程技术方案各年的净现金流量，则该工程技术方案的财务净现值完全取决于所选用的折现率，即财务净现值是折现率的函数。其表达式为

$$FNPV(i) = \sum_{t=0}^{n} (CI - CO)_t (1+i)^{-t}$$

工程经济中常规技术方案的财务净现值函数曲线在其定义域（$-1 < i < +\infty$）内（对大多数工程经济实际问题来说是 $0 \leq i < +\infty$），随着折现率的逐渐增大，财务净现值由大变小，由正变负，FNPV 与 i 之间的关系一般情况下如图 4-3 所示。

从图 4-3 可以看出，按照财务净现值的评价准则，只要 $FNPV(i) \geq 0$，工程技术方案就可接受。但由于 $FNPV(i)$ 是 i 的递减函数，故折现率 i 定得越高，工程技术方案被接受的可能性越小，那么，i 最大可以大到多少，仍使工程技术方案可以接受呢？结论是 i 可以大到使 $FNPV(i) = 0$，这时 $FNPV(i)$ 曲

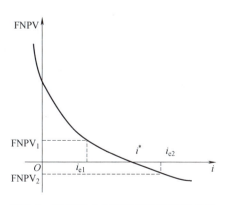

图 4-3 常规技术方案的净现值函数曲线

线与横轴相交，i 达到了其临界值 i^*，即 i^* 是财务净现值评价准则的一个分界限。i^* 就是财务内部收益率（FIRR）。

对常规工程技术方案，财务内部收益率实质是使工程技术方案在计算期内各年净现金流量的现值累计等于零时的折现率。数学表达式为

$$\text{FNPV(FIRR)} = \sum_{t=0}^{n} (CI - CO)_t (1 + \text{FIRR})^{-t} = 0$$

式中　FIRR——财务内部收益率。

财务内部收益率是一个未知的折现率，求方程式中的折现率需解高次方程，不易求解。在实际工作中，一般通过计算机直接计算，手算时可采用试算法确定财务内部收益率 FIRR。

（2）判别准则　财务内部收益率计算出来后，与基准收益率进行比较。若 $\text{FIRR} \geq i_0$，则工程技术方案在经济上可以接受；若 $\text{FIRR} < i_0$，则工程技术方案在经济上应予拒绝。工程技术方案投资财务内部收益率、工程技术方案资本金财务内部收益率和投资各方财务内部收益率可有不同的判别基准。

（3）优劣　财务内部收益率（FIRR）指标考虑了资金的时间价值以及工程技术方案在整个计算期内的经济状况，不仅能反映投资过程的收益程度，而且 FIRR 的大小不受外部参数影响，完全取决于工程技术方案投资过程净现金流量系列的情况。这种工程技术方案内部决定性，使它在应用中避免了像财务净现值之类的指标那样须事先确定基准收益率的难题，而只需要知道基准收益率的大致范围即可。

但不足的是财务内部收益率计算比较麻烦，对于具有非常规现金流量的工程技术方案，其财务内部收益率在某些情况下甚至不存在或存在多个内部收益率。

（4）FIRR 与 FNPV 比较　对于独立常规工程技术方案的评价，从图 4-3 可知，当 $\text{FIRR} > i_{e1}$ 时，根据 FIRR 评价的判断准则，工程技术方案可以接受；而 i_{e1} 对应的 $\text{FNPV}_1 > 0$，根据 FNPV 评价的判断准则，工程技术方案也可接受。当 $\text{FIRR} < i_{e2}$ 时，根据 FIRR 评价的判断准则，工程技术方案不能接受；i_{e2} 对应的 $\text{FNPV}_2 < 0$，根据 FNPV 评价的判断准则，工程技术方案也不能接受。由此可见，对独立常规工程技术方案应用 FIRR 评价与应用 FNPV 评价均可，其结论是一致的。

FNPV 指标计算简便，显示出了工程技术方案现金流量的时间分配，但得不出投资过程收益程度的大小，且受外部参数 i_e 的影响；FIRR 指标较为麻烦，但能反映投资过程的收益程度，而 FIRR 的大小不受外部参数影响，完全取决于投资过程现金流量。

6. 费用现值与费用年值

（1）含义　在对多个方案比较选优时，如果诸方案产出价值相同，或者诸方案能够满足同样需要但其产出效益难以用价值形态（货币）计量（如环保、教育、保健、国防类项目）时，可以通过对各方案费用现值（Present Cost, PC）、费用年值（Annual Cost, AC）或年度费用等值（Average Annual Cost, AAC）的比较进行选择。

费用现值 PC 的定义式为

$$PC = \sum_{t=0}^{n} CO_t (1 + i_0)^{-t}$$

费用年值 AC 的定义式为

$$AC = \left[\sum_{t=0}^{n} CO_t (1 + i_0)^{-t} \right] (A/P, i_0, t) = PC(A/P, i_0, t)$$

（2）判别准则　费用现值和费用年值方法建立的假设基础是：参与评价的各个方案是可行的；方案的产出价值相同，或者诸方案能够满足同样需要但是其产出效益难以用价值形态（货币）计量。费用现值和费用年值指标只能用于多个方案的比选，不能用于单个方案评价。其判别准则是：费用现值或费用年值最小的方案为优。

【例 4-6】 某项目有三个采暖方案 A、B、C，均能满足同样的取暖需要，其费用数据见表 4-4。在基准折现率 $i_0=10\%$ 的情况下，试用费用现值和费用年值确定最优方案。

表 4-4　三个采暖方案的费用数据　　　　（单位：万元）

方案	总投资额（0 时点）	年运营费用（1~10 年）
A	200	60
B	240	50
C	300	35

解： 各方案的费用现值计算如下：

$$PC_A = 200\text{ 万元} + 60\text{ 万元} \times (P/A, 10\%, 10) = 568.68\text{ 万元}$$
$$PC_B = 240\text{ 万元} + 50\text{ 万元} \times (P/A, 10\%, 10) = 547.23\text{ 万元}$$
$$PC_C = 300\text{ 万元} + 35\text{ 万元} \times (P/A, 10\%, 10) = 515.06\text{ 万元}$$

各方案的费用年值计算如下：

$$AC_A = 200\text{ 万元} \times (A/P, 10\%, 10) + 60\text{ 万元} = 92.54\text{ 万元}$$
$$AC_B = 240\text{ 万元} \times (A/P, 10\%, 10) + 50\text{ 万元} = 89.05\text{ 万元}$$
$$AC_C = 300\text{ 万元} \times (A/P, 10\%, 10) + 35\text{ 万元} = 83.81\text{ 万元}$$

根据费用最小的选优准则，费用现值和费用年值的计算结果都表明，方案 C 最优，方案 B 次之，方案 A 最差。

4.2　工程方案的类型与选择

项目投资者为实现经济目标，一般会尽可能多地提出潜在方案供评价和选择。要正确和科学地评价工程项目方案的经济性，除了对评价指标的计算和判别，还必须了解工程项目方案所属的类型。按照方案类型确定适合的评价指标，最终为做出正确的投资决策提供科学依据。

4.2.1　工程方案的类型

1. 概念

工程方案的类型是指一组备选方案之间所具有的相互关系。这种关系类型一般有单一方案（又称为独立型方案）和多方案两类。多方案又分为互斥型方案和相关型方案，其中相关型方案分为从属相关型方案和现金流量相关型方案，如图 4-4 所示。

2. 方案独立关系

独立型方案（简称独立方案）是指方案间互不干扰、在经济上互不相关的方案。即方

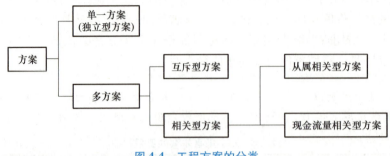

图 4-4 工程方案的分类

案之间是彼此独立的关系,选择或放弃其中一个方案,并不影响对其他方案的选择。在选择方案时可以任意组合,直到资源得到充分运用为止。例如,某部门欲建几个产品不同、销售数额互不影响的工厂时,这些方案之间就是独立关系。

独立方案根据资源数量分为资源无限制的独立方案和资源有限制的独立方案。

资源无限制的独立方案是指方案之间的选择不受总资源的控制,方案之间的取舍仅仅是自身指标的衡量。但在若干个可采用的独立方案中,如果有资源约束条件,如受资金、劳动力、材料、设备及其他资源拥有量限制,则只能从中选择一部分方案实施则形成资源有限制的独立方案。例如,现有独立方案 A、B、C、D,所需要的投资分别为 10000 元、40000 元、30000 元、20000 元。若资金总额限量为 60000 元,可能选择的方案共有 A、B、C、D、A+B、A+C、A+D、B+D、C+D、A+C+D 十个组合方案。因此,当受某种资源约束时,独立方案可以组合成多种组合方案,这些组合方案之间是互斥或排他的。

3. 方案互斥关系

互斥型方案(简称互斥方案)是指若干个方案中,选择其中任意一个方案,则其他方案必然被排斥的一组方案。例如,在某一个确定的地点建工厂、商店、住宅、公园等方案,因选择其中任何一个方案,其他方案就无法实施,即方案之间具有排他性。因此,这些方案间就是互斥关系。在工程建设中,互斥方案还可按以下因素进行分类:

(1) 按服务寿命长短不同分类

1) 相同服务寿命的方案。即参与比较的工程方案服务寿命均相同。

2) 不同服务寿命的方案。即参与比较的工程方案服务寿命均不相同。

3) 无限服务寿命的方案。在工程建设中永久性工程即可视为无限服务寿命的工程,如大型水坝、运河工程等。

(2) 按规模不同分类

1) 相同规模的方案。即参加比较的方案具有相同的产出量或容量,在满足相同功能的数量方面具有一致性和可比性。

2) 不同规模的方案。即参加比较的方案具有不同的产出量或容量,在满足相同功能的数量方面不具有一致性和可比性。

项目互斥方案比较,是工程经济评价工作的重要组成部分,也是寻求合理决策的必要手段。

4. 方案相关关系

(1) 从属相关型方案 在多方案中,出现技术经济互补的方案称为从属相关型方案。根据从属相关型方案之间相互依存的关系，从属相关型方案可能是对称的。如建一个大型非坑口电站，必须同时建设铁路、电厂，它们在建成时间、建设规模上都要彼此适应，缺少其中任何一个项目，其他项目就不能正常运行，它们之间既是互补的又是对称的。此外还存在着大量不对称的经济互补方案，如建造一座建筑物 A 和增加一个空调系统 B，建筑物 A 本身是有用的，增加空调系统 B 后，建筑物 A 更有用，但不能说采用 A 方案的同时一定要采用 B 方案。

（2）现金流量相关型方案　现金流量相关是指各方案的现金流量之间存在着相互影响。即使方案间不完全互斥也不完全互补，但如果若干方案中任一方案的取舍会导致其他方案现金流量的变化，这些方案之间也具有相关性，这种相关性被称为现金流量相关。例如，一过江项目有两个考虑方案，一个是建桥方案 A，另一个是轮渡方案 B，两个方案都是收费的。此时任一方案的实施或放弃都会影响另一方案的现金流量。

4.2.2　工程方案的选择

1. 独立方案的选择

（1）资源无限制情况下的独立方案的选择　独立方案的采用与否，只取决于方案自身的经济性，即只需看其是否能够通过财务净现值、净年值或财务内部收益率指标的评价标准。因此，多个独立方案与单一方案的评价方法相同。

【例 4-7】　三个独立方案 A、B、C 的现金流量见表 4-5。试判断其经济可行性，设 $i_0 = 15\%$。

表 4-5　A、B、C 方案的现金流量表

方案	初始投资额（0 年）（万元）	年收入（万元）	年支出（万元）	寿命期（年）
A	5000	2400	1000	10
B	8000	3100	1200	10
C	10000	4000	1500	10

解：1）各方案 FNPV 的计算结果如下：

$$FNPV_A = -5000 \text{万元} + (2400-1000)\text{万元} \times (P/A, 15\%, 10) = 2026 \text{万元}$$

$$FNPV_B = -8000 \text{万元} + (3100-1200)\text{万元} \times (P/A, 15\%, 10) = 1536 \text{万元}$$

$$FNPV_C = -10000 \text{万元} + (4000-1500)\text{万元} \times (P/A, 15\%, 10) = 2547 \text{万元}$$

由于 $FNPV_A$、$FNPV_B$、$FNPV_C$ 均大于 0，故 A、B、C 三方案均可行。

2）各方案 NAV 的计算结果如下：

$$NAV_A = -5000 \text{万元} \times (A/P, 15\%, 10) + (2400-1000)\text{万元} = 404 \text{万元}$$

$$NAV_B = -8000 \text{万元} \times (A/P, 15\%, 10) + (3100-1200)\text{万元} = 306 \text{万元}$$

$$NAV_C = -10000 \text{万元} \times (A/P, 15\%, 10) + (4000-1500)\text{万元} = 507 \text{万元}$$

由于 NAV_A、NAV_B、NAV_C 均大于 0，故 A、B、C 三方案均可行。

3）各方案 FIRR 的计算结果如下：

$$-5000 \text{万元} + (2400-1000)\text{万元} \times (P/A, FIRR_A, 10) = 0 \rightarrow FIRR_A = 25\%$$

$$-8000 \text{万元} + (3100-1200) \text{万元} \times (P/A, \text{FIRR}_B, 10) = 0 \rightarrow \text{FIRR}_B = 16\%$$
$$-10000 \text{万元} + (4000-1500) \text{万元} \times (P/A, \text{FIRR}_C, 10) = 0 \rightarrow \text{FIRR}_C = 22\%$$

由于 FIRR_A、FIRR_B、FIRR_C 均大于 15%，故 A、B、C 三方案均可行。

从例 4-7 可见，对于独立方案，不论采用财务净现值、净年值和财务内部收益率中任何评价指标，评价结论都是一样的。

（2）资源有限制情况下独立方案的选择　如果独立方案之间共享的资源是有限的，不能满足所有方案的需要，此时独立方案的选择有两种方法：一是方案组合法；二是财务内部收益率或净现值率排序法。

1）方案组合法。方案组合法的原理是：列出独立方案所有可能的组合，形成多个互斥性组合方案（其资源量为被组合方案资源量的叠加）。由于所有可能的组合方案形成互斥关系，可按互斥方案的比较方法确定最优的组合方案，最优的组合方案即为独立方案的最佳选择。具体步骤如下：

① 列出 m 个独立方案的所有可能组合，形成 2^m 个新的互斥性组合方案（其中包括不投资任何方案）。
② 每个组合方案的资源量为被组合的各独立方案的现金流量的叠加。
③ 将所有的组合方案按初始资源量从小到大的顺序排列。
④ 总资源量超过资源量限额的组合方案。
⑤ 对剩余的所有组合方案按互斥方案的选择方法确定最优的组合方案。

【例 4-8】有三个独立方案 A、B 和 C，寿命期皆为 10 年，现金流量见表 4-6。基准收益率为 8%，投资资金限额为 12000 万元。试选择最优方案。

表 4-6　A、B、C 方案的现金流量表　　　　　　（单位：万元）

方案	初始投资额	年净收益
A	3000	600
B	5000	850
C	7000	1200

解：列出所有可能的互斥性组合方案（包括不投资方案），见表 4-7。

表 4-7　组合方案　　　　　　（单位：万元）

序号	组合方案	初始投资额	年净收益	财务净现值
1	不投资	0	0	0
2	A	3000	600	1026
3	B	5000	850	704
4	C	7000	1200	1052
5	A+B	8000	1450	1730

(续)

序号	组合方案	初始投资额	年净收益	财务净现值
6	A+C	10000	1800	2078
7	B+C	12000	2050	1756
8	A+B+C	15000	—	—

对每个组合方案内的独立方案的现金流量进行叠加，作为组合方案的现金流量，并按叠加的投资额从小到大的顺序对组合方案进行排列，排除投资额超过资金限制的组合方案 A+B+C。

按组合方案的现金流量计算各组合方案的净现值。

A+C 方案财务净现值最大，故最优的选择应是 A 和 C。

方案组合法的优点是在各种情况下均能保证获得最佳组合方案；缺点是在方案数目较多时，其组合和计算比较烦琐。

2）净现值率排序法。净现值率（NPVR）排序法的原理：计算各方案的财务净现值，排除财务净现值小于零的方案，然后计算各方案的净现值率，按净现值率从大到小的顺序依次选取方案，直至所选取方案的资源量之和最大限度地接近或等于资源限额。

按净现值率排序法选择项目方案，其基本思想是单位投资的财务净现值越大，在一定资源限额内所能获得的财务净现值总额就越大。

净现值率排序法的优点是计算简便，选择方法简明扼要。缺点是由于投资方案的不可分性，即一个方案只能作为一个整体被接受或放弃时，经常会出现资源没有被充分利用的情况。

【例 4-9】 某一经济区投资预算为 150 万元，有六个投资方案，其财务净现值与初期投资额见表 4-8，试按照净现值率排序法对方案进行选择（$i_0 = 10\%$）。

解：计算各方案的财务净现值及净现值率，见表 4-8。

表 4-8 各方案的财务净现值及净现值率（NPVR）

方案	初期投资额（万元）	财务净现值（万元）	净现值率	按 NPVR 排序
A	60	13.73	0.23	1
B	40	1.78	0.04	5
C	35	5.5	0.16	3
D	20	−1.56	−0.08	6
E	55	11.58	0.21	2
F	10	1.06	0.11	4

去掉财务净现值及净现值率为负数的 D 方案，按 NPVR 的大小排序，可知满足资金总额约束的方案为 A、E、C，所用的资金总额为 150 万元，财务净现值总额为 30.81 万元。

【例 4-10】 现有八个独立方案，数据见表 4-9。试在投资预算限额 12000 万元内，用 NPVR 排序法确定其投资方案的最优组合。

解：计算各方案的净现值率，见表 4-9。

表 4-9　方案基本数据

项目	方案							
	A	B	C	D	E	F	G	H
投资额 P（万元）	4000	2400	800	1800	2600	7200	600	3000
FNPV（万元）	2400	1080	100	450	572	1296	84	1140
NPVR	0.6	0.45	0.13	0.25	0.22	0.18	0.14	0.38
按 NPVR 排序	1	2	8	4	5	6	7	3

最佳方案组合投资额：$P_{(A+B+H+D)} = (4000+2400+3000+1800)$ 万元 = 11200 万元

最佳方案组合 FNPV：$FNPV_{(A+B+H+D)} = (2400+1080+1140+450)$ 万元 = 5070 万元

2. 互斥方案的选择

（1）寿命期相等的互斥方案的选择

1）财务净现值法。财务净现值法是以基准收益率将包括初期投资额在内的各期净现金流量换算成现值（FNPV）的比较方法。首先分别计算各个方案的财务净现值，剔除 FNPV<0 的方案；然后比较所有 FNPV≥0 对应方案的财务净现值，选择财务净现值最大的方案为最佳方案。财务净现值评价互斥方案的判断准则：财务净现值大于或等于零且为最大方案是最优可行方案。

【例 4-11】 某企业需增加新的生产线，方案有 A、B、C 三个，相应的初期投资额、每年年末的销售收益及作业费用见表 4-10。各生产线的寿命期均为 6 年，6 年后的残值为零。基准收益率 $i_0 = 10\%$。选择哪个方案最有利？

表 4-10　各投资方案的现金流量　　　　　　　　　　（单位：万元）

投资方案	初期投资额	销售收益	作业费用	净收益
A	2000	1200	500	700
B	3000	1600	650	950
C	4000	1600	450	1150

解：为了正确选择方案，首先绘制三个方案的现金流量图，如图 4-5 所示。

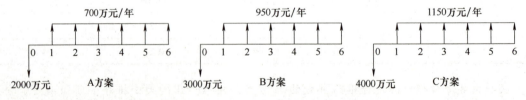

图 4-5　三个互斥方案的现金流量图

将各年的净收益折算成现值时，只要利用等额支付现值因数 $(P/A, 10\%, 6) = 4.3553$ 即可。各方案的财务净现值 $FNPV_A$、$FNPV_B$、$FNPV_C$ 如下：

$$FNPV_A = -2000 \text{ 万元} + 700 \text{ 万元} \times (P/A, 10\%, 6) = 1049 \text{ 万元}$$
$$FNPV_B = -3000 \text{ 万元} + 950 \text{ 万元} \times (P/A, 10\%, 6) = 1138 \text{ 万元}$$
$$FNPV_C = -4000 \text{ 万元} + 1150 \text{ 万元} \times (P/A, 10\%, 6) = 1009 \text{ 万元}$$

即 B 方案是最优方案，相当于现时点产生的利润值为 1138 万元（已排出了 10% 的机会成本）。该方案的现值较 A 方案多 89 万元，较 C 方案有利 129 万元。

2）净年值法。净年值法是以基准收益率将包括初期投资额在内的各期的净现金流量换算成等额年值。净年值法的计算公式为

$$NAV = \left[\sum_{t=0}^{n} (CI - CO)_t (1 + i_0)^{-t}\right](A/P, i_0, n) = NPV(A/P, i_0, n)$$

式中　$(A/P, i_0, n)$——资本回收系数。

其评价准则是：若 $NAV \geq 0$，则项目在经济上可行；若 $NAV < 0$，则项目在经济上不可行。

【例 4-12】 以例 4-11 的数据计算各方案的净年值，并分析选择哪个方案最有利？

解：各方案的净年值 NAV_A、NAV_B、NAV_C 如下：

$$NAV_A = -2000 \text{ 万元} \times (A/P, 10\%, 6) + 700 \text{ 万元} = 241 \text{ 万元}$$
$$NAV_B = -3000 \text{ 万元} \times (A/P, 10\%, 6) + 950 \text{ 万元} = 261 \text{ 万元}$$
$$NAV_C = -4000 \text{ 万元} \times (A/P, 10\%, 6) + 1150 \text{ 万元} = 232 \text{ 万元}$$

可见 B 方案最优，与财务净现值法计算出的结果一致。

3）差额法。差额法是以基准收益率将包括初期投资额差额在内的各期的差额净现金流量换算成现值。设有方案 1 和方案 2，且方案 2 为投资额大于方案 1，则差额法的计算公式为

$$NPV_{(2-1)} = \sum_{t=0}^{n} (NCF_2 - NCF_1)(P/F, i_0, t)$$

或者
$$NPV_{(2-1)} = NPV_2 - NPV_1$$

此方法评价准则为：若 $NPV_{(2-1)} > 0$，则方案 2 在经济上比方案 1 更优；若 $NPV_{(2-1)} < 0$，则方案 1 在经济上比方案 2 更优。此方法与财务净现值法得出的结论是一致的，但直接用财务净现值法比较更为方便。

（2）寿命期不等的互斥方案的选择　现实中很多方案的寿命期不同。例如，在建造各种建筑物、构筑物时，采用的结构形式（如木结构、钢结构、钢筋混凝土结构等）不同，其投资额及寿命期也不同；建筑施工单位所购置的机械设备型号不同、厂家不同，其寿命期和初期投资额也不同。对于寿命期不同的互斥方案比选的方法通常采用计算期统一法和净年值（费用年值）法。

1）计算期统一法。

① 最小公倍数法。最小公倍数法是以各备选方案计算期的最小公倍数为各方案的共同计算期，并假设各方案均在这样一个共同的计算期内重复进行投资。在此基础上计算出各方

案的财务净现值或者费用现值，以财务净现值最大或费用现值最小的方案为最佳方案。

【例 4-13】 某部门欲购置大型施工机械，现有 A、B 两个互斥的投资方案，两个方案的工作效率和质量均相同，但每年（已折算到年末）的作业费用不同，寿命期也不同，见表 4-11。基准收益率为 12%。此时应选哪种机械为好？

表 4-11 两种机械的现金流量

投资方案	初期投资额（万元）	年作业费用（万元）	寿命期（年）
A	20	4.5	4
B	30	4.0	6

解：两设备寿命期的最小公倍数为 12 年，A、B 方案的净现金流量如图 4-6 所示。设 A、B 方案 12 年间的费用现值分别为 PC_A、PC_B，则

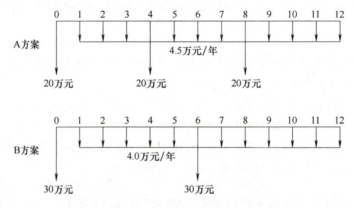

图 4-6　A、B 方案的净现金流量图

$$PC_A = 4.5 \text{万元} \times (P/A, 12\%, 12) + 20 \text{万元} \times (P/F, 12\%, 8) + 20 \text{万元} \times (P/F, 12\%, 4) + 20 \text{万元} = 68.66 \text{万元}$$

$$PC_B = 4.0 \text{万元} \times (P/A, 12\%, 12) + 30 \text{万元} \times (P/F, 12\%, 6) + 30 \text{万元} = 70 \text{万元}$$

根据计算，A 方案的费用现值最小，因而 A 方案优。

② 研究期法。对计算期不相等的互斥方案，可采用另一种确定共同计算期的方法——研究期法。这种方法是根据对市场前景的预测，直接选取一个适当的分析期作为各个方案共同计算期，使不同期限的方案转化为相同期限的方案。

研究期的确定一般以互斥方案中年限最短或最长方案的计算期作为互斥方案评价的共同研究期。也可取所期望的计算期为共同研究期。通过比较各个方案在研究期内的财务净现值来对方案进行比选，以财务净现值最大（或成本现值最小）的方案为最佳方案。

对于计算期短于共同研究期的方案，可假定其计算期完全相同地重复延续，也可按新的不同现金流量序列延续。但是，对于计算期（或者计算期加其延续）比共同研究期长的方案，要对其在研究期以后的现金流量余值进行估算，并回收余值。该项余值估算的合理性及准确性，对方案比选结论有重要影响。

【例 4-14】 以例 4-13，取年限短的方案计算期作为共同研究期，则研究期为 4 年。

解：$PC_A = 4.5 万元 \times (P/A, 12\%, 4) + 20 万元 = 33.67 万元$

$PC_B = [30 万元 \times (A/P, 12\%, 6) + 4 万元] \times (P/A, 12\%, 4) = 34.31 万元$

故两个方案中，A 方案的费用现值最小，因而 A 方案优。

2）净年值（费用年值）法。用净年值进行寿命期不等的互斥方案经济评价，假设各备选方案在其寿命结束时均可按原方案重复实施或以与原方案经济效果水平相同的方案接续。净年值（费用年值）是以"年"为时间单位比较各个方案的经济效果，一个方案无论重复实施多少次，其净年值不变，从而使寿命期不等的互斥方案间具有可比性。评价准则为：$NAV \geq 0$，且 NAV 最大者（或 NAC 最小者）为最优方案。

【例 4-15】 以例 4-13，设 A、B 两个方案的年费用年值分别为 NAC_A、NAC_B。

解：$NAC_A = 20 万元 \times (A/P, 12\%, 4) + 4.5 万元 = 11.08 万元$

$NAC_B = 30 万元 \times (A/P, 12\%, 6) + 4 万元 = 11.3 万元$

故两个方案中，A 方案的年费用年值最小，因而 A 方案优。

(3) 永久性互斥方案的选择　若评价方案的计算期很大，则可取无穷大计算期法计算 FNPV（或 PC），NPV 最大者（或 PC 最小者）为最优方案。其计算公式为

$$FNPV = NAV(P/A, i, n)$$

当 n 无限大时，$FNPV = NAV/i$。

【例 4-16】 在某河上修建大桥，有 A、B 两处可供选点。在 A 地建桥其投资为 1200 万元，年维护费 2 万元，水泥桥面每 10 年翻修一次需 5 万元；在 B 地建桥，预计投资 1100 万元，年维护费 8 万元，该桥每 3 年粉刷一次 3 万元，每 10 年整修一次 4 万元。若年利率为 10%，试比较两个方案哪个为优？

解：画出 A、B 方案的现金流量图，如图 4-7 所示。

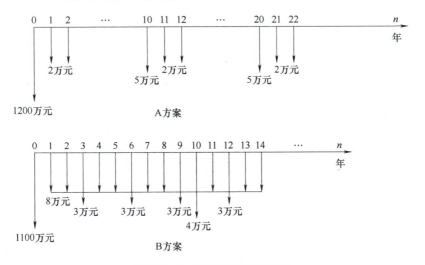

图 4-7　A、B 方案现金流量图

设 A、B 方案的费用现值分别为 PC_A、PC_B，则

$PC_A = 1200$ 万元 $+ 2$ 万元 $\div 10\% + 5$ 万元 $\times (A/F, 10\%, 10) \div 10\%$
$= 1223.14$ 万元

$PC_B = 1100$ 万元 $+ 8$ 万元 $\div 10\% + 3$ 万元 $\times (A/F, 10\%, 3) \div 10\% +$
4 万元 $\times (A/F, 10\%, 10) \div 10\% = 1191.57$ 万元

由两个方案的费用现值可知，B 方案的费用现值更小，B 方案优。

3. 相关方案

（1）现金流量相关型方案的经济评价　其主要思路是：先将各方案组合成互斥方案，计算各互斥方案的现金流量，再应用各种经济效果评估指标进行评价。

【例 4-17】　在两座城市间有 A、B 投资方案。A 为建高速公路，B 为建铁路，只建一个方案时，和两个方案都建时的净现金流量见表 4-12。预期收益率为 10%，试进行方案评价。

表 4-12　各方案的净现金流量

方案	初始投资额（亿元）	年净现金流入（亿元）	寿命期（年）
高速公路 A	-50	10	40
铁路 B	-30	6	40
A+B	-80	13.5	40

解：A、B 两方案为现金流量相关型方案，可用方案组合法评价择优。

第一步，将各相关方案组合成互斥方案。

第二步，对各互斥方案进行评价择优，用净年值法。

$NAV_A = -50$ 亿元 $\times (A/P, 10\%, 40) + 10$ 亿元 $= 4.885$ 亿元
$NAV_B = -30$ 亿元 $\times (A/P, 10\%, 40) + 6$ 亿元 $= 2.931$ 亿元
$NAV_{A+B} = -80$ 亿元 $\times (A/P, 10\%, 40) + 13.5$ 亿元 $= 5.316$ 亿元

$NPV_{A+B} > NPV_A > NPV_B$

故两个方案同时采纳为最佳。

（2）从属相关型方案的经济评价　如果两个或多个方案之间，某方案的实施要求以另一方案（或另几个方案）的实施为条件，则两个方案之间具有从属性。例如，汽车零配件制造厂与汽车总装厂之间就有从属性。

【例 4-18】　有五个投资方案 A_1、A_2、B_1、B_2 及 C，其现金流量及财务净现值见表 4-13。已知 A_1 及 A_2 互斥，B_1 及 B_2 相斥，B_1 及 B_2 都从属于 A_2，C 从属于 B_1。设定资金限额为 220 万元，试选择出最优的投资组合方案，基准折现率为 10%。

解：先不考虑资金的限制。五项投资方案共可组成五个互斥的投资方案，见表 4-14。显然方案 5 的财务净现值最高，应优先采纳。方案 5 由 A_2、B_1 及 C 三项投资建议组成，其总投资为 216 万元，财务净现值为 69.06 万元。

表 4-13　各方案基本数据　　　　　　　　　　　　　　　（单位：万元）

方案	现金流量					FNPV
	0	1	2	3	4	
A_1	-200	80	80	80	80	53.6
A_2	-120	48	48	48	48	32
B_1	-56	18	18	18	18	1.06
B_2	-60	20	20	20	20	3.4
C	-40	24	24	24	24	36

表 4-14　组合方案评价结果

组合方案号	组合规则					投资额（万元）	FNPV（万元）
	A_1	A_2	B_1	B_2	C		
1	1	0	0	0	0	-200	53.6
2	0	1	0	0	0	-120	32
3	0	1	1	0	0	-176	33.06
4	0	1	0	1	0	-180	35.4
5	0	1	1	0	1	-216	69.06

思 考 题

1. 某企业为降低产品成本，拟订三个互斥的工程技术方案，各方案的服务寿命均为 10 年，其净现金流量见表 4-15，试在基准收益率为 12% 的条件下选择经济上最有利的方案。

表 4-15　三个互斥方案的现金流量　　　　　　　　　　　　（单位：元）

方案	初始投资额	年净现金流量
A	5000	1400
B	9000	1950
C	11000	2600

2. 某项目有三个方案 A、B、C，均能满足同样的需要，但各方案的投资及年运营费用不同，见表 4-16，在基准收益率为 12% 的情况下，对方案进行选择。

表 4-16　三个方案的投资费用数据　　　　　　　　　　　　（单位：万元）

方案	期初投资额	1~5 年运营费用	6~10 年运营费用
A	70	13	13
B	90	10	10
C	105	6	8

3. 试对表 4-17 中的互斥投资方案做出取舍决策，基准收益率为 12%。

表 4-17　现金流量

项目	方案		
	A	B	C
初始投资额（万元）	6000	8000	10000
残值（万元）	0	200	350
年度支出（万元）	1200	1200	1600
年度收入（万元）	3400	4200	4800
寿命期（年）	3	4	6

4. 某公司有三个独立方案 A、B、C，其投资额均为 500 万元，寿命期均为 20 年，各方案的年净收益不同，方案 A 的年净收益为 80 万元，方案 B 为 70 万元，方案 C 为 60 万元。三个方案由于所处的投资环境及投资内容不同，各方案的融资成本不一样，其中方案 A 为新设工厂，融资无优惠；方案 B 为环保项目，可以得到 250 万元的无息贷款；方案 C 为新兴扶植产业，当地政府可以给予 400 万元的低息贷款（年利率为 4%）。在这种情况下，如何进行方案选择（基准收益率为 12%）？

5. 有 A、B、C、D 四个投资项目，现金流量见表 4-18。

表 4-18　四个投资项目的现金流量　　　　　　　　　　（单位：万元）

项目	年末		
	0	1	2
A	−1000	1500	0
B	−2000	1900	750
C	−1000	500	1000
D	−2000	300	2600

1) 当基准贴现率为 10% 时，请分别用财务内部收益率、财务净现值、净现值率的大小对项目进行排序。
2) 如果 A、B、C、D 为互斥方案，选择哪个项目？
3) 如果 A、B、C、D 为独立方案，分别用财务净现值、净现值率选择项目，并进行分析。

6. 为某工厂提供两种储存水方案，方案 A 在高楼上安装水塔，造价为 102000 元，年运营成本为 800 元，方案 B 在离厂一定距离的小山上安装储水池，造价为 83000 元，年运营成本为 1500 元。两种方案的寿命期估计为 40 年，均无残值。方案 B 还需要购置价值为 9500 元的附加设备，附加设备寿命期为 20 年，20 年年末的残值为 500 元。基准收益率 $i_0=8\%$，试用 FNPV、AC 法比较两种方案。

7. 某企业基建项目设计方案总投资为 1995 万元，投产后年经营成本为 500 万元，年销售额为 1500 万元，第 3 年年末工程项目配套追加投资 1000 万元，若计算期为 5 年，基准收益率为 10%，残值等于零。试计算投资方案的财务净现值和净年值。

8. 已知某项目的有关数据见表 4-19，当基准收益率为 10% 时，分别计算财务净现值、净年值、静态投资回收期和动态投资回收期。

表 4-19　某项目的净现金流量

年份	1	2	3	4	5	6	7	8	9
净现金流量（万元）	−1000	−2000	300	600	800	800	800	800	800

第 5 章
工程技术方案不确定性与风险分析

本章重点内容：盈亏平衡分析，敏感性分析，工程技术方案投资风险分析基本方法。

本章学习目标：熟悉不确定性分析，掌握盈亏平衡分析和敏感性分析，熟悉工程项目投资风险分析基本方法。通过本章学习，培养辩证地看待在学习、工作与生活中遇到的风险的能力；增强风险意识，提前做好风险规划；培养在面对困难时用科学的观念进行思考的能力。

5.1 工程技术方案不确定性分析

因为决策的主要依据之一是工程技术方案经济评价，而工程技术方案经济评价通常都是以一些确定的数据为基础，如工程技术方案总投资、建设期、年销售收入、年经营成本、年利率和设备残值等指标值，即使对某个指标值所做的估计或预测，也认为是可靠、有效的。但事实上，对工程技术方案经济效果的评价通常都是对其未来经济效果的计算，一个拟实施技术方案的所有未来结果都是未知的。但计算中所使用的数据大多数是建立在分析人员对未来各种情况所做的预测与判断基础上，因此，无论用哪种方法预测或估计，都会包含许多不确定性因素，不确定性是所有工程技术方案固有的内在特性。只是对不同的工程技术方案，其不确定性的程度有所差异。为了尽量避免决策失误，需要了解各种内外部条件发生变化时对工程技术方案经济效果的影响程度，也需要了解工程技术方案对各种内外部条件变化的承受能力。

5.1.1 不确定性分析概述

不确定性不同于风险。风险是指不利事件发生的可能性，其中不利事件发生的概率是可以计量的；而不确定性是指人们在事先通常只知道所采取行动的所有可能后果，而不知道它们出现的可能性，或者两者均不知道，只能对两者做些粗略的估计，因此不确定性是难以计量的。

不确定性分析是指研究和分析当影响工程技术方案经济效果的各项主要因素发生变化时，拟实施工程技术方案的经济效果会发生的变化，以便为正确决策服务的一项工作。不确定性分析是工程技术方案经济评价中一项重要工作，在拟实施工程技术方案未做出最终决策之前，均应进行工程技术方案的不确定性分析。

1. 不确定性因素产生的原因

1）所依据的基本数据不足或者统计偏差。主要是由于原始统计上的误差，统计样本点的不足，公式或模型的套用不合理等所造成的误差。例如，工程技术方案建设投资和流动资金是经济评价中重要的基础数据,但在实际中,会由于各种原因而高估或低估了其数额,从而影响了经济评价的结果。

2)预测方法的局限或者假设不准确。

3)未来经济形势的变化。由于通货膨胀的存在,会产生物价的波动,从而影响工程技术方案经济评价中所用的价格,进而导致如年营业收入、年经营成本等数据与实际发生偏差;同样,由于市场供求结构的变化,会影响到产品的市场供求状况,进而对某些指标值产生影响。

4)技术进步。技术进步会引起产品和工艺的更新替代,根据原有技术条件和生产水平所估计出的年营业收入、年经营成本等指标就会与实际值发生偏差。

5)无法以定量来表示的定性因素的影响。

6)其他外部影响因素,如政府政策的变化,新的法律、法规的颁布,国际政治经济形势的变化等,均会对工程技术方案的经济效果产生一定的影响,甚至是难以预料的影响。

在评价中,要全面分析这些因素的变化对工程技术方案经济效果的影响十分困难,在实际工作中,通常着重分析和把握对工程技术方案影响大的关键因素,以期取得较好的效果。

2. 不确定性分析的方法

常用的不确定性分析方法有盈亏平衡分析和敏感性分析。

(1) 盈亏平衡分析 盈亏平衡分析也称量本利分析,是指将工程技术方案投产后的产销量作为不确定因素,通过计算工程技术方案的盈亏平衡点的产销量,据此分析判断不确定性因素对工程技术方案经济效果的影响程度,说明工程技术方案实施的风险大小及工程技术方案承担风险的能力,为决策提供科学依据。根据生产成本及销售收入与产销量之间是否呈线性关系,盈亏平衡分析可分为线性盈亏平衡分析和非线性盈亏平衡分析。

(2) 敏感性分析 敏感性分析是指分析各种不确定性因素发生增减变化时,对工程技术方案经济评价指标的影响,并计算敏感度系数和临界点,找出敏感因素。

在具体应用时,要综合考虑工程技术方案的类型、特点、决策者的要求,相应的人力、财力,以及工程技术方案对经济的影响程度等来选择具体的分析方法。

5.1.2 盈亏平衡分析

1. 总成本与固定成本、可变成本

根据成本费用与产量(或工程量)的关系可以将工程技术方案总成本费用分解为固定成本、可变成本和半可变(或半固定)成本。

(1) 固定成本 固定成本是指在工程技术方案一定的产量范围内不受产品产量影响的成本,即不随产品产量的增减发生变化的各项成本费用,如管理人员工资、折旧费、修理费、无形资产及其他资产摊销费、其他费用等。

(2) 可变成本 可变成本是指随工程技术方案产品产量的增减而成正比例变化的各项成本,也称为变动成本,如原材料、燃料、动力费、包装费和计件工资等。

(3) 半可变(或半固定)成本 半可变(或半固定)成本是指介于固定成本和可变成本之间,随方案产量增长而增长,但不成正比例变化的成本,如与生产批量有关的某些消耗性材料费用、工模具费及运输费等,这部分可变成本随产量变动一般呈阶梯形曲线。由于半可变(或半固定)成本通常在总成本中所占比例很小,在工程技术方案经济效果分析中,

为便于计算和分析,可以根据行业特点将产品半可变(或半固定)成本进一步分解成固定成本和可变成本。长期借款利息应视为固定成本;流动资金借款和短期借款利息可能部分与产品产量相关,其利息可视为半可变(或半固定)成本,为简化计算,一般也将其作为固定成本。

综上所述,工程技术方案总成本是固定成本与可变成本之和,它与产品产量的关系也可以近似地认为是线性关系,即

$$C = C_F + C_u Q$$

式中　C——总成本;

　　　C_F——固定成本;

　　　C_u——单位产品变动成本;

　　　Q——产量(或工程量)。

2. 销售收入与销售税金及附加

(1)销售收入　工程技术方案的销售收入与产品销量的关系有以下两种情况:

1)该工程技术方案的生产销售活动不会明显地影响市场供求状况,假定其他市场条件不变,产品价格不会随该工程技术方案销量的变化而变化,可以看作是常数,销售收入与销量呈线性关系。

2)该工程技术方案的生产销售活动将明显地影响市场供求状况,随着该工程技术方案产品销量的增加,产品价格有所下降,这时销售收入与销量之间不再是线性关系。

为简化计算,本书仅考虑销售收入与销量呈线性关系这种情况。

(2)销售税金及附加　由于单位产品的销售税金及附加是随产品销售单价的变化而变化的,为便于分析,将销售收入与销售税金及附加合并考虑。

经简化后,工程技术方案的销售收入是销量的线性函数,即

$$S = PQ - T_u Q$$

式中　S——销售收入;

　　　P——单位产品售价;

　　　T_u——单位产品销售税金及附加(当投入产出都按不含税价格时,T_u 不包括增值税);

　　　Q——销量。

3. 量本利模型

(1)量本利模型　企业的经营活动,通常以生产数量为起点,以利润为目标。在一定期间把成本总额分解简化成固定成本和变动成本两部分后,再同时考虑收入和利润,使成本、产销量和利润的关系统一了一个数学模型,数学模型的表达形式为

$$B = S - C$$

式中　B——利润;

　　　S——销售收入。

为简化数学模型,对线性盈亏平衡分析做如下假设:

1)生产量等于销售量,即当年生产的产品(或提供的服务,下同)当年销售出去。

2)产销量变化,单位可变成本不变,总生产成本是产销量的线性函数。

3)产销量变化,销售单价不变,销售收入是产销量的线性函数。

4)只生产单一产品,或者生产多种产品,但可以换算为单一产品计算,不同产品的生

产负荷率的变化应保持一致。

根据上述假设,可得

$$B=PQ-C_uQ-C_F-T_uQ$$

式中 Q——产销量(即生产量等于销售量)。

(2)基本的量本利图 将(1)中B的计算式中关系反映在直角坐标系中,即成为基本的量本利图,如图5-1所示。

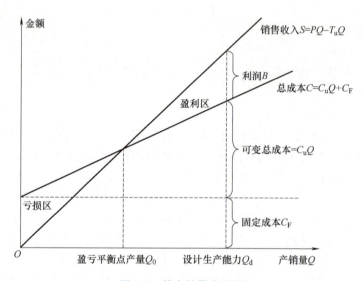

图5-1 基本的量本利图

图5-1中的横坐标轴为产销量,纵坐标轴为金额(成本和销售收入)。假定在一定时期内,产品价格不变时,销售收入S随产销量的增加而增加,呈线性函数关系,在图形上就是以零为起点的斜线。产品总成本C是固定总成本和可变总成本之和,当单位产品的变动成本不变时,总成本也呈线性变化。

从图5-1可知,销售收入线与总成本线的交点是盈亏平衡点(BEP),也称为保本点。表明工程技术方案在此产销量下总收入与总成本相等,既没有利润,也不发生亏损。在此基础上,增加产销量,销售收入超过总成本,收入线与成本线之间的距离为利润值,形成盈利区;反之,形成亏损区。这种用图示表达量本利的相互关系,形象直观,容易理解。

盈亏平衡分析是通过计算工程技术方案达产年盈亏平衡点(BEP),分析方案成本与收入的平衡关系,判断方案对不确定性因素导致产销量变化的适应能力和抗风险能力。工程技术方案盈亏平衡点(BEP)的表达形式有多种。可以用绝对值表示,如以实物产销量、单位产品售价、单位产品变动成本、年固定总成本及年销售收入等表示的盈亏平衡点;也可以用相对值表示,如以生产能力利用率表示的盈亏平衡点。其中以产销量和生产能力利用率表示的盈亏平衡点应用最为广泛。盈亏平衡点一般采用公式计算,也可利用盈亏平衡图求得。

4. 产销量(工程量)盈亏平衡分析的方法

从图5-1可见,当企业在小于Q_0的产销量下组织生产,则工程技术方案亏损;在大于Q_0的产销量下组织生产,则工程技术方案盈利。显然产销量Q_0是盈亏平衡点(BEP)的重要表达。就单一产品工程技术方案来说,盈亏平衡点的计算并不困难,一般是从销售收入等于总成本费用（盈亏平衡方程式）中导出。若利润 $B=0$，即可导出以产销量表示的盈亏平衡点 $\text{BEP}(Q)$，其计算式为

$$\text{BEP}(Q) = \frac{C_F}{P - C_u - T_u}$$

式中　$\text{BEP}(Q)$——盈亏平衡点时的产销量；
　　　C_F——固定成本；
　　　C_u——单位产品变动成本；
　　　P——单位产品销售价格；
　　　T_u——单位产品销售税金及附加。

对工程技术方案运用盈亏平衡点分析时应注意：盈亏平衡点要按方案投产达到设计生产能力后正常年份的产销量、可变成本、固定成本、产品价格、销售税金及附加等数据来计算，而不能按计算期内的平均值计算。正常年份一般选择还款期间的第一个达产年和还款后的年份分别计算，以便分别给出最高和最低的盈亏平衡点区间范围。

【例 5-1】 某工程技术方案年设计生产能力为 10 万台，年固定成本为 1200 万元，单台产品销售价格为 900 元，单台产品变动成本为 560 元，单台产品销售税金及附加为 120 元。试求盈亏平衡点的产销量。

解：
$$\text{BEP}(Q) = \frac{12000000 \text{ 元}}{(900 - 560 - 120) \text{ 元/台}} = 54545 \text{ 台}$$

计算结果表明，产销量低于 54545 台时，工程技术方案亏损；当产销量大于 54545 台时，土木工程技术方案盈利。

5. 生产能力利用率盈亏平衡分析的方法

生产能力利用率表示的盈亏平衡点 $\text{BEP}(\%)$，是指盈亏平衡点产销量占工程技术方案正常产销量的比重。正常产销量是指正常市场和正常开工情况下，工程技术方案的产销数量。在工程技术方案评价中，一般用设计生产能力表示正常产销量，即

$$\text{BEP}(\%) = \frac{\text{BEP}(Q)}{Q_d} \times 100\%$$

式中　Q_d——正常产销量或工程技术方案设计生产能力。

进行工程技术方案评价时，生产能力利用率表示的盈亏平衡点常常根据正常年份的产品产销量、可变成本、固定成本、产品价格和销售税金及附加等数据来计算。即

$$\text{BEP}(\%) = \frac{C_F}{S_n - C_V - T} \times 100\%$$

式中　$\text{BEP}(\%)$——盈亏平衡点时的生产能力利用率；
　　　S_n——年营业收入；
　　　C_V——年可变成本；
　　　T——年销售税金及附加。

【例 5-2】 数据同例 5-1，试计算生产能力利用率表示的盈亏平衡点。

解：$\mathrm{BEP}(\%) = \dfrac{1200\ \text{万元}}{(900-560-120)\ \text{元/台} \times 10\ \text{万台}} \times 100\% = 54.55\%$

计算结果表明，当生产能力利用率低于 54.55% 时，工程技术方案亏损；当生产能力利用率大于 54.55% 时，则工程技术方案盈利。

【例 5-3】 某公司生产某种结构件，设计年产销量为 3 万件，每件的售价为 300 元，单位产品变动成本为 120 元，单位产品销售税金及附加为 40 元，年固定成本为 280 万元。

1) 该公司不亏不盈时的最低年产销量是多少？
2) 达到设计能力时盈利是多少？
3) 年利润为 100 万元时的年产销量是多少？

解：1) 计算该公司不亏不盈时的最低年产销量。

$$\mathrm{BEP}(Q) = \dfrac{2800000\ \text{元}}{(300-120-40)\ \text{元/件}} = 20000\ \text{件}$$

计算结果表明，当公司生产结构件产销量低于 20000 件时，公司亏损；当公司产销量大于 20000 件时，则公司盈利。

2) 计算达到设计能力时的盈利。

$B = PQ - C_u Q - C_F - T_u Q = 300\ \text{元/件} \times 3\ \text{万件} - 120\ \text{元/件} \times 3\ \text{万件} - 280\ \text{万元} - 40\ \text{元/件} \times 3\ \text{万件} = 140\ \text{万元}$

3) 计算年利润为 100 万元时的年产销量。

$$Q = \dfrac{B + C_F}{P - C_u - T_u} = \dfrac{(1000000 + 2800000)\ \text{元}}{(300 - 120 - 40)\ \text{元/件}} = 27143\ \text{件}$$

盈亏平衡点反映了工程技术方案对市场变化的适应能力和抗风险能力。从图 5-1 中可以看到，盈亏平衡点越低，达到此点的盈亏平衡产销量就越少，工程技术方案投产后盈利的可能性越大，适应市场变化的能力越强，抗风险能力也越强。

盈亏平衡分析虽然能够从市场适应性方面说明工程技术方案风险的大小，但并不能揭示产生工程技术方案风险的根源。

5.1.3 敏感性分析

在工程技术方案经济评价中，各类因素的变化对经济指标的影响程度是不相同的。有些因素可能仅发生较小幅度的变化就能引起经济评价指标发生较大的变动；而另一些因素即使发生了较大幅度的变化，对经济评价指标的影响也不是太大。将前一类因素称为敏感性因素，后一类因素称为非敏感性因素。决策者有必要把握敏感性因素，分析方案的风险大小。

1. 敏感性分析的内容

工程技术方案评价中的敏感性分析，是指在工程技术方案确定性分析的基础上，通过进一步分析、预测工程技术方案主要不确定性因素的变化对工程技术方案经济评价指标（如财务内部收益率、财务净现值等）的影响，从中找出敏感性因素，确定评价指标对该因素的敏感程度和工程技术方案对其变化的承受能力。敏感性分析有单因素敏感性分析和多因素敏感性分析两种。

单因素敏感性分析是对单一不确定性因素变化对工程技术方案经济效果的影响进行分析，即假设各个不确定性因素之间相互独立，每次只考察一个因素变动，其他因素保持不变，以分析该可变因素对经济评价指标的影响程度和敏感程度。

多因素敏感性分析是假设两个或两个以上互相独立的不确定性因素同时变化时，分析这些变化的因素对经济评价指标的影响程度和敏感程度。

2. 单因素敏感性分析的步骤

单因素敏感性分析一般按以下步骤进行。

（1）确定分析指标　工程技术方案评价的各种经济效果指标，如财务净现值、财务内部收益率、静态投资回收期等，都可以作为敏感性分析的指标。

分析指标的确定与进行分析的目标和任务有关，一般是根据工程技术方案的特点、实际需求情况和指标的重要程度来选择。

如果主要分析工程技术方案状态和参数变化对工程技术方案投资回收快慢的影响，则可选用静态投资回收期作为分析指标；如果主要分析产品价格波动对土木工程技术方案超额净收益的影响，则可选用财务净现值作为分析指标；如果主要分析投资大小对工程技术方案资金回收能力的影响，则可选用财务内部收益率指标等。

由于敏感性分析是在确定性经济效果分析的基础上进行的，通常敏感性分析的指标应与确定性经济评价指标一致，不应超出确定性经济评价指标范围而另立新的分析指标。当确定性经济评价指标比较多时，敏感性分析可以围绕其中一个或若干个最重要的指标进行。

（2）选择需要分析的不确定性因素　影响工程技术方案经济评价指标的不确定性因素很多，但没有必要对所有的不确定性因素都进行敏感性分析，而只需选择主要的影响因素。在选择需要分析的不确定性因素时主要考虑以下原则：

第一，预计这些因素在其可能变动的范围内对经济评价指标的影响较大；

第二，对在确定性经济效果分析中采用该因素的数据的准确性把握不大。

对于一般工程技术方案，通常从以下几个方面选择敏感性分析中的影响因素：

1）从收益方面看，主要包括产销量与销售价格、汇率。许多产品，其生产和销售受国内外市场供求关系变化的影响较大，市场供求难以预测，价格波动也较大，而这种变化不是工程技术方案本身所能控制的，因此产销量与销售价格、汇率是主要的不确定性因素。

2）从费用方面看，包括成本（特别是与人工费、原材料、燃料、动力费及技术水平有关的变动成本）、建设投资、流动资金占用、折现率、汇率等。

3）从时间方面看，包括工程技术方案建设期、生产期，生产期又可考虑投产期和正常生产期。

此外，选择的因素要与选定的分析指标相联系。否则，当不确定性因素变化一定幅度时，并不能反映评价指标的相应变化，达不到敏感性分析的目的。比如折现率因素对静态评价指标不起作用。

（3）分析每个不确定性因素的波动程度及其对分析指标可能带来的增减变化情况　首先，对所选定的不确定性因素，应根据实际情况设定变动幅度，其他因素固定不变。因素的变动可以按照一定的变化幅度（如±5%、±10%、±15%、±20%等，对于建设工期可采用延长或压缩一段时间表示）改变它的数值。其次，计算不确定性因素每次变动对工程技术方案经济评价指标的影响。

对各因素的每一变动,均重复以上计算,然后,把因素变动及相应指标变动结果用敏感性分析表(见表 5-1)和敏感性分析示意图(见图 5-2)的形式表示,以便于测定敏感因素。

(4)确定敏感性因素　敏感性分析的目的在于寻求敏感性因素,可以通过计算敏感度系数和临界点来判断。

1)敏感度系数(SAF)。敏感度系数表示工程技术方案经济评价指标对不确定性因素的敏感程度。计算公式为

$$SAF = \frac{\Delta A/A}{\Delta F/F}$$

式中　SAF——敏感度系数;
　　　$\Delta F/F$——不确定性因素 F 的变化率(%);
　　　$\Delta A/A$——不确定性因素 F 发生 ΔF 变化时,评价指标 A 的相应变化率(%)。

计算敏感度系数判别敏感性因素的方法是一种相对测定法,即根据不同因素相对变化对工程技术方案经济评价指标影响的大小,可以得到各个因素的敏感性程度排序。

SAF>0,表示评价指标与不确定性因素同方向变化;SAF<0,表示评价指标与不确定性因素反方向变化。

|SAF|越大,表明评价指标 A 对于不确定性因素 F 越敏感;反之,则不敏感。

敏感度系数提供了各不确定性因素变动率与评价指标变动率之间的比例,但不能直接显示变化后评价指标的值。为了弥补这种不足,有时需要编制敏感性分析表,列出各因素变动率及相应的评价指标值,见表 5-1。

表 5-1　各因素变动对评价指标的影响　　　　　　　　　　(单位:万元)

项目	变化幅度						
	-20%	-10%	0	10%	20%	平均+1%	平均-1%
投资额							
产品价格							
经营成本							
……							

敏感性分析表的缺点是不能连续表示变量之间的关系,为此又设计了敏感性分析示意图,如图 5-2 所示。图中横轴代表各不确定性因素变动百分比,纵轴代表评价指标(以财务净现值为例)。根据原来的评价指标值和不确定性因素变动后的评价指标值,画出直线。该直线反映不确定性因素不同变化水平时所对应的评价指标值。每一条直线的斜率反映工程技术方案经济评价指标对该不确定性因素的敏感程度,斜率越大,敏感度越高。

2)临界点。临界点是指工程技术方案允许不确定性因素向不利方向变化的极限值(见图 5-3)。超过极限,工程技术方案的经济效果指标将不可行。例如,当产品价格下降到某一值时,财务内部收益率刚好等于基准收益率,此点称为产品价格下降的临界点。临界点可用临界点百分比或者临界值分别表示某一变量的变化达到一定百分比或者一定数值时,工程技术方案的经济效果指标将从可行转变为不可行。利用临界点判别敏感性因素的方法是一种绝对测定法,工程技术方案能否接受的判据是各经济评价指标能否达到临界值。如果某因

素可能出现的变动幅度超过最大允许变动幅度，则表明该因素是工程技术方案的敏感性因素。把临界点与未来实际可能发生的变化幅度相比较，就可大致分析该工程技术方案的风险情况。

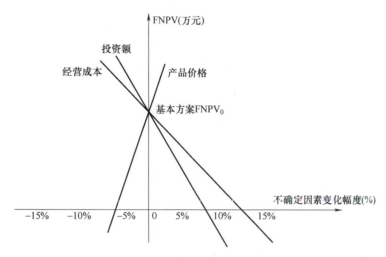

图 5-2　单因素敏感性分析示意图

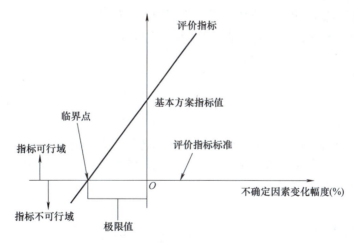

图 5-3　单因素敏感性分析临界点示意图

在实践中通常把敏感度系数和临界点两种方法结合起来确定敏感性因素。

（5）选择方案　如果进行敏感性分析的目的是对不同的工程技术方案进行选择，一般应选择敏感程度小、承受风险能力强、可靠性大的工程技术方案。

需要说明的是：单因素敏感性分析虽然对于工程技术方案分析中不确定性因素的处理是一种简便易行、具有实用价值的方法。但它以假定其他因素不变为前提，这种假定条件在实际经济活动中是很难实现的，因为各种因素的变动都存在着相关性，一个因素的变动往往引起其他因素随之变动。比如产品价格的变化可能引起需求量的变化，从而引起市场销售量的变化。所以，在分析工程技术方案经济效果受多种因素同时变化的影响时，要用多因素敏感性分析，使之更接近于实际过程。多因素敏感性分析由于要考虑可能发生的各种因素不同变动情况的多种组合，因此计算起来要比单因素敏感性分析复杂得多。

综上所述，敏感性分析在一定程度上对不确定性因素的变动对工程技术方案经济效果的影响做了定量的描述，有助于确定工程技术方案对不确定因素的不利变动所能容许的风险程度，有助于鉴别敏感性因素，从而能够及早排除对无足轻重的变动因素的注意力，把进一步深入调查研究的重点集中在敏感性因素上，或者针对敏感性因素制订管理和应变对策，以达到尽量减少风险、增加决策可靠性的目的。但敏感性分析也有其局限性，它主要依靠分析人员凭借主观经验来分析判断，存在片面性。在工程技术方案的计算期内，各不确定性因素相应发生变动幅度的概率不会相同，这意味着工程技术方案承受风险的大小不同。而敏感性分析在分析某一因素的变动时，并不能说明不确定性因素发生变动的可能性是大还是小。对于此类问题，还要借助于概率分析等方法。

5.2 工程技术方案风险分析

5.2.1 工程方案风险分析概述

1. 风险分析的概念

项目风险分析是指风险管理主体通过风险识别、风险评价去认识项目的风险，并以此为基础，合理地使用风险回避、风险控制、风险分散、风险转移等管理方法、技术和手段对项目的风险进行有效的控制。项目风险分析是在市场预测、工程技术方案、融资方案和社会评价论证中已进行的初步风险分析的基础上，进一步综合分析识别拟建项目在建设和运营中潜在的主要风险因素，揭示风险来源，判别风险程度，提出规避风险对策，降低风险损失。

在可行性研究阶段，项目风险分析是研究分析产品（或服务）的销售量、销售价格、产品成本、投资、建设工期等风险变量可能出现的各种状态及概率分布，计算项目评价指标内部收益率、净现值等的概率分布，以确定项目偏离预期指标的程度和发生偏离的概率，判断项目的风险程度，从而为项目决策提供依据。

2. 影响项目效益的风险因素

1) 项目收益风险，包括产品的数量（服务量）与预测（财务与经济）价格。
2) 建设风险，包括建筑安装工程量、设备选型与数量、土地征用和拆迁安置费、人工、材料价格、机械使用费及取费标准等。
3) 融资风险，包括资金来源、供应量与供应时间等。
4) 建设工期风险，主要指工期延长。
5) 运营成本费用风险，包括投入的各种原料、材料、燃料、动力的需求量与预测价格、劳动力工资、各种管理费取费标准等。
6) 政策风险，包括税率、利率、汇率及通货膨胀率等。

3. 项目风险分析的方法

常用的风险分析方法包括概率分析法、决策树法、专家调查法等。本书主要介绍概率分析法和决策树法。

5.2.2 工程技术方案投资风险分析基本方法

1. 概率分析法

（1）概率分析的含义　概率分析是运用概率方法和数理统计方法，对风险因素的概率分布和风险因素对评价指标的影响进行定量分析。首先预测风险因素发生的概率，将风险因素作为自变量，预测其取值范围和概率分布；再将选定的评价指标作为因变量，测算评价指标的相应取值范围和概率分布，计算评价指标的期望值，以及项目成功的概率。

概率分析的步骤如下：

1）选定一个或几个评价指标，通常是将财务内部收益率、财务净现值等作为评价指标。

2）选定需要进行概率分析的风险因素，通常有产品价格、销售量、主要原材料价格、投资额及外汇汇率等。针对项目的不同情况，通过敏感性分析，选择最为敏感的因素进行概率分析。

3）预测风险因素变化的取值范围及概率分布。一般分为两种情况：一是单因素概率分析，即设定一个自变量因素变化，其他因素均不变化，进行概率分析；二是多因素概率分析，即设定多个自变量因素同时变化，进行概率分析。

4）根据测定的风险因素值和概率分布，计算评价指标相应取值和概率分布。

5）计算评价指标的期望值和项目可接受的概率。

6）分析计算结果，判断其可接受性，研究减轻和控制风险因素的措施。

风险因素概率分布的测定是概率分析的关键，也是进行概率分析的基础。例如，将产品售价作为概率分析的风险因素，需要测定产品售价的可能区间和在可能区间内各价位发生变化的概率。风险因素概率分布的测定方法，应根据评价需要，以及资料的可得性和费用条件来选择，或者通过专家调查法确定，或者用历史统计资料和数理统计分析方法进行测定。

概率分析的方法大多是以项目经济评价指标（主要是 FNPV）的期望值的计算过程和计算结果为基础。本书介绍项目财务净现值的期望值法和决策树法，通过计算项目财务净现值的期望值及财务净现值大于或等于零时的累计概率，判断项目承担风险的能力。

（2）财务净现值期望值法　期望值是用来描述随机变量的一个主要参数。在投资项目经济评价中大多数变量因素，如投资额、成本、销售量、产品价格、项目寿命期等，都是随机变量。通过预测其未来可能的取值范围，估计各种取值或值域发生的概率，但不可能肯定地预测其取值。因为投资方案的现金流量序列由这些因素的取值所决定，所以方案的现金流量序列实际上也是随机变量。而以此计算出来的经济评价指标也是随机变量，由此可见，项目财务净现值也是一个随机变量。

从理论上讲，要完整地描述一个随机变量，需要知道其概率分布的类型和主要参数，但在实际应用中非常困难，而且也没必要。因为在许多情况下，只需要知道随机变量的某些主要特征即可，在这些随机变量的主要特征中，最重要也是最常用的就是期望值。

期望值是在大量重复事件中随机变量取值的平均值。即是随机变量所有可能取值的加权平均值，权重为各种可能取值出现的概率。

期望值的计算公式可表达为

$$E(x) = \sum_{i=1}^{n} x_i p_i$$

式中 $E(x)$——随机变量 x 的期望值；
　　　x_i——随机变量 x 的各种取值；
　　　p_i——x 取值 x_i 时所对应的概率值。

项目财务净现值的期望值计算公式为

$$E(\text{FNPV}) = \sum_{i=1}^{n} \text{FNPV}_i \times p_i$$

式中 $E(\text{FNPV})$——FNPV 的期望值；
　　　FNPV_i——各种现金流量情况下的财务净现值；
　　　p_i——对应于各种现金流量情况的概率值。

对于多个方案比较，其评价准则为：若标准差相等，则期望值越高，方案风险越低；若期望值相等，则标准差越大，方案风险越高；若期望值与标准差均不相等，则离散系数越小，方案风险越低。

【例 5-4】 已知某投资方案各种因素可能出现的数值及其对应的概率见表 5-2。假设投资发生在期初，年净现金流量均发生在各年的年末。已知基准折现率为 10%，试求其财务净现值的期望值。

表 5-2 投资方案变量因素值及其概率

投资额		年净收益		寿命期	
数值（万元）	概率	数值（万元）	概率	数值（年）	概率
120	0.30	20	0.25		
150	0.50	28	0.40	10	1.00
175	0.20	33	0.35		

解： 根据各因素的取值范围，共有九种不同的组合状态，根据财务净现值的计算公式，可求出各种状态的财务净现值及其对应的概率，见表 5-3。

表 5-3 方案所有组合状态的概率及财务净现值

投资额（万元）	120			150			175		
年净收益（万元）	20	28	33	20	28	33	20	28	33
组合概率	0.075	0.12	0.105	0.125	0.2	0.175	0.05	0.08	0.07
财务净现值（万元）	2.89	52.05	82.77	-27.11	22.05	52.77	-52.11	-2.95	27.77

根据财务净现值的期望值计算公式，可求出：

$E(\text{FNPV}) = 2.89$ 万元 $\times 0.075 + 52.05$ 万元 $\times 0.12 + 82.77$ 万元 $\times 0.105 + \cdots + 27.77$ 万元 $\times 0.07$
　　　　　　$= 24.51$ 万元

投资方案财务净现值的期望值为 24.51 万元。

财务净现值的期望值在概率分析中是一个非常重要的指标,在对项目进行概率分析时,一般都要计算项目财务净现值的期望值及财务净现值大于或等于零时的累计概率。累计概率越大,表明项目的风险越小。

2. 决策树法

决策树法是指在已知各种情况发生概率的基础上,通过构造决策树来求取财务净现值的期望值大于或等于零的概率,评价项目风险、判断其可行性的决策分析方法,是直观运用概率分析的一种图解方法。决策树法适用于多阶段决策分析。

决策树一般由决策点、机会点、方案枝、概率枝等组成,如图 5-4 所示。为了便于计算,对决策树中的"□"(决策点)和"○"(机会点)均进行编号,编号的顺序是从左到右、从上到下。通过绘制决策树,可以很容易地计算出各个方案的期望值,并进行比选。

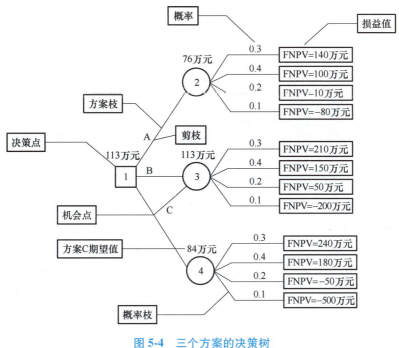

图 5-4 三个方案的决策树

【例 5-5】 某项目有三种方案,面对四种市场状态($\theta_1 \sim \theta_4$)有不同的经济效果,其财务净现值数据见表 5-4,决策者应该选择哪个方案?

表 5-4 三个方案的财务净现值数据

方案	状态与概率			
	θ_1	θ_2	θ_3	θ_4
	0.3	0.4	0.2	0.1
A	140	100	10	−80
B	210	150	50	−200
C	240	180	−50	−500

由图 5-4 计算节点 2 的期望值：

$E(\text{FNPV}_A) = 140\text{万元}\times 0.3 + 100\text{万元}\times 0.4 + 10\text{万元}\times 0.2 + (-80)\text{万元}\times 0.1 = 76\text{万元}$

同理可得 $E(\text{FNPV}_B) = 113\text{万元}$，$E(\text{FNPV}_C) = 84\text{万元}$。

由计算结果，选择 B 方案。

思 考 题

1. 某项目设计生产能力为年产 50 万件，每件产品价格为 120 元，单位产品变动成本为 100 元，年固定成本为 700 万元。试计算：
1) 产品销售税金及附加忽略不计，盈亏平衡点的生产能力利用率。
2) 产品销售税金及附加为 3% 时，盈亏平衡点的生产能力利用率。

2. 某项目所生产的产品的固定总成本为 16 万元，单位产品变动成本为 1500 元，产品销售收入为 $26000Q^{-1/2} + 500Q$（Q 为产品产销量）。试确定该产品的盈利区域和最大盈利产量。

3. 某投资方案用于确定性分析的现金流量见表 5-5，表中数据是对未来最可能出现的情况预测估算得到的。由于未来影响经济环境的某些因素的不确定性，预计投资额、年收益、年支出参数的最大变化范围为 $-20\% \sim +20\%$，基准折现率为 10%。试对各参数分别做敏感性分析：
1) 利用相对测定法进行单因素敏感性分析。
2) 从投资额、年收益、年支出这三个因素中选两个最敏感因素进行多因素敏感性分析。

表 5-5 某投资方案用于确定性分析的现金流量

参数	投资额 R（元）	年收益 AR（元）	年支出 AC（元）	残值 L（元）	寿命期 N（年）
预测值	15000	32000	2000	2000	10

4. 某厂生产和销售一种产品，单价为 18 元，单位产品变动成本为 11 元，销售税率为 6%，全月固定成本为 10 万元，每月销售 4 万件。现企业通过市场分析，决定将其产品单价降至 16 元，同时每月还将增加广告费 2000 元。试计算：
1) 该产品降价前的盈亏平衡点。
2) 该产品降价后的盈亏平衡点。
3) 增加销售多少件产品才能使降价后的利润比原来增加 5%。

5. 有一投资方案，其设计能力为年产某产品 1500 台，预计产品售价为 1800 元/台，单位经营成本为 700 元/台，估算投资额为 800 万元，方案寿命期为 8 年，试对此方案的投资回收期做敏感性分析。

第 6 章
工程技术方案投资估算与现金流量表编制

本章重点内容：建设项目投资估算方法，投资现金流量表、资本金现金流量表、投资各方现金流量表与财务计划现金流量表的编制。

本章学习目标：熟悉建设项目投资估算的方法，掌握投资现金流量表、资本金现金流量表、投资各方现金流量表与财务计划现金流量表的编制。通过本章教学，培养学生在进行决策时分析问题的辩证性思维与理性思维，培养学生从客观、科学的视角看待和解决所面临的一切问题的能力。

6.1 工程项目投资估算

6.1.1 投资估算概述

1. 投资估算的要求

工程项目决策分析与评价阶段一般可分为投资机会研究、初步可行性研究（项目建议书）、可行性研究、项目前评估四个阶段。由于不同阶段的工作深度和掌握的资料详略程度不同，在工程项目决策分析与评价的不同阶段，允许投资估算的深度和准确度有所差别。随着工作的进展，项目条件的逐步明确，投资估算应逐步细化，准确度应逐步提高，从而对项目投资起到有效的控制作用。工程项目决策分析与评价的不同阶段对投资估算准确度的要求（即允许误差率）见表 6-1。

表 6-1 工程项目决策分析与评价的不同阶段对投资估算准确度的要求

序号	工程项目决策分析与评价的不同阶段	投资估算的允许误差率
1	投资机会研究阶段	±30%以内
2	初步可行性研究（项目建议书）阶段	±20%以内
3	可行性研究阶段	±10%以内
4	项目前评估阶段	±10%以内

尽管投资估算在具体数额上允许存在一定的误差，但必须达到以下要求：
1）估算范围应与项目建设方案所涉及的范围、确定的各项工程内容一致。
2）估算的工程内容和费用构成齐全，计算合理，不提高或者降低估算标准，不重复计算或者漏项少算。
3）估算应做到方法科学、基础资料完整、依据充分。

4）估算选用的指标与具体工程之间存在标准或者条件差异时，应进行必要的换算或者调整。

5）估算的准确度应能满足建设项目决策分析与评价不同阶段的要求。

2. 投资估算的依据及作用

（1）投资估算的基础资料与依据　建设投资估算的基础资料与依据包括以下几个方面：

1）专门机构发布的建设工程造价费用构成、估算指标、计算方法，以及其他有关工程造价的文件。

2）专门机构发布的工程建设其他费用估算办法和费用标准，以及有关机构发布的物价指数。

3）部门或行业制定的投资估算办法和估算指标。

4）拟建项目所需设备、材料的市场价格。

5）拟建项目建设方案确定的各项工程建设内容及工程量。

（2）投资估算的作用　建设投资估算的作用包括以下几个方面：

1）投资估算是投资决策的依据之一。项目前期决策阶段，投资估算确定项目建设与运营所需资金量，是投资者进行投资决策的依据之一。投资者根据自身的财力和信用状况做出投资决策。

2）投资估算是制订项目融资方案的依据。项目前期决策阶段投资估算所确定的项目建设与运营所需的资金量，是项目制订融资方案、进行资金筹措的依据。投资估算准确与否，直接影响融资方案的可靠性，直接影响各类资金在币种、数量和时间要求上能否满足项目建设的需要。

3）投资估算是进行项目经济评价的基础。经济评价是对项目的费用与效益做出全面的分析评价，项目投资额度是项目费用的重要组成部分，是进行经济评价的基础。投资估算准确与否，直接影响经济评价的可靠性。

在投资机会研究和初步可行性研究阶段，虽然对投资估算的准确度要求相对较低，但投资估算仍然是该阶段的一项重要工作。投资估算完成之后才有可能进行经济效益的初步评价。

4）投资估算是编制初步设计概算的依据，对项目的工程造价起控制作用。按照项目建设程序，应在可行性研究报告被审定或批准后进行初步设计。经审定或批准的可行性研究报告是编制初步设计的依据，报告中所估算的投资额是编制初步设计概算的依据。

6.1.2　常用工程项目投资估算方法

建设投资的估算方法有简单估算法和分类估算法。简单估算法分为单位生产能力估算法、生产能力指数法、比例估算法、指标估算法和系数估算法等，前四种估算方法估算准确度相对不高，主要适用于投资机会研究和初步可行性研究阶段。项目可行性研究阶段应采用指标估算法和分类估算法。

1. 工程项目投资简单估算法

（1）单位生产能力估算法　该方法根据已建成、性质类似的建设项目的单位生产能力投资（如元/t）乘以拟建项目的生产能力来估算拟建项目的投资额，其计算公式为

$$Y_2 = \frac{X_2}{X_1} \times Y_1 \times CF$$

式中　Y_2——拟建项目的投资额；
　　　Y_1——已建类似项目的投资额；
　　　X_1——已建类似项目的生产能力；
　　　X_2——拟建项目的生产能力；
　　　CF——不同时期、不同地点的定额、单价、费用变更等的综合调整系数。

该方法将项目的建设投资与其生产能力的关系视为简单的线性关系，估算简便迅速，但精确度较差。使用这种方法要求拟建项目与所选取的已建项目相类似，仅存在规模大小和时间上的差异。

【例6-1】　已知2020年建设污水处理能力16万 m³/日的污水处理厂的建设投资为18000万元，2021年拟建污水处理能力20万 m³/日的污水处理厂一座，工程条件与2020年已建项目类似，调整系数CF为1.25，试估算该项目的建设投资。

解：该项目的建设投资为

$$Y_2 = \frac{X_2}{X_1} \times Y_1 \times \mathrm{CF} = \frac{20 \text{ 万 m}^3/\text{日}}{16 \text{ 万 m}^3/\text{日}} \times 18000 \text{ 万元} \times 1.25 = 28125 \text{ 万元}$$

（2）生产能力指数法　该方法根据已建成的、性质类似建设项目的生产能力和投资额与拟建项目的生产能力来估算拟建项目投资额，其计算公式为

$$Y_2 = Y_1 \left(\frac{X_2}{X_1}\right)^n \times \mathrm{CF}$$

式中　n——生产能力指数；
　　　其他符号含义同前。

计算式表明，工程项目的投资额与生产能力呈非线性关系。运用该方法估算项目投资的重要条件要有合理的生产能力指数。不同性质的工程项目，n 的取值是不同的。在正常情况下，$0 \leqslant n \leqslant 1$。若已建类似项目的规模和拟建项目的规模相差不大，$Y_1$ 与 Y_2 的比值为 0.5~2，则 n 的取值近似为1；一般认为 Y_1 与 Y_2 的比值为 2~50，且拟建项目规模的扩大仅靠增大设备规模来达到时，则 n 取值为 0.6~0.7；若靠增加相同规格设备的数量来达到时，则 n 取值为 0.8~0.9。

采用生产能力指数法，计算简单、速度快，但要求类似项目的资料可靠，条件基本相同，否则误差就会增大。对于建设内容复杂多变的项目，实践中，该方法往往应用于分项装置的工程费用估算。

【例6-2】　已知建设年产30万 t 尿素项目的装置投资为40000万元，现拟建年产50万 t 的聚酯项目，工程条件与上述项目类似，生产能力指数 n 为0.8，调整系数CF为1.1，试估算该项目的装置投资。

解：该项目的装置投资为

$$Y_2 = Y_1 \left(\frac{X_2}{X_1}\right)^n \times \mathrm{CF} = 40000 \text{ 万元} \times \left(\frac{50 \text{ 万 t}}{30 \text{ 万 t}}\right)^{0.8} \times 1.1 = 66211 \text{ 万元}$$

（3）比例估算法　比例估算法可分为以下两种。

1）以拟建项目的设备购置费为基数进行估算。该方法是以拟建项目的设备购置费为基数，根据已建成同类项目的建筑工程费和安装工程费占设备购置费的百分比，求出相应的建筑工程费和安装工程费，再加上拟建项目其他费用（包括工程建设其他费用和预备费等），其总和即为拟建项目的建设投资。计算公式为

$$C = E(1 + f_1 P_1 + f_2 P_2) + I$$

式中　C——拟建项目的建设投资；

E——拟建项目根据当时当地价格计算的设备购置费；

P_1、P_2——已建项目中建筑工程费和安装工程费占设备购置费的百分比；

f_1、f_2——由于时间因素引起的定额、价格、费用标准等综合调整系数；

I——拟建项目的其他费用。

【例6-3】　某拟建项目设备购置费为20000万元，根据已建同类项目统计资料，建筑工程费占设备购置费的25%，安装工程费占设备购置费的10%，该拟建项目的其他有关费用估计为3000万元，调整系数f_1、f_2均为1.1，试估算该项目的建设投资。

解： 该项目的建设投资为

$C = E(1 + f_1 P_1 + f_2 P_2) + I = 20000$ 万元 $\times [1 + (25\% + 10\%) \times 1.1] + 3000$ 万元 $= 30700$ 万元

2）以拟建项目的工艺设备投资为基数进行估算。该方法以拟建项目的工艺设备投资为基数，根据同类型的已建项目的有关统计资料，各专业工程（如总图、土建、暖通、给排水、管道、电气、电信及自控等）占工艺设备投资（包括运杂费和安装费）的百分比，求出拟建项目各专业工程的投资，然后把各部分投资（包括工艺设备投资）相加求和，再加上拟建项目的其他有关费用，即为拟建项目的建设投资。计算公式为

$$C = E(1 + f_1 P'_1 + f_2 P'_2 + \cdots) + I$$

式中　E——拟建项目根据当时当地价格计算的工艺设备投资；

P'_1、P'_2——已建项目各专业工程费用占工艺设备投资的百分比。

其他符号含义同前。

（4）指标估算法　估算指标是比概算指标更为扩大的单项工程指标或单位工程指标，以单项工程或单位工程为对象，综合项目建设中的各类成本和费用，具有较强的综合性和概括性。

单项工程指标一般以单项工程生产能力单位投资表示，如工业窑炉砌筑以元/m^3 表示；变配电站以元/(kV·A) 表示；锅炉房以元/蒸汽 t 表示。单位工程指标一般以如下方式表示：房屋区别不同结构形式以元/m^2 表示；道路区别不同结构层、面层以元/m^2 表示；管道区别不同材质、管径以元/m 表示。

使用估算指标应根据不同地区、不同时期的实际情况进行适当调整，因为地区、时期不同，设备、材料及人工的价格均有差异。

（5）系数估算法　系数估算法也称为因子估算法，它是以拟建项目的主体工程费或主要设备购置费为基数，以其他工程费与主体工程费的百分比为系数估算项目的静态投资的方法。这种方法简单易行，但是精度较低，一般用于项目建议书阶段。系数估算法的种类很多，在我国国内常用的方法有设备系数法和主体专业系数法，朗格系数法是世界银行项目投

资估算常用的方法。

1) 设备系数法。以拟建项目的设备购置费为基数，根据已建成的同类项目的建筑安装费和其他工程费等与设备价值的百分比，求出拟建项目建筑安装工程费和其他工程费，进而求出项目的静态投资，在初步可行性研究阶段使用比较合适。

2) 主体专业系数法。以拟建项目中投资比重较大，并与生产能力直接相关的工艺设备投资为基数，根据已建同类项目的有关统计资料，计算出拟建项目各专业工程（总图、土建、采暖、给排水、管道、电气、自控等）与工艺设备投资的百分比，据以求出拟建项目各专业投资，然后加总即为拟建项目的静态投资。

3) 朗格系数法。以设备购置费为基数，乘以适当系数来推算项目的静态投资。这种方法在国内不常见，是世界银行项目投资估算常采用的方法。该方法的基本原理是将项目建设总成本费用中的直接成本和间接成本分别计算，再合为项目的静态投资。这种方法虽然比较简单，但没有考虑设备规格、材质的差异，精确度不高。

2. 建设投资分类估算法

建设投资分类估算法是对构成建设投资的各类投资，即工程费用（含建筑工程费、设备购置费和安装工程费）、工程建设其他费用和预备费（含基本预备费和价差预备费）分类进行估算。

(1) 建筑工程费估算

1) 估算内容。建筑工程费是指为建造永久性建筑物和构筑物所需要的费用，主要包括：各类房屋建筑工程和列入房屋建筑工程预算的供水、供暖、卫生、通风、煤气等设备费用及其装饰、油饰工程的费用，列入建筑工程的各种管道、电力、电信和电缆导线敷设工程的费用；设备基础、支柱、工作台、烟囱、水塔、水池、灰塔等建筑工程以及各种窑炉的砌筑工程和金属结构工程的费用；建设场地的大型土石方工程、施工临时设施和完工后的场地清理、环境绿化的费用；矿井开凿、井巷延伸、露天矿剥离、石油、天然气钻井、修建铁路、公路、桥梁、水库、堤坝、灌渠及防洪等工程的费用。

2) 估算方法。建筑工程费的估算方法有单位建筑工程投资估算法、单位实物工程量投资估算法和概算指标投资估算法。前两种方法比较简单，后一种方法要以较为详细的工程资料为基础，工作量较大，实际工作中可根据具体条件和要求选用。

① 单位建筑工程投资估算法。单位建筑工程投资估算法，是以单位建筑工程量投资乘以建筑工程总量来估算建筑工程费的方法。一般工业与民用建筑以单位建筑面积（m^2）投资，工业窑炉砌筑以单位容积（m^3）投资，水库以水坝单位长度（m）投资，铁路路基以单位长度（km）投资，矿山掘进以单位长度（m）投资，乘以相应的建筑工程总量计算建筑工程费。

② 单位实物工程量投资估算法。单位实物工程量投资估算法，是以单位实物工程量投资乘以实物工程量总量来估算建筑工程费的方法。土石方工程按每立方米投资，矿井巷道衬砌工程按每延长米投资，路面铺设工程按每平方米投资，乘以相应的实物工程量总量计算建筑工程费。

③ 概算指标投资估算法。在估算建筑工程费时，对于没有前两种估算指标，或建筑工程费占建设投资比例较大的项目，可采用概算指标投资估算法。建筑工程概算指标通常以整个建筑物为对象，以建筑面积、体积等为计量单位来确定劳动、材料和机械台班的消耗量标

准和造价指标。建筑工程概算指标分别有一般土建工程概算指标、给排水工程概算指标、采暖工程概算指标、通信工程概算指标、电气照明工程概算指标等。采用概算指标投资估算法，需要占有较为详细的工程资料、建筑材料价格和工程费用指标，工作量较大。具体方法参照专门机构发布的概算编制办法。

(2) 安装工程费估算

1) 估算内容。安装工程费一般包括：生产、动力、起重、运输、传动和医疗、试验等各种需要安装的机电设备、专用设备、仪器仪表等设备的安装费；工艺、供热、供电、给排水、通风空调、净化及除尘、自控、电信等管道、管线、电缆等的材料费和安装费；设备和管道的保温、绝缘、防腐，设备内部填充物等的材料费和安装费。

2) 估算方法。投资估算中安装工程费通常是根据行业或专门机构发布的安装工程定额、取费标准进行估算。具体计算可按安装费费率、每吨设备安装费指标或每单位安装实物工程量费用指标进行估算。计算公式为

$$安装工程费 = 设备原价 \times 安装费费率$$

或

$$安装工程费 = 设备吨位 \times 每吨设备安装费指标$$

或

$$安装工程费 = 安装工程实物量 \times 每单位安装实物工程量费用指标$$

附属管道量大的项目，还应单独估算管道工程费用，有的还要单独列出主要材料费用。

项目决策分析与评价阶段，根据投资估算的深度要求，安装工程费也可以按单项工程分别估算。

估算安装工程费应编制安装工程费估算表。

3. 流动资金估算

流动资金是指项目运营期内长期占用并周转使用的营运资金，不包括运营中临时性需要的资金。

项目运营需要流动资产投资，但项目评价中需要估算并预先筹措的是从流动资产中扣除流动负债后的流动资金。项目评价中流动资金的估算应考虑应付账款对需要预先筹措的流动资金的抵减作用。对有预收账款的某些项目，还应同时考虑预收账款对需要预先筹措的流动资金的抵减作用。

流动资金估算的基础主要是营业收入和经营成本。因此，流动资金估算应在营业收入和经营成本估算之后进行。

流动资金估算可按行业或前期研究的不同阶段选用扩大指标估算法估算或分项详细估算法估算。扩大指标估算法简便易行，但准确度不高，在项目初步可行性研究阶段可采用扩大指标估算法，某些流动资金需要量小的项目在可行性研究阶段也可采用扩大指标估算法。分项详细估算法虽然工作量较大，但是准确度较高，一般项目在可行性研究阶段应采用分项详细估算法。

扩大指标估算法和分项详细估算法在第 2 章已讲解，不再论述。

流动资金估算应注意的问题：

1) 投入物和产出物使用不含增值税价格时，估算中应注意将销项税额和进项税额分别包含在相应的收入成本支出中。

2) 项目投产初期所需流动资金在实际工作中应在项目投产前筹措。为简化计算，项目评价中流动资金可从投产第一年开始安排，运营负荷增长，流动资金也随之增加，但采用分

项详细估算法估算流动资金时，运营期各年的流动资金数额应以各年的经营成本为基础，依照上述公式分别进行估算，不能简单地按 100% 运营负荷下的流动资产乘以投产期运营负荷估算。

4. 建设项目总投资及分年投资计划

（1）项目总投资估算表的编制　按投资估算内容和估算方法估算上述内容各项投资并进行汇总，编制项目总投资估算表，见表 6-2。

表 6-2　项目总投资估算表

人民币单位：万元　　　　　　　　　　　　　　　　　　　　　　　　　　外币单位：

序号	费用名称	投资额		估算说明
		合计	其中：外币	
1	建设投资			
1.1	建筑工程费			
1.2	设备购置费			
1.3	安装工程费			
1.4	工程建设其他费用			
1.5	基本预备费			
1.6	价差预备费			
2	建设期利息			
3	流动资金			
	项目总投资（1+2+3）			

（2）分年投资计划表　估算出项目建设投资、建设期利息和流动资金后，应根据项目计划进度的安排，编制分年投资计划表，见表 6-3。该表中的分年建设投资可以作为安排融资计划，估算建设期利息的基础。由此估算的建设期利息列入该表。流动资金本来就是分年估算的，可由流动资金估算表转入。分年投资计划表是编制项目资金筹措计划表的基础。

表 6-3　分年投资计划表

人民币单位：万元　　　　　　　　　　　　　　　　　　　　　　　　　　外币单位：

序号	项目	人民币			外币		
		第1年	第2年	…	第1年	第2年	…
1	建设投资						
2	建设期利息						
3	流动资金						
	项目总投资（1+2+3）						

实际工作中往往将项目总投资估算表、分年投资计划表和资金筹措表合而为一，编制

"项目总投资使用计划与资金筹措表"。

6.2 技术方案现金流量表编制

技术方案现金流量表由现金流入、现金流出和净现金流量构成,其具体内容随技术方案经济效果评价的角度、范围和方法不同而不同,其中主要有投资现金流量表、资本金现金流量表、投资各方现金流量表和财务计划现金流量表。

6.2.1 投资现金流量表

投资现金流量表以技术方案为一独立系统进行设置。它以技术方案建设所需的总投资作为计算基础,反映技术方案在整个计算期(包括建设期和生产运营期)内现金的流入、流出和净现金流量,是计算评价指标的基础。投资现金流量表构成见表6-4。但应注意以下几点:

1)在增值税条例执行中,为了体现固定资产进项税抵扣导致技术方案应纳增值税额的降低进而致使净现金流量增加的作用,应在现金流入中增加销项税额,同时在现金流出中增加进项税额及应纳增值税额。

2)投资现金流量表中的"回收固定资产余值"应不受利息因素的影响,它区别于技术方案资本金现金流量表中的回收固定资产余值。

3)投资现金流量表中的"所得税"是根据息税前利润(计算时其原则上不受融资方案变动的影响,即不受利息多少的影响)乘以所得税税率计算的,称为"调整所得税"。这区别于"利润与利润分配表""资本金现金流量表"和"财务计划现金流量表"中的所得税。

通过投资现金流量表中净现金流量,可计算技术方案的财务内部收益率、财务净现值和静态投资回收期等经济效果评价指标,并可考察技术方案融资前的盈利能力,为各个方案进行比较建立共同的基础。根据需要,可从所得税前和(或)所得税后两个角度进行考察,选择计算所得税前和(或)所得税后指标。

所得税前指标是投资盈利能力的完整体现,可用以考察技术方案的基本面,即由技术方案设计本身所决定的财务盈利能力。它不受融资方案和所得税政策变化的影响,仅仅体现技术方案本身的合理性。因此,只有该所得税前指标可行的基础上才值得去融资。

技术方案投资所得税后分析也是一种融资前分析,它是所得税前分析的延伸,是在所得税前净现金流量中剔除了所得税(即调整所得税)来计算相关指标,这有助于判断在不考虑融资方案的条件下技术方案投资对企业价值的贡献。

表6-4 投资现金流量表 (人民币单位:万元)

序号	项目	合计	计算期					
			1	2	3	4	…	n
1	现金流入							
1.1	营业收入							

(续)

序号	项目	合计	计算期					
			1	2	3	4	…	n
1.2	补贴收入							
1.3	销项税额							
1.4	回收固定资产余值							
1.5	回收流动资金							
2	现金流出							
2.1	建设投资							
2.2	流动资金							
2.3	经营成本							
2.4	进项税额							
2.5	应纳增值税							
2.6	营业中税金及附加							
2.7	维持运营投资							
3	所得税前净现金流量（1-2）							
4	累计税前净现金流量							
5	调整所得税							
6	所得税后净现金流量（3-5）							
7	累计所得税后净现金流量							

计算指标： 所得税前 所得税后
投资财务内部收益率（％）：
投资财务净现值（i_c=％）：
投资回收期：

6.2.2 资本金现金流量表

资本金现金流量表是在拟订融资方案后，从技术方案权益投资者整体（即项目法人）角度出发，以技术方案资本金作为计算的基础，把借款本金偿还和利息支付作为现金流出，用以计算资本金财务内部收益率，反映在一定融资方案下投资者权益投资的获利能力，用以比选融资方案，为投资者投资决策、融资决策提供依据。资本金现金流量表构成见表 6-5。但应注意以下几点：

1）资本金现金流量表中的"回收固定资产余值"为将建设期利息纳入固定资产原值后计取的回收固定资产余值，它区别于投资现金流量表中的回收固定资产余值。

2）技术方案资本金包括用于建设投资和流动资金中的资本金（权益资金）。

3）资本金现金流量表中的"所得税"等同于利润表等财务报表中的所得税，而区别于投资现金流量表中的调整所得税。

表 6-5　资本金现金流量表　　　　　　　　　　（人民币单位：万元）

序号	项目	合计	计算期					
			1	2	3	4	…	n
1	现金流入							
1.1	营业收入							
1.2	补贴收入							
1.3	销项税额							
1.4	回收固定资产余值							
1.5	回收流动资金							
2	现金流出							
2.1	技术方案资本金							
2.2	借款本金偿还							
2.3	借款利息支付							
2.4	经营成本							
2.5	进项税额							
2.6	应纳增值税							
2.7	营业中税金及附加							
2.8	所得税							
2.9	维持运营投资							
3	净现金流量（1-2）							

计算指标：

资本金财务内部收益率（%）：

技术方案资本金现金流量分析是融资后分析，该净现金流量包括技术方案在缴税和还本付息之后所剩余的收益（含投资者应分得的利润），这既是技术方案的净收益，也是投资者的权益性收益。一般可以只计算技术方案资本金财务内部收益率一个指标，其表达式和计算方法同技术方案投资财务内部收益率，只是所依据的净现金流量的内涵不同，判断的基准参数（财务基准收益率）也不同。

技术方案资本金财务基准收益率应体现技术方案发起人（代表技术方案所有权益投资者）对投资获利的最低期望值（即最低可接受收益率）。当技术方案资本金财务内部收益率大于或等于该最低可接受收益率时，说明在该融资方案下，技术方案资本金获利水平超过或达到了要求，该融资方案是可以接受的。

6.2.3　投资各方现金流量表

投资各方现金流量表是分别从技术方案各个投资者的角度出发，以投资者的出资额作为计算的基础，用以计算技术方案投资各方财务内部收益率。投资各方现金流量表构成见表6-6。一般情况下，技术方案投资各方按股本比例分配利润和分担亏损及风险，因此投资各方的利益一般是均等的，没有必要计算投资各方的财务内部收益率。只有技术方案投资者中各方有股权之外的不对等的利益分配时（契约式的合作企业通常会有这种情况），投资各方的收益率才会有差异，此时通常需要计算投资各方的财务内部收益率，以看出各方收益是否均衡，或者其非均衡性是否在一个合理的水平上，有助于促成技术方案投资各方在合作谈判中达成平等互利的协议。

表 6-6 投资各方现金流量表　　　　　　　　（人民币单位：万元）

序号	项目	合计	计算期					
			1	2	3	4	…	n
1	现金流入①							
1.1	实际分得利润③							
1.2	资产处置收益分配④							
1.3	租赁费收入⑤							
1.4	技术转让或使用收入⑥							
1.5	销项税额							
1.6	其他现金流入							
2	现金流出②							
2.1	实缴资本							
2.2	租赁资产支出							
2.3	进项税额							
2.4	应纳增值税							
2.5	其他现金流出							
3	净现金流量（1-2）							

计算指标：
投资各方财务内部收益率（%）：

注：本表可按不同投资方分别编制。投资各方现金流量表适用于内资企业、外资企业、合资企业和合作企业。表中科目应根据技术方案具体情况调整。
① 现金流入是指出资方因该技术方案的实施将实际获得的各种收入。
② 现金流出是指出资方因该技术方案的实施将实际投入的各种支出。
③ 实际分得利润是指投资者由技术方案获取的利润。
④ 资产处置收益分配是指对有明确的合营期限或合资期限的技术方案，在期满时对资产余值按股比或约定比例的分配。
⑤ 租赁费收入是指出资方将自己的资产租赁给技术方案使用所获得的收入，此时应将资产价值作为现金流出，列为租赁资产支出科目。
⑥ 技术转让或使用收入是指出资方将专利或专有技术转让或允许该技术方案使用所获得的收入。

6.2.4　财务计划现金流量表

财务计划现金流量表反映技术方案计算期各年的投资、融资及经营活动所产生的现金流入和流出，用于计算净现金流量和累计盈余资金，考察资金平衡和余缺情况，分析技术方案的财务生存能力，即分析技术方案是否能为企业创造足够的净现金流量维持正常运营，进而考察实现财务可持续性的能力。财务计划现金流量表构成见表 6-7。

表 6-7　财务计划现金流量表　　　　　　　　　（人民币单位：万元）

序号	项目	合计	计算期					
			1	2	3	4	…	n
1	经营活动净现金流量（1.1-1.2）							
1.1	现金流入							
1.1.1	营业收入							
1.1.2	增值税销项税额							
1.1.3	补贴收入							
1.1.4	其他流入							
1.2	现金流出							
1.2.1	经营成本							
1.2.2	增值税进项税额							
1.2.3	营业中税金及附加							
1.2.4	增值税							
1.2.5	所得税							
1.2.6	其他流出							
2	投资活动净现金流量（2.1-2.2）							
2.1	现金流入							
2.2	现金流出							
2.2.1	建设投资							
2.2.2	维持运营投资							
2.2.3	流动资金							
2.2.4	其他流出							
3	筹资活动净现金流量（3.1-3.2）							
3.1	现金流入							
3.1.1	技术方案资本金投入							
3.1.2	建设投资借款							
3.1.3	流动资金借款							
3.1.4	债券							
3.1.5	短期借款							
3.1.6	其他流入							
3.2	现金流出							
3.2.1	各种利息支出							
3.2.2	偿还债务本金							
3.2.3	应付利润（股利分配）							
3.2.4	其他流出							
4	净现金流量（1+2+3）							
5	累计盈余资金							

拥有足够的经营活动净现金流量是技术方案在财务上可持续的基本条件,特别是在技术方案运营初期。因为技术方案运营期前期的还本付息负担较重,故应特别注重技术方案运营期前期的财务生存能力分析。如果技术方案拟安排的还款期过短,致使还本付息负担过重,导致为维持资金平衡必须筹措的短期借款过多,可以设法调整还款期,甚至寻求更有利的融资方案,减轻各年还款负担。所以技术方案财务生存能力分析应结合偿债能力分析进行。

技术方案财务生存能力还与利润分配的合理性有关。利润分配过多、过快都有可能导致技术方案累计盈余资金出现负值。出现这种情况时,应调整技术方案利润分配方案。

思 考 题

1. 某公司拟订在 2018 年建设项目年产某种产品为 200 万 t。调查研究表明,2015 年该地区年产该产品 50 万 t 的同类项目的固定资产投资额为 2500 万元。假定 2015—2018 年每年平均造价指数为 1.10,则拟建项目的投资额为多少?

2. 某年在某地兴建一座 30 万 t 尿素的化肥厂,总投资为 25000 万元,假如 5 年后在该地开工兴建 50 万 t 尿素的工厂,尿素的生产能力指数为 0.7,则所需静态投资为多少(假定该 5 年中每年平均工程造价指数为 1.15)?

3. 某工程项目估计建设期为 3 年,第一年建设投资为 600 万元,第二年建设投资为 2000 万元,第三年投资为 800 万元。投产第一年达到设计能力的 60%,第二年达到 80%,第三年达到 100%。正常年份的销售收入为 3500 万元,正常年份的经营成本为 2000 万元,正常年份的销售税金为 210 万元,残值为 400 万元,项目经营期为 7 年(不含建设期),流动资金总额为 600 万元,从投产年开始按生产能力分 3 次投入,投入比例分别为 60%、30%、10%。基准收益率为 12%,标准静态投资回收期为 9 年。

1)试给出该项目全部投资税前的现金流量表。
2)计算该项目所得税前的静态投资回收期。
3)计算该项目所得税前的 FNPV、FIRR 和动态投资回收期指标。
4)评价该项目是否可行。

第 7 章
工程经济中的设备更新分析

本章重点内容：设备磨损的类型，设备磨损的补偿方式，设备经济寿命的估算，设备更新时机的确定，设备方案的比选。

本章学习目标：熟悉设备磨损的类型与补偿方式，熟悉设备更新方案的比选原则，掌握设备更新的计算，熟悉设备租赁与购买方案的比选分析。通过本章教学，培养学生的工匠精神；培养学生正确面对优胜劣汰自然法则，树立正确的职业观和价值观。

7.1 设备磨损与补偿

7.1.1 设备磨损的类型

设备是企业生产的重要物质条件，企业为了进行生产，必须花费一定的投资，用以购置各种设备。设备购置后，无论是使用还是闲置，都会发生磨损。设备磨损分为两大类，四种形式。

1. 有形磨损（又称为物质磨损）

1）设备在使用过程中，在外力的作用下实体产生的磨损、变形和损坏，称为第一种有形磨损，这种磨损的程度与使用强度和使用时间长短有关。

2）设备在闲置过程中，受自然力的作用而产生的实体磨损，如金属件生锈、腐蚀、橡胶件老化等，称为第二种有形磨损，这种磨损与闲置的时间长短和所处环境有关。

上述两种有形磨损都造成设备的性能、精度等的降低，使得设备的运行费用和维修费用增加，效率降低，反映出设备使用价值的降低。

2. 无形磨损（又称为精神磨损、经济磨损）

设备无形磨损不是由生产过程中使用或自然力的作用造成的，而是由于社会经济环境变化造成的设备价值贬值，是技术进步的结果，无形磨损分为两种形式。

1）设备的技术结构和性能并没有变化，但由于技术进步，设备制造工艺不断改进，社会劳动生产率水平的提高，同类设备的再生产价值降低，因而设备的市场价格也随之降低，致使原设备相对贬值。这种磨损称为第一种无形磨损。这种无形磨损的后果只是现有设备原始价值部分贬值，设备本身的技术特性和功能即使用价值并未发生变化，故不会影响现有设备的使用。因此，不产生提前更换现有设备的问题。

2）由于科学技术的进步，不断创新出结构更先进、性能更完善、效率更高、耗费原材料和能源更少的新型设备，使原有设备相对陈旧落后，其经济效益相对降低而发生贬值。这种磨损称为第二种无形磨损。这种无形磨损的后果不仅是使原有设备价值降低，而且由于技术上更先进的新设备的发明和应用会使原有设备的使用价值局部或全部丧失,这就产生了是否用新设备代替现有陈旧落后设备的问题。

有形和无形两种磨损都会引起设备原始价值的贬值。不同的是,遭受有形磨损的设备,特别是有形磨损严重的设备,在修理之前,通常不能工作;而遭受无形磨损的设备,并不表现为设备实体的变化和损坏,即使无形磨损很严重,其固定资产物质形态却可能没有磨损,仍然可以使用,只不过继续使用它在经济上是否合算,需要分析研究。

3. 设备的综合磨损

设备的综合磨损是指同时存在有形磨损和无形磨损的损坏和贬值的综合情况。对任何特定设备,这两种磨损必然同时发生和同时互相影响。某些方面的技术要求可能加快设备有形磨损的速度,如高强度、高速度、大负荷技术的发展,必然使设备的物质磨损加剧。同时,某些方面的技术进步又可提供耐热、耐磨、耐腐蚀、耐振动、耐冲击的新材料,使设备的有形磨损减缓,但是其无形磨损会加快。

7.1.2 设备磨损的补偿方式

设备发生磨损后,需要进行补偿,以恢复设备的生产能力。由于设备遭受磨损的形式不同,补偿磨损的方式也不一样。补偿分局部补偿和完全补偿。设备有形磨损的局部补偿是大修理,设备无形磨损的局部补偿是现代化改装。设备有形磨损和无形磨损的完全补偿是更新,如图 7-1 所示。设备大修理是更换部分已磨损的零部件和调整设备,以恢复设备的生产功能和效率为主;设备现代化改装是对设备的结构做局部的改进和技术上的革新,如增添新的、必需的零部件,以增加设备的生产功能和效率为主;更新是对整个设备进行更换。

由于设备同时受有形磨损和无形磨损,因此,对其综合磨损后的补偿方式应进行更深入的研究,以确定恰当的补偿方式。对于陈旧落后的设备,即消耗高、性能差、使用操作条件不好、对环境污染严重的设备,应当用较先进的设备尽早替代;对整机性能尚可、有局部缺陷、个别技术经济指标落后的设备,应选择适应技术进步的发展需要,吸收国内外的新技术,不断地加以改造和现代化改装。在设备磨损补偿工作中,最好的方案是有形磨损期与无形磨损期相互接近,这是理想的"无维修设计"(即当设备需要进行大修理时,恰好到了更换的时刻)。但是大多数的设备,通常通过修理可以使有形磨损期达到 20~30 年,甚至更长,但无形磨损期却比较短。在此情况下,就存在如何对待已经无形磨损但物质上还可使用的设备的问题。第二种无形磨损虽然使设备贬值,但是它是社会生产力发展的反映,这种磨损越大,表示社会技术进步越快。因此应该充分重视对设备磨损规律性的研究,加速技术进步的步伐。

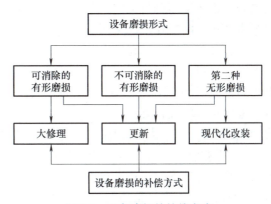

图 7-1 设备磨损的补偿方式

7.2 设备更新与更新方案的比选原则

1. 设备更新的概念

设备更新是对旧设备的整体更换，本质上可分为原型设备更新和新型设备更新。原型设备更新，就是用结构相同的新设备去更换有形磨损严重而不能继续使用的旧设备，主要是解决设备的损坏问题，不具有更新技术的性质。新型设备更新是以结构更先进、技术更完善、效率更高、性能更好、能源和原材料消耗更少的新型设备来替换那些在技术上陈旧、在经济上不宜继续使用的旧设备。通常所说的设备更新主要是指新型设备更新，它是技术发展的基础。因此，就实物形态而言，设备更新是用新的设备替换陈旧落后的设备；就价值形态而言，设备更新是设备在运动中消耗掉的价值的重新补偿。设备更新是消除设备有形磨损和无形磨损的重要手段，目的是提高企业生产的现代化水平，尽快形成新的生产能力。

2. 设备更新的策略

设备更新分析是企业生产发展和技术进步的客观需要，对企业的经济效益有着重要的影响。过早的设备更新，无论是由于设备暂时出故障就报废的草率决定，还是片面追求现代化购买最新式设备的决定，都将造成资金的浪费，失去其他的收益机会；对于资金紧张的企业采取拖延设备的更新，将造成生产成本的迅速上升，失去竞争的优势。因此，设备是否更新、何时更新、选用何种设备更新，既要考虑技术发展的需要，又要考虑经济方面的效益。这就需要做好设备更新分析工作，采取适宜的设备更新策略。

设备更新的策略应在系统全面了解企业现有设备的性能、磨损程度、服务年限和技术进步等情况后，分轻重缓急，有重点有区别地对待。凡修复比较合理的，不应过早更新；可以修中有改进，通过改进工装就能使设备满足生产技术要求的不要急于更新；更新个别关键零部件就可达到要求的，不必更换整台设备；更换单机能满足要求的，不必更换整条生产线。通常优先考虑更新的设备有：

1) 设备损耗严重，大修后性能、精度仍不能满足规定工艺要求的。
2) 设备损耗虽在允许范围之内，但技术已经陈旧落后，能耗高、使用操作条件不好、对环境污染严重，技术经济效果很不好的。
3) 设备役龄长，大修虽然能恢复精度，但在经济效果上不如更新的。

3. 设备更新方案的比选原则

确定设备更新必须进行技术经济分析。设备更新方案比选的基本原理和评价方法与互斥性投资方案比选相同。在实际设备更新方案比选时，应遵循如下原则：

1) 设备更新分析应站在客观的立场。设备更新问题的要点是站在客观的立场上，而不是站在旧设备的立场上考虑问题。若要保留旧设备，首先要付出相当于旧设备当前市场价值的投资，然后才能取得旧设备的使用权。

2) 不考虑沉没成本。沉没成本是既有企业过去投资决策发生的、非现在决策能改变（或不受现在决策影响）、已经计入过去投资费用回收计划的费用。由于沉没成本是已经发生的费用，不管企业生产什么和生产多少，这项费用都不可避免地要发生，因此现在决策对它不起作用。在进行设备更新方案比选时，原设备的价值应按目前实际价值计算，而不考虑其沉没成本。例如，某设备4年前的原始成本是80000元，目前的账面价值是30000元，现在的市场价

值仅为 18000 元。在进行设备更新分析时，旧设备往往会产生一笔沉没成本，即

$$沉没成本 = 设备账面价值 - 当前市场价值$$

或

$$沉没成本 = (设备原值 - 历年折旧费) - 当前市场价值$$

则本例旧设备的沉没成本为 12000 元（30000-18000），是过去投资决策发生的而与现在更新决策无关，目前该设备的价值等于市场价值 18000 元。

3) 逐年滚动比较。该原则是指在确定最佳更新时机时，应首先计算比较现有设备的剩余经济寿命和新设备的经济寿命，然后利用逐年滚动计算方法进行比较。

7.3　设备寿命与更新时机的确定

设备在使用过程中，由于有形磨损和无形磨损的共同作用，在设备使用到一定期限时，就需要利用新设备进行更新。这种更新取决于设备使用寿命的效益或成本的高低。

1. 设备寿命的概念

设备的寿命在不同需要情况下有不同的内涵和意义。现代设备的寿命，不仅要考虑自然寿命，而且要考虑设备的技术寿命和经济寿命。

（1）设备的自然寿命　设备的自然寿命，又称为物质寿命。它是指设备从投入使用开始，直到因物质磨损严重而不能继续使用、报废为止所经历的全部时间。主要是由设备的有形磨损所决定的。做好设备维修和保养可延长设备的物质寿命，但不能从根本上避免设备的磨损，任何一台设备磨损到一定程度时，都必须进行更新。因为随着设备使用时间的延长，设备不断老化，维修所支出的费用也逐渐增加，从而出现恶性使用阶段，即经济上不合理的使用阶段，因此，设备的自然寿命不能成为设备更新的估算依据。

（2）设备的技术寿命　由于科学技术迅速发展，一方面，对产品的质量和精度的要求越来越高；另一方面，也不断涌现出技术上更先进、性能更完善的机械设备，这就使得原有设备虽然能继续使用，但已不能保证产品的精度、质量和技术要求而被淘汰。因此，设备的技术寿命是指设备从投入使用到因技术落后而被淘汰所延续的时间，也是指设备在市场上维持其价值的时间，故又称为有效寿命。如一台计算机，即使完全没有使用过，其功能也会被更为完善、技术更为先进的计算机所取代，这时它的技术寿命可以认为等于零。由此可见，技术寿命主要是由设备的无形磨损所决定的，它一般比自然寿命要短，而且科学技术进步越快，技术寿命越短。所以，在估算设备寿命时，必须考虑设备技术寿命期限的变化特点及其使用的制约或影响。

（3）设备的经济寿命　经济寿命是指设备从投入使用开始，到继续使用在经济上不合理而被更新所经历的时间。它是由设备维护费用的提高和使用价值的降低所决定的。设备使用年限越长，所分摊的设备年资产消耗成本越少。但是随着设备使用年限的增加，一方面，需要更多的维修费维持原有功能；另一方面，设备的操作成本及原材料、能源耗费也会增加，年运行时间、生产效率、质量将下降。因此，年资产消耗成本的降低，会被年运行成本的增加或收益的下降所抵消。在整个变化过程中存在着某一年份，设备年平均使用成本最低，经济效益最好，如图 7-2 所示，在 N_0 年时，设备年平均使用成本达到最低值。设备从开始使用到其年平均使用成本最小（或年盈利最高）的使用年限 N_0 为设备的经济寿命。所以，设备的经济寿命是从经济观点（即成本观点或收益观点）确定的设备更新的最佳时刻。

（4）设备寿命期限的影响因素　影响设备寿命期限的因素较多，其中主要有：设备的技术构成，包括设备的结构及工艺性；技术进步；设备成本；加工对象；生产类型；工作班次；操作水平；产品质量；维护质量；环境要求。

2. 设备经济寿命的估算

（1）设备经济寿命的确定原则

1）使设备在经济寿命内平均每年的净收益（纯利润）达到最大。

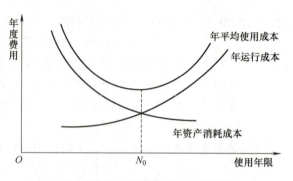

图 7-2　设备年度费用与使用年限的关系

2）使设备在经济寿命内一次性投资和各种经营费总和达到最小。

（2）设备经济寿命的确定方法　确定设备经济寿命的方法可以分为静态模式和动态模式两种。本书仅介绍在静态模式下设备经济寿命的确定方法。

在静态模式下设备经济寿命的确定方法，是指在不考虑资金时间价值的基础上计算设备年平均使用成本 $\overline{C}_N$，使 $\overline{C}_N$ 为最小的 N_0 就是设备的经济寿命。计算公式为

$$\overline{C}_N = \frac{P-L_N}{N} + \frac{1}{N}\sum_{t=1}^{N} C_t$$

式中　$\overline{C}_N$——N 年内设备的年平均使用成本；

　　　P——设备目前实际价值，如果是新设备包括购置费和安装费，如果是旧设备包括旧设备现在的市场价值和继续使用旧设备追加的投资；

　　　C_t——第 t 年的设备运行成本，包括人工费、材料费、能源费、维修费、停工损失、废次品损失等；

　　　L_N——第 N 年年末的设备净残值。

$\frac{P-L_N}{N}$ 为设备的平均年资产消耗成本，而 $\frac{1}{N}\sum_{t=1}^{N} C_t$ 为设备的平均年运行成本。

在计算式中，如果使用年限 N 为变量，则当 $N_0(0<N_0 \leqslant N)$ 为经济寿命时，应满足 $\overline{C}_N$ 最小。

【例 7-1】　某设备目前实际价值为 30000 元，统计资料见表 7-1，求其经济寿命。

表 7-1　设备有关统计资料

继续使用年限 t	1	2	3	4	5	6	7
年运行成本（元）	5000	6000	7000	9000	11500	14000	17000
年末残值（元）	15000	7500	3750	1875	1000	1000	1000

解：根据计算公式，该设备在不同使用年限时的静态年平均成本见表 7-2。

由计算结果可以看出，该设备在使用 5 年时，其年平均使用成本 13500 元为最低。因此，该设备的经济寿命为 5 年。

表 7-2 设备在不同使用年限时的静态年平均成本 （单位：元）

使用年限 N	资产消耗成本 $(P-L_N)$	平均年资产消耗成本 $(3)=(2)/(1)$	年运行成本 C_t	累计运行成本 $\sum C_t$	平均年运行成本 $(6)=(5)/(1)$	年平均使用成本 $\overline{C}_N$ $(7)=(3)+(6)$
(1)	(2)	(3)	(4)	(5)	(6)	(7)
1	15000	15000	5000	5000	5000	20000
2	22500	11250	6000	11000	5500	16750
3	26250	8750	7000	18000	6000	14750
4	28125	7031	9000	27000	6750	13781
5	29000	5800	11500	38500	7700	13500
6	29000	4833	14000	52500	8750	13583
7	29000	4143	17000	69500	9929	14072

由表 7-2 可知，用设备的年平均使用成本 $\overline{C}_N$ 估算设备的经济寿命的过程是：在已知设备现金流量的情况下，逐年计算出从寿命 1 年到 N 年全部使用期的年平均使用成本 $\overline{C}_N$，从中找出年平均使用成本 $\overline{C}_N$ 的最小值及其所对应的年限，从而确定设备的经济寿命。

由于设备使用时间越长，设备的有形磨损和无形磨损越加剧，从而导致设备的维护修理费用增加越多，这种逐年递增的费用称为设备的低劣化。用低劣化数值表示设备损耗的方法称为低劣化数值法。如果每年设备的劣化增量是 λ，可以简化经济寿命的计算，公式为

$$N_0 = \sqrt{\frac{2(P-L_N)}{\lambda}}$$

式中 N_0——设备的经济寿命；
λ——设备的低劣化值。

【例 7-2】 设有一台设备，目前实际价值 $P=8000$ 元，预计残值 $L_N=800$ 元，第一年的设备运行成本 $Q=600$ 元，每年设备的劣化增量是均等的，年劣化值 $\lambda=300$ 元，求该设备的经济寿命。

解：设备的经济寿命 $N_0 = \sqrt{\dfrac{2\times(8000-800)}{300}}$ 年 = 7 年

将各年的计算结果列于表 7-3，进行比较后，也可得到同样的结果。

表 7-3 用低劣化数值法计算设备最优更新期 （单位：元）

使用年限 N	平均年资产消耗成本 $\dfrac{P-L_N}{N}$	年运行成本 C_t	累计运行成本 $\sum C_t$	平均年运行成本 $(5)=(4)/(1)$	年平均使用成本 $\overline{C}_N$ $(6)=(2)+(5)$
(1)	(2)	(3)	(4)	(5)	(6)
1	7200	600	600	600	7800

（续）

使用年限 N	平均年资产消耗成本 $\dfrac{P-L_N}{N}$	年运行成本 C_t	累计运行成本 $\sum C_t$	平均年运行成本 (5)=(4)/(1)	年平均使用成本 $\overline{C}_N$ (6)=(2)+(5)
2	3600	900	1500	750	4350
3	2400	1200	2700	900	3300
4	1800	1500	4200	1050	2850
5	1440	1800	6000	1200	2640
6	1200	2100	8100	1350	2550
7	1029	2400	10500	1500	2529
8	900	2700	13200	1650	2550
9	800	3000	16200	1800	2600

3. 设备更新时机的确定

设备更新方案的比选是对新设备方案与旧设备方案进行比较分析，也就是决定现在马上购置新设备、淘汰旧设备，还是至少保留使用旧设备一段时间，再用新设备替换旧设备。新设备原始费用高，营运费和维修费低；旧设备目前净残值低，营运费和维修费高。必须进行权衡判断，才能做出正确的选择，一般情况下要进行逐年比较。

在静态模式下进行设备更新方案的比选时，可按如下步骤进行：

1) 计算新旧设备方案不同使用年限的静态年平均使用成本和经济寿命。

2) 确定设备更新时机。

设备更新即使在经济上是有利，却也未必应该立即更新。即设备更新分析还包括更新时机选择的问题。现有已用过一段时间的旧设备究竟在什么时机更新最经济？

1) 如果旧设备继续使用 1 年的年平均使用成本低于新设备的年平均使用成本，即 $\overline{C}_N$（旧）<$\overline{C}_N$（新），此时，不更新旧设备，继续使用旧设备 1 年。

2) 当新旧设备方案出现 $\overline{C}_N$（旧）>$\overline{C}_N$（新），此时，应更新现有设备。这即是设备更新的时机。

总之，以经济寿命为依据的更新方案比选，使设备都使用到最有利的年限来进行分析。

7.4 设备租赁与购买方案的比选分析

在企业生产经营管理中，设备租赁常见于企业设备投资决策。在什么情况下企业选择租赁设备或直接购买设备，做出何种抉择取决于投资决策者对两者的费用与风险的全面综合比较分析。

1. 设备租赁的概念

设备租赁是设备使用者（承租人）按照合同规定，按期向设备所有者（出租人）支付一定费用而取得设备使用权的经济活动。设备租赁一般有融资租赁和经营租赁两种方式。

在融资租赁中，租赁双方承担确定时期的租让和付费义务，而不得任意中止和取消租约，贵重的设备（如重型机械设备等）宜采用这种方法；而在经营租赁中，租赁双方的任何一方可以随时以一定方式在通知对方后的规定期限内取消或中止租约，临时使用的设备（如车辆、仪器等）通常采用这种方式。

由于租赁具有把融资和融物结合起来的特点，这使得租赁能够提供及时且灵活的资金融通方式，是企业取得设备进行生产经营的一个重要手段。

（1）对于承租人来说，设备租赁与设备购买相比的优越性

1）在资金短缺的情况下，既可用较少资金获得生产急需的设备，也可以引进先进设备，加速技术进步的步伐。

2）可获得良好的技术服务。

3）可以保持资金的流动状态，防止呆滞，也不会使企业资产负债状况恶化。

4）可避免通货膨胀和利率波动的冲击，减少投资风险。

5）设备租金可在所得税前扣除，能享受税费上的利益。

（2）设备租赁的不足之处

1）在租赁期间承租人对租用设备无所有权，只有使用权，故承租人无权随意对设备进行改造，不能处置设备，也不能用于担保、抵押贷款。

2）承租人在租赁期间所交的租金总额一般比直接购置设备的费用高。

3）长年支付租金，形成长期负债。

4）融资租赁合同规定严格，毁约要赔偿损失，罚款较多等。

正是由于设备租赁有利有弊，故在租赁前要慎重分析决策。

2. 影响设备租赁与购买的主要因素

企业在决定进行设备租赁或购买之前，必须进行多方面考虑。因为，决定企业租赁或购买的关键在于能否为企业节约尽可能多的支出费用，实现最好的经济效益。为此，首先需要考虑影响设备租赁或购买的因素。

（1）设备租赁或购买都需要考虑的影响因素 影响设备选择的因素较多，其中设备租赁或购买都需要考虑的影响因素包括：

1）技术方案的寿命期。

2）企业是需要长期占有设备，还是只希望短期占有这种设备。

3）设备的技术性能和生产效率。

4）设备对工程质量（产品质量）的保证程度，对原材料、能源的消耗量，以及设备生产的安全性。

5）设备的成套性、灵活性、耐用性、环保性和维修的难易程度。

6）设备的经济寿命。

7）技术过时风险的大小。

8）设备的资本预算计划、资金可获量（包括自有资金和融通资金），融通资金时借款利息或利率的高低。

9）提交设备的进度。

（2）设备租赁考虑的影响因素 对于设备租赁，除考虑上述影响因素外，还应考虑如下影响因素：

1）租赁期长短。

2）设备租金额，包括总租金额和每个租赁期租金额。

3）租金的支付方式，包括租赁期起算日、支付日期、支付币种和支付方法等。

4）企业经营费用减少与折旧费和利息减少的关系。

5）租赁的节税优惠。

6）预付资金（定金）、租赁保证金和租赁担保费用。

7）维修方式，即是由企业自行维修，还是由租赁机构提供维修服务。

8）租赁期满，资产的处理方式。

9）租赁机构的信用度、经济实力，与承租人的配合情况。

（3）设备购买考虑的影响因素　对于设备购买，除考虑上述（1）的影响因素外，也应考虑如下影响因素：

1）设备的购置价格，设备价款的支付方式、支付币种和支付利率等。

2）设备的年运转费用和维修方式、维修费用。

3）保险费，包括购买设备的运输保险费，设备在使用过程中的各种财产保险费。

总之，企业是否做出租赁与购买决定的关键在于设备方案的技术经济可行性分析。因此，企业在决定进行设备投资之前，必须充分考虑影响设备租赁与购买的主要因素，才能获得最佳的经济效益。

3. 设备方案的比选

设备方案的采用取决于备选方案在技术经济上的比较，比较的原则和方法与一般的互斥投资方案的比选方法相同。

（1）设备方案比选的步骤

1）提出设备配置建议。根据企业生产经营目标和技术状况，提出设备配置的建议。

2）拟订设备配置方案。拟订若干设备配置方案，包括购置（有一次性付款和分期付款购买）方案和租赁方案（有融资租赁和经营租赁两种方式）。

3）定性分析筛选方案。定性分析包括企业财务能力分析和设备方案技术分析。

企业财务能力分析主要是分析企业的支付能力，如果企业不能一次筹集并支付全部设备价款，则去掉一次性付款购置方案。

设备方案技术分析包括以下几个方面：

① 设备的配置方案，要根据生产工艺技术和生产能力研究选用主要设备，主要设备之间与其他设备之间应相互适应；要进行设备软件和硬件在内的专有技术和专利技术比较。

② 要研究设备在生产工艺上使用的成熟可靠性，技术上先进性和稳定性，对关键设备特别是新设备要研究在试用项目的使用情况，充分考虑设备零配件的供应以及超限设备运输的可能性。

③ 设备选用要与技术方案建设进度相匹配，应符合安全、节能、环保的要求，尽可能选择节能环保设备。

④ 对二手设备的选用要慎重。经论证确实需要二手设备时，需要说明对二手设备的考察情况、选用理由，二手设备的技术水平、能耗水平、环保及安全指标、利用改造措施及投资，并与当时水平的同类设备进行经济技术比较。

⑤ 设备选用应考虑管理与操作的适应性。考虑设备的日常维护与保养，零部件的更换

和维修的方便性。

总之,定性分析的方法是设备选择中常用的主要方法。在分析时,对技术过时风险大、保养维护复杂、使用时间短的设备,可以考虑经营租赁方案;对技术过时风险小、使用时间长的大型专用设备的融资租赁方案或购置方案均是可以考虑的方式。

4) 定量分析并优选方案。定量分析一般根据设备方案的投资和运营消耗,通过计算寿命周期费用现值和投资回收期等指标,结合其他因素(一般从设备参数、性能、物耗和能耗、环保、对原料的适应性、对产品质量的保证程度、备品备件保证程度、安装技术服务等),择优选取设备方案。

(2) 设备方案的经济比选方法 设备方案比选主要是租赁方案之间的比选、购置方案之间的比选、租赁方案与购置方案之间的比选。进行设备方案的经济比选,必须详细地分析各方案寿命期内各年的现金流量情况,据此分析方案的经济效果,确定以何种设备投入方式才能获得最佳。

1) 设备经营租赁方案的现金流量。采用设备经营租赁的方案,租赁费可以直接计入成本,但为了与设备购置方案具有可比性,将租赁费用从经营成本中分离出来,则现金流量见表7-4。表中,租赁费用主要包括租赁保证金、担保费和租金。

表7-4 设备经营租赁方案的现金流量　　　　　(人民币单位:万元)

序号	项目	合计	计算期					
			1	2	3	4	…	n
1	现金流入							
1.1	营业收入							
1.2	销项税额							
2	现金流出							
2.1	租赁费用							
2.2	经营成本							
2.3	进项税额							
2.4	应纳增值税							
2.5	销售税金及附加							
2.6	所得税							
3	净现金流量(1-2)							
4	累计净现金流量							

租赁保证金:为了确认租赁合同并保证其执行,承租人必须先缴纳租赁保证金。当租赁合同结束时,租赁保证金将被退还给承租人或在偿还最后一期租金时加以抵消。租赁保证金一般按合同金额的一定比例计,或是某一基期数的金额(如一个月的租金额)。

担保费:出租人一般要求承租人请担保人对该租赁交易进行担保,当承租人由于财务危机付不起租金时,由担保人代为支付租金。一般情况下,承租人需要付给担保人一定数目的担保费。

租金：租金是签订租赁合同的一项重要内容，直接关系到出租人与承租人双方的经济利益。出租人要从取得的租金中得到出租资产的补偿和收益，即要收回租赁资产的购进原价、贷款利息、营业费用和一定的利润。承租人则要比照租金核算成本。影响租金的因素很多，如设备的价格、融资的利息及费用、各种税金、租赁保证金、运费、租赁利差、各种费用的支付时间，以及租金采用的计算公式等。

对于租金的计算主要有附加率法和年金法。

① 附加率法。附加率法是在租赁资产的设备货价或概算成本上再加上一个特定的比率来计算租金。每期租金 R 表达式为

$$R = P\frac{(I+Ni)}{N} + Pr$$

式中　P——租赁资产的价格；
　　　N——租赁期数，其值取决于租赁资产预计使用寿命，租赁期可按月、季、半年、年计；
　　　I——与租赁期数相对应的利率；
　　　R——附加率。

【例 7-3】 租赁公司拟出租给某企业一台设备，设备的价格为 68 万元，租期为 5 年，每年年末支付租金，折现率为 10%，附加率为 4%，问每年租金为多少？

解：$R = 68\text{ 万元} \times \frac{(1+5\times10\%)}{5} + 68\text{ 万元} \times 4\% = 23.12\text{ 万元}$

② 年金法。年金法是将一项租赁资产价值按动态等额分摊到未来各租赁期间内的租金计算方法。年金法计算有期末支付和期初支付租金之分。

情况一：期末支付方式是在每期期末等额支付租金。其支付方式的现金流量如图 7-3a 所示。期末支付租金 R_a 的表达式为

$$R_a = P\frac{i(1+i)^N}{(1+i)^N - 1}$$

式中　R_a——每期期末支付的租金额；
　　　P——租赁资产的价格；
　　　N——租赁期数，其值取决于租赁资产预计使用寿命，租赁期可按月、季、半年、年计；
　　　i——与租赁期数相对应的利率或折现率；
　　　$\frac{i(1+i)^N}{(1+i)^N-1}$——等额系列资金回收系数，用符号 $(A/P, i, N)$ 表示。

情况二：期初支付方式是在每期期初等额支付租金，期初支付要比期末支付提前一期支付租金，其支付方式的现金流量如图 7-3b 所示。每期租金 R_b 的表达式为

$$R_b = P\frac{i(1+i)^{N-1}}{(1+i)^N - 1}$$

式中　R_b——每期期初支付的租金额。

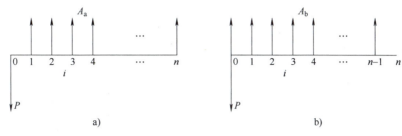

图 7-3 年金法计算租金现金流量示意图

a) 期末支付方式 b) 期初支付方式

【例 7-4】 折现率为 12%，其余数据与例 7-3 相同，试分别按每年年末、每年年初支付方式计算租金。

解：若按年末支付方式：$R_a = 68 \text{ 万元} \times \dfrac{12\% \times (1+12\%)^5}{(1+12\%)^5 - 1} = 68 \text{ 万元} \times 0.2774 = 18.86 \text{ 万元}$

若按年初支付方式：$R_b = 68 \text{ 万元} \times \dfrac{12\% \times (1+12\%)^{5-1}}{(1+12\%)^5 - 1} = 68 \text{ 万元} \times 0.2477 = 16.84 \text{ 万元}$

2) 购买设备方案的现金流量。在与租赁设备方案相同的条件下，购买设备方案的现金流量见表 7-5。

表 7-5 购买设备方案的现金流量　　　　（人民币单位：万元）

序号	项目	合计	计算期					
			1	2	3	4	…	n
1	现金流入							
1.1	营业收入							
1.2	销项税额							
1.3	回收固定资产余值							
2	现金流出							
2.1	设备购置费							
2.2	经营成本							
2.3	贷款利息							
2.4	进项税额							
2.5	应纳增值税							
2.6	销售税金及附加							
2.7	所得税							
3	净现金流量（1-2）							
4	累计净现金流量							

3) 设备方案的经济比选。对于设备租赁来说，就是在不同的租赁方案间比选，决定租赁方案。

对于设备更新来说，既有可能在不同设备购买方案之间比选，也有可能在不同设备租赁方案之间比选，还有可能在设备租赁方案与设备购买方案之间比选。任何设备方案的经济比选，都是互斥方案选优的问题。一般寿命期相等时可以采用财务净现值（或费用现值）法，设备寿命期不等时可以采用净年值（或年成本）法。无论用财务净现值（或费用现值）法，还是净年值（或年成本）法，均以收益效果较大（或成本较少）的方案为宜。

思 考 题

1. 某单位 3 年前花 8000 元购买了一台设备 A，估计还可以使用 5 年。第 5 年年末估计残值为 600 元，年度使用费为 1100 元。现市场上出现了一种新设备 B，售价为 10000 元，估计可以使用 10 年，第 10 年年末估计残值为 500 元，年度使用费为 900 元。该单位现有两个方案：甲方案是继续使用设备 A；乙方案是把旧的设备 A 以 1200 元卖掉，然后购买新设备 B。如果基准折现率为 10%，该单位应选择哪个方案最为经济？

2. 某单位正在使用一套设备 A，目前残值估计为 2800 元。估计这套设备还可以使用 6 年，每年的使用费为 1000 元，第 6 年年末的残值为 0。但是这套设备生产能力不足，需要改进或更新。现在提出两个方案：甲方案是 6 年之后用设备 B 代替设备 A。设备 B 的原始购买费用估计为 12000 元，寿命期估计为 12 年，残值为 0，每年的使用费用为 550 元。乙方案是，现在就用设备 C 来代替设备 A，设备 C 的原始购买费用为 9000 元，寿命期估计也为 12 年，残值为 0，每年使用费用为 700 元。若基准折现率为 10%，问该单位应选择哪个方案？

3. 某企业的一条新生产线需购置一种设备，在市场上有两种同类型的机型 A 和 B，A 设备的总投资为 20000 元，估计其寿命期为 8 年，运行费每年为 1500 元，B 方案的总投资为 25000 元，寿命期也为 8 年，残值率均为 5%，运行费每年为 1000 元，若按现值折算，选用哪种设备较为有利？若按年度费用计算，选用哪种设备有利？（基准折现率取 12%）

4. 某工厂需要安装污水处理设备，现有两种方案：A 方案为购置较便宜的设备，只需 15 万元，每年运行费为 6 万元，寿命期为 10 年，但 10 年后仍需再购置一台同样设备替代原设备才能满足污水处理需要。B 方案为购置质量较高的设备，需投资 30 万元，其运行费前 10 年每年为 4 万元，后 10 年每年为 6 万元，该设备的寿命期为 20 年，两种设备的残值均为 0。基准收益率为 12%，则折算成年度费用，哪个方案较优？若折算成现值，哪个方案较优？较优的设备能便宜多少？

5. 某研究所急需某种化学仪器，经市场调查，有两种方案可供选择：一种方案是花费 35 万元购置一台仪器，估计其寿命期为 10 年，10 年年末的残值为 1.5 万元，运行费为 2 万元/年。维修费为 1 万元/年。另一种方案是租用仪器，每年租赁费为 5 万元。假设所得税税率为 33%，采用直线折旧法计提折旧，基准折现率为 12%，则该企业应该采用购置方案还是租赁方案？

第 8 章
价值工程在工程建设中的应用

本章重点内容： 价值提升的途径，价值工程对象选择的原则与方法，价值工程中的功能评价，确定价值工程对象的改进范围，价值工程的创新。

本章学习目标： 掌握价值工程的概念，熟悉提高价值工程的途径，熟悉价值工程的工作程序，熟悉价值工程准备阶段的工作，掌握价值工程分析阶段的工作，熟悉价值工程创新与实施阶段的工作。学生通过本章学习，培养用辩证的思维模式分析问题，用科学的发展观分析事物的基本规律，用理性的思维模式对待问题最终的分析结果，并用科学的态度进行决策的能力。

8.1 价值工程及其提高途径

8.1.1 价值工程的概念

1. 价值工程的含义

价值工程是以提高产品（或作业）价值和有效利用资源为目的，通过有组织的创造性工作，寻求用最低的寿命周期成本，可靠地实现使用者所需功能，以获得最佳的综合效益的一种管理技术。价值工程中"工程"的含义是指为实现提高价值的目标，所进行的一系列分析研究的活动。价值工程中所述的"价值"也是一个相对的概念，是指作为某种产品（或作业）所具有的功能与获得该功能的全部费用的比值。它不是对象的使用价值，也不是对象的交换价值，而是对象的比较价值，是作为评价事物有效程度的一种尺度。这种尺度可以表示为一个数学公式，即

$$V = \frac{F}{C}$$

式中　V——研究对象的价值；

　　　F——研究对象的功能，广义上是指产品（或作业）的功能和用途；

　　　C——研究对象的成本，即寿命周期成本。

为实现物品功能耗费的成本，包括劳动占用和劳动消耗，是指产品寿命周期的全部费用，是产品的科研、设计、试验、试制、生产、销售、使用、维修直到报废所花费用的总和。

定义中的"产品"泛指以实物形态存在的各种产品，如材料、制成品、设备、建设工程等；"作业"是指提供一定功能的工艺、工序、作业、活动等。

2. 价值工程与其他管理技术的区别

价值工程是一门管理技术，又不同于工业工程和全面质量管理技术。诞生于 20 世纪初

的工业工程，着重于研究作业、工序、时间等从材料到工艺流程等问题，这种管理技术主要是降低加工费用。20 世纪 20 年代创始的全面质量管理是按照设计图把产品可靠地制造出来，是从结果分析问题原因帮助消除不良产品的一种管理技术。但它们都是以产品设计图已给定的技术条件为前提的，因此，降低产品成本都有局限性。而价值工程改变过去以物品或结构为中心的思考方法，从产品的功能出发，在设计过程中，重新审核设计图，对产品做设计改进，把与用户需求功能无关的构配件消除掉，更改具有过剩功能的材质和构配件，设计出价值更高的产品。由于它冲破了原来设计图的界限，故能大幅度地降低成本。

价值工程与一般的投资决策理论也不同。一般的投资决策理论研究的是项目的投资效果，强调的是项目的可行性；而价值工程是研究如何以最少的人力、物力、财力和时间获得必要功能的技术经济分析方法，强调的是产品的功能分析和功能改进。

价值工程废弃了会计制度上沿用的事后成本和与产品费用无关的计算成本办法，采用以产品功能为中心分析成本的事前成本计算方法，保证了成本的正确可靠性。

总之，价值工程是采用系统的工作方法，通过各相关领域的协作，对所研究对象的功能与成本、效益与费用之间进行系统分析，不断创新，旨在提高所研究对象价值的思想方法和管理技术。

8.1.2 价值工程的特点

1. 价值工程的目标是以最低的寿命周期成本，使产品具备它所必须具备的功能

产品的寿命周期成本由生产成本和使用及维护成本组成。产品生产成本 C_1 是指发生在生产企业内部的成本，也是用户购买产品的费用，包括产品的科研、实验、设计、试制、生产、销售等费用及税金等；而产品使用及维护成本 C_2 是指用户在使用过程中支付的各种费用的总和，它包括使用过程中的能耗费用、维修费用、人工费用、管理费用等，有时还包括报废拆除所需费用（扣除残值）。

在一定范围内，产品的生产成本与使用及维护成本存在此消彼长的关系。随着产品功能水平提高，产品的生产成本 C_1 增加，使用及维护成本 C_2 降低；反之，产品功能水平降低，其生产成本 C_1 降低，但是使用及维护成本 C_2 增加。因此，当功能水平逐步提高时，寿命周期成本 $C = C_1 + C_2$，呈马鞍形变化，如图 8-1 所示。

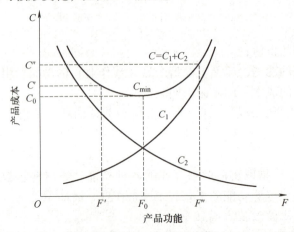

图 8-1　产品功能与成本的关系

在 F' 点，产品功能较少，此时虽然生产成本较低，但由于不能满足使用者的基本需要，使用及维护成本较高，因而使用寿命周期成本较高；在 F'' 点，虽然使用及维护成本较低，但由于存在着多余的功能，因而致使生产成本过高，同样寿命周期成本也较高。只有在 F_0 点，产品功能既能满足用户的需求，产品成本 C_1 和使用及维护成本 C_2 两条曲线叠加所对应的寿命周期成本为最小值 C_{min}，体现了比较理想的功能与成本的关系。

由此可见，工程产品的寿命周期成本与其功能是辩证统一的关系。寿命周期成本的降低，不仅关系到生产企业的利益，同时也是满足用户的要求并与社会节约程度密切相关。因此，价值工程的活动应贯穿于生产和使用的全过程，要兼顾生产者和用户的利益，以获得最佳的社会综合效益。

2. 价值工程的核心，是对产品进行功能分析

价值工程中的功能是指对象能够满足某种要求的一种属性，具体来说，功能就是某种特定效能、功用或效用。对于一个具体的产品来说，"它是干什么用的？"问题答案就是产品的功能。任何产品都具备相应的功能，假如产品不具备功能，则产品就将失去存在的价值。例如手表有计时、显时的功能，电冰箱具有冷藏、冷冻的功能，住宅的功能是提供居住空间等。用户向生产企业购买产品，是要求生产企业提供这种产品的功能，而不是产品的具体结构。企业生产的目的也是通过生产获得用户所期望的功能，而结构、材质等是实现这些功能的手段，目的是主要的，手段可以广泛选择。因此，价值工程分析产品，首先不是分析它的结构，而是分析它的功能，是在分析功能的基础上，再去研究结构、材质等问题，以达到保证用户所需功能的同时降低成本，实现价值提高的目的。

3. 价值工程将产品价值、功能和成本作为一个整体同时考虑

现实中消费者一般对产品（或作业）有"性价比"的要求，"性"就是反映产品（或作业）的性能和质量水平，即功能水平；"价"就是反映产品（或作业）的成本水平。价值工程并不是单纯追求低成本水平，也不片面追求高功能、多功能水平，而是力求正确处理好功能与成本的对立统一关系，提高它们之间的比值水平，研究产品功能和成本的最佳配置。因此，价值工程对价值、功能和成本的考虑，不是片面和孤立的，而是在确保产品功能的基础上综合考虑生产成本和使用及维护成本，兼顾生产者和用户的利益，创造出总体价值最高的产品。

4. 价值工程强调不断改革和创新

价值工程强调不断改革和创新，开拓新构思和新途径，获得新方案，创造新功能载体，从而简化产品结构，节约原材料，提高产品的技术经济效益。

5. 价值工程要求将功能定量化

价值工程要求将功能定量化，即将功能转化为能够与成本直接相比的量化值。

6. 价值工程是以集体智慧开展的有计划、有组织、有领导的管理活动

由于价值工程研究的问题涉及产品的整个寿命周期，涉及面广，研究过程复杂，如提高产品价值涉及产品的设计、生产、采购和销售等过程。这不能靠个别人员和个别部门，而要经过许多部门和环节的配合，才能收到良好的效果。因此，企业在开展价值工程活动时，必须集中人才，要组织科研、设计、生产、管理、采购、供销、财务，甚至用户等各方面有经验的人员参加，以适当的组织形式组成一个智力结构合理的集体，共同研究，发挥集体智慧、经验和积极性，排除片面性和盲目性，博采众长，有计划、有组织、有领导地开展活

动,以达到提高方案价值的目的。

8.1.3 价值提升的途径

由于价值工程以提高产品价值为目的,这既是用户的需要,也是生产经营者追求的目标,两者的根本利益是一致的。因此,企业应当研究产品功能与成本的最佳匹配。价值工程的基本原理公式 $V=F/C$,不仅深刻地反映出产品价值与产品功能和实现此功能所耗成本之间的关系,而且也为如何提高价值提供了以下五种途径。

(1) 双向型 在提高产品功能的同时,又降低产品成本,这是提高价值最为理想的途径,也是对资源最有效的利用。但对生产者要求较高,往往要借助技术的突破和管理的改善才能实现。例如,重庆轻轨较新线一期工程,根据自身的城市特点,引进跨座式单轨技术。其梁轨一体化的构造决定了施工要求的高精度,易造成工程返工甚至 PC 轨道梁报废的难题。国外长期以来均采用"先墩后梁"的模式组织建设,缺点是建设周期太长。为实现建设目标,重庆轻轨在项目上打破常规,成功运用了"墩梁并举"的技术与管理模式,大幅缩短了工期(仅有 4 年工期,远少于常规 7~10 年的工期)。各项精度水平均有大幅提高,确保了建设质量;减少了资金积压时间,降低了工程融资成本,降低了工程总造价;同时,减少了占用城市道路施工的时间,方便了市民出行,减少了堵车,既节省了宝贵的资源,又降低了环境污染。

(2) 改进型 在产品成本不变的条件下,通过改进设计,提高产品的功能,提高利用资源的成果或效用(如提高产品的性能、可靠性、寿命、维修性),增加某些用户希望的功能等,达到提高产品价值的目的。例如,人防工程,若仅仅考虑战时的隐蔽功能,平时闲置不用,将需要投入大量的人力、财力予以维护。若在设计时,考虑战时能发挥隐蔽功能,平时能发挥多种功能,则可将人防工程平时利用为地下商场、地下停车场等。这些都提高了人防工程的功能,并增加了经济效益。

(3) 节约型 在保持产品功能不变的前提下,通过降低成本达到提高价值的目的。从发展趋势上说,科学技术水平以及劳动生产率是在不断提高的,因此消耗在某种功能水平上的产品或系统的费用应不断降低。新设计、新材料、新结构、新技术、新的施工方法和新型高效管理方法,无疑会提高劳动生产率,在功能不发生变化的条件下,降低产品或系统的费用。例如,电影院,由于夏季气温高,需设计空调系统降温,以满足人们舒适度的要求。经过相关人员价值分析,决定采用人防地道风降温系统替代机械制冷系统。该系统实施后,在满足电影院空调要求的前提下,不仅降低了造价,而且节约了运行费和维修费。

(4) 投资型 产品功能有较大幅度提高,产品成本有较少提高。即成本虽然增加了一些,但功能的提高超过了成本的提高,因此价值还是提高了。例如,电视塔的主要功能是发射电视和广播节目,若只考虑塔的单一功能,塔建成后只能作为发射电视和广播节目,每年国家还要拿出数百万元对塔及内部设备进行维护和更新,经济效益差。但从价值工程应用来看,若利用塔的高度,在塔上部增加综合利用机房,可为气象、环保、交通、消防、通信等部门服务;在塔的上部增加观景厅和旋转餐厅等。工程造价虽增加了一些,但功能大增,每年的综合服务和游览收入显著增加,既可加快投资回收,又可实现"以塔养塔"。

(5) 牺牲型　在产品功能略有下降、产品成本大幅度降低的情况下，也可达到提高产品价值的目的。这是一种灵活的企业经营策略，去除一些用户不需要的功能，从而较大幅度地降低费用，能够更好地满足用户的要求。例如，老年人手机，在保证接听拨打电话这一基本功能的基础上，根据老年人的实际需求，采用保留或增加有别于普通手机的大字体、大按键、大音量、一键亲情拨号、收音机、一键求救、手电筒、监护定位、助听等功能，减少普通手机的办公、游戏、拍照、多媒体娱乐、数据应用等功能，从总体来看老年手机功能比普通手机降低了些，但仍能满足老年顾客对手机特定功能的要求，而整体生产成本却大大地降低了。在实际中，对这种牺牲型途径要持慎重态度。

总之，在产品形成的各个阶段都可以应用价值工程提高产品的价值。但在不同的阶段进行价值工程活动，其经济效果的提高幅度却是大不相同的。对于建设工程，应用价值工程的重点是在规划和设计阶段，因为这两个阶段是提高技术方案经济效果的关键环节。一旦设计完成并施工，就基本决定了建设工程的价值，这时再进行价值工程分析就变得更加复杂，不仅原来的许多工作成果无成效，而且更改可能会造成很大的浪费，使价值工程活动的技术经济效果大大下降。当然，在施工阶段建造师也可开展大量价值工程活动，以寻求技术、经济、管理的突破，获得最佳的综合效果。如对施工项目展开价值工程活动，可以更加明确业主的要求，更加熟悉设计要求、结构特点和项目所在地的自然地理条件，从而更利于施工方案的制订，更能有效地组织和控制项目施工；通过价值工程活动，可以在保证质量的前提下，为用户节约投资，提高功能，降低寿命周期成本，从而赢得业主的信任，有利于甲乙双方关系的和谐与协作，同时提高自身的社会知名度，增强市场竞争能力；通过对施工项目进行价值工程活动，对提高项目组织的素质，改善内部组织管理，降低不合理消耗等，也有积极的直接影响。

8.2　价值工程的工作程序

价值工程也像其他技术一样具有一套独特的工作程序。在工程建设中，价值工程的工作程序，实质就是针对工程产品（或作业）的功能和成本提出问题、分析问题、解决问题的过程。其工作程序见表 8-1。

表 8-1　价值工程的工作程序

工作阶段	设计程序	工作步骤		对应问题
		基本步骤	详细步骤	
准备阶段	制订工作计划	确定目标	1. 工作对象选择	1. 价值工程的研究对象是什么
			2. 信息资料搜集	
分析阶段	功能评价	功能分析	3. 功能定义	2. 这是干什么用的
			4. 功能整理	
		功能评析	5. 功能成本分析	3. 成本是多少
			6. 功能评价	4. 价值是多少
			7. 确定改进范围	

(续)

工作阶段	设计程序	工作步骤		对应问题
		基本步骤	详细步骤	
创新阶段	初步设计	制订创新方案	8. 方案创造	5. 有无其他方法实现同样功能
	评价各设计方案，改进、优化方案		9. 概略评价	6. 新方案的成本是多少
			10. 调整完善	
			11. 详细评价	
	方案书面化		12. 提出方案	7. 新方案能满足功能的要求吗
实施阶段	检查实施情况并评价活动成果	方案实施与成果评价	13. 方案审批	8. 偏离目标了吗
			14. 方案实施与检查	
			15. 成果评价	

8.3 价值工程准备阶段的工作

价值工程准备阶段主要是工作对象选择与信息资料搜集，目的是明确价值工程的研究对象。

8.3.1 对象选择的原则与方法

1. 价值工程对象选择的原则

在工程建设中，并不是对所有的工程产品（或作业）都进行价值分析，而是主要根据企业的发展方向、市场预测、用户反映、存在问题、薄弱环节，以及提高劳动生产率、提高质量、降低成本等方面来选择分析对象。因此，价值工程的对象选择过程就是收缩研究范围的过程，最后明确分析研究的目标。一般说来，从以下几方面考虑价值工程对象的选择。

1）从设计方面看，对结构复杂、性能和技术指标差、体积和重量大的工程产品进行价值工程活动，可使工程产品结构、性能、技术水平得到优化，从而提高工程产品价值。

2）从施工生产方面看，对量大面广、工序烦琐、工艺复杂、原材料和能源消耗高、质量难以保证的工程产品，进行价值工程活动可以最低的寿命周期成本可靠地实现必要功能。

3）从市场方面看，选择用户意见多和竞争力差的工程产品进行价值工程活动，以赢得消费者的认同，占领更大的市场份额。

4）从成本方面看，选择成本高或成本比重大的工程产品，进行价值工程活动可降低工程产品成本。

2. 对象选择的方法

价值工程对象选择往往要兼顾定性分析和定量分析，因此，对象选择的方法有多种，不同方法适宜于不同的价值工程对象。应根据具体情况选用适当的方法，以取得较好的效果。常用的方法有因素分析法、ABC 分析法、强制确定法、百分比分析法、价值指数法等。

（1）因素分析法 又称为经验分析法，是指根据价值工程对象选择应考虑的各种因素，凭借分析人员的经验集体研究确定选择对象的一种方法。因素分析法是一种定性分析方法，依据分析人员经验做出选择，简便易行。特别是在被研究对象彼此相差较大以及时间紧迫的情况下比较适用。在对象选择中还可以将这种方法与其他方法相结合，往往能取得更好效果。因素分析法的缺点是缺乏定量依据、准确性较差，对象选择的正确与否，主要决定于价值工程活动人员的经验及工作态度，有时难以保证分析质量。为了提高分析的准确程度，可以选择技术水平高、经验丰富、熟悉业务的人员参加，并且要发挥集体智慧，共同确定对象。

（2）ABC 分析法　又称为重点选择法或不均匀分布定律法，是指应用数理统计分析的方法来选择对象。这种方法由意大利经济学家帕累托提出，其基本原理为"关键的少数和次要的多数"，抓住关键的少数可以解决问题的大部分。在价值工程中，这种方法的基本思路是：首先将一个产品的各种部件（或企业各种产品）按成本的大小由高到低排列，然后绘制费用累积分配图（见图 8-2）。最后将占总成本 70%~80% 而占零部件总数 10%~20% 的零部件划分为 A 类部件；将占总成本 5%~10% 而占零部件总数 60%~80% 的零部件划分为 C 类；其余为 B 类。其中 A 类零部件是价值工程的主要研究对象。

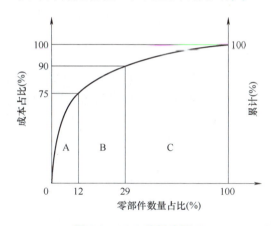

图 8-2　ABC 分析法原理

有些产品不是由各个零部件组成，如工程项目投资等，对这类产品可按费用构成项目分类，如分为管理费、动力费和人工费等，将其中所占比重最大的，作为价值工程的重点研究对象。这种分析方法也可从产品成本利润率、利润比重角度分析，其中利润额占总利润比重最低，而且成本利润率也是最低的，应当考虑作为价值工程的研究对象（说明：此分类的比例区间为大致区间，每个对象具体分析时允许存在因的误差）。

ABC 分析法以成本比重大的零部件或工序作为研究对象，有利于集中精力重点突破，取得较大效果，同时简便易行，因此被采用。但在实际工作中，有时由于成本分配不合理，造成成本比重不大但用户认为功能重要的对象可能被漏选或排序推后。ABC 分析法的这两大缺点可以通过因素分析法、强制确定法等方法补充修正。

（3）强制确定法　强制确定法是以功能重要程度作为选择价值工程对象的一种分析方法。具体做法是：先求出分析对象的成本系数、功能系数，然后得出价值系数，以揭示分析对象的功能与成本之间是否相符。如果不相符，价值低的则被选为价值工程的研究对象。这种方法在功能评价和方案评价中也有应用。

强制确定法从功能和成本两方面综合考虑，比较适用、简便，不仅能明确揭示价值工程的研究对象,而且具有数量概念。但这种方法是人为打分,不能准确反映功能差距的大小,只适用于部件间功能差别不太大且比较均匀的对象,而且一次分析的部件数目不能太多,以不超过 10 个为宜。在零部件很多时,可以先用 ABC 分析法、因素分析法选出重点部件,然后再用强制确定法细选;也可以用逐层分析法,从部件选起,然后在重点部件中选出重点零件。

(4) 百分比分析法　这是一种通过分析某种费用或资源对企业的某个技术经济指标的影响程度的大小(百分比),来选择价值工程对象的方法。

(5) 价值指数法　这是通过比较各个对象(或零部件)之间的功能水平位次和成本位次,寻找价值较低对象(零部件),并将其作为价值工程研究对象的一种方法。

8.3.2　信息资料收集

价值工程所需的信息资料,应视具体情况而定。对于一般工程产品(或作业)分析来说,应收集以下几方面的信息资料:

(1) 用户方面的信息资料　如用户性质、经济能力;使用产品的目的、使用环境、使用条件;所要求的功能和性能;对产品外观要求,如造型、体积、色彩等;对产品价格、交货期、构配件供应、技术服务等方面的要求等。

(2) 市场方面的信息资料　如产品产销量的演变及目前产销情况、市场需求量及市场占有率的预测;产品竞争的情况,目前竞争企业和产品,其产量、质量、价格、销售服务、成本、利润、经营特点、管理水平等情况;同类企业和同类产品的发展计划、拟增投资额、规模大小、重新布点、扩建改建或合并调整情况等。

(3) 技术方面的信息资料　如与产品有关的学术研究或科研成果、新结构、新工艺、新材料、新技术以及标准化方面的资料;该产品研制设计的历史及演变、本企业产品及国内外同类产品有关的技术资料等。

(4) 经济方面的信息资料　包括产品及构配件的工时定额、材料消耗定额、机械设备定额、各种费用定额、企业历年来各种有关成本费用数据、国内外其他厂家与价值工程对象有关的成本费用资料等。

(5) 本企业的基本资料　包括企业的内部供应、生产、组织以及产品成本等方面的资料,如生产批量、生产能力、施工方法、工艺装备、生产节拍、检验方法、废次品率、运输方式等。

(6) 环境保护方面的信息资料　包括环境保护的现状,"三废"状况,处理方法和国家法规标准;改善环境和劳动条件,减少粉尘、有害液体和气体外泄、减少噪声污染、减轻劳动强度、保障人身安全等相关信息等。

(7) 外协方面的信息资料　如原材料及外协或外购件种类、质量、数量、交货期、价格、材料利用率等情报;供应与协作部门的布局、生产经营情况、技术水平、价格、成本、利润等;运输方式及运输经营情况等。

(8) 政府和社会有关部门的法规、条例等方面的信息资料　信息资料的收集不是一项简单的工作,应收集何种信息资料很难完全列举出来。但收集的信息资料要求准确可靠,并且要求经过归纳、鉴别、分析、整理,剔除无效资料,使用有效资料,以利于价值工程活动的分析研究。

8.4 价值工程分析阶段的工作

价值工程分析阶段的主要工作是功能定义、功能整理与功能评价。

8.4.1 价值工程中的功能定义

任何产品都具有使用价值，即任何产品的存在是由于它们具有能满足用户所需求的特有功能，这是存在于产品中的一种本质。人们购买产品的实质是为了获得产品的功能。

1. 功能分类

为了弄清功能的定义，根据功能的不同特性，可以将功能分为以下几类。

（1）按功能的重要程度分类　产品的功能一般可分为基本功能和辅助功能。

基本功能是指要达到这种产品的目的所必不可少的功能，是产品的主要功能，如果不具备这种功能，这种产品就失去其存在的价值。例如，承重外墙的基本功能是承受荷载，室内间壁墙的基本功能是分隔空间。基本功能一般以产品基本功能的作用为什么是必不可少的，其重要性如何表达，其作用是不是产品的主要目的，如果作用变化了则相应的工艺和构配件是否要改变等方面来确定。

辅助功能是为了更有效地实现基本功能而添加的功能，是次要功能，是为了实现基本功能而附加的功能。如墙体的隔声、隔热就是墙体的辅助功能。辅助功能可以从它是不是对基本功能起辅助作用，它的重要性和基本功能的重要性相比，是不是起次要作用等方面来确定。

（2）按功能的性质分类　功能可分为使用功能和美学功能。

使用功能从功能的内涵上反映其使用属性（包括可用性、可靠性、安全性、易维修性等），如住宅的使用功能是提供人们"居住的空间功能"，桥梁的使用功能是交通，使用功能最容易为用户所了解。而美学功能是从产品外观（造型、形状、色彩、图案等）反映功能的艺术属性。无论是使用功能还是美学功能，都是通过基本功能和辅助功能来实现的。产品的使用功能和美学功能要根据产品的特点而有所侧重。有的产品应突出其使用功能，如地下电缆、地下管道等；有的应突出其美学功能，如墙纸、陶瓷、壁画等。当然，有的产品如房屋建筑、桥梁等两者功能兼而有之。

（3）按用户的需求分类　功能可分为必要功能和不必要功能。

在价值工程分析中，功能水平是功能的实现程度。但并不是功能水平越高就越符合用户的要求，价值工程强调产品的功能水平必须符合用户的要求。必要功能是指用户所要求的功能以及与实现用户所需求功能有关的功能，使用功能、美学功能、基本功能、辅助功能等均为必要功能。不必要功能是指不符合用户要求的功能。不必要功能包括三类：一是多余功能；二是重复功能；三是过剩功能。不必要功能必然产生不必要的费用，不仅增加了用户的经济负担，而且浪费资源。因此，价值工程的功能，一般是指必要功能，即充分满足用户必不可少的功能要求。

（4）按功能的量化标准分类　产品的功能可分为过剩功能与不足功能。

过剩功能是指某些功能虽属必要，但满足需要有余，在数量上超过了用户要求或标准功能水平，这将导致成本增加，给用户造成不合理的负担。不足功能是相对于过剩功能而言的，表现为产品整体功能或构配件功能水平在数量上低于标准功能水平，不能完全满足用户需要，将影响产品正常安全使用，最终也将给用户造成不合理的负担。因此，不足功能和过剩功能要作为价值工程的对象，通过设计进行改进和完善。

(5) 按总体与局部分类　产品的功能可分为总体功能和局部功能。

总体功能和局部功能是目的与手段的关系，产品各局部功能是实现产品总体功能的基础，而产品的总体功能又是产品各局部功能要达到的目的。

(6) 按功能整理的逻辑关系分类　产品功能可分为并列功能和上下位功能。

并列功能是指产品功能之间属于并列关系，如住宅必须具有遮风、避雨、保温、隔热、采光、通风、隔声、防潮、防火、防震等功能，这些功能之间属于并列关系。上下位功能也是目的与手段的关系，上位功能是目的性功能，下位功能是实现上位功能的手段性功能。如住宅的最基本功能是居住，是上位功能；而上述所列的并列功能则是实现居住目的所必需的下位功能。但上下位关系是相对的，如为达到居住的目的必须通风，则居住是目的，是上位功能；通风是手段，是下位功能。而为了通风必须组织自然通风，则通风又是目的，是上位功能；组织自然通风是手段，是下位功能。

上述功能的分类不是功能分析的必要步骤，而是用以分辨确定各种功能的性质、关系和其重要的程度。价值工程正是抓住产品功能的本质，通过对产品功能的分析研究，正确、合理地确定产品的必要功能、消除不必要功能、加强不足功能、削弱过剩功能，改进设计，降低产品成本。因此，可以说价值工程是以功能为中心，在可靠地实现必要功能的基础上考虑降低产品成本。

2. 功能定义

功能定义是指根据收集到的信息资料，透过对象产品或构配件的物理特征（或现象），找出其效用或功用的本质东西，并逐项加以区分和规定，以简洁的语言描述出来。通常用一个动词加一个名词表述，如传递荷载、分隔空间、保温、采光等。这里要求描述的是产品的"功能"，而不是对象的结构、外形或材质。因此，对产品功能进行定义，必须对产品的作用有深刻的认识和理解，功能定义的过程就是解剖分析的过程，如图8-3所示。

图 8-3　功能定义过程

功能定义的目的主要有以下三个：

1) 明确对象产品和组成产品各构配件的功能，借以确定产品的特性。

2) 便于进行功能评价，通过评价确定价值低的功能和有问题的功能，实现价值工程的目的。

3) 便于构思方案，对功能下定义的过程实际上也是为对象产品改进设计的构思过程，为价值工程的方案创造工作阶段做了准备。

8.4.2 价值工程中的功能整理

产品中各功能之间都是相互配合、相互联系，都在为实现产品的整体功能而发挥各自的作用。因此，功能整理是用系统的观点将已经定义的功能加以系统化，找出各局部功能相互之间的逻辑关系是并列关系还是上下位关系，并用图示形式表达，如图 8-4 所示，以明确产品的功能系统，从而为功能评价和方案构思提供依据。

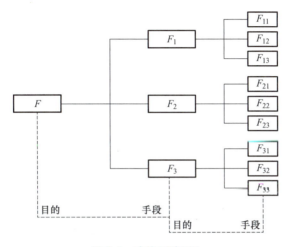

图 8-4 功能系统图 1

8.4.3 价值工程中的功能评价

通过功能定义与整理明确必要功能后，价值工程的下一步工作是功能评价。功能评价，即评定功能的价值，是指找出实现功能的最低费用作为功能的目标成本（又称为功能评价值）和两者的差异值（改善期望值），然后选择功能价值低、改善期望值大的功能作为价值工程活动的重点对象。功能评价工作可以更准确地选择价值工程研究对象，同时，制定目标成本，有利于提高价值工程的工作效率，并增加工作人员的信心。

功能评价的程序如图 8-5 所示。

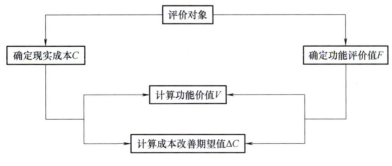

图 8-5 功能评价的程序

1. 功能现实成本及指数的计算

（1）功能现实成本的计算　功能现实成本的计算与一般的传统成本核算既有相同点，

也有不同之处。两者相同点是指它们在成本费用的构成项目上完全相同,如建筑产品的成本费用都是由人工费、材料费、施工机械使用费、措施费、规费、企业管理费等构成;而两者的不同之处在于功能现实成本的计算是以对象的功能为单位,而传统的成本核算是以产品或零部件为单位。因此,在计算功能现实成本时,就需要根据传统的成本核算资料,将产品或零部件的现实成本换算成功能的现实成本。具体来说,当一个零部件只具有一个功能时,该零部件的成本是它本身的功能成本;当一项功能要由多个零部件共同实现时,该功能的成本等于这些零部件的功能成本之和。当一个零部件具有多项功能或同时与多项功能有关时,就需要将零部件成本根据具体情况分摊给各项有关功能。表 8-2 中即为一项功能由若干零部件组成或一个零部件具有几个功能的情形。

表 8-2 功能现实成本计算表　　　　　　　　　　　（单位:元）

零部件			功能区或功能领域					
序号	名称	成本	F_1	F_2	F_3	F_4	F_5	F_6
1	甲	300	100		100			100
2	乙	500		50	150	200		100
3	丙	60				40		20
4	丁	140	50	40			50	
		C	C_1	C_2	C_3	C_4	C_5	C_6
合计		1000	150	90	250	240	50	220

(2) 成本指数的计算　　成本指数是指评价对象的现实成本在全部成本中所占的比率。其计算式为

$$\text{第 } i \text{ 个评价对象的成本指数 } c_i = \frac{\text{第 } i \text{ 个评价对象的现实成本 } C_i}{\text{全部成本}}$$

2. 功能评价值的计算

对象的功能评价值 F(目标成本),是指可靠地实现用户要求功能的最低成本,它可以定义为是企业有把握,或者说应该达到的实现用户要求功能的最低成本。从企业目标的角度来看,功能评价值可以看作企业预期的、理想的成本目标值。功能评价值一般以货币价值形式表达。

功能的现实成本较易确定,而功能评价值较难确定。计算功能评价值的方法较多,这里仅介绍功能重要性系数评价法。

功能重要性系数评价法是一种根据功能重要性系数确定功能评价值的方法。这种方法是把功能划分为几个功能区(即子系统),并根据各功能区的重要程度和复杂程度,确定各功能区在总功能中所占的比重,即功能重要性系数。然后将产品的目标成本按功能重要性系数分配给各功能区作为该功能区的目标成本,即功能评价值。

(1) 确定功能重要性系数　　功能重要性系数又称为功能评价系数或功能指数,是指评价对象(如零部件等)的功能在整体功能中所占的比率。确定功能重要性系数的关键是对功能进行打分,常用的打分方法有强制打分法(0~1 评分法或 0~4 评分法)、多比例评分

法、逻辑评分法、环比评分法等。这里主要介绍环比评分法和强制打分法。

1）环比评分法，又称为 DARE 法，是一种通过确定各因素的重要性系数来评价和选择创新方案的方法。具体做法如下：

① 根据功能系统图（图 8-6）决定评价功能的级别，确定功能区 F_1、F_2、F_3、F_4，见表 8-3 的第（1）栏。

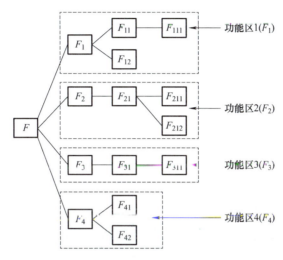

图 8-6　功能系统图 2

表 8-3　功能重要性系数计算表

功能区	功能重要性评价		
	暂定重要性系数	修正重要性系数	功能重要性系数
(1)	(2)	(3)	(4)
F_1	1.5	9.0	0.47
F_2	2.0	6.0	0.32
F_3	3.0	3.0	0.16
F_4		1.0	0.05
合计		19.0	1.00

② 对上下相邻两项功能的重要性进行对比打分，打分作为暂定重要性系数。见表 8-3 中第（2）栏中数据。将 F_1 与 F_2 进行对比，如果 F_1 的重要性是 F_2 的 1.5 倍，就将 1.5 记入第（2）栏内，同样，F_2 与 F_3 对比为 2.0 倍，F_3 与 F_4 对比为 3.0 倍。

③ 对暂定重要性系数进行修正。首先将最下面一项功能性的重要性系数定为 1.0，称为修正重要性系数，填入第（3）栏。由第（2）栏知道，由于 F_3 的暂定重要性是 F_4 的 3 倍，故应得 F_3 的修正重要性系数为 3.0（3.0×1.0），而 F_2 为 F_3 的 2 倍，故 F_2 定为 6.0（3.0×2.0）。同理，F_1 的修正重要性系数为 9.0（6.0×1.5），填入第（3）栏。将第（3）栏的各数相加，即得全部功能区的总分 19.0。

④ 将第（3）栏中各功能的修正重要性系数除以全部功能总分 19.0，即得各功能区的重要性系数，填入第（4）栏。如 F_1 的功能重要性系数为 9.0/19.0=0.47，F_2、F_3、F_4 的

功能重要性系数依次约为 0.32、0.16 和 0.05。

环比评分法适用于各个评价对象之间有明显的可比关系,能直接对比,并能准确地评定功能重要程度比值的情况。

2) 强制评分法,又称为 FD 法,包括 0~1 评分法和 0~4 评分法两种。它是采用一定的评分规则,采用强制对比打分来评定评价对象的功能重要性。

① 0~1 评分法。0~1 评分法是请 5~15 名对产品熟悉的人员参加功能的评价。首先按照功能重要程度两两对比打分,重要的打 1 分,相对不重要的打 0 分,见表 8-4。然后要分析的对象(零部件)自己与自己相比不得分,用"×"表示。最后根据每个参与人员选择该零部件得到的功能重要性系数 W_i,可以得到该零部件的功能重要性系数平均值 W 为

$$W = \frac{\sum_{i=1}^{n} W_i}{k}$$

式中 k——参加功能评价的人数。

为避免不重要的功能得零分,可将各功能累计得分加 1 分进行修正,用修正后的总分分别除以各功能累计得分即得到功能重要性系数。

表 8-4 功能重要性系数计算表

零部件	A	B	C	D	E	功能总分	修正得分	功能重要性系数
A	×	1	1	0	1	3	4	0.267
B	0	×	1	0	1	2	3	0.200
C	0	0	×	0	1	1	2	0.133
D	1	1	1	×	1	4	5	0.333
E	0	0	0	0	×	0	1	0.067
合计						10	15	1.000

② 0~4 评分法。0~1 评分法中的重要程度差别仅为 1 分,不能拉开档次。为弥补这一不足,将分档扩大为 4 级,其打分矩阵仍同 0~1 评分法。档次划分如下。

a. F_1 比 F_2 重要得多:F_1 得 4 分,F_2 得 0 分。
b. F_1 比 F_2 重要:F_1 得 3 分,F_2 得 1 分。
c. F_1 与 F_2 同等重要:F_1 得 2 分,F_2 得 2 分。
d. F_1 不如 F_2 重要:F_1 得 1 分,F_2 得 3 分。
e. F_1 远不如 F_2 重要:F_1 得 0 分,F_2 得 4 分。

强制评分法适用于被评价对象在功能重要程度上的差异不太大,并且评价对象子功能数目不太多的情况。

以各部件功能得分占总分的比例确定各部件功能评价指数,即

$$第 i 个评价对象的功能评价指数 f_i = \frac{第 i 个评价对象的功能得分 F_i}{全部功能得分}$$

功能评价指数大,说明功能重要;反之,说明功能不太重要。

（2）确定功能评价值 F 功能评价值的确定分以下两种情况：

1）新产品设计。产品设计之前，根据市场供需情况、价格、企业利润与成本水平，已初步设计了目标成本。在功能重要性系数确定之后，可将新产品设定的目标成本（如为800元）按已有的功能重要性系数加以分配计算，求得各个功能区的功能评价值，并将此功能评价值作为功能的目标成本，见表8-5。

表 8-5 新产品功能评价计算表

功能区	功能重要性系数	功能评价值 F（元）
（1）	（2）	（3）=（2）×800
F_1	0.47	376
F_2	0.32	256
F_3	0.16	128
F_4	0.05	40
合计	1.00	800

如需要进一步求出各功能区所有各项功能的功能评价值，可采取同样方法。

2）既有产品的改进设计。既有产品应以现实成本为基础确定功能评价值，进而确定功能的目标成本。由于既有产品已有现实成本，没有必要再假定目标成本。但既有产品的现实成本原已分配到各功能区中去的比例不一定合理，这就需要根据改进设计中新确定的功能重要性系数，重新分配既有产品的原有成本。从分配结果看，各功能区新分配成本与原分配成本之间有差异。正确分析和处理这些差异，就能合理确定各功能区的功能评价值，求出产品功能区的目标成本。现设既有产品的现实成本为500元，即可计算出功能评价值或目标成本，见表8-6。

表 8-6 既有产品功能评价值计算表

功能区	功能现实成本 C（元）	功能重要性系数	根据产品现实成本和功能重要性系数重新分配的功能区成本（元）	功能评价值 F（或目标成本）（元）	成本降低幅度 $\Delta C=(C-F)$（元）
	（1）	（2）	（3）=（2）×500	（4）	（5）
F_1	130	0.47	235	130	0
F_2	200	0.32	160	160	40
F_3	80	0.16	80	80	0
F_4	90	0.05	25	25	65
合计	500	1.00	500	395	105

表8-6中第（3）栏是把产品的现实成本 $C=500$ 元，按改进设计方案的新功能重要性系数重新分配给各功能区的结果。此分配结果可能有以下三种情况：

① 功能区新分配的成本等于现实成本，如 F_3。此时应以现实成本作为功能评价值 F。

② 功能区新分配的成本小于现实成本，如 F_2 和 F_4。此时应以新分配的成本作为功能评

价值 F。

③ 功能区新分配的成本大于现实成本，如 F_1。出现这种情况的原因需要进行具体分析。如果是因为功能重要性系数定高了，经过分析后可以将其适当降低。因功能重要性系数确定过高可能会存在多余功能，如果是这样，先调整功能重要性系数，再确定功能评价值。如因成本确实投入太少而不能保证必要功能，可以允许适当提高。除此之外，即可用目前成本作为功能评价值 F。

3. 功能价值的计算

通过计算和分析对象的价值 V，可以分析成本功能的合理匹配程度。功能价值 V 的计算方法可分为两大类，即功能成本法和功能指数法。

（1）功能成本法 又称为绝对值法，是通过一定的测算方法，测定实现应有功能所必须消耗的最低成本，同时计算为实现应有功能所耗费的现实成本，经过分析、对比，求得对象的价值系数和成本降低期望值，确定价值工程的改进对象。其表达式为

$$第 i 个评价对象的功能指数 V = \frac{第 i 个评价对象的功能得分 F}{第 i 个评价对象的现实成本 C}$$

一般可采用表 8-7 进行定量分析。

表 8-7 功能评价值与价值系数计算表

序号	子项目	功能重要性系数①	功能评价值②=目标成本×①	现实成本③	价值系数④=②/③	改善幅度⑤=③-②
1	A					
2	B					
3	C					
4	D					
合计						

功能的价值计算出来后，需要进行分析，以揭示功能与成本之间的内在联系，确定评价对象是否为功能改进的重点，以及其功能改进的方向及幅度，从而为后面的方案创造工作奠定良好的基础。

功能的价值系数计算结果有以下三种情况：

1) $V=1$。即功能评价值等于功能现实成本，表明评价对象的功能现实成本与实现功能所必需的最低成本大致相当。此时，说明评价对象的价值为最佳，一般无须改进。

2) $V<1$。即功能现实成本大于功能评价值，表明评价对象的功能现实成本偏高，而功能要求不高。这时，一种可能是由于存在着过剩功能，另一种可能是功能虽无过剩，但实现功能的条件或方法不佳，以致实现功能的成本大于功能的实际需要。这两种情况都应列入功能改进的范围，并且以剔除过剩功能及降低现实成本为改进方向，使成本与功能比例趋于合理。

3) $V>1$。即功能现实成本小于功能评价值，表明该部件功能比较重要，但分配的成本较少。此时，应进行具体分析，功能与成本的分配可能已较理想，或者有不必要的功能，或者应该提高成本。

应注意一个情况，即 $V=0$ 时，要进一步分析。如果是不必要的功能，该部件应取消；

但如果是最不重要的必要功能，则要根据实际情况处理。

（2）功能指数法 又称为相对值法。在功能指数法中，功能的价值用价值指数 V_i 来表示，它是通过评定各对象功能的重要程度，用功能指数来表示其功能程度的大小，然后将评价对象的功能指数与相对应的成本指数进行比较，得出该评价对象的价值指数，从而确定改进对象，并求出该对象的成本改进期望值。其表达式为

$$\text{第}i\text{个评价对象的价值指数 } V_i = \frac{\text{第}i\text{个评价对象的功能评价指数 } f_i}{\text{第}i\text{个评价对象的成本指数 } c_i}$$

功能指数法的特点是用归一化数值来表达功能程度的大小，以便使系统内部的功能与成本具有可比性，由于评价对象的功能水平和成本水平都用它们在总体中所占的比率来表示，这样就可以方便地定量表达评价对象价值的大小。因此，在功能指数法中，价值指数是作为评定对象功能价值的指标。

根据功能指数和成本指数计算价值指数，可以通过列表进行，见表 8-8。

表 8-8 价值指数计算表

零部件	功能指数①	现实成本②（元）	成本指数③	价值指数④=①/③
A				
B				
C				
…				
合计	1.00		1.00	

价值指数的计算结果有以下三种情况：

1）$V_i = 1$。此时评价对象的功能比重与成本比重大致平衡，合理匹配，可以认为功能的现实成本是比较合理的。

2）$V_i < 1$。此时评价对象的成本比重大于其功能比重，表明相对于系统内的其他对象而言，目前所占的成本偏高，从而会导致该对象的功能过剩。应将评价对象列为改进对象，改善方向主要是降低成本。

3）$V_i > 1$。此时评价对象的成本比重小于其功能比重。出现这种结果的原因可能有三种。第一，由于现实成本偏低，不能满足评价对象实现其应具有的功能要求，致使对象功能偏低，这种情况应列为改进对象，改善方向是增加成本；第二，对象目前具有的功能已经超过其应该具有的水平，也即存在过剩功能，这种情况也应列为改进对象，改善方向是降低功能水平；第三，对象在技术、经济等方面具有某些特征，在客观上存在着功能很重要而需要消耗的成本却很少的情况，这种情况一般不列为改进对象。

8.4.4 确定价值工程对象的改进范围

从以上分析可以看出，对产品进行价值分析，是使产品每个构配件的价值系数尽可能趋近于 1。为此，确定的改进对象如下：

（1）f_i/c_i 值低的功能 计算出来的 $V_i < 1$ 的功能区域，基本上都应进行改进，特别是 V_i

比 1 小得较多的功能区域，力求使 $V_i=1$。

（2）$\Delta c_i=(c_i-f_i)$ 值大的功能　　Δc_i 是成本降低期望值，也是成本应降低的绝对值。当 n 个功能区域的价值系数同样低时，就要优先选择 Δc_i 数值大的功能区域作为重点对象。

（3）复杂的功能　　复杂的功能区域，说明其功能是通过很多构配件（或作业）来实现的，通常复杂的功能区域其价值系数也较低。

（4）问题多的功能　　尽管在功能系统图上的任何一级改进都可以达到提高价值的目的，但是改进的多少、取得效果的大小却是不同的。越接近功能系统图的末端，改进的余地越小，只能做结构上的小改动；相反，越接近功能系统图的前端，功能改进可以越大，就越有可能做原理上的改变，从而带来显著效益。

8.5　价值工程创新阶段与实施阶段的工作

8.5.1　价值工程创新阶段的工作

1. 方案创造

方案创造是从提高对象的功能价值出发，在正确的功能分析和评价的基础上，针对应改进的具体目标，通过创造性的思维活动，提出能够可靠地实现必要功能的新方案。

方案创造的理论依据是功能载体具有替代性。方案创造的方法很多，如头脑风暴法、哥顿法（模糊目标法）、专家意见法（德尔菲法）、专家检查法等。总的精神是要充分发挥各有关人员的智慧，集思广益，多提方案，从而为评价方案创造条件。

2. 方案评价

方案评价是在方案创造的基础上对若干新构思的方案进行技术、经济、社会和环境效果等方面的评价，以便于选择最佳方案。方案评价分为概略评价和详细评价两个阶段，其步骤如图 8-7 所示。

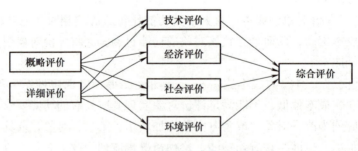

图 8-7　方案评价步骤示意图

概略评价是对新构思方案进行初步研究，其目的是从众多的方案中进行粗略的筛选，以减少详细评价的工作量，使精力集中于优秀方案的评价。

详细评价是对经过筛选后的少数方案再具体化，通过进一步的调查、研究和评价，最后选出最令人满意的方案。其评价结论是方案审批的依据。

方案评价无论是概略评价还是详细评价都包括技术评价、经济评价、社会评价和环境评价四个方面。其中，技术评价围绕功能进行，内容是方案能否实现所需功能以及实现程度，包括功能实现程度（性能、质量、寿命等）、可靠性、可维修性、可操作性、安全性、系统协调性、环境协调性等。经济评价围绕经济效果进行，内容是以成本为代表的经济可行性，包括费用的节省、对企业或公众产生的效益，同时还应考虑产品的市场情况，同类竞争企业、竞争产品，产品盈利的多少和能保持盈利的年限。社会评价围绕社会效果进行，内容是方案对社会有利或有害的影响。环境评价围绕环境效果进行，内容是方案对环境的影响，如污染、噪声、能源消耗等。最后进行综合评价，选出最佳方案。

8.5.2 价值工程实施阶段的工作

通过综合评价选出的方案，报决策部门审批后便可实施。为了保证方案顺利实施，应做到四个落实：

(1) 组织落实　即要把具体的实施方案落实到职能部门和有关人员。
(2) 经费落实　即要把实施方案所需经费的来源和使用安排落实好。
(3) 物质落实　即要把实施方案所需的物资、装备等落实好。
(4) 时间落实　即要把实施方案的起止时间及各阶段的时间妥善安排好。

在方案实施过程中，应该对方案的实施情况进行检查，发现问题，并及时解决。方案实施完成后，要进行总结评价和验收。

思 考 题

1. 价值工程的价值含义是什么？提高价值有哪些途径？
2. 价值工程中为什么要考虑寿命周期成本？
3. 怎样根据功能评价结果选择价值工程的改进对象？
4. 某房地产公司对其公寓项目开发征集到若干设计方案，筛选后对其中四个设计方案 A、B、C、D 做进一步技术经济评价。有关专家决定从五个方面（分别以 $F_1 \sim F_5$ 表示）对不同方案的功能进行评价，并对各功能的重要性关系达成以下共识 $F_1:F_2:F_3:F_4:F_5=14:9:9:4:4$。此后，各专家对该四个方案的功能满足程度分别打分，其结果见表 8-9。试用功能价值系数选择最佳设计方案。

表 8-9　某公寓项目方案专家打分表

功能	方案功能得分（分）			
	方案 A	方案 B	方案 C	方案 D
F_1	9	10	9	8
F_2	10	10	8	9
F_3	9	9	10	9
F_4	8	8	8	7
F_5	9	7	9	6
单位造价（元/m²）	1420	1230	1150	1360

5. 某市为改善越江交通状况，提出以下两个方案：

方案 1：加固、扩建，预计投资 4000 万元，可通行 8 年。年需维护费为 100 万元。每 4 年需要进行一次大修，大修费用为 300 万元，报废没有残值。

方案 2：拆除原址新建，预计投资 7000 万元，可通行 10 年。年需维护费为 100 万元。每 5 年进行一次大修，大修费用为500万元。残值为700万元。

不考虑两个方案建设期的差异，基准收益率为10%。专家对五个功能进行比较结果见表8-10，对两个方案的功能的评价得分见表8-11。

表8-10　功能比较表

	F_1	F_2	F_3	F_4	F_5	得分	权重
F_1	—	2	3	4	4		
F_2		—	3	4	4		
F_3			—	3	4		
F_4				—	3		
F_5					—		

表8-11　功能评分表

	F_1	F_2	F_3	F_4	F_5
方案1	6	7	6	9	8
方案2	10	9	7	9	9

1) 在表8-10中计算各功能的权重。
2) 计算两个方案的费用现值；用价值工程方法进行方案选择（成本指数以费用现值为基础）。

第 9 章
工程项目采购模式与组织结构

本章重点内容：组织结构在项目管理中的应用，委托采购模式，项目总承包的模式，施工任务委托的模式。

本章学习目标：掌握建设工程项目委托采购模式、总承包模式、施工任务委托模式，了解工程项目组织，熟悉组织结构在项目管理中的应用，熟悉项目经理部。通过本章学习，学生应认识到有效的组织内部需要形成团队精神；一个合格的项目现场管理者（项目经理），除应具有专业素质外，还应具有职业道德和责任感；认识到在不同建设工程项目委托模式下，各个参与主体之间的权责关系，培养诚信和契约精神。

9.1 建设工程项目采购的模式

9.1.1 委托采购模式

1. 项目管理委托的模式

在国际上，项目管理咨询公司（咨询事务所，或称顾问公司）可以接受业主方、设计方、施工方、供货方和建设项目工程总承包方的委托，提供代表委托方利益的项目管理服务。项目管理咨询公司所提供的这类服务的工作性质属于工程咨询（工程顾问）服务。

主要的方式有以下三种：

1）业主方自行项目管理。
2）业主方委托项目管理咨询公司承担全部业主方项目管理的任务。
3）业主方委托项目管理咨询公司与业主方人员共同进行项目管理，业主方从事项目管理的人员在项目管理咨询公司委派的项目经理的领导下工作。

2. 设计任务委托的模式

我国业主方主要通过设计招标的方式选择设计方案和设计单位，设计任务的委托主要有两种模式：

1）业主方委托一个设计单位或由多个设计单位组成的设计联合体或设计合作体作为设计总负责单位，设计总负责单位视需要再委托其他设计单位配合设计。
2）业主方不委托设计总负责单位，而平行委托多个设计单位进行设计。

9.1.2 项目总承包模式

1. 项目总承包的内涵

根据《中华人民共和国建筑法》的规定，"建筑工程的发包单位可以将建筑工程的勘察、设计、施工、设备采购一并发包给一个工程总承包单位，也可以将建筑工程勘察、设计、施工、设备采购的一项或者多项发包给一个工程总承包单位；但是，不得将应当由一个承包单位完成的建筑工程肢解成若干部分发包给几个承包单位。"

工程总承包企业受业主委托，按照合同约定对工程建设项目的勘察、设计、采购、施工、试运行等实行全过程或若干阶段的承包。建设项目工程总承包主要有以下两种模式。

（1）设计—施工（Design，Build，DB）总承包　设计—施工总承包是指工程总承包企业按照合同约定，承担工程项目设计和施工，并对承包工程的质量、安全、工期、造价全面负责。

（2）设计—采购—施工（Engineering，Procurement，Construction，EPC）总承包　设计—采购—施工总承包是指工程总承包企业按照合同约定，承担工程项目的设计、采购、施工、试运行服务等工作，并对承包工程的质量、安全、工期、造价全面负责。

工程总承包和工程项目管理是国际通行的工程建设项目组织实施方式。积极推行工程总承包和工程项目管理，是深化我国工程建设项目组织实施方式改革，提高工程建设管理水平，保证工程质量和投资效益，规范建筑市场秩序的重要措施；是勘察、设计、施工、监理企业调整经营结构，增强综合实力，加快与国际工程承包和管理方式接轨，积极开拓国际承包市场，带动我国技术、机电设备及工程材料的出口，促进劳务输出，提高我国企业国际竞争力的有效途径。

建设项目工程总承包的基本出发点是借鉴工业生产组织的经验，实现建设生产过程的组织集成化，以克服由于设计与施工的分离致使投资增加，以及克服由于设计和施工的不协调而影响建设进度等弊病。

建设项目工程总承包的主要核心是通过设计与施工过程的组织集成，促进设计与施工的紧密结合，以达到为项目建设增值的目的。

2. 国际项目总承包的组织模式

国际项目总承包的组织有如下几种可能的模式：

1）一个组织（企业）既具有设计力量，又具有施工力量，由它独立承担建设项目工程总承包的任务（在美国这种模式较为常见）。

2）由设计单位和施工单位为一个特定的项目组成联合体或合作体，以承担项目总承包的任务（在德国和一些其他欧洲国家这种模式较为常见，特别是民用建筑项目的工程总承包，往往由设计单位和施工单位组成的项目联合体或合作体承担，待项目结束后项目联合体或合作体就解散）。

3）由施工单位承接项目总承包的任务，而设计单位受施工单位的委托承担其中的设计任务。

4）由设计单位承接项目总承包的任务，而施工单位作为其分包承担其中的施工任务。

3. 项目总承包从招标开始至确定合同价的基本工作程序

工业建设项目、民用建筑项目和基础设施项目的项目总承包各有其特点，但其从招标开始至确定合同价的基本工作程序是类似的，以下工作步骤仅供参考。

1）业主方自行编制，或委托顾问工程师编制项目建设纲要或设计纲要，它是项目总承包方编制项目设计建议书的依据。项目建设纲要或设计纲要可包括如下内容：

① 项目定义。

② 设计原则和设计要求。
③ 项目实施的技术大纲和技术要求。
④ 材料和设施的技术要求等。
2) 项目总承包方编制项目设计建议书和报价文件。
3) 设计评审。
4) 合同洽谈,包括确定合同价。

在国际上,民用项目总承包的招标多数采用项目功能描述的方式,而不采用项目构造描述的方式,因为项目构造描述的招标依据是设计文件,而项目总承包招标时业主方还不可能提供具体的设计文件。

4. 项目总承包方的工作程序

1) 项目启动。在工程总承包合同条件下,任命项目经理,组建项目部。
2) 项目初始阶段。进行项目策划,编制项目计划,召开开工会议;发表项目协调程序,发表设计基础数据;编制计划,包括采购计划、施工计划、试运行计划、财务计划和安全管理计划,确定项目控制基准等。
3) 设计阶段。编制初步设计或基础工程设计文件,进行设计审查,编制施工图设计或详细工程设计文件。
4) 采购阶段。采买、催交、检验、运输、与施工办理交接手续。
5) 施工阶段。施工开工前的准备工作,现场施工,竣工试验,移交工程资料,办理管理权移交,进行竣工决算。
6) 试运行阶段。对试运行进行指导和服务。
7) 合同收尾。取得合同目标考核证书,办理决算手续,清理各种债权债务;缺陷通知期限满后取得履约证书。
8) 项目管理收尾。办理项目资料归档,进行项目总结,对项目部人员进行考核评价,解散项目部。

9.1.3 施工任务委托模式

施工任务的委托主要模式有施工总承包模式、施工总承包管理模式和平行承发包模式。

1. 施工总承包模式

业主方委托一个施工单位或由多个施工单位组成的施工联合体或施工合作体作为施工总承包单位,经业主同意,施工总承包单位可以根据需要将施工任务的一部分分包给其他符合资质的分包人。施工总承包模式的合同结构如图 9-1 所示。

施工总承包模式有如下特点:
(1) 投资控制方面
1) 一般以施工图设计为投标报价的基础,投标人的投标报价较有依据。
2) 在开工前就有较明确的合同价,有利于业主的总投资控制。
3) 若在施工过程中发生设计变更,可能会引发索赔。
(2) 进度控制方面　由于一般要等施工图设计全部结束后,业主才进行施工总承包的招标,因此,开工日期不可能太早,建设周期会较长。
(3) 质量控制方面　建设工程项目质量的好坏在很大程度上取决于施工总承包单位的

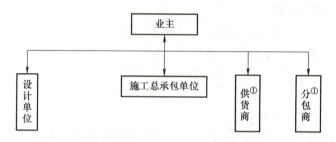

图 9-1 施工总承包模式的合同结构

注：①业主自行采购和分包的部分

管理水平和技术水平。

（4）合同管理方面

1）业主只需要进行一次招标，与施工总承包商签约，因此招标及合同管理工作量将会减小。

2）在很多工程实践中，采用的并不是真正意义上的施工总承包，而是"费率招标"。"费率招标"实质上是开口合同，对业主方的合同管理和投资控制十分不利。

（5）组织与协调方面　由于业主只负责对施工总承包单位的管理及组织协调，其组织与协调的工作量比平行发包会大大减少，对业主比较有利。

2. 施工总承包管理模式

施工总承包管理模式的内涵是：业主方委托一个施工单位或由多个施工单位组成的施工联合体或施工合作体作为施工总承包管理单位，业主方另委托其他施工单位作为分包单位进行施工。一般情况下，施工总承包管理单位不参与具体工程的施工，但如施工总承包管理单位也想承担部分工程的施工，它也可以参加该部分工程的投标，通过竞争取得施工任务。

施工总承包管理模式有如下特点：

（1）投资控制方面

1）一部分施工图完成后，业主就可单独或与施工总承包管理单位共同进行该部分工程的招标，分包合同的投标报价和合同价以施工图为依据。

2）在进行对施工总承包管理单位的招标时，只确定施工总承包管理费，而不确定工程总造价，这可能成为业主控制总投资的风险。

3）多数情况下，由业主方与分包人直接签约，有可能增加业主方的风险。

（2）进度控制方面　不需要等待施工图设计完成后再进行施工总承包管理的招标，分包合同的招标也可以提前，这样有利于提前开工，缩短建设周期。

（3）质量控制方面

1）对分包人的质量控制由施工总承包管理单位进行。

2）分包工程任务符合质量控制的"他人控制"原则，对质量控制有利。

3）各分包之间的关系可由施工总承包管理单位负责，这样可减轻业主方管理的工作量。

（4）合同管理方面

1）一般情况下，所有分包合同的招标投标、合同谈判以及签约工作均由业主负责，业主方的招标及合同管理工作量较大。

2) 对分包人的工程款支付可由施工总承包管理单位支付或由业主直接支付,前者有利于施工总承包管理单位对分包人的管理。

(5) 组织与协调方面 由施工总承包管理单位负责对所有分包人的管理及组织协调,这样就大大减轻业主方的工作。这是采用施工总承包管理模式的基本出发点。

3. 施工总承包管理与施工总承包模式的比较

(1) 工作开展程序不同 施工总承包模式的工作程序是:先进行建设项目的设计,待施工图设计结束后再进行施工总承包招标投标,最后进行施工,如图 9-2b 所示。如果采用施工总承包管理模式,施工总承包管理单位的招标可以不依赖完整的施工图,当完成一部分施工图就可对其进行招标,如图 9-2a 所示。由图可以看出,施工总承包管理模式可以在很大程度上缩短建设周期。

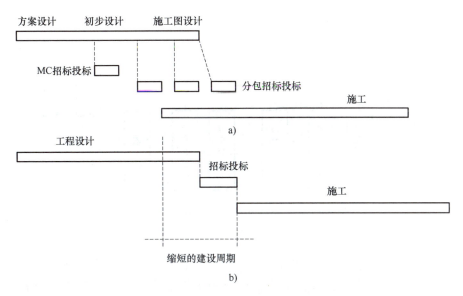

图 9-2 施工总承包管理模式与施工总承包模式的比较
a) 建设项目施工总承包管理模式下的项目开展顺序 b) 建设项目施工总承包模式下的项目开展顺序

(2) 合同关系 施工总承包管理模式的合同关系有两种可能,即业主与分包单位直接签订合同或者由施工总承包管理单位与分包单位签订合同,其合同结构图分别如图 9-3 和图 9-4 所示。而当采用施工总承包模式时,由施工总承包单位与分包单位直接签订合同。

(3) 分包单位的选择和认可 一般情况下,当采用施工总承包管理模式时,分包合同由业主与分包单位直接签订,但每一个分包人的选择和每一个分包合同的签订都要经过施工总承包管理单位的认可,因为施工总承包管理单位要承担施工总体管理和目标控制的任务和责任。如果施工总承包管理单位认为业主选定的某个分包人确实没有能力完成分包任务,而业主执意不肯更换分包人,施工总承包管理单位也可以拒绝认可该分包合同,并且不承担该分包人所负责工程的管理责任。而当采用施工总承包模式时,分包单位由施工总承包单位选择,由业主方认可。

(4) 对分包单位的付款 对各个分包单位的工程款项可以通过施工总承包管理单位支

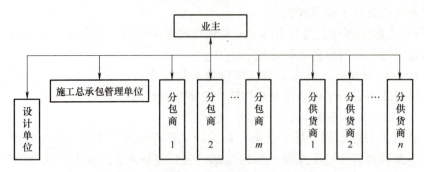

图 9-3 施工总承包管理模式下的合同结构 1

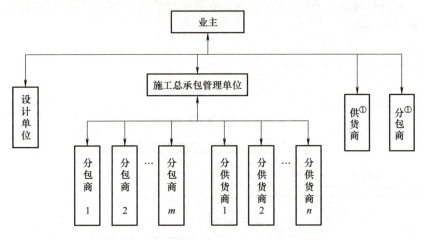

图 9-4 施工总承包管理模式下的合同结构 2

注：①业主自行采购和分包的部分

付，也可以由业主直接支付。如果由业主直接支付，需要经过施工总承包管理单位的认可。而当采用施工总承包模式时，对各个分包单位的工程款项，一般由施工总承包单位负责支付。

（5）对分包单位的管理和服务　施工总承包管理单位和施工总承包单位一样，既要负责对现场施工的总体管理和协调，也要负责向分包人提供相应的配合施工的服务。对于施工总承包管理单位或施工总承包单位提供的某些设施和条件，如搭设的脚手架、临时用房等，如果分包人需要使用，则应由双方协商所支付的费用。

（6）合同价格　施工总承包管理合同中一般只确定施工总承包管理费（通常是按工程建筑安装工程造价的一定百分比计取），而不需要确定建筑安装工程造价，这也是施工总承包管理模式的招标可以不依赖于施工图纸出齐的原因之一。分包合同一般采用单价合同或总价合同。施工总承包管理模式与施工总承包模式相比在合同价方面有以下优点：

1）合同总价不是一次确定，某一部分施工图设计完成后，再进行该部分施工招标，确定该部分合同价，因此整个建设项目的合同总额的确定较有依据。

2）所有分包都通过招标获得有竞争力的投标报价，对业主方节约投资有利。

3）在施工总承包管理模式下，分包合同价对业主是透明的。

4. 平行发包模式

（1）概念　平行发包，又称为分别发包，指发包方根据工程项目的特点、进展情况和控制目标的要求等因素，将项目按照一定原则分解，分别发包给不同的实施单位，发包方分别与各个实施单位签订施工合同。这是比较传统的模式（注意：不得将工程肢解发包），如图 9-5 所示。

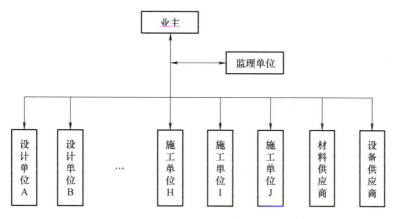

图 9-5　平行发包模式

（2）模式特点

1）对费用控制：业主要等最后一份合同签订后才知道工程总造价，对投资的早期控制不利。

2）对进度控制：开工日期提前，可以边设计边施工，缩短建设周期；需进行多次招标，用于招标的时间较多。

3）对质量控制：符合质量控制上的"他人控制"原则，对业主的质量控制有利。

4）对合同管理：业主要负责所有合同的招标、合同谈判、签约，合同交界面比较多，合同管理工作量大。

5）对组织与协调：业主要负责对所有承包商的管理及组织协调，工作量大。

（3）模式评价

优点：将任务分解后发包，在设计和施工阶段有可能形成搭接关系，可以缩短工期；任务细分可以减少工作的不确定性，从而减少风险补偿和管理费用。

缺点：合同数量多，造成业主合同管理困难；系统内部界面增多，业主组织协调管理工作量增大。

9.2　工程项目组织

9.2.1　工程项目组织概述

1. 组织

组织是指为了实现某种既定目标，通过明确分工和协作关系，通过不同层次的权利、责任、利益制度而构成的能够一体化运行的人的系统。因此，对组织的理解可以是：

1）组织是人们有共同目标的集合体。
2）组织是人们通过某种形式的结构关系而共同工作的集合体。
3）组织是人们运用不同的知识技术和系统，是人们相互影响的社会心理系统。
4）表现为组织结构形式，即按照一定的体制、部门设置、层次划分及职责分工而构成的有机体。
5）表现为组织管理过程，即为达到一定目标，运用组织所赋予的权利，对所需的资源进行合理配置。

组织有以下共性：第一，组织是由人组成的，具有专业化的特点，每个组织都有自己的目标，组织中的人具有要求的专业技能；第二，组织中的每个成员都有特定的活动；第三，组织成员都有自己的目标管理，成员的目标组成了组织的目标，组织的成员互相合作，共同为组织工作。

2. 组织结构的构成因素

组织结构是组织的实体，即组织各要素相互作用的方式或形式，是执行管理任务的体制，通常用组织系统图表示。组织系统图的基本表现形式包括组织结构、职位描述、工作流程图等。

构成项目组织结构的因素有管理层次、管理幅度、管理部门、管理职责四部分，它们相互联系、相互制约。

（1）管理层次　根据项目目标的层次性，任何一个项目的管理都可以分为多个不同的管理层次。管理层次是指从公司最高管理者到最下层实际工作人员之间的不同管理阶层。管理层次按从上到下的顺序通常分为决策层、协调层、执行层和操作层，如图9-6所示。

1）决策层。决策层是指管理目标与计划的制订者，对项目进行重大决策，为项目负责。

2）协调层。协调层是决策层的重要参谋、咨询层，是协调项目内外事务和矛盾的技术与管理核心，是项目质量、进度、成本的主要控制监督者。

3）执行层。执行层是指直接调动和安排项目活动、组织落实项目计划的阶层，是项目具体工作任务的分配监督和执行者。

4）操作层。操作层是指从事和完成具体任务的阶层。

（2）管理幅度　管理幅度是指一名管理人员所直接管理下级的人数。

管理幅度过大，可能使管理人员对下属的指导和监督时间相对减少，容易导致管理失控，出现各自为政的状况。而管理幅度过小，则可能引起层次增加，信息传递容易发生丢失和失真，办事效率低下等问题。一般来说，在确定管理幅度时应考虑以下因素：管理工作的性质、管理者的工作能力与领导风格、组织的经营形式和发展阶段等。

一个组织的管理层次多少，受组织规模和管理幅度的影响。在管理幅度给定的条件下，管理层次和组织规模的大小成正比，组织规模越大，包括的成员数越多，其所需的管理层次就越多。在组织规模给定的条件下，管理层次和管理幅度成反比，每个主管所能直接控制的下属人数越多，所需的管理层次就越少。

（3）管理部门　管理部门的划分是将工程项目总目标划分为若干具体的子目标，然后把子目标对应的具体工作合并归类，并建立起符合专业分工与协作要求的管理部门，并赋予其相应职责和权限。

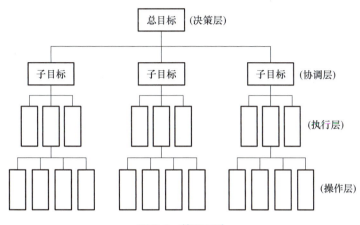

图 9-6　管理层次

管理部门过多将造成资源浪费和工作效率低下，管理部门太少也会出现部门内事务太多、管理部门管理困难等问题。管理部门负责的工作与事务太少，部门将人浮于事，影响工作效率和风气。职能过多，管理部门的人员会疲于忙碌，管理困难，影响工作质量。

（4）管理职责　每个岗位均有相应的职责、权利、利益。为提高管理的效率和质量，便于考核，应明确职责，以保证和激励管理部门完成其职责。

3. 工程项目组织的特点

（1）项目组织的临时性　工程项目具有一次性的特点，并具有开始和结束的时间，使得工程项目组织具有临时性的特点，即项目负责人和成员是临时的，组织也是临时的。

（2）项目组织的动态变化性　项目组织在不同的实施阶段，工作内容不同，项目的参与者不同；同一参与者，在项目的不同阶段任务也不同。如在工程项目中，前期决策阶段会有咨询师进入，设计阶段会有设计师进入，而施工阶段则是施工队伍进入，他们各自在不同的阶段发挥着重要作用，项目结束后，项目组织解散。

（3）项目组织的柔性　项目受环境影响，环境发生变化，改变了项目获得资源的手段方式，项目的生产方式或技术标准可能也会发生变化，项目成员也可能进行相应调整，组织要有能迅速适应环境变化的能力。

（4）项目组织的复杂性　工程项目实施过程中，因参与主体较多，项目实施中形成不同任务与目标，形成了不同的组织形式，不同组织形式组成了复杂的组织结构体系。但为了完成项目的共同目标，不同的组织形式应相互适应，同时工程项目组织还要与企业自身组织形式相适应，因此增加了项目组织的复杂性。

（5）项目组织与企业组织关系的密切性　项目组织因项目而组建，但依据企业而产生，构成企业组织的一部分；同时企业是项目组织的外部环境，项目组织人员来自于企业，并回归企业；企业的经营目标、企业文化、企业资源、利益分配均影响项目组织效率。

9.2.2　组织结构在项目管理中的应用

1. 基本的组织结构模式

组织结构模式可用组织结构图描述，组织结构图（见图9-7）也是一个重要的组织工具,反映一个组织系统中各组成部门(组成元素)之间的组织关系(指令关系)。在组织结构图中,矩形框表示工作部门,上级工作部门对其直接下属工作部门的指令关系用单向箭线表示。

组织论的三个重要的组织工具,项目结构图、组织结构图和合同结构图(见图9-8)的区别见表9-1。

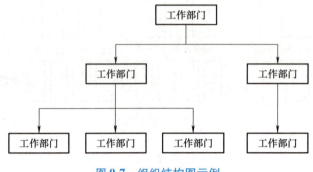

图 9-7 组织结构图示例

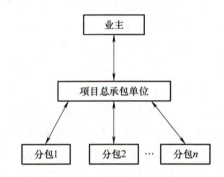

图 9-8 合同结构图示例

表 9-1 项目结构图、组织结构图和合同结构图的区别

名称	表达的含义	图中矩形框的含义	矩形框连接的表达
项目结构图	对一个项目的结构进行逐层分解,以反映组成该项目的所有工作任务(该项目的组成部分)	一个项目的组成部分	直线
组织结构图	反映一个组织系统中各组成部门(组成元素)之间的组织关系(指令关系)	一个组织系统中的组成部分(工作部门)	单向箭线
合同结构图	反映一个建设项目参与单位之间的合同关系	一个建设项目的参与单位	双向箭线

常用的组织结构模式包括职能组织结构(见图9-9)、线性组织结构(见图9-10)和矩阵组织结构(见图9-11)等。这几种常用的组织结构模式既可以在企业管理中运用,也可在建设项目管理中运用。

组织结构模式反映了一个组织系统中各子系统之间或各组织元素(如各工作部门)之

间的指令关系。组织分工反映了一个组织系统中各子系统或各组织元素的工作任务分工和管理职能分工。组织结构模式和组织分工都是相对静态的组织关系。而工作流程组织则反映一个组织系统中各项工作之间的逻辑关系,是一种动态关系。在一个建设工程项目实施过程中,其管理工作的流程、信息处理的流程,以及设计工作、物资采购和施工流程的组织都属于工作流程组织的范畴。

(1) 职能组织结构的特点及其应用　职能组织结构是一种传统的组织结构模式。在职能组织结构中,每一个职能部门可根据它的管理职能对其直接和非直接的下属工作部门下达工作指令。因此,每一个工作部门可能得到其直接和非直接的上级工作部门下达的工作指令,它就会有多个矛盾的指令源。一个工作部门的多个矛盾的指令源会影响企业管理机制的运行。

许多建设项目也还用这种传统的组织结构模式,在工作中常出现交叉和矛盾的工作指令关系,严重影响了项目管理机制的运行和项目目标的实现。

在图 9-9 所示的职能组织结构中,A、B1、B2、B3、C5 和 C6 都是工作部门,A 可以对 B1、B2、B3 下达指令;B1、B2、B3 都可以在其管理的职能范围内对 C5 和 C6 下达指令;因此 C5 和 C6 有多个指令源,其中有些指令可能是矛盾的。

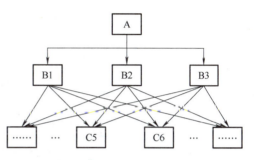

图 9-9　职能组织结构模式示例

(2) 线性组织结构的特点及其应用　在线性组织结构中,每一个工作部门只能对其直接的下属部门下达工作指令,每一个工作部门也只有一个直接的上级部门。因此,每一个工作部门只有唯一的指令源,避免了由于矛盾的指令而影响组织系统的运行。

在图 9-10 所示的线性组织结构中,A 可以对其直接的下属部门 B1、B2、B3 下达指令;B2 可以对其直接的下属部门 C21、C22、C23 下达指令;虽然 B1 和 B3 比 C21、C22、C23 高一个组织层次,但是 B1 和 B3 并不是 C21、C22、C23 的直接上级部门,它们不允许对 C21、C22、C23 下达指令。

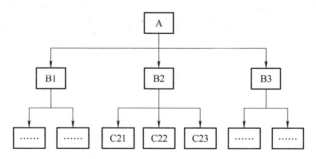

图 9-10　线性组织结构模式示例

在该组织结构中,每一个工作部门的指令源是唯一的。

(3) 矩阵组织结构的特点及其应用　矩阵组织结构是一种较新型的组织结构模式。在矩阵组织结构最高指挥者(部门)下设纵向和横向两种不同类型的工作部门。纵向工作部门如人、财、物和产、供、销的职能管理部门,横向工作部门如生产车间等。一个施工企业如采用矩阵组织结构模式,则纵向工作部门可以是计划管理、技术管理、合同管理、财务管理和人事管理部门等,而横向工作部门可以是项目部,如图 9-11 所示。

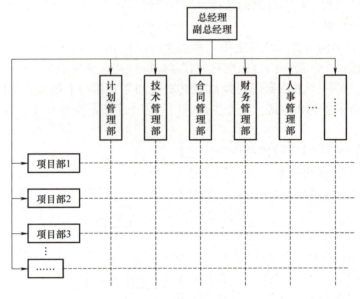

图 9-11 施工企业的矩阵组织结构模式示例

一个大型建设项目如采用矩阵组织结构模式,则纵向工作部门可以是投资控制、进度控制、质量控制、合同管理、信息管理、人事管理、财务管理和物资管理等部门,而横向工作部门可以是各子项目的项目管理部,如图 9-12 所示。矩阵组织结构适宜大的组织系统,如在上海地铁和广州地铁一号线建设时都采用了矩阵组织结构模式。

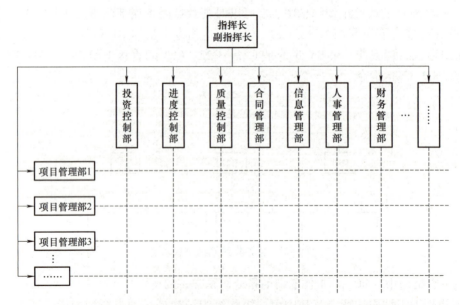

图 9-12 一个大型建设项目的矩阵组织结构模式示例

在矩阵组织结构中，每一项纵向和横向交汇的工作（如图 9-11 所示的项目管理部 1 涉及的投资问题），指令来自于纵向和横向两个工作部门，因此其指令源为两个。当纵向和横向工作部门的指令发生矛盾时，由该组织系统的最高指挥者（部门），即如图 9-13a 所示的 A 进行协调或决策。

在矩阵组织结构中为避免纵向和横向工作部门指令矛盾对工作的影响，可以采用以纵向工作部门指令为主（见图 9-13b）或以横向工作部门指令为主（见图 9-13c）的矩阵组织结构模式，这样也可减轻该组织系统的最高指挥者（部门），即如图 9-13b 和图 9-13c 所示中 A 的协调工作量。

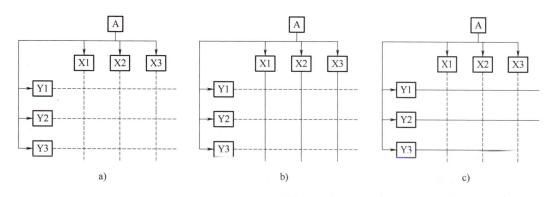

图 9-13　矩阵组织结构
a）矩阵组织结构　b）以纵向工作部门指令为主的矩阵组织结构　c）以横向工作部门指令为主的矩阵组织结构

2. 项目管理的组织结构图

对一个项目的组织结构进行分解，并用图的方式表示，就形成项目组织结构图（OBS 图——Diagram of Organizational Breakdown Structure），或称项目管理组织结构图。项目组织结构图反映一个组织系统（如项目管理班子）中各子系统之间和各组织元素（如各工作部门）之间的组织关系，反映的是各工作单位、各工作部门和各工作人员之间的组织关系。而项目结构图描述的是工作对象之间的关系。对一个稍大的项目的组织结构应该进行编码，它不同于项目结构编码，但两者之间也会有一定的联系。

一个建设工程项目的实施除业主方外，还有许多单位参加，如设计单位、施工单位、供货单位和工程管理咨询单位及有关的政府行政管理部门等，项目组织结构图应尽可能表达业主方以及项目的参与单位有关的各工作部门之间的组织关系。

业主方、设计方、施工方、供货方和工程管理咨询方的项目管理的组织结构都可用各自的项目组织结构图予以描述。项目组织结构图应反映项目经理和费用（投资或成本）控制、进度控制、质量控制、合同管理、信息管理和组织与协调等主管工作部门或主管人员之间的组织关系。

图 9-14 所示是一个线性组织结构的项目组织结构图示例，在线性组织结构中每一个工作部门只有唯一的上级工作部门，其指令来源是唯一的。在图 9-14 中表示了总经理不允许对项目经理、设计方直接下达指令，总经理必须通过业主代表下达指令；而业主代表也不允许对设计方等直接下达指令，必须通过项目经理下达指令，否则就会出现矛盾的指令。项目的实施方（图 9-14 中的设计方、施工方和甲供物资方）的唯一指令来源是代表业主利益的

的项目经理,这样有利于项目的顺利进行。

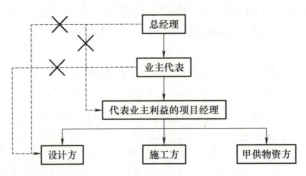

图 9-14　线性组织结构的项目组织结构图示例

9.2.3　项目经理部

工程项目经理部是为实现一个具体的工程项目目标而组建的协同工作团队,是具有高度凝聚力和团队精神的群体,也是工程项目组织的核心,更是实现项目目标的基本组织保障。项目经理部需要精心组织建设,在工程项目实施过程中不断发展、完善。

当企业签订工程项目合同,进入工程项目建设实施阶段,企业会依据工程项目的性质和规模聘任项目经理,同时抽调或招聘相应的工程技术人员组成项目经理部。

1. 项目经理部的特点

(1) 有明确的目的性　项目经理部是为实现具体工程项目目标而设立的专门组织,其任务是实现项目目标。因此,项目经理部具有明确的目的性。

(2) 是非永久性的组织　工程项目是一次性的任务,因而为完成工程项目组建的项目经理部也是一种非永久性的组织。当工程项目完成后,项目经理部的任务随之完成,即可解散。

(3) 具有团队精神　项目经理部成员之间的相互平等、相互信任、相互合作是高效完成项目目标的前提和基础;项目管理任务的多元性,要求项目经理部具有高度凝聚力和团队精神。

(4) 是动态的组织　项目经理部成员的人数和人员结构是动态变化的,随着工程项目的进展和任务的展开,成员的人数及其专业结构也会做出相应地调整。

2. 项目经理部的职责

(1) 项目经理部领导的职责

1) 实现项目经理部的目标。项目经理部的领导应通过以下过程保证项目目标得以实现:选择适当的人员;制订计划;召开项目经理部会议,对项目经理部目标进行分解、细化;负担起代表整个项目经理部的责任。

2) 保证项目经理部的效率。确保所有成员明确各自的职责与任务,并尽职尽责地完成;监督项目经理部工作以确保成员齐心协力,高效率地工作。

(2) 项目经理部成员的职责

1) 项目经理部成员要明确自己的职责,要有责任感。

2) 项目经理部成员要做好本职工作,尽其所能地完成分配给自己的任务。

3）为了使项目经理部能共同工作，将项目经理部的职责放在第一位。

3. 项目经理部的形成

一个工程项目经理部从建立到解体，具有一定的发展规律。依据组织行为学理论，项目经理部的成长过程可划分为初期建立阶段、试运作阶段、正常运作阶段、高效运作阶段和末期解散阶段。这五个阶段是项目经理部从建立、发展、壮大到解散的过程。工程项目经理部的各成长阶段具有如下特点。

（1）初期建立阶段　工程项目经理部成员刚组合在一起，处于一种新的工作环境。但对于自己的职责及岗位、对工程项目的目标与自身工作的关系还处于一种茫然和摸索阶段。项目经理应及时为每个项目经理部成员确定其职责和岗位，使每位成员明确项目目标和任务，工程项目的质量标准、预算及进度计划的要求、标准和限制，顺利通过项目经理部的组建阶段。

（2）试运作阶段　项目经理部成立之后，成员对项目的目标有所了解，并明确了自己的职责与岗位，开始按照分工进行初步的合作，并逐步产生一些矛盾与问题，如人际关系不融洽，自己感到工作任务繁重或困难等。项目经理部可能出现信心不足、士气下沉、消极对待工作等问题。项目经理应针对出现的各种问题和矛盾，要创造一些聚会的机会来协调项目经理部成员之间的人际关系，加深相互间的了解、增进友谊、提高相互间的认知度，使每位成员抛开个人利益与恩怨，全身心地投入到工作中。

（3）正常运作阶段　通过前期磨合考验后，项目经理部成员之间的关系理顺，各成员的个人情绪也得到较好的调整，并熟悉和接受了现有的工作环境和条件，项目经理部凝聚力开始形成，成员合作意识增强，并能积极提出各种建议、积极参与项目管理工作。此阶段成员可以自由地、建设性地表达他们的情绪及评论意见，项目经理部进入健康发展阶段。

（4）高效运作阶段　在此阶段，项目经理部成员在工作中相互帮助，在生活中相互扶持；同时每位成员的工作能力得到了长足的锻炼和发展，创造能力得到充分发挥，集体感和荣誉感增强。项目经理部成员已经具有合作互助、开放坦诚的团队精神，项目经理部工作进入高绩效阶段。

（5）末期解散阶段　随着项目目标的实现，项目经理部进入解散阶段。此时，项目经理部成员间的认知度、满意度较高，相互间产生浓厚的工作和私人友谊，并且怀念在项目经理部曾经的工作，但同时开始考虑自己今后的工作，使项目经理部出现人心涣散的情况。项目经理最好能够帮助项目经理部成员安排好新的工作，必须改变工作方式才能完成最后的各项具体任务。

4. 项目经理部的建设

高效能项目经理部的标志：项目经理部成员有着共同的价值观和明确的共同目标，具有完成项目目标所需的基本能力和素质，相互尊重、相互信任，人际关系融洽。能够共享知识、经验和信息，愿意采纳外界意见，对项目工作富有激情和信心，齐心协力和默契合作共同完成项目目标。高效能的项目经理部需要精心建设才能形成，这需要进行大量的工作，其基本工作内容如下：

（1）培训员工　根据项目经理部成员的情况，制订培训计划、实施培训，提高项目经理部成员的管理能力和素质，同时通过培训来影响和改变项目经理部成员的思维模式，使他们成为具有挑战精神、敢于面对风险和承担责任的人。

（2）明确目标　项目经理部成员应明确工程项目目标及其各自的工作职责，各司其职，并保证每个环节的目标得到实现；同时，项目经理还要善于授权，因为有责无权，项目经理部成员根本无法开展工作，只有责、权、利统一，才能有效地提高项目经理部成员的积极性，高效率地完成任务。

（3）沟通与激励　创造机会让项目经理部成员相互了解，只有在此基础上项目经理部成员才能就某些重要的问题或信息进行沟通、处理。因此，沟通是项目经理部中进行合作和控制的前提条件。

同时调动项目经理部成员的积极性和创造精神，应针对不同成员的不同主观需要，采取多元化的激励手段。例如，让事业心强的人到责任比较重的岗位，充分发挥其聪明才智，努力工作才是他们最大的享受；或者企业组织承诺在项目中表现突出者将有可能获得晋升的机会；或者对工作表现突出者给予表彰和树立为榜样等。只有这样才能适应项目经理部成员的多元化需要，激发每位成员的工作热情。

思 考 题

1. 什么是组织？如何理解其内涵？
2. 简述组织结构的构成因素。
3. 简述工程项目组织的特点。
4. 简述职能组织结构的特点及其应用。
5. 简述项目经理部的特点。
6. 简述项目经理部的职责。
7. 什么是项目管理委托的模式？有哪几种方式？
8. 简述项目总承包的内涵。具体有哪几种方式？
9. 简述国际项目总承包的组织模式。
10. 简述项目总承包方的工作程序。
11. 什么是施工总承包模式？有哪些特点？
12. 什么是施工总承包管理模式？有哪些特点？
13. 简述施工总承包管理与施工总承包模式之间的差异。

第 10 章
工程项目施工成本控制

本章重点内容：编制施工成本计划的方法，施工成本控制的方法，施工成本分析的方法。

本章学习目标：熟悉施工成本管理的任务和措施，熟悉施工成本计划的类型、编制依据和编制方法，掌握施工成本控制方法和分析方法。通过本章学习，培养在实际工作中执行计划的能力，分析问题和解决问题的专业素养；培养正确的价值观和职业道德精神。

10.1 施工成本管理的任务与措施

10.1.1 施工成本管理的任务

施工成本管理的任务和环节主要包括：施工成本计划编制、施工成本控制、施工成本核算、施工成本分析、施工成本考核。

1. 施工成本计划编制

成本计划是以货币形式编制施工项目在计划期内的生产费用、成本水平、成本降低率，以及为降低成本所采取的主要措施和规划的书面方案。它是建立施工项目成本管理责任制、开展成本控制和核算的基础，此外，它还是项目降低成本的指导文件，是设立目标成本的依据，即成本计划是目标成本的一种形式。项目成本计划一般由施工单位编制。施工单位应围绕施工组织设计或相关文件进行编制，以确保对施工项目成本控制的适宜性和有效性。具体可按成本组成（如人工费、材料费、施工机具使用费和企业管理费等）、项目结构（如各单位工程或单项工程）和工程实施阶段（如基础、主体、安装、装修等）进行编制。

在编制施工成本计划时应遵循从实际情况出发，与其他计划相结合，采用先进技术经济定额；统一领导、分级管理，适度弹性的原则。

2. 施工成本控制

施工成本控制是在施工过程中，对影响施工成本的各种因素加强管理，并采取各种有效措施，将施工中实际发生的各种消耗和支出严格控制在成本计划范围内；通过动态监控并及时反馈，严格审查各项费用是否符合标准，计算实际成本和计划成本之间的差异并进行分析，进而采取多种措施，减少或消除施工中的损失浪费。

建设工程项目施工成本控制应贯穿项目从投标阶段开始直至保证金返还的全过程，它是企业全面成本管理的重要环节。施工成本控制可分为事先控制、事中控制（过程控制）和事后控制。

3. 施工成本核算

施工成本核算包括两个基本环节：一是按照规定的成本开支范围对施工费用进行归集和分配，计算出施工费用的实际发生额；二是根据成本核算对象，采用适当的方法，计算出该施工项目的总成本和单位成本。

施工成本核算一般以单位工程为对象，但也可以按照承包工程项目的规模、工期、结构类型、施工组织和施工现场等情况，结合成本管理要求，灵活划分成本核算对象。

项目管理机构应按规定的会计周期进行项目成本核算。

项目管理机构应编制项目成本报告。

对竣工工程的成本核算，应区分为竣工工程现场成本和竣工工程完全成本，分别由项目经理部和企业财务部门进行核算分析，其目的在于分别考核项目管理绩效和企业经营效益。

4. 施工成本分析

施工成本分析是在施工成本核算的基础上，对成本的形成过程和影响成本升降的因素进行分析，以寻求进一步降低成本的途径，包括有利偏差的挖掘和不利偏差的纠正。施工成本分析贯穿施工成本管理的全过程，它是在成本的形成过程中，主要利用施工项目的成本核算资料（成本信息），与目标成本、预算成本以及类似施工项目的实际成本等进行比较，了解成本的变动情况；同时也要分析主要技术经济指标对成本的影响，系统研究成本变动的因素，检查成本计划的合理性，并通过成本分析，深入研究成本变动的规律，寻找降低施工项目成本的途径，以便有效地进行成本控制。成本偏差的控制，分析是关键，纠偏是核心，因此要针对分析得出的偏差发生原因，采取切实措施，加以纠正。

5. 施工成本考核

施工成本考核是指在施工项目完成后，对施工项目成本形成中的各责任者，按施工项目成本目标责任制的有关规定，将成本的实际指标与计划、定额、预算进行对比和考核，评定施工项目成本计划的完成情况和各责任者的业绩，并以此给予相应的奖励和处罚。通过成本考核，做到有奖有惩，赏罚分明，才能有效地调动每一位员工在各自施工岗位上努力完成目标成本的积极性，从而降低施工项目成本，提高企业的效益。

施工成本管理的每一个环节都是相互联系和相互作用的。成本预测是成本决策的前提，成本计划是成本决策所确定目标的具体化。成本计划控制则是对成本计划的实施进行控制和监督，保证实现决策的成本目标，而成本核算又是对成本计划是否实现的最后检验，它所提供的成本信息又将为下一个施工项目成本预测和决策提供基础资料。成本考核是实现成本目标责任制的保证和实现决策目标的重要手段。

10.1.2 施工成本管理的措施

1. 组织措施

组织措施是从施工成本管理的组织方面采取的措施。施工成本控制是全员的活动，如实行项目经理责任制，落实施工成本管理的组织机构和人员，明确各级施工成本管理人员的任务和职能分工、权利和责任。施工成本管理不仅是专业成本管理人员的工作，各级项目管理人员都负有成本控制的责任。

组织措施也是编制施工成本控制工作计划、确定合理详细的工作流程。要做好施工采购计划，通过生产要素的优化配置、合理使用、动态管理，有效控制实际成本；加强施工定额管理和施工任务单管理，控制活劳动和物化劳动的消耗；加强施工调度，避免因施工计划不周和盲目调度造成窝工损失、机械利用率降低、物料积压等问题。成本控制工作只有建立在科学管理的基础之上，具备合理的管理体制、完善的规章制度、稳定的作业秩序、完整准确的信息传递，才能取得成效。组织措施是其他各类措施的前提和保障，而且一般不需要增加额外的费用，运用得当可以取得良好的效果。

2. 技术措施

施工过程中降低成本的技术措施包括以下几种：进行技术经济分析，确定最佳的施工方案；结合施工方法，进行材料使用的比选，在满足功能要求的前提下，通过代用、改变配合比、使用外加剂等方法降低材料消耗的费用；确定最合适的施工机械、设备使用方案；结合项目的施工组织设计及自然地理条件，降低材料的库存成本和运输成本；应用先进的施工技术，运用新材料，使用先进的机械设备等。在实践中，也要避免仅从技术角度选定方案而忽视对其经济效果的分析论证。

运用技术纠偏措施的关键，一是要能提出多个不同的技术方案；二是要对不同的技术方案进行技术经济分析比较，以选择最佳方案。

3. 经济措施

管理人员应编制资金使用计划，确定、分解施工成本管理目标。对施工成本管理目标进行风险分析，并制订防范性对策。对各种支出，应认真做好资金的使用计划，并在施工中严格控制各项开支。及时准确地记录、收集、整理、核算实际支出的费用。对各种变更，应及时做好增减账、落实业主签证并结算工程款。通过偏差分析和未完工工程预测，可发现一些潜在的可能引起未完工程施工成本增加的问题，对这些问题应以主动控制为出发点，及时采取预防措施。

4. 合同措施

采用合同措施控制施工成本，应贯穿整个合同周期，包括从合同谈判开始到合同终结的全过程。对于分包项目，首先选用合适的合同结构，对各种合同结构模式进行分析、比较，在合同谈判时，要争取选用适合于工程规模、性质和特点的合同结构模式。其次，在合同的条款中应仔细考虑一切影响成本和效益的因素，特别是潜在的风险因素。通过对引起成本变动的风险因素的识别和分析，采取必要的风险对策，如通过合理的方式增加承担风险的个体数量以降低损失发生的比例，并最终将这些策略体现在合同的具体条款中。在合同执行期间，合同管理的措施既要密切注视对方合同执行的情况，以寻求合同索赔的机会；同时也要密切关注自己履行合同的情况，以防被对方索赔。

10.2 施工成本计划

10.2.1 施工成本计划的类型

1. 竞争性成本计划

竞争性成本计划是施工项目投标及签订合同阶段的估算成本计划。这类成本计划以招标文件中的合同条件、投标者须知、技术规范、设计图和工程量清单为依据，以有关价格条件说明为基础，结合调研、现场踏勘、答疑等情况，根据施工企业自身的工料消耗标准、水平、价格资料和费用指标等，对本企业完成投标工作所需要支出的全部费用进行估算。在投标报价过程中，虽也着重考虑降低成本的途径和措施，但总体上比较粗略。

2. 指导性成本计划

指导性成本计划是选派项目经理阶段的预算成本计划，是项目经理的责任成本目标。它是以合同价为依据，按照企业的预算定额标准制订的设计预算成本计划，且一般情况下确定责任总成本目标。

3. 实施性成本计划

实施性成本计划是项目施工准备阶段的施工预算成本计划，它是以项目实施方案为依据，以落实项目经理责任目标为出发点，采用企业的施工定额通过施工预算的编制而形成的实施性施工成本计划。

编制实施性成本计划的主要依据是施工预算，是施工单位为了加强企业内部的经济核算，在施工图预算的控制下，依据企业内部的施工定额，以建筑安装单位工程为对象，根据施工图、施工定额、施工及验收规范、标准图集、施工组织设计（或施工方案）编制的单位工程（或分部分项工程）施工所需的人工、材料和施工机械台班用量的技术经济文件。它是施工企业的内部文件，同时也是施工企业进行劳动调配，物资技术供应，控制成本开支，进行成本分析和班组经济核算的依据。施工预算不仅规定了单位工程（或分部分项工程）所需人工、材料和施工机械台班用量，还规定了工种的类型，工程材料的规格、品种，所需各种机械的规格，以便有计划、有步骤地合理组织施工，从而达到节约人力、物力和财力的目的。

以上三类成本计划构成了整个工程项目施工成本的计划过程。其中，竞争性成本计划带有成本战略的性质，是施工项目投标阶段商务标书的基础，而有竞争力的商务标书又是以其先进合理的技术标书为支撑。因此，它奠定了施工成本的基本框架和水平。

10.2.2　施工成本计划的编制依据

编制施工成本计划，需要广泛收集相关资料并进行整理，以作为施工成本计划编制的依据。在此基础上，根据有关设计文件、工程承包合同、施工组织设计、施工成本预测资料等，按照施工项目应投入的生产要素，结合各种因素变化的预测和拟采取的各种措施，估算施工项目生产费用支出的总水平，进而提出施工项目的成本计划控制指标，确定目标总成本。目标总成本确定后，应将总目标分解落实到各级部门，以便有效地进行控制。最后通过综合平衡，编制完成施工成本计划。施工成本计划的编制依据包括：①投标报价文件；②项目管理实施规划；③相关设计文件；④价格信息；⑤相关定额；⑥类似项目的成本资料。

10.2.3　编制施工成本计划的方法

1. 按施工成本构成编制施工成本计划的方法

按照成本构成要素划分，建筑安装工程费由人工费、材料（包含工程设备）费、施工机具使用费、企业管理费、利润、规费和增值税组成。其中人工费、材料费、施工机具使用费、企业管理费和利润包含在分部分项工程费、措施项目费、其他项目费中。

施工成本可以按成本构成分解为人工费、材料费、施工机具使用费和企业管理费等，如图 10-1 所示。在此基础上，编制按施工成本构成分解的施工成本计划。

图 10-1　按施工成本构成分解

2. 按施工项目构成编制施工成本计划的方法

大中型工程项目通常由若干单项工程构成，而每个单项工程包括多个单位工程，每个单位工程又是由若干个分部分项工程所构成。因此，首先要把项目总施工成本分解到单项工程和单位工程中，再进一步分解到分部工程和分项工程中，如图 10-2 所示。

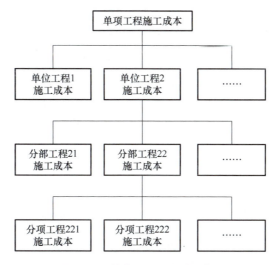

图 10-2　按施工项目构成分解

在完成施工项目成本目标分解之后，就要具体地分配成本，编制分项工程的成本支出计划，从而形成详细的成本计划表，见表 10-1。

表 10-1　分项工程成本计划表

分项工程编码	工程内容	计量单位	工程数量	计划成本	本分项总计
(1)	(2)	(3)	(4)	(5)	(6)

在编制成本支出计划时，要在项目总体层面上考虑总的预备费，也要在主要的分项工程中安排适当的不可预见费，避免在具体编制成本计划时，可能发现个别单位工程或工程量表中某项内容的工程量计算有较大出入，偏离原来的成本预算。因此，应在项目实施过程中对其尽可能地采取一些措施。

3. 按施工进度编制施工成本计划的方法

按施工进度编制施工成本计划，通常可在控制项目进度的网络图的基础上进一步扩充得到。即在建立网络图时，一方面确定完成各项工作所需花费的时间，另一方面确定完成各工作合适的施工成本支出计划。在实践中，难以将工程项目分解为既能方便地表示时间，又能方便地表示施工成本支出计划的工作，如果项目分解程度对时间控制合适，则对施工成本支出计划可能分解过细，以至于不可确定每项工作的施工成本支出计划；反之亦然。因此在编制网络计划时，应在充分考虑进度控制对项目划分要求的同时，还要考虑确定施工成本支出计划对项目划分的要求。

通过对施工成本目标按时间进行分解，在网络计划基础上，可获得项目进度计划的横道图，并在此基础上编制成本计划。其表示方式有两种：一种是在时标网络图上按月编制的成本计划直方图；另一种是用时间-成本累积曲线（S形曲线）表示。

【例 10-1】 某施工项目的工程数据资料见表 10-2，绘制该项目的时间-成本累积曲线。

表 10-2 工程数据资料

编码	项目	最早开始时间（月份）	工期（月）	成本强度（万元/月）
11	场地平整	1	1	20
12	基础施工	2	3	15
13	主体工程施工	4	5	30
14	砌筑工程施工	8	3	20
15	屋面工程施工	10	2	30
16	楼地面施工	11	2	20
17	室内设施安装	11	1	30
18	室内装饰	12	1	20
19	室外装饰	12	1	10
20	其他工程		1	10

解：
1) 确定施工项目进度计划，编制进度计划的横道图，如图 10-3 所示。
2) 在横道图上按时间编制成本计划，如图 10-4 所示。
3) 计算规定时间 t 计划累计支出的成本额。

根据公式 $Q_t = \sum_{n=1}^{t} q_n$，可得如下结果：

$Q_1 = 20$ 万元，$Q_2 = 35$ 万元，$Q_3 = 50$ 万元，…，$Q_{10} = 305$ 万元，$Q_{11} = 385$ 万元，$Q_{12} = 435$ 万元

4) 绘制 S 形曲线，如图 10-5 所示。

编码	项目	工期(月)	成本强度(万元/月)	工程进度(月)											
				01	02	03	04	05	06	07	08	09	10	11	12
11	场地平整	1	20	━											
12	基础施工	3	15		━━━										
13	主体工程施工	5	30				━━━━━								
14	砌筑工程施工	3	20								━━━				
15	屋面工程施工	2	30										━━		
16	楼地面施工	2	20										━━		
17	室内设施安装	1	30											━	
18	室内装饰	1	20											━	
19	室外装饰	1	10											━	
20	其他工程	1	10												━

图 10-3 进度计划横道图

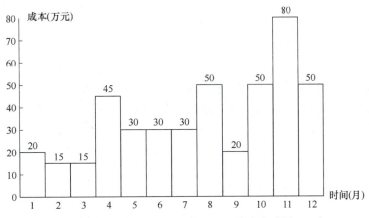

图 10-4 横道图上按时间编制的成本计划

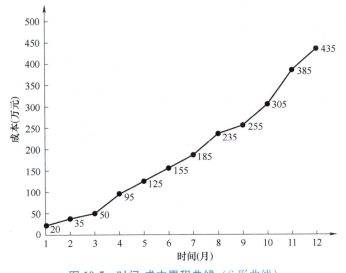

图 10-5 时间-成本累积曲线（S形曲线）

10.3 施工成本控制

10.3.1 施工成本控制的依据

（1）合同文件　施工成本控制要以工程承包合同为依据，围绕降低工程成本的目标，从预算收入和实际成本两个方面，研究节约成本、增加收益的有效途径，以获得最大的经济效益。

（2）成本计划　施工成本计划是根据施工项目的具体情况制订的施工成本控制方案，既包括预定的具体成本控制目标，又包括实现控制目标的措施和规划，是施工成本控制的指导文件。

（3）进度报告　进度报告提供了对应时间节点的工程实际完成量，工程施工成本实际支付情况等重要信息。施工成本控制工作正是通过实际情况与施工成本计划相比较，找出两者之间的差别，分析偏差产生的原因，从而确定采取措施改进以后的工作。此外，进度报告还有助于管理者及时发现工程实施中存在的隐患，并在可能造成重大损失之前采取有效措施，尽量避免损失。

（4）工程变更与索赔资料　在项目的实施过程中，由于各方面的原因，工程变更是很难避免的。工程变更一般包括设计变更、进度计划变更、施工条件变更、技术规范与标准变更、施工次序变更、工程量变更等。一旦出现变更，工程量、工期、成本都有可能发生变化，从而使得施工成本控制工作变得更加复杂和困难。因此，施工成本管理人员应当通过对变更要求中各类数据的计算、分析，及时掌握变更情况，包括已发生工程量、将要发生工程量、工期是否拖延、支付情况等重要信息，判断变更与索赔可能带来的成本增减。

（5）各种资源的市场信息　根据各种资源的市场价格信息和项目的实施情况，计算项目的成本偏差，估计成本的发展趋势。

10.3.2 施工成本控制的程序

成本的过程控制中，有两类控制程序：一是管理行为控制程序；二是指标控制程序。管理行为控制程序是对成本全过程控制的基础；指标控制程序则是成本进行过程控制的重点。两个程序既相对独立又相互联系，既相互补充又相互制约。

1. 管理行为控制程序

管理行为控制的目的是确保每个岗位人员在成本管理过程中的管理行为符合事先确定的程序和方法的要求。首先要清楚企业建立的成本管理体系是否能对成本形成的过程进行有效的控制；其次要考察体系是否处在有效的运行状态。管理行为控制程序是为规范项目施工成本的管理行为而制订的约束和激励体系，内容如下：

（1）建立项目施工成本管理体系的评审组织和评审程序　成本管理体系的建立不同于质量管理体系，质量管理体系反映的是企业的质量保证能力，由社会有关组织进行评审和认证；成本管理体系的建立是企业自身生存发展的需要，没有社会组织来评审和认证。因此企业必须建立项目施工成本管理体系的评审组织和评审程序，定期进行评审和总结，持续改进。

(2) 建立项目施工成本管理体系运行的评审组织和评审程序　项目施工成本管理体系的运行有一个逐步推行的渐进过程。企业的各分公司、项目经理部的运行质量往往是不平衡的。因此，必须建立专门的常设组织，依照程序定期地进行检查和评审。发现问题，总结经验，以保证成本管理体系的保持和持续改进。

(3) 目标考核，定期检查　管理程序文件应明确每个岗位人员在成本管理中的职责，确定每个岗位人员的管理行为，如应提供的报表、提供的时间和原始数据的质量要求等。要把每个岗位人员是否按要求去履行职责作为一个目标来考核。为了方便检查，应将考核指标具体化，并设专人定期或不定期检查。

(4) 制订对策，纠正偏差　对管理工作进行检查的目的是保证管理工作按预定的程序和标准进行，从而保证项目施工成本管理能够达到预期。因此，对检查中发现的问题，要及时进行分析，然后根据不同的情况，及时采取对策。

2. 指标控制程序

1) 确定施工项目成本目标及月度成本目标。
2) 收集成本数据，监测成本形成过程。
3) 分析偏差原因。
4) 制订对策，纠正偏差。
5) 调整改进成本管理的方法。

10.3.3　施工成本控制的方法

1. 施工成本的过程控制方法

(1) 人工费的控制　人工费的控制实行"量价分离"的方法，将作业用工及零星用工按定额工日的一定比例综合确定用工数量与单价，通过劳务合同进行控制。

1) 人工费的影响因素。

① 社会平均工资水平。建筑安装工人人工单价必须和社会平均工资水平趋同。社会平均工资水平取决于经济发展水平。由于我国改革开放以来经济迅速增长，社会平均工资也有大幅增长，从而使得人工单价大幅提高。

② 生产消费指数。生产消费指数的提高会导致人工单价的提高，以减少生活水平的下降，维持原来的生活水平。生活消费指数的变动取决于物价的变动，尤其取决于生活消费品物价的变动。

③ 劳动力市场供需变化。劳动力市场如果供不应求，人工单价就会提高；如果供过于求，人工单价就会下降。

④ 政府推行的社会保障和福利政策也会影响人工单价的变动。

⑤ 经会审的施工图、施工定额、施工组织设计等决定人工的消耗量。

2) 控制人工费的方法。加强劳动定额管理，提高劳动生产率，降低工程耗用人工工日，是控制人工费支出的主要手段。

① 制订先进合理的企业内部劳动定额，严格执行劳动定额，并将安全生产、文明施工及零星用工下达到作业队进行控制。全面推行全额计件的劳动管理办法和单项工程集体承包的经济管理办法，以不超出施工图预算人工费指标为控制目标，实行工资包干制度。

② 提高生产工人的技术水平和作业队的组织管理水平，根据施工进度、技术要求，合

理搭配各工种工人的数量，减少和避免无效劳动。不断地改善劳动组织，创造良好的工作环境，改善工人的劳动条件，提高劳动效率。合理调节各工序人数安排情况，安排劳动力时，尽量做到技术工不做普通工的工作，高级工不做低级工的工作，避免技术上的浪费，既要加快工程进度，又要节约人工费用。

③ 加强职工的技术培训和多种施工作业技能的培训，不断提高职工的业务技术水平和熟练操作程度，培养一专多能的技术工人，提高作业工效。提倡技术革新和推广新技术，提高技术装备水平和工厂化生产水平，提高企业的劳动生产率。

④ 实行弹性需求的劳务管理制度。对施工生产各环节上的业务骨干和基本的施工力量，要保持相对稳定。对短期需要的施工力量，要做好预测、计划管理，通过企业内部的劳务市场及外部协作队伍进行调剂。严格做到项目部的定员随工程进度要求及时进行调整，进行弹性管理。要打破行业、工种界限，提倡一专多能，提高劳动力的利用效率。

（2）材料费的控制　材料费控制同样按照"量价分离"的原则，控制材料用量和材料价格。

1）材料用量的控制。在保证符合设计要求和质量标准的前提下，合理使用材料，通过定额控制、指标控制、计量控制、包干控制等手段有效控制物资材料的消耗。

① 定额控制。对于有消耗定额的材料，以消耗定额为依据，实行限额领料制度。

② 指标控制。对于没有消耗定额的材料，则实行计划管理和按指标控制的办法。根据以往项目的实际耗用情况，结合具体施工项目的内容和要求，制订领用材料指标，以控制发料。超过指标的材料，必须经过一定的审批手续方可领用。

③ 计量控制。准确做好材料物资的收发计量检查和投料计量检查。

④ 包干控制。在材料使用过程中，对部分小型及零星材料（如钢钉、钢丝等）根据工程量计算出所需材料量，将其折算成费用，由作业者包干使用。

2）材料价格的控制。材料价格主要由材料采购部门控制。由于材料价格由买价、运杂费、运输中的合理损耗等组成，因此控制材料价格，主要是通过掌握市场信息，应用招标和询价等方式控制材料、设备的采购价格。

施工项目的材料物资包括构成工程实体的主要材料和结构件，以及有助于工程实体形成的周转使用材料和低值易耗品。从价值角度看，材料物资的价值约占建筑安装工程造价的60%甚至70%以上，因此，对材料价格的控制非常重要。由于材料物资的供应渠道和管理方式各不相同，所以控制的内容和所采取的控制方法也有所不同。

（3）施工机械使用费的控制　合理选择施工机械设备，合理使用施工机械设备对成本控制具有十分重要的意义，尤其是高层建筑施工。据某些工程实例统计，高层建筑地面以上部分的总费用中，垂直运输机械费用占6%~10%。由于不同的起重运输机械各有不同的特点，因此在选择起重运输机械时，首先应根据工程特点和施工条件确定采取的起重运输机械的组合方式。在确定采用何种组合方式时，首先应满足施工需要，其次要考虑费用和综合经济效益。

施工机械使用费主要由台班数量和台班单价两个方面决定，因此，为有效控制施工机械使用费支出，应主要从这两个方面进行控制。

1）台班数量。

① 根据施工方案和现场实际情况，选择适合项目施工特点的施工机械，制订设备需求

计划，合理安排施工生产，充分利用现有机械设备，加强内部调配，提高机械设备的利用率。

② 保证施工机械设备的作业时间，安排好生产工序的衔接，尽量避免停工、窝工，尽量减少施工中所消耗的机械台班数量。

③ 核定设备台班定额产量，实行超产奖励办法，加快施工生产进度，提高机械设备单位时间的生产效率和利用率。

④ 加强设备租赁计划管理，减少不必要的设备闲置和浪费，充分利用社会闲置机械资源。

2）台班单价。

① 加强现场设备的维修、保养工作。降低大修、经常性修理等各项费用的开支，提高机械设备的完好率，最大限度地提高机械设备的利用率，避免因使用不当造成机械设备的停置。

② 加强机械操作人员的培训工作。不断提高操作技能，提高施工机械台班的生产效率。

③ 加强配件的管理。建立健全配件领发料制度，严格按油料消耗定额控制油料消耗，做到修理有记录，消耗有定额，统计有报表，损耗有分析。通过经常分析总结，提高修理质量，降低配件消耗，减少修理费用的支出。

④ 降低材料成本。做好施工机械配件和工程材料采购计划，降低材料成本。

⑤ 成立设备管理领导小组，负责设备调度、检查、维修、评估等具体事宜。对主要部件及其保养情况建立档案，分清责任，便于尽早发现问题，找到解决问题的办法。

2. 赢得值（挣值）法

用赢得值法进行费用、进度综合分析控制，基本参数有三项，即已完工作预算费用、计划工作预算费用和已完工作实际费用。

（1）赢得值法的三个基本参数

1）已完工作预算费用。已完工作预算费用（Budgeted Cost for Work Performed，BCWP），是指在某一时间已经完成的工作（或部分工作），以批准认可的预算为标准所需要的资金总额，由于发包人正是根据这个值为承包人完成的工作量支付相应的费用，也就是承包人获得（挣得）的金额，故称赢得值或挣值。

$$已完工作预算费用（BCWP）= 已完成工作量×预算单价$$

2）计划工作预算费用。计划工作预算费用（Budgeted Cost for Work Scheduled，BCWS），即根据进度计划，在某一时刻应当完成的工作（或部分工作），以预算为标准所需要的资金总额。通常，除非合同有变更，BCWS 在工程实施过程中应保持不变。

$$计划工作预算费用（BCWS）= 计划工作量×预算单价$$

3）已完工作实际费用。已完工作实际费用（Actual Cost for Work Performed，ACWP），即到某一时刻为止，已完成的工作（或部分工作）所实际花费的总金额。

$$已完工作实际费用（ACWP）= 已完成工作量×实际单价$$

（2）赢得值法的四个评价指标

1）费用偏差（Cost Variance，CV）。

$$费用偏差（CV）= 已完工作预算费用（BCWP）- 已完工作实际费用（ACWP）$$

当费用偏差 CV 为负值时，即表示项目运行超出预算费用；当费用偏差 CV 为正值时，表示项目运行节支，实际费用没有超出预算费用。

2）进度偏差（Schedule Variance，SV）。

进度偏差（SV）= 已完工作预算费用（BCWP）- 计划工作预算费用（BCWS）

当进度偏差 SV 为负值时，表示进度延误，即实际进度落后于计划进度；当进度偏差 SV 为正值时，表示进度提前，即实际进度快于计划进度。

3）费用绩效指数（Cost Performance Index，CPI）。

$$费用绩效指数（CPI）= \frac{已完工作预算费用（BCWP）}{已完工作实际费用（ACWP）}$$

当费用绩效指数（CPI）<1 时，表示超支，即实际费用高于预算费用；

当费用绩效指数（CPI）>1 时，表示节支，即实际费用低于预算费用。

4）进度绩效指数（Schedule Performance Index，SPI）。

$$进度绩效指数（SPI）= \frac{已完工作预算费用（BCWP）}{计划工作预算费用（BCWS）}$$

当进度绩效指数（SPI）<1 时，表示进度延误，即实际进度比计划进度慢。

当进度绩效指数（SPI）>1 时，表示进度提前，即实际进度比计划进度快。

费用（进度）偏差反映的是绝对偏差，结果很直观，有助于费用管理人员了解项目费用出现偏差的绝对数额，并依此采取一定措施，制订或调整费用支出计划和资金筹措计划。但是，绝对偏差有其不容忽视的局限性。如同样是 10 万元的费用偏差，对于总费用 1000 万元的项目和总费用 1 亿元的项目而言，其严重性显然是不同的。因此，费用（进度）偏差仅适合于对同一项目做偏差分析。费用（进度）绩效指数反映的是相对偏差，它不受项目层次的限制，也不受项目实施时间的限制，因而在同一项目和不同项目比较中均可采用。

3. 偏差分析的表达方法

偏差分析可以采用不同的表达方法，常用的有横道图法、表格法和曲线法。

（1）横道图法　用横道图法进行费用偏差分析，是用不同的横道标识已完工作预算费用（BCWP）、计划工作预算费用（BCWS）和已完工作实际费用（ACWP），横道的长度与其金额成正比，如图 10-6 所示。

横道图法具有形象、直观、一目了然等优点，它不仅能够准确表达费用的绝对偏差，而且能直观地表明偏差的严重性。但这种方法反映的信息量少，一般在项目的较高管理层应用。

（2）表格法　表格法是进行偏差分析最常用的一种方法。它将项目编号、项目名称、各费用参数以及费用偏差数综合归入一张表格中，并且直接在表格中进行比较。由于各偏差参数都在表中列出，使得费用管理者能够综合地了解并处理这些数据。

用表格法进行偏差分析具有如下优点：

1）灵活、适用性强。可根据实际需要设计表格，进行增减项。

2）信息量大。可以反映偏差分析所需的资料，从而有利于费用控制人员及时采取针对性措施，加强控制。

3）表格处理可借助于计算机，从而节约大量数据处理所需的人力，并大大提高速度。

表 10-3 是用表格法进行偏差分析的例子。

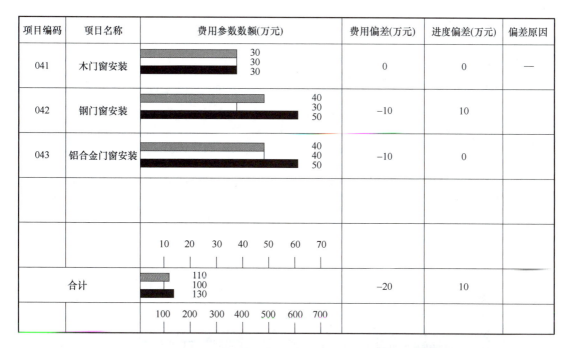

图 10-6 费用偏差分析的横道图法

表 10-3 费用偏差分析

项目编码	（1）	041	042	043
项目名称	（2）	木门窗安装	钢门窗安装	铝合金门窗安装
单位	（3）			
预算（计划）单价	（4）			
计划工作量	（5）			
计划工作预算费用（BCWS）	（6）=（5）×（4）	30	30	40
已完成工作量	（7）			
已完工作预算费用（BCWP）	（8）=（7）×（4）	30	40	40
实际单价	（9）			
其他款项	（10）			
已完工作实际费用（ACWP）	（11）=（7）×（9）+（10）	30	50	50
费用局部偏差	（12）=（8）-（11）	0	-10	-10
费用绩效指数 CPI	（13）=（8）÷（11）	1	0.8	0.8

项目编码	(1)	041	042	043
费用累计偏差	(14)=∑(12)		−20	
进度局部偏差	(15)=(8)−(6)	0	10	0
进度绩效指数 SPI	(16)=(8)÷(6)	1	1.33	1
进度累计偏差	(17)=∑(15)	10		

(3) 曲线法 在项目实施过程中，赢得值法的三个基本参数可以形成三条曲线，即计划工作预算费用（BCWS）、已完工作预算费用（BCWP）、已完工作实际费用（ACWP）曲线，如图 10-7 所示。

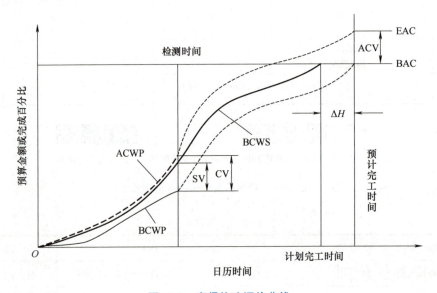

图 10-7 赢得值法评价曲线

图中，CV＝BCWP−ACWP，由于两项参数均以已完工作为计算基准，所以两项参数之差，反映项目进展的费用偏差。

SV＝BCWP−BCWS，由于两项参数均以预算值（计划值）作为计算基准，所以两者之差，反映项目进展的进度偏差。

采用赢得值法进行费用、进度综合控制，还可以根据当前的进度、费用偏差情况，通过原因分析，对趋势进行预测，预测项目结束时的进度、费用情况。图 10-7 中：

BAC（Budget At Completion）——项目完工预算，是指编计划时预计的项目完工费用。

EAC（Estimate At Completion）——预测的项目完工估算，是指计划执行过程中根据当前的进度、费用偏差情况预测的项目完工总费用。

ACV（At Completion Variance）——预测项目完工时的费用偏差。

$$ACV = BAC - EAC$$

4. 偏差原因分析与纠偏措施

(1) 偏差原因分析 在实际执行过程中，最理想的状态是已完工作实际费用

（ACWP）、计划工作预算费用（BCWS）、已完工作预算费用（BCWP）三条曲线靠得很近、平稳上升，表示项目按预定计划目标进行。如果三条曲线离散度不断增加，则可能出现较大的投资偏差。

偏差分析的一个重要目的是要找出引起偏差的原因，从而采取有针对性的措施，减少或避免相同问题的再次发生。在进行偏差原因分析时，应将已经导致和可能导致偏差的各种原因逐一列举出来。导致不同工程项目产生费用偏差的原因具有一定共性，因而可以通过对已建项目的费用偏差原因进行归纳、总结，为该项目采取预防措施提供依据。

一般来说，产生费用偏差的原因有以下几种，如图 10-8 所示。

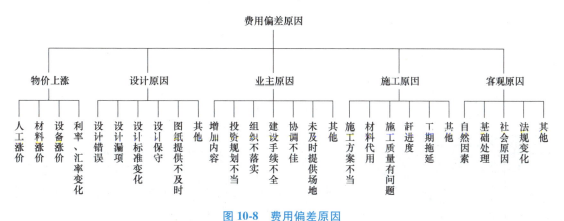

图 10-8　费用偏差原因

（2）纠偏措施　通常要压缩已经超支的费用，而不影响其他目标是十分困难的，一般只有当给出的措施比原计划已选定的措施更为有利，比如使工程范围减少或生产效率提高等，成本才能降低。纠偏的措施有以下几种：

1) 寻找新的、效率更高的设计方案。
2) 购买部分产品，而不是采用完全由自己生产的产品。
3) 重新选择供应商，但会产生供应风险，选择需要时间。
4) 改变实施过程。
5) 变更工程范围。
6) 索赔，如向业主、承（分）包商、供应商索赔以弥补费用超支。

表 10-4 为赢得值法参数分析与对应措施。

表 10-4　赢得值法参数分析与对应措施

序号	图形	三参数关系	分析	措施
1		ACWP>BCWS>BCWP SV<0；CV<0	效率低，进度较慢，投入超前	用工作效率高的人员更换一批工作效率低的人员

(续)

序号	图形	三参数关系	分析	措施
2	BCWP、BCWS、ACWP曲线图	BCWP>BCWS>ACWP SV>0；CV>0	效率高，进度较快，投入延后	若偏离不大，维持现状
3	BCWP、ACWP、BCWS曲线图	BCWP>ACWP>BCWS SV>0；CV>0	效率较高，进度快，投入延后	抽出部分人员，放慢进度
4	ACWP、BCWP、BCWS曲线图	ACWP>BCWP>BCWS SV>0；CV<0	效率较低，进度较快，投入超前	抽出部分人员，增加少量骨干人员
5	BCWS、ACWP、BCWP曲线图	BCWS>ACWP>BCWP SV<0；CV<0	效率较低，进度慢，投入超前	增加高效人员投入
6	BCWS、BCWP、ACWP曲线图	BCWS>BCWP>ACWP SV<0；CV>0	效率较高，进度较慢，投入延后	迅速增加人员投入

10.4 施工成本分析

10.4.1 施工成本分析概述

1. 施工成本分析的依据

（1）会计核算　会计核算主要是价值核算。会计是对一定单位的经济业务进行计量、记录、分析和检查，做出预测、参与决策、实行监督，旨在实现最优经济效益的一种管理活动。它通过设置账户、复式记账、填制和审核凭证、登记账簿、成本计算、财产清查和编制会计报表等一系列有组织有系统的方法，来记录企业的一切生产经营活动，据此提出一些用货币来反映的有关各种综合性经济指标的数据，如资产、负债、所有者权益、收入、费用和利润等。由于会计记录具有连续性、系统性、综合性等特点，所以它是施工成本分析的重要依据。

(2) 业务核算　业务核算是各业务部门根据业务工作的需要建立的核算制度，它包括原始记录和计算登记表，如单位工程及分部分项工程进度登记，质量登记，工效、定额计算登记，物资消耗定额记录，测试记录等。业务核算的范围比会计、统计核算要广。会计和统计核算一般是对已经发生的经济活动进行核算，而业务核算不仅可以核算已经完成的项目是否达到原定的目的、取得预期的效果，还可以对尚未发生或正在发生的经济活动进行核算，以确定该项经济活动是否有经济效果，是否有执行的必要。它的特点是对个别的经济业务进行单项核算，如各种技术措施、新工艺等项目。业务核算的目的在于迅速取得资料，以便在经济活动中及时采取措施进行调整。

(3) 统计核算　统计核算是利用会计核算资料和业务核算资料，把企业生产经营活动客观现状的大量数据，按统计方法加以系统整理，以发现其规律性。它的计量尺度比会计广，可以用货币计算，也可以用实物或劳动量计量。它通过全面调查和抽样调查等特有的方法，不仅能提供绝对数指标，还能提供相对数和平均数指标，可以计算当前的实际水平，也可以确定变动速度以预测发展的趋势。

2. 施工成本分析的内容

1）时间节点成本分析。
2）工作任务分解单元成本分析。
3）组织单元成本分析。
4）单项指标成本分析。
5）综合项目成本分析。

3. 施工成本分析的步骤

1）选择成本分析方法。
2）收集成本信息。
3）进行成本数据处理。
4）分析成本形成原因。
5）确定成本结果。

10.4.2　施工成本分析的方法

1. 施工成本分析的基本方法

施工成本分析的基本方法包括比较法、因素分析法、差额计算法和比率法等。

(1) 比较法　比较法又称为"指标对比分析法"，是指对比技术经济指标，检查目标的完成情况，分析产生差异的原因，进而挖掘降低成本的方法。这种方法通俗易懂、简单易行、便于掌握，因而得到了广泛的应用，但在应用时必须注意各技术经济指标的可比性。比较法的应用通常有以下形式。

1）将实际指标与目标指标对比。以此检查目标完成情况，分析影响目标完成的积极因素和消极因素，以便及时采取措施，保证成本目标的实现。进行实际指标与目标指标对比时，还应注意目标本身有无问题，如果目标本身出现问题，则应调整目标，重新评价实际工作。

2）本期实际指标与上期实际指标对比。通过本期实际指标与上期实际指标对比，可以看出各项技术经济指标的变动情况，反映施工管理水平的提高程度。

3) 与本行业平均水平、先进水平对比。通过这种对比，可以反映本项目的技术和经济管理水平与行业的平均及先进水平的差距，进而采取措施提高本项目管理水平。

以上三种对比，可以在一张表中同时反映。例如，某项目本年计划节约"三材"100000元，实际节约120000元，上年节约95000元，本企业先进水平节约130000元。根据上述资料编制分析表10-5。

表 10-5 实际指标与上期实际指标、先进水平对比表　　　　　　　　（单位：元）

指标	本年计划数	上年实际数	企业先进水平	本年实际数	差异数		
					与计划比	与上年比	与先进比
"三材"节约额	100000	95000	130000	120000	20000	25000	-10000

（2）因素分析法　　因素分析法又称为连环置换法，可用来分析各个因素对成本的影响程度。在进行分析时，首先假定众多因素中的一个因素发生了变化，而其他因素则不变。然后逐个替换，分别比较其计算结果，以确定各个因素的变化对成本的影响程度。因素分析法的计算步骤如下：

1) 确定分析对象，计算实际与目标数的差异。

2) 确定该指标的组成因素，并按其相互关系进行排序（排序规则是：先实物量，后价值量；先绝对值，后相对值）。

3) 以目标数为基础，将各个因素的目标数相乘，作为分析替代的基数。

4) 将各个因素的实际数按照已确定的排列顺序进行替换计算，并将替换后的实际数保留下来。

5) 将每次替换计算所得的结果，与前一次的计算结果相比较，两者的差异即为该因素对成本的影响程度。

6) 各个因素的影响程度之和，应与分析对象的总差异相等。

【例 10-2】　商品混凝土目标成本为443040元，实际成本为473697元，比目标成本增加30657元，资料见表10-6。分析成本增加的原因。

表 10-6 商品混凝土目标成本与实际成本对比

项目	单位	目标成本	实际成本	差额
产量	m^3	600	630	30
单价	元/m^3	710	730	20
损耗率	%	4	3	-1
成本	元	443040	473697	30657

解：1) 分析对象是商品混凝土的成本，实际成本与目标成本的差额为30657元，该指标是由产量、单价、损耗率三个因素组成的，其排序见表10-6。

2) 以目标数443040元（=600m^3×710元/m^3×1.04）为分析替代的基础。

第一次替代产量因素，以630m^3替代600m^3：630m^3×710元/m^3×1.04=465192元

第二次替代单价因素，以730元/m^3替代710元/m^3，并保留上次替代后的值：

$$630\text{m}^3 \times 730\text{元}/\text{m}^3 \times 1.04 = 478296\text{元}$$

第三次替代损耗率因素，以 1.03 替代 1.04，并保留上两次替代后的值：

$$630\text{m}^3 \times 730\text{元}/\text{m}^3 \times 1.03 = 473697\text{元}$$

3）计算差额：

第一次替代与目标数的差额 = 465192 元 - 443040 元 = 22152 元

第二次替代与第一次替代的差额 = 478296 元 - 465192 元 = 13104 元

第三次替代与第二次替代的差额 = 473697 元 - 478296 元 = -4599 元

4）产量增加使成本增加了 22152 元，单价提高使成本增加了 13104 元，而损耗率下降使成本减少了 4599 元。

5）各因素的影响程度之和 = 22152 元 + 13104 元 - 4599 元 = 30657 元，与实际成本和目标成本的总差额相等。

为了使用方便，企业也可以通过运用因素分析表来求出各因素变动对实际成本的影响程度，其具体形式见表 10-7。

表 10-7 商品混凝土成本变动因素分析表

顺序	连环替代计算	差额（元）	因素分析
目标数	$600\text{m}^3 \times 710\text{元}/\text{m}^3 \times 1.04$		
第一次替代	$630\text{m}^3 \times 710\text{元}/\text{m}^3 \times 1.04$	22152	由于产量增加 30m³，成本增加 22152 元
第二次替代	$630\text{m}^3 \times 730\text{元}/\text{m}^3 \times 1.04$	13104	由于单价提高 20 元/m³，成本增加 13104 元
第三次替代	$630\text{m}^3 \times 730\text{元}/\text{m}^3 \times 1.03$	-4599	由于损耗率下降 1%，成本减少 4599 元
合计	22152 元 + 13104 元 - 4599 元	30657	

（3）差额计算法　差额计算法是因素分析法的一种简化形式，它利用各个因素的目标值与实际值的差额来计算其对成本的影响程度。

【例 10-3】　某施工项目某月的实际成本降低额比计划提高了 2.40 万元，见表 10-8。

表 10-8 降低成本计划与实际对比

项目	单位	计划	实际	差额
预算成本	万元	300	320	20
成本降低率	%	4	4.5	0.5
成本降低额	万元	12	14.40	2.40

根据表 10-8 资料，应用差额计算法分析预算成本和成本降低率对成本降低额的影响程度。

解：1）预算成本增加对成本降低额的影响程度：(320 - 300) 万元 × 4% = 0.80 万元

2）成本降低率提高对成本降低额的影响程度：(4.5% - 4%) × 320 万元 = 1.60 万元

3）以上两项合计：0.80 万元 + 1.60 万元 = 2.40 万元

（4）比率法　比率法是指用两个以上指标的比例进行分析的方法。基本特点是：先把对比分析的数值变成相对数，再观察其相互之间的关系。常用的比率法有以下几种：

1）相关比率法。由于项目经济活动的各个方面是相互联系、相互依存、相互影响的，因而可以将两个性质不同且相关的指标加以对比，求出比率，并以此来考察经营成果。例如，产值和工资是两个不同的概念，但它们是投入与产出的关系。一般情况下，都希望以最少的工资支出完成最大的产值。因此，用产值工资率指标来考核人工费的支出水平，可以很好地分析人工成本。

2）构成比率法。又称为比重分析法或结构对比分析法。通过构成比率，可以考察成本总量的构成情况及各成本项目占总成本的比重，同时也可看出预算成本、实际成本和降低成本的比例关系，从而寻求降低成本的途径，见表10-9。

表10-9　成本构成比例分析

成本项目	预算成本		实际成本		降低成本		
	金额（万元）	比重（%）	金额（万元）	比重（%）	金额（万元）	占本项（%）	占总量（%）
一、直接成本	1263.79	93.2	1200.31	92.38	63.48	5.02	4.68
1. 人工费	113.36	8.36	119.28	9.18	-5.92	-1.09	-0.44
2. 材料费	1006.56	74.23	939.67	72.32	66.89	6.65	4.93
3. 机具使用费	87.6	6.46	89.65	6.9	-2.05	-2.34	-0.15
4. 措施费	56.27	4.15	51.71	3.98	4.56	8.1	0.34
二、间接成本	92.21	6.8	99.01	7.62	-6.8	-7.37	0.5
总成本	1356	100	1299.32	100	56.68	4.18	4.18
比例（%）	100	—	95.82		4.18	—	—

3）动态比率法。动态比率法是将同类指标不同时期的数值进行对比，求出比率，以分析该项指标的发展方向和发展速度。动态比率的计算，通常采用基期指数和环比指数两种方法，见表10-10。

表10-10　指标动态比较

指标	第一季度	第二季度	第三季度	第四季度
降低成本（万元）	45.60	47.80	52.50	64.30
基期指数（%）（第一季度=100）		104.82	115.13	141.01
环比指数（%）（上一季度=100）		104.82	109.83	122.48

2. 综合成本的分析方法

综合成本是指涉及多种生产要素，并受多种因素影响的成本费用，如分部分项工程成本，月（季）度成本、年度成本等。由于这些成本随着项目施工的进展而逐步形成，与生产经营有着密切的关系，因此，做好上述成本的分析工作，无疑将促进项目的生产经营管理，提高项目的经济效益。

（1）分部分项工程成本分析　分部分项工程成本分析是施工项目成本分析的基础。分部分项工程成本分析的对象为已完成分部分项工程，分析的方法是：进行预算成本、目标成本和实际成本的"三算"对比，分别计算实际偏差和目标偏差，分析偏差产生的原因，为今后的分部分项工程成本寻求节约途径。

分部分项工程成本分析的资料来源为：预算成本来自投标报价成本，目标成本来自施工预算，实际成本来自施工任务单的实际工程量、实耗人工和限额领料单的实耗材料。

由于施工项目包括很多分部分项工程，无法也没有必要对每一个分部分项工程都进行成本分析。特别是一些工程量小、成本费用少的零星工程。但是，对于主要分部分项工程必须进行成本分析，而且要做到从开工到竣工进行系统的成本分析。因为通过主要分部分项工程成本的系统分析，可以基本上了解项目成本形成的全过程，为竣工成本分析和今后的项目成本管理提供参考资料。

（2）月（季）度成本分析　月（季）度成本分析是施工项目定期的、经常性的中间成本分析，对于施工项目具有特别重要的意义。通过月（季）度成本分析，可以及时发现问题，以便按照成本目标指定的方向进行监督和控制，保证项目成本目标的实现。

月（季）度成本分析的依据是当月（季）的成本报表，分析通常包括以下几个方面：

1）通过实际成本与预算成本的对比，分析当月（季）的成本降低水平；通过累计实际成本与累计预算成本的对比，分析累计的成本降低水平，预测实现项目成本目标的前景。

2）通过实际成本与目标成本的对比，分析目标成本的落实情况以及目标管理中的问题和不足，进而采取措施，加强成本管理，保证成本目标的实现。

3）通过对各成本项目的成本分析，可以了解成本总量的构成比例和成本管理的薄弱环节。例如，在成本分析中，若发现人工费、机械使用费等项目大幅度超支，则应该对这些费用的收支配比关系进行研究，并采取应对措施，防止今后再超支。如果是属于规定的"政策性"亏损，则应从控制支出着手，把超支额压缩到最低限度。

4）通过主要技术经济指标的实际成本与目标成本的对比，分析产量、工期、质量、"三材"节约率、机械利用率等对成本的影响。

5）通过对技术组织措施执行效果的分析，寻求更加有效的节约途径。

6）分析其他有利条件和不利条件对成本的影响。

（3）年度成本分析　企业成本要求一年结算一次，不得将本年成本转入下一年度。而项目成本则以项目的寿命周期为结算期，要求从开工到竣工直至保修期结束连续计算，最后结算出总成本及其盈亏。由于项目的施工周期一般较长，除进行月（季）度成本核算和分析外，还要进行年度成本的核算和分析。这不仅是企业汇编年度成本报表的需要，同时也是项目成本管理的需要，通过年度成本的综合分析，可以总结一年来成本管理的成绩和不足，为今后的成本管理提供经验和教训，从而可对项目成本进行更有效的管理。

年度成本分析的依据是年度成本报表。年度成本分析的内容，除月（季）度成本分析的六个方面外，重点是针对下一年度的施工进展情况制订切实可行的成本管理措施，以保证施工项目成本目标的实现。

（4）竣工成本的综合分析　凡是有几个单位工程且单独进行成本核算（即成本核算对象）的施工项目，其竣工成本分析应以各单位工程竣工成本分析资料为基础，再加上项目管理层的经营效益（如资金调度、对外分包等所产生的效益）进行综合分析。如果施工项目只有一个成本核算对象（单位工程），就以该成本核算对象的竣工成本资料作为成本分析的依据。

单位工程竣工成本分析，应包括以下三方面内容：①竣工成本分析；②主要资源节超对比分析；③主要技术节约措施及经济效果分析。

通过以上分析，可以全面了解单位工程的成本构成和降低成本的来源，对今后同类工程的成本管理提供参考。

3. 成本项目的分析方法

（1）人工费分析　项目施工需要的人工和人工费，由项目经理部与作业队签订劳务分包合同，明确承包范围、承包金额和双方的权利、义务。除了按合同规定支付劳务费外，还可能发生一些其他人工费支出，主要有以下方面：

1）因实物工程量增减而调整的人工和人工费。

2）定额人工以外的计日工工资（如果已按定额人工的一定比例由作业队包干，并已列入承包合同的，不再另行支付）。

3）对在进度、质量、节约、文明施工等方面做出贡献的班组和个人进行奖励的费用。

项目管理层应根据上述人工费的增减，结合劳务分包合同的管理进行分析。

（2）材料费分析　材料费分析包括主要材料和结构件费用，周转材料使用费，采购保管费及材料储备资金的分析。

1）主要材料和结构件费用的分析。主要材料和结构件费用的高低，主要受价格和消耗数量的影响。而材料价格的变动，受采购价格、运输费用、途中损耗、供应不足等因素的影响；材料消耗数量的变动，则受操作损耗、管理损耗和返工损失等因素的影响。因此，可在价格变动较大和数量超用异常时再做深入分析。为了分析材料价格和消耗数量的变化对材料和结构件费用的影响程度，可按下列公式计算，即

因材料价格变动对材料费的影响＝（计划单价－实际单价）×实际数量

因消耗数量变动对材料费的影响＝（计划用量－实际用量）×实际价格

2）周转材料使用费分析。在实行周转材料内部租赁制的情况下，项目周转材料费的节约或超支，取决于材料周转率和损耗率，周转减慢，则材料周转的时间增长，租赁费支出就增加；而超过规定的损耗，则要照价赔偿。

3）采购保管费分析。材料采购保管费属于材料的采购成本，包括材料采购保管人员的工资、工资附加费、劳动保护费、办公费、差旅费，以及材料采购保管过程中发生的固定资产使用费、工具用具使用费、检验试验费、材料整理及零星运费和材料物资的盘亏及毁损等。材料采购保管费一般应与材料采购数量同步，即材料采购多，采购保管费也会相应增加。因此，应根据每月实际采购的材料数量（金额）和实际发生的材料采购保管费，分析保管费费率的变化。

4）材料储备资金分析。材料的储备资金是根据日平均用量、材料单价和储备天数（即从采购到进场所需要的时间）计算的。上述任何一个因素变动，都会影响储备资金的占用量。材料储备资金的分析可以应用因素分析法。

（3）机械使用费分析　由于项目施工具有一次性，项目经理部不可能拥有自己的机械设备，而是随着施工的需要，向企业动力部门或外单位租用。在机械设备的租用过程中，存在两种情况：一是按产量进行承包，并按完成产量计算费用，如土方工程。项目经理部只要按实际挖掘的土方工程量结算挖土费用，而不必考虑挖土机械的完好程度和利用程度。另一种是按使用时间（台班）计算机械费用，如塔式起重机、搅拌机、砂浆机等，如果机械完好率低或在使用中调度不当，必然会影响机械的利用率，从而延长使用时间，增加使用费。

因此，项目经理部应该给予一定的重视。

由于建筑施工的特点，在流水作业和工序搭接上往往会出现某些必然或偶然的施工间隙，影响机械的连续作业；有时，又因为加快施工进度和工种配合，需要机械日夜不停地运转。这样便造成机械综合利用效率不高，如机械停工，则需要支付停班费。因此，在机械设备的使用过程中，应以满足施工需要为前提，加强机械设备的平衡调度，充分发挥机械的效用；同时，还要加强平时的机械设备的维修保养工作，提高机械的完好率，保证机械的正常运转。

(4) 管理费分析　管理费分析也应通过预算（或计划）数与实际数的比较来进行。预算（或计划）与实际比较的表格形式见表10-11。

表10-11　管理费预算（或计划）与实际比较

序号	项目	预算	实际	比较	备注
1	管理人员工资				包括职工福利费和劳动保护费
2	办公费				包括生活水电费、取暖费
3	差旅交通费				
4	固定资产使用费				包括折旧及修理费
5	工具用具使用费				
6	劳动保险费				
…	…				
合计					

4. 专项成本分析方法

(1) 成本盈亏异常分析　施工项目出现成本盈亏异常情况，必须引起高度重视，必须彻底查明原因并及时纠正。

检查成本盈亏异常的原因，应从经济核算的"三同步"入手。因为项目经济核算的基本规律是：在完成多少产值、消耗多少资源、发生多少成本之间，有着必然的同步关系。如果违背这个规律，就会发生成本的盈亏异常。

"三同步"检查是提高项目经济核算水平的有效手段，不仅适用于成本盈亏异常的检查，也可用于月度成本的检查。"三同步"检查可以通过以下五个方面的对比分析来实现。

1) 产值与施工任务单的实际工程量和形象进度是否同步。

2) 资源消耗与施工任务单的实耗人工、限额领料单的实耗材料、当期租用的周转材料和施工机械是否同步。

3) 其他费用（如材料价、超高费和台班费等）的产值统计与实际支付是否同步。

4) 预算成本与产值统计是否同步。

5) 实际成本与资源消耗是否同步。

通过以上五个方面的分析，可以探明成本盈亏的原因。

(2) 工期成本分析　工期成本分析是计划工期成本与实际工期成本的比较分析。计划工期成本是指在假定完成预期利润的前提下计划工期内所耗用的计划成本；而实际工期成本是在实际工期中耗用的实际成本。

工期成本分析一般采用比较法,即将计划工期成本与实际工期成本进行比较,然后应用因素分析法分析各种因素的变动对工期成本差异的影响程度。

(3) 资金成本分析　资金与成本的关系是指工程收入与成本支出的关系。根据工程成本核算的特点,工程收入与成本支出有很强的相关性。进行资金成本分析通常应用"成本支出率"指标,即成本支出占工程款收入的比例,计算公式为

$$成本支出率 = \frac{计算期实际成本支出}{计算期实际工程款收入} \times 100\%$$

通过对"成本支出率"的分析,可以看出资金收入中用于成本支出的比重。结合储备金和结存资金的比重,分析资金使用的合理性。

思 考 题

1. 简述施工成本管理的任务和环节。
2. 简述施工成本管理的措施。
3. 简述施工成本控制的依据。
4. 简述施工成本指标控制的程序。
5. 简述施工成本分析的依据。
6. 施工成本分析包括哪些内容?
7. 某工程进展到第 10 周后,对前 9 周的工作进行了统计检查,有关统计情况见表 10-12。

表 10-12　前 9 周成本统计

工作代号	计划工作预算费用 BCWS(元)	已完成工作(%)	已完工作实际费用 ACWP(元)	已完工作预算费用 BCWP(元)
A	420000	100	425200	
B	308000	80	246800	
C	230880	100	254034	
D	280000	100	280000	
9 周末合计	1238880		1206034	

1) 计算前 9 周每项工作(即 A、B、C、D 各工作项)的 BCWP。
2) 计算 9 周末的费用偏差 CV 与进度偏差 SV,并说明其结果含义。
3) 计算 9 周末的费用绩效指数 CPI 与进度绩效指数 SPI,并说明含义。

8. 某施工单位通过竞争,承包了一炼钢厂建设工程项目,涉及炼钢炉及相关设备安装。按建筑安装工程费用组成除去税金和公司管理费后,工程造价为 1000 万元,其中人工费占实际成本的 10%,材料费占实际成本的 60%,机械使用费占 15%,其他直接费占 5%,间接费占 10%。按现有成本控制计划,比实际成本还低 10%。公司要求项目部通过编制降低成本计划进行成本管理,创造利润 60 万元。项目部通过对现有成本控制计划中措施内容的分析,认为部分重要工序要重新编制施工方案,按新方案人工费可在原来基础上降低 20%,材料费可降低 3%,施工机械使用费可降低 40%,其他直接费可降低 10%,间接费上涨 12%。

项目部编制的计划内容如下:人工成本的控制,包括严密劳动组织和严格劳动定额管理两项;材料成

本的控制，包括加强材料采购成本的管理一项；施工机械使用费的控制，包括严格控制对外租赁一项；其他直接费控制和间接费控制，包括尽量减少管理人员比重、对各种费用支出要用指标控制两项。

1）经过分析后编制降低成本计划表，计算能否达到 90 万元的利润？
2）降低施工项目成本应从哪些方面采取措施实施管理？
3）该项目部成本控制计划的内容是否完善？
4）为降低施工成本在施工方案上应采取哪些措施？

9. 某工程计划砌砖工程量 1200m^3，按预算定额规定，每立方米耗用空心砖 510 块，每块空心砖计划价格为 0.12 元；而实际砌砖工程量却达 1500m^3，每立方米实耗空心砖 500 块，每块空心砖实际购入价为 0.18 元。

试用因素分析法进行成本分析。

10. 某施工项目经理在工程施工时，发现某月实际成本降低额比目标成本增加了 3.6 万元，见表 10-13。

表 10-13　某工程目标成本与实际成本对比

项目	单位	目标成本	实际成本
预算成本	万元	280	300
成本降低率	%	3	4

用差额分析法分析预算成本与成本降低率对成本降低额的影响程度。

第 11 章
工程项目进度管理

本章重点内容：工程项目进度计划编制，工期优化，工期—费用优化，资源均衡—工期最短优化，实际进度与计划进度的比较方法，进度计划实施中的调整方法。

本章学习目标：熟悉工程项目进度控制与进度计划系统的相关知识，熟悉工程项目进度计划的编制方法与程序，掌握工程项目的进度优化，掌握工程项目进度计划实施中的检测与调整。学生通过本章学习，形成正确的时间价值观，培养工作中的计划执行能力和尽职履行工作的职业道德，培养严谨的时间观念和工作态度。

11.1 工程项目进度控制相关知识

11.1.1 工程项目进度控制的目的与任务

1. 工程项目进度控制的目的

进度控制的目的是通过控制实现工程的进度目标。为了实现进度目标，进度控制的过程就是随着项目的进展，进度计划不断调整的过程。施工进度控制不仅关系到施工进度目标能否实现，还直接关系到工程的质量和成本。在工程施工实践中，必须树立和坚持一个最基本的工程管理原则，即在确保工程质量的前提下，控制工程的进度。

2. 工程项目进度控制的任务

业主方进度控制的任务是控制整个项目实施阶段的进度，包括控制设计准备阶段的工作进度、设计工作进度、施工进度、物资采购工作进度，以及项目动用前准备阶段的工作进度。

设计方进度控制的任务是依据设计任务委托合同对设计工作进度的要求控制设计工作进度，这是设计方履行合同的义务。另外，设计方应尽可能使设计工作的进度与招标、施工和物资采购等工作进度相协调。

施工方进度控制的任务是依据施工任务委托合同对施工进度的要求控制施工进度，这是施工方履行合同的义务。在进度计划编制方面，施工方应视项目的特点和施工进度控制的需要，编制深度不同的控制性、指导性和实施性施工的进度计划，以及按不同计划周期（年度、季度、月度和旬）的施工计划等。

供货方进度控制的任务是依据供货合同对供货的要求控制供货进度，这是供货方履行合同的义务。供货进度计划应包括供货的所有环节，如采购、加工制造、运输等。

11.1.2 工程项目进度计划系统的建立

1. 建设工程项目进度计划系统的内涵

建设工程项目进度计划系统是由多个相互关联的进度计划组成的系统，它是项目进度控制的依据。由于各种进度计划编制所需要的必要资料是在项目进展过程中逐步形成的，因此项目进度计划系统的建立和完善也有一个过程，它是逐步形成的。

2. 不同类型的建设工程项目进度计划系统

根据项目进度控制不同的需要和不同的用途，业主方和项目各参与方可以构建多个不同类型的建设工程项目进度计划系统：

1）由多个相互关联的不同深度的进度计划组成的计划系统。
2）由多个相互关联的不同功能的进度计划组成的计划系统。
3）由多个相互关联的不同项目参与方的进度计划组成的计划系统。
4）由多个相互关联的不同周期的进度计划组成的计划系统等。

由不同深度的进度计划组成的计划系统包括：①总进度规划（计划）；②项目子系统进度规划（计划）；③项目子系统中的单项工程进度计划等。

由不同功能的进度计划组成的计划系统包括：①控制性进度规划（计划）；②指导性进度规划（计划）；③实施性（操作性）进度计划等。

由不同项目参与方的进度计划组成的计划系统包括：①业主方编制的整个项目实施的进度计划；②设计进度计划；③施工和设备安装进度计划；④采购和供货进度计划等。

由不同周期的进度计划组成的计划系统，包括：①5年建设进度计划；②年度、季度、月度和旬计划等。

3. 建设工程项目进度计划系统中的内部关系

在建设工程项目进度计划系统中各进度计划或各子系统进度计划编制和调整时必须注意其相互间的联系和协调。

1）总进度规划（计划）、项目子系统进度规划（计划）与项目子系统中的单项工程进度计划之间的联系和协调。
2）控制性进度规划（计划）、指导性进度规划（计划）与实施性（操作性）进度计划之间的联系和协调。
3）业主方编制的整个项目实施的进度计划、设计方编制的进度计划、施工和设备安装方编制的进度计划与采购和供货方编制的进度计划之间的联系和协调等。

11.1.3 工程项目总进度目标的论证

1. 建设工程项目总进度目标论证的工作内容

建设工程项目的总进度目标是指整个工程项目的进度目标，它是在项目决策阶段项目定义时确定的，项目管理的主要任务是在项目的实施阶段对项目的目标进行控制。建设工程项目总进度目标的控制是业主方项目管理的任务（若采用建设项目工程总承包的模式，协助业主进行项目总进度目标的控制也是建设项目工程总承包方项目管理的任务）。在进行建设工程项目总进度目标控制前，应分析和论证进度目标实现的可能性。若项目总进度目标不可能实现，则项目管理者应提出调整项目总进度目标的建议，并提请项目决策者审议。

在项目的实施阶段，项目总进度应包括以下内容：①设计前准备阶段的工作进度；②设计工作进度；③招标工作进度；④施工前准备工作进度；⑤工程施工和设备安装进度；⑥工程物资采购工作进度；⑦项目动用前的准备工作进度等。

建设工程项目总进度目标论证应分析和论证上述各项工作的进度，以及上述各项工作进展的相互关系。

在建设工程项目总进度目标论证时，因没有掌握比较详细的设计资料，也缺乏比较全面的有关工程发包的组织、施工组织和施工技术等方面的资料，以及其他有关项目实施条件的资料。因此，总进度目标论证并不是单纯的总进度规划的编制工作，它涉及许多工程实施的条件分析和工程实施策划方面的问题。

大型建设工程项目总进度目标论证的核心工作是通过编制总进度纲要论证总进度目标实现的可能性。总进度纲要的主要内容如下：①项目实施的总体部署；②总进度规划；③各子系统进度规划；④确定里程碑事件的计划进度目标；⑤总进度目标实现的条件和应采取的措施等。

2. 建设工程项目总进度目标论证的工作步骤

建设工程项目总进度目标论证的工作步骤如下：

①调查研究和收集资料；②项目结构分析；③进度计划系统的结构分析；④项目的工作编码；⑤编制各层进度计划；⑥协调各层进度计划的关系，编制总进度计划；⑦若所编制的总进度计划不符合项目的进度目标，则设法调整；⑧若经过多次调整，进度目标无法实现，则报告项目决策者。

其中，调查研究和收集资料包括如下工作：

1）了解和收集项目决策阶段有关项目进度目标确定的情况和资料。
2）收集与进度有关的该项目组织、管理、经济和技术资料。
3）收集类似项目的进度资料。
4）了解和调查该项目的总体部署。
5）了解和调查该项目实施的主客观条件等。

其中，大型建设工程项目的结构分析是根据编制总进度纲要的需要，将整个项目进行逐层分解，并确立相应的工作目录，如：

1）一级工作任务目录，将整个项目划分成若干个子系统。
2）二级工作任务目录，将每一个子系统分解为若干个子项目。
3）三级工作任务目录，将每一个子项目分解为若干个工作项。

整个项目划分成多少结构层，应根据项目的规模和特点而定。

其中，大型建设工程项目的计划系统一般由多层计划构成，如：

1）第一层进度计划，将整个项目划分成若干个进度计划子系统。
2）第二层进度计划，将每一个进度计划子系统分解为若干个子项目进度计划。
3）第三层进度计划，将每一个子项目进度计划分解为若干个工作项的进度计划。

整个项目划分成多少计划层，应根据项目的规模和特点而定。

项目的工作编码是指每一个工作项的编码，编码有各种方式，编码时应考虑下述因素：

1）对不同计划层的标识。
2）对不同计划对象的标识（如不同子项目）。

3) 对不同工作的标识（如设计工作、招标工作和施工工作等）。

11.2 工程项目进度计划编制

11.2.1 工程项目进度计划的表示方法

1. 横道图进度计划编制方法

横道图是一种最简单、运用最广泛的传统的进度计划方法。通常横道图的表头为工作及其简要说明，项目进展表示在时间表格上，如图 11-1 所示。按照所表示工作的详细程度，时间单位可以为小时、日、周、月等。这些时间单位经常用日历表示，此时可表示非工作时间，如停工时间、公众假日、假期等。根据此横道图使用者的要求，工作可按照时间先后、责任、项目对象、同类资源等进行排序。

横道图也可将工作简要说明直接放在横道上。横道图可将最重要的逻辑关系标注在内，但是，如果将所有逻辑关系均标注在图上，则横道图简洁性的最大优点将丧失。

横道图用于小型项目或大型项目的子项目上，或用于计算资源需要量和概要预示进度，也可用于其他计划技术的表示结果。

横道图计划表中的进度线（横道）与时间坐标相对应，这种表达方式较直观，易看懂计划编制的目的。

	工作名称	持续时间	开始时间	完成时间	紧前工作
1	基础	0 d	1993-12-28	1993-12-28	
2	预制柱	35 d	1993-12-28	1994-2-14	1
3	预制屋架	20 d	1993-12-28	1994-1-24	1
4	预制楼梯	15 d	1993-12-28	1994-1-17	1
5	吊装	30 d	1994-2-15	1994-3-28	2,3,4
6	砌砖墙	20 d	1994-3-29	1994-4-25	5
7	屋面找平	5 d	1994-3-29	1994-4-4	5
8	钢窗安装	4 d	1994-4-19	1994-4-22	6SS+15 d
9	二毡三油一砂	5 d	1994-4-5	1994-4-11	7
10	外粉刷	20 d	1994-4-25	1994-5-20	8
11	内粉刷	30 d	1993-4-25	1994-6-3	8,9
12	油漆、玻璃	5 d	1994-6-6	1994-6-10	10,11
13	竣工	0 d	1994-6-10	1994-6-10	12

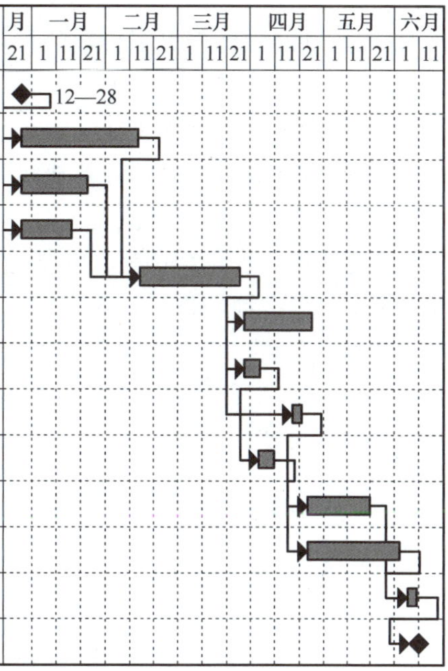

图 11-1 横道图

利用横道图表示工程进度计划存在下列缺点：
1) 不能明确反映各项工作之间错综复杂的相互关系。
2) 不能明确反映影响工期的关键工作和关键线路，也就无法反映整个工程项目的关键所在。

3) 不能反映工作所具有的机动时间，无法进行最合理的组织和指挥。

4) 不能反映工程费用与工期之间的关系，不便于缩短工期和降低工程成本。

由于横道图进度计划存在上述不足，给工程项目进度控制工作带来很大不便。即使进度控制人员在编制计划时已充分考虑了各方面的问题，在横道图上也不能全面地反映，特别是当工程项目规模大、工艺关系复杂时，横道图就很难充分暴露矛盾。而且在横道计划的执行过程中，对其进行调整也烦琐和费时。由此可见，利用横道图进度计划控制工程项目进度有较大的局限性。

2. 工程网络计划的编制方法

利用网络计划控制工程项目进度，可以弥补横道图进度计划的许多不足。与横道图进度计划相比，网络计划具有以下主要特点：

1) 网络计划能够明确表达各项工作之间的逻辑关系。工作之间的逻辑关系是编制进度计划的基础，明确表达各项工作之间的逻辑关系对于分析各项工作之间的相互影响及处理它们之间的协作关系具有非常重要的意义，同时也是网络计划先进的主要特征。

2) 通过网络计划时间参数的计算，可以找出关键线路和关键工作。关键线路上各项工作持续时间总和即为网络计划的工期，关键线路上的工作就是关键工作，关键工作的进度将直接影响网络计划的工期。通过时间参数的计算，能够明确网络计划中的关键线路和关键工作，也就明确了工程进度控制中的工作重点，这对提高工程项目进度控制的效果具有非常重要的意义。

3) 通过网络计划时间参数的计算，可以明确各项工作的机动时间。一般情况下，除关键工作外，其他各项工作（非关键工作）均有富余时间。这种富余时间可视为一种"潜力"，既可用来支援关键工作，也可用来优化网络计划，降低单位时间资源需求量。

4) 网络计划可以利用计算机进行计算、优化和调整。对进度计划进行优化和调整是工程进度控制工作中的一项重要内容。由于影响工程项目进度的因素有很多，只有利用计算机进行进度计划的优化和调整，才能适应实际变化的要求。网络计划能使进度控制人员利用计算机对工程进度计划进行计算、优化和调整。正是由于网络计划的这一特点，使其成为有效的进度控制方法，从而受到普遍重视。

网络计划也有其不足之处，比如不像横道图进度计划直观简洁等，但可以通过绘制时标网络计划得到弥补。

11.2.2 工程项目进度计划的编制程序

1. 计划准备阶段

（1）调查研究　调查研究的主要目的是掌握足够充分、准确的资料，从而为确定合理的进度目标，编制科学的进度计划提供可靠依据。

调查研究的内容包括：①工程任务情况、实施条件、设计资料；②有关标准、定额、规程、制度；③资源需求与供应情况；④资金需求与供应情况；⑤有关统计资料、经验总结及历史资料等。

（2）确定网络计划目标　网络计划目标由工程项目目标所决定，一般可分为以下三类。

1) 时间目标。即工期目标，是工程项目合同中规定的工期或有关主管部门要求的工期。工期目标的确定应以建筑设计周期定额和建筑安装工程工期定额为依据，同时充分考虑类似工程实际进展情况、气候条件及工程难易程度和建设条件的落实情况的因素。工程项目设计和施工进度安排必须以建筑设计周期定额和建筑安装工程工期定额为最高时限。

2) 时间-资源目标。资源是指在工程建设过程中所需要投入的劳动力、原材料及施工机具等。一般情况下，时间-资源目标分为两类：一是资源有限，工期最短；二是工期固定，资源均衡。

3) 时间-成本目标。是以定的工期寻求最低成本或最低成本时的工期安排。

2. 绘制网络图阶段

(1) 进行项目分解　将工程项目由粗到细进行分解，是编制网络计划的前提。进行工程项目的分解，工作划分的粗细程度将直接影响网络图的结构。对于控制性网络计划，其工作划分粗略；而对于实施性网络计划，工作应划分详细。工作划分的粗细程度应根据实际需要确定。

(2) 分析逻辑关系　分析各项工作之间的逻辑关系时，既要考虑施工程序或工艺技术工程，又要考虑组织安排或资源调配需要。对施工进度计划，分析其工作之间的逻辑关系时，应考虑：①施工工艺的要求；②施工方法和施工机械的要求；③施工组织的要求；④施工质量的要求；⑤当地的气候条件；⑥安全技术的要求。分析逻辑关系的主要依据是施工方案、有关资源供应情况和施工经验等。

(3) 绘制网络图　根据已确定的逻辑关系，即可按绘图规则绘制单代号网络图、双代号网络图、双代号时标网络计划或单代号搭接网络计划等。

3. 计算时间参数

(1) 计算工作持续时间　工作持续时间是指完成该工作所花费的时间。其计算方法有多种，既可以凭以往的经验进行估算，也可以通过试验推算。当有定额可用时，还可以利用时间定额或产量定额进行计算。对于搭接网络计划，还需要按最优施工顺序及施工需要，确定各项工作之间的搭接时间。如果有些工作有时限要求，则应确定其时限。

(2) 计算网络计划时间参数　网络计划时间参数一般包括工作最早开始时间、工作最早完成时间、工作最迟开始时间、工作最迟完成时间、工作总时差、工作自由时差、节点最早时间、节点最迟时间、相邻两项工作之间的时间间隔和计算工期等。应根据网络计划的类型及其使用要求选算上述时间参数。网络计划时间参数的计算方法有图上计算法、表上计算法和公式法等。

(3) 确定关键线路和关键工作　在计算网络计划时间参数的基础上，便可根据有关时间参数确定网络计划中的关键线路和关键工作。

4. 关键工作及关键线路阶段

(1) 关键工作　关键工作是指网络计划中总时差最小的工作。当计划工期等于计算工期时，总时差为零的工作就是关键工作。

在搭接网络计划中，关键工作是总时差为最小的工作。工作总时差最小的工作，也是其具有的机动时间最小，如果延长其持续时间就会影响计划工期，因此为关键工作。当计划工期等于计算工期时，工作的总时差为零，是最小的总时差。当有要求工期，且要求工期小于计算工期时，总时差最小的为负值；当要求工期大于计算工期时，总时差最小的为正值。

当计算工期不能满足计划工期时，可设法通过压缩关键工作的持续时间，满足计划工期要求。

（2）关键线路　在双代号网络计划和单代号网络计划中，关键线路是总的工作持续时间最长的线路。该线路在网络计划上应用粗线、双线或彩色线标注。

在搭接网络计划中，关键线路是自始至终全部由关键工作组成的线路或线路上总的工作持续时间最长的线路；从起点节点开始到终点节点均为关键工作，且所有工作的时间间隔均为零的线路应为关键线路。

一个网络计划可能有一条或几条关键线路，在网络计划执行过程中，关键线路有可能转移。

5. 编制正式网络计划阶段

（1）优化网络计划　当初始网络计划的工期满足所要求的工期及资源需求最能得到满足而无须进行网络优化时，初始网络计划即可作为正式的网络计划。否则，需要对初始网络计划进行优化。根据所追求的目标不同，网络计划的优化包括工期优化、费用优化和资源优化三种。应根据工程的实际需要选择不同的优化方法。

（2）编制正式网络计划　根据网络计划的优化结果，便可绘制正式的网络计划，同时编制网络计划说明书。网络计划说明书的内容应包括：①编制原则和依据；②主要计划指标一览表；③执行计划的关键问题；④需要解决的重要问题及其主要措施；⑤其他需要的问题。

11.3　工程项目进度优化

11.3.1　工期优化

（1）工期优化的概念　工期优化是指网络计划的计算工期不满足要求时，通过压缩关键工作的持续时间以满足要求工期目标的过程。

（2）工期优化的基本方法　在不改变网络计划中各项工作之间逻辑关系的前提下，通过压缩关键工作的持续时间达到优化目的。在优化过程中，按照经济合理的原则，不能将关键工作主动压缩成非关键工作。此外，当工期优化过程中出现多条关键线路时，必须将各条关键线路的总持续时间压缩相同数值。

（3）工期优化的基本步骤

1）确定初始网络计划的计算工期和关键线路（通常采用标号法）。

2）计算要求工期应该压缩的时间。

3）选择应压缩持续时间的关键工作。压缩对象时对关键工作应考虑的因素有：①缩短持续时间对质量和安全影响不大的工作；②有充足的资源准备；③缩短持续时间所增加的费用最少的工作。三个因素综合考虑以优选系数形式体现，优选系数越小越好。

4）优选系数确定关键工作及压缩时间。

① 当只有一条关键线路时，选择优选系数最小的工作进行压缩，压缩过程中不能将关键工作主动压缩为非关键工作。若压缩工作变成非关键工作，则缩短压缩的时间。

② 当出现多条关键线路时，应考虑组合方案，选择组合方案中组合优选系数最小的组

合工作进行时间压缩。方案组合必须涉及每一条关键线路。同时各组合方案涉及的关键工作及压缩时间必须相等。

5) 重复以上工作，直至网络计划的计算工期满足要求的工期。

6) 当所有工作的持续时间达到最短极限仍然不能满足要求工期时，则应对网络计划的原技术方案、组织方案进行调整，或重新审定工期。

11.3.2 工期—费用优化

费用优化又称为工期成本优化，是指寻求工程总成本最低时的工期安排，或者按要求工期寻求最低成本的计划安排。

（1）费用和时间的关系

1) 工程费用和工期的关系。工程总费用由直接费和间接费组成。直接费由人工费、材料费、机械使用费、其他直接费及现场经费等组成。施工方案不同直接费就不同；如果施工方案一定，工期不同直接费也不同。直接费会随着工期的缩短而增加。间接费包括企业经营管理的全部费用，一般会随工期的缩短而减少。

2) 工作直接费与持续时间的关系。各项工作持续时间与直接费之间的关系类似于工程费用和工期的关系，工作的直接费会随着工作持续时间的增加而增加，在实际工作中为了计划执行和调整的方便，直接费和持续时间之间的关系被近似认为是一条直线关系。工作的持续时间每缩短单位时间而增加的直接费称为直接费用率，其计算公式为

$$\Delta C_{i\text{-}j} = \frac{CC_{i\text{-}j} - CN_{i\text{-}j}}{DN_{i\text{-}j} - DC_{i\text{-}j}}$$

式中　$CC_{i\text{-}j}$——按最短持续时间完成工作 $i\text{-}j$ 时所需要的直接费；

　　　$CN_{i\text{-}j}$——按正常持续时间完成工作 $i\text{-}j$ 时所需要的直接费；

　　　$DN_{i\text{-}j}$——工作 $i\text{-}j$ 的正常持续时间；

　　　$DC_{i\text{-}j}$——工作 $i\text{-}j$ 的最短持续时间。

从上式可以看出直接费用率越大，说明将该工作持续时间缩短一个时间单位，所增加的直接费就越多；反之该工作持续时间缩短一个时间单位，所增加的直接费就越少。因此，在压缩关键工作持续时间达到缩短工期目的时，应将直接费用率最小的关键工作作为压缩对象。当有多条关键线路出现而需要同时压缩多个关键工作的持续时间时，应将它们的直接费用率之和最小者作为压缩对象。

（2）费用优化方法　在网络计划中找出直接费用率（或者组合直接费用率）最小的关键工作，缩短其持续时间，同时考虑间接费随工期缩短而减少的数值，最后求得工程总成本最低时的最优工期安排或按要求工期求得最低成本的计划安排。

（3）费用优化的步骤

1) 按工作正常持续时间确定计算工期和关键线路。

2) 计算各项工作的直接费用率，并计算出工程总成本。

3) 当只有一条关键线路时，找出直接费用率最小的一项关键工作作为缩短持续时间的对象；当有多条关键线路时，应找出组合直接费用率最小的一组关键工作作为压缩持续时间的对象。

4) 对于选定的压缩对象（一项关键工作或者一组关键工作），首先比较其直接费用率

或组合直接费用率与工程间接费用率的大小：

① 如果被压缩对象的直接费用率或组合直接费用率大于工程的间接费用率，说明压缩关键工作的持续时间会使工程总费用增加（减少一天增加的直接费>减少一天节约的间接费），此时应停止压缩关键工作的持续时间，在此之前的方案即为优化方案。

② 如果被压缩对象的直接费用率或组合直接费用率等于工程的间接费用率，说明压缩关键工作的持续时间不会使工程总费用增加（减少一天增加的直接费=减少一天节约的间接费），此时应压缩关键工作的持续时间。

③ 如果被压缩对象的直接费用率或组合直接费用率小于工程的间接费用率，说明压缩关键工作的持续时间会使工程总费用减少（减少一天增加的直接费<减少一天节约的间接费），此时应压缩关键工作的持续时间。

5）当需要缩短组合关键工作持续时间时，其缩短值的确定必须符合以下两条原则：

① 缩短后工作的持续时间不能小于其最短的持续时间。

② 缩短持续时间的工作不能变成非关键工作。

6）计算关键工作持续时间缩短后的工程总成本。

7）重复以上工作，直至计算工期满足要求工期或被压缩对象的直接费用率或组合直接费用率都大于工程间接费用率为止。

11.3.3　资源均衡—工期最短优化

（1）资源均衡—工期最短优化的概念　通过调整计划安排，在满足资源限制的条件下，使工期延长最少的过程。

（2）资源优化的前提条件

1）不改变网络计划中各项工作之间的逻辑关系。

2）不改变网络计划中各项工作的持续时间。

3）网络计划中各项工作的资源强度为常数，而且是合理的。

4）除规定可以中断工作外，不允许中断工作，应保持其连续性。

（3）资源供给的优先顺序（如果资源需求量大于供给量）

1）没有平行工作的情况下，首先保证关键工作的资源供给。

2）有平行工作的情况下：

① 如果有已经开始的工作，则首先保证已经开始工作的资源供给。

② 如果没有已经开始的工作（资源需求大于供给阶段的工作同时开始），首先保证关键工作的资源供给，其次按照工作的 TF 由小到大排列，优先供给 TF 最小的工作。

（4）优化过程

1）绘制出早时标网络图，计算每个单位时间的资源需求量。

2）从开始日期起，逐个检查每个时间段（资源需求量相同的持续时间称为一个时间段）的资源量是否超过供给量。若每个时间段资源需求量均小于或等于供给量，则已达到优化目的。

3）如果有的时间段资源需要量均大于等于供给量，则进行优化。假设时间段 $[n, m]$ 的资源需求量大于资源供给量，则根据资源供给的有限顺序原则，将不需要优先供给资源的工作向后推迟到 m 时点开始。

4) 重复以上工作，使整个网络计划单位时间的资源需求量均小于或等于供给量为止。

11.4 工程项目进度实施计划中的检测与调整

11.4.1 实际进度监测与调整的系统过程

1. 进度监测的系统过程

在建设工程实施过程中，工程师应经常地、定期地对进度计划的执行情况进行跟踪检查，发现问题后及时采取措施加以解决。进度监测系统过程如图 11-2 所示。

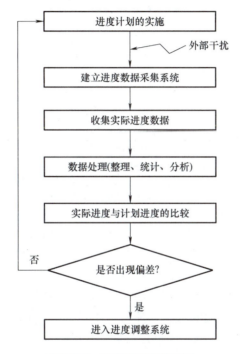

图 11-2 进度监测系统过程

（1）进度计划执行中的跟踪检查 对进度计划的执行情况进行跟踪检查是计划执行信息的主要来源，是进度分析和调整的依据，也是进度控制的关键步骤。跟踪检查的主要工作是定期收集反映工程实际进度的有关数据。为了全面、准确地掌握进度计划的执行情况，工程师应认真做好定期收集进度报表资料、现场实地检查工程进展情况和定期召开现场会议三方面的工作。

（2）实际进度数据的加工处理 为了进行实际进度与计划进度的比较，必须对收集到的实际进度数据进行加工处理，形成与计划进度具有可比性的数据。例如，对检查时段实际完成工作量的进度数据进行整理、统计和分析，确定本期累计完成的工作量、本期已完成的工作量占计划总工作量的百分比等。

（3）实际进度与计划进度的对比分析 将实际进度数据与计划进度数据进行比较，确定建设工程实际执行状况与计划目标之间的差距。通常采用表格或图形进行实际进度与计划进度的对比分析，得出实际进度比计划进度超前、滞后还是一致的结论。

2. 进度调整的系统过程

在建设工程实施进度监测过程中，一旦发现实际进度偏离计划进度，即出现进度偏差时，必须认真分析产生偏差的原因及其对后续工作和总工期的影响，必要时采取合理、有效的进度计划调整措施，确保进度总目标的实现。进度调整的系统过程如图 11-3 所示。

图 11-3　进度调整的系统过程

（1）分析进度偏差产生的原因　通过实际进度与计划进度的比较，发现进度偏差时，为了采取有效措施调整进度计划，必须深入现场进行调查，分析产生进度偏差的原因。

（2）分析进度偏差对后续工作和总工期的影响　当查明进度偏差产生的原因之后，要分析进度偏差对后续工作和总工期的影响程度，以确定是否应采取措施调整进度计划。

（3）确定后续工作和总工期的限制条件　当出现的进度偏差影响到后续工作或总工期而需要采取进度调整措施时，应当首先确定可调整进度的范围，主要指关键节点、后续工作的限制条件以及总工期允许变化的范围。这些限制条件往往与合同条件有关，需要认真分析后确定。

（4）采取措施调整进度计划　采取进度调整措施，应以后续工作和总工期的限制条件为依据，确保要求的进度目标得到实现。

（5）实施调整后的进度计划　进度计划调整之后，应采取相应的组织、经济、技术措施执行，并继续监测其执行情况。

11.4.2　实际进度与计划进度的比较方法

1. 横道图比较法

横道图比较法是指将项目实施过程中检查实际进度收集的数据，经加工整理后直接用横道线平行绘于原计划的横道线处，进行实际进度与计划进度的比较方法。采用横道图比较法，可以形象、直观地反映实际进度与计划进度的比较情况。

例如，某项目基础工程的计划进度和截止到第 9 周周末的实际进度如图 11-4 所示，其中双线条表示该工程计划进度，粗实线表示实际进度。从图中实际进度与计划进度的比较可以看出，到第 9 周周末进行实际进度检查时，挖土方和做垫层两项工作已经完成；支模板按计划应该完成，但实际只完成 75%，任务量拖欠 25%；绑扎钢筋按计划应该完成 60%，而实际只完成 20%，任务量拖欠 40%。

根据各项工作的进度偏差，进度控制者可以采取相应的纠偏措施对进度计划进行调整，以确保该工程按期完成。

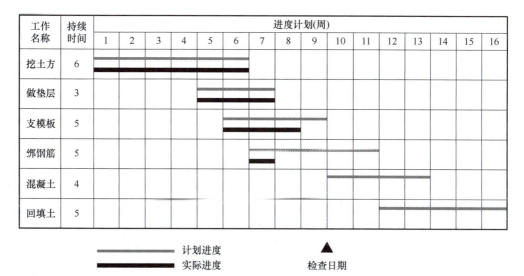

图 11-4　某基础工程实际进度与计划进度比较

图 11-4 所示的比较方法仅适用于工程项目中各项工作都是均匀进展的情况，即每项工作在单位时间内完成的任务量都相等的情况。事实上，工程项目中各项工作的进展不一定匀速。根据工程项目中各项工作的进展是否匀速，可分别采用以下两种方法进行实际进度与计划进度的比较。

（1）匀速进展横道图比较法　匀速进展是指在工程项目中，每项工作在单位时间内完成的任务量都相等，即工作的进展速度是均匀的。此时，每项工作累计完成的任务量与时间呈线性关系。完成的任务量可以用实物工程量、劳动消耗量或费用支出表示。为了便于比较，通常用上述物理量的百分比表示。

采用匀速进展横道图比较法时，其步骤如下：
1）编制横道图进度计划。
2）在进度计划上标出检查日期。
3）将检查收集到的实际进度数据经加工整理后按比例用涂黑的粗线标于计划进度的下方，如图 11-5 所示。
4）对比分析实际进度与计划进度。
① 如果涂黑的粗线右端落在检查日期左侧，表明实际进度拖后。
② 如果涂黑的粗线右端落在检查日期右侧，表明实际进度超前。
③ 如果涂黑的粗线右端与检查日期重合，表明实际进度与计划进度一致。

该方法仅适用于工作从开始到结束的整个过程中，其进展速度均为固定不变的情况。如

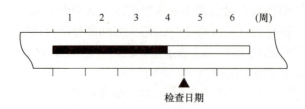

图 11-5 匀速进展横道图比较

果工作进展速度是变化的,则不能采用此方法进行实际进度与计划进度的比较;否则,会得出错误的结论。

(2) 非匀速进展横道图比较法 当工作在不同单位时间进展速度不相等时,累计完成的任务量与时间的关系就不可能是线性关系。此时,应采用非匀速进展横道图比较法进行工作实际进度与计划进度的比较。非匀速进展横道图比较法在用涂黑粗线表示工作实际进度的同时,还要标出其对应时刻完成任务量累计百分比,并将该百分比与其同时刻计划完成任务量累计百分比相比较,判断工作实际进度与计划进度之间的关系。

采用非匀速进展横道图比较法时,其步骤如下:

1) 编制横道图进度计划。

2) 在横道线上方标出各主要时间工作的计划完成任务量累计百分比。

3) 在横道线下方标出相应时间工作的实际完成任务量累计百分比。

4) 用涂黑粗线标出工作的实际进度,从开始之日起,同时反映出该工作在实施过程中的连续与间断情况。

5) 通过比较同一时刻实际完成任务量累计百分比和计划完成任务量累计百分比,判断工作实际进度与计划进度之间的关系:

① 如果同一时刻横道线上方累计百分比大于横道线下方累计百分比,表明实际进度拖后,拖欠的任务量为两者之差。

② 如果同一时刻横道线上方累计百分比小于横道线下方累计百分比,表明实际进度超前,超前的任务量为两者之差。

③ 如果同一时刻横道线上下方两个累计百分比相等,表明实际进度与计划进度一致。

可以看出,由于工作进展速度是变化的,因此在图中的横道线,无论是计划还是实际,只能表示工作的开始时间、完成时间和持续时间,并不表示计划完成的任务量和实际完成的任务量。此外,采用非匀速进展横道图比较法,不仅可以进行某一时刻(如检查日期)实际进度与计划进度的比较,而且能进行某一时间段实际进度与计划进度的比较。当然,这需要实施部门按规定的时间记录当时的任务完成情况。

【例 11-1】 某项目基槽开挖工作按施工进度计划安排需要 7 周完成,每周计划完成的任务量百分比如图 11-6 所示。编制横道图进度计划,比较实际进度与计划进度。

解:1) 编制横道图进度计划,如图 11-7 所示。

2) 在横道线上方标出基槽开挖工作每周计划累计完成任务量的百分比,分别为 10%、25%、45%、65%、80%、90% 和 100%。

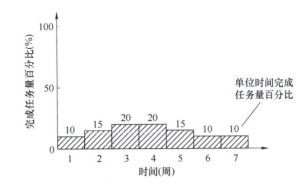

图 11-6　基槽开挖工作进度时间与完成任务量关系

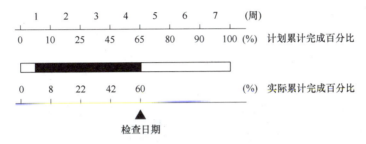

图 11-7　非匀速进展横道图比较

3) 在横道线下方标出第 1 周至检查日期（第 4 周）每周实际累计完成任务量的百分比，分别为 8%、22%、42% 和 60%。

横道图比较法虽有记录和比较简单、形象直观、易于掌握和使用方便等优点，但由于其以横道计划为基础，因而带有不可克服的局限性。在横道计划中，各项工作之间的逻辑关系表达不明确，关键工作和关键线路无法确定。一旦某些工作实际进度出现偏差时，难以预测其对后续工作和工程总工期的影响，也就难以确定相应的进度计划调整方法。因此，横道图比较法主要用于工程项目中某些工作实际进度与计划进度的局部比较。

2. S 曲线比较法

S 曲线比较法是以横坐标轴表示时间，纵坐标轴表示累计完成任务量百分比，绘制一条按计划时间累计完成任务量的 S 曲线。然后将工程项目实施过程中各检查时间实际累计完成任务量的 S 曲线也绘制在同一坐标系中，进行实际进度与计划进度比较的一种方法。

从整个工程项目实际进展全过程看，单位时间投入的资源量一般是开始和结束时较少，中间阶段较多。与其相对应，单位时间完成的任务量也呈同样的变化规律。而随工程进展累计完成的任务量则应呈 S 形变化。

同横道图比较法一样，S 曲线比较法也是在图上进行工程项目实际进度与计划进度的直观比较。在工程项目实施过程中，按照规定时间将检查收集到的实际累计完成任务量绘制在原计划 S 曲线图上，即可得到实际进度 S 曲线，如图 11-8 所示。通过比较实际进度 S 曲线和计划进度 S 曲线，可以获得如下信息：

1) 工程项目实际进展状况。如果工程实际进展点落在计划进度 S 曲线左侧，表明此时实际进度比计划进度超前，如图 11-8 中的 a 点；如果工程实际进展点落在计划进度 S 曲线右侧，表明此时实际进度拖后，如图 11-8 中的 b 点；如果工程实际进展点正好落在 S 曲线上，则表明此时实际进度与计划进度一致。

2) 工程项目实际进度超前或拖后的时间在 S 曲线比较图中可以直接读出实际进度比计划进度超前或拖后的时间。如图 11-8 所示，ΔT_a 表示 T_a 时刻实际进度超前的时间，ΔT_b 表示 T_b 时刻实际进度拖后时间。

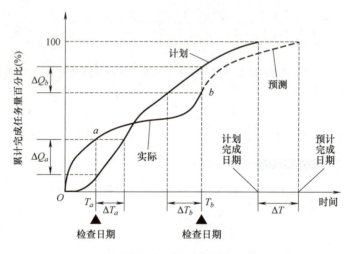

图 11-8　S 曲线比较

3) 工程项目实际超额或拖欠的任务量在 S 曲线比较图中也可以直接读出实际进度比计划进度超额或拖欠的任务量。如图 11-8 所示，ΔQ_a 表示 T_a 时刻超额完成的任务量；ΔQ_b 表示 T_b 时刻拖欠的任务量。

4) 后期工程进度预测。如果后期工程按原计划速度进行，则后期工程计划进度 S 曲线如图 11-8 中虚线所示，从而可以确定工期拖延预测值 ΔT。

3. 香蕉曲线比较法

香蕉曲线是由两条 S 曲线组合而成的闭合曲线。由 S 曲线比较法可知，工程项目累计完成任务量与计划时间的关系，可用一条 S 曲线表示。对于一个工程项目的网络计划来说，如果以其中各项工作的最早开始时间安排进度而绘制 S 曲线，称为 ES 曲线；如果以其中各项工作的最迟开始时间安排进度而绘制 S 曲线，称为 LS 曲线。两条 S 曲线具有相同的起点和终点，因此，两条曲线是闭合的。

一般情况下，ES 曲线上的其余各点均落在 LS 曲线的相应点的左侧。由于该闭合曲线形似"香蕉"，故称为香蕉曲线，如图 11-9 所示。

(1) 香蕉曲线比较法的作用　香蕉曲线比较法能直观地反映工程项目的实际进展情况，并可以获得比 S 曲线更多的信息。其主要作用如下：

1) 合理安排工程项目进度计划。如果工程项目中的各项工作均按其最早开始时间安排进度，将导致项目的投资加大；而如果各项工作都按其最迟开始时间安排进度，则一旦受到进度影响因素的干扰，又将导致工期拖延，使工程进度风险加大。因此，一个科学合理的进度计划优化曲线应处于香蕉曲线所包络的区域之内，如图 11-9 中的虚线所示。

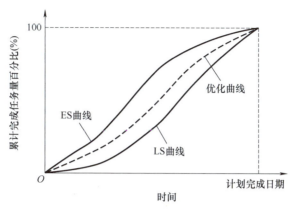

图 11-9 香蕉曲线

2）定期比较工程项目的实际进度与计划进度。在工程项目的实施过程中，根据每次检查收集到的实际完成任务量，绘制出实际进度 S 曲线，便可以与计划进度进行比较。工程项目实施进度的理想状态是任一时刻工程实际进展点应落在香蕉曲线图的范围之内。如果工程实际进展点落在 ES 曲线的左侧，表明此刻实际进度比各项工作按其最早开始时间安排的计划进度超前；如果工程实际进展点落在 LS 曲线的右侧，则表明此刻实际进度比各项工作按其最迟开始时间安排的计划进度拖后。

3）预测后期工程进展趋势。利用香蕉曲线可以对后期工程的进展情况进行预测。例如，在图 11-10 中，该工程项目在检查日期实际进度超前。检查日期之后的后期工程进度安排如图 11-10 中虚线所示，预计该工程项目将提前完成。

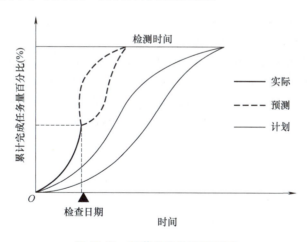

图 11-10 香蕉曲线的进展预测

（2）香蕉曲线的绘制方法　香蕉曲线的绘制方法与 S 曲线的绘制方法基本相同，不同之处在于香蕉曲线是以工作按最早开始时间安排进度和按最迟开始时间安排进度分别绘制的两条 S 曲线组合而成。在工程项目实施过程中，根据检查得到的实际累计完成任务量，按同样的方法在原计划香蕉曲线图上绘出实际进度曲线，便可以进行实际进度与计划进度的比较。

4. 前锋线比较法

前锋线是指在原时标网络计划上，从检查时刻的时标点出发，用点画线依次将各项工作实际进展位置点连接而成的折线。前锋线比较法是指通过绘制某检查时刻工程实际进度前锋线，进行工程实际进度与计划进度比较的方法，它主要适用于时标网络计划。前锋线比较法是通过实际进度前锋线与原进度计划中各工作箭线交点的位置来判断工作实际进度与计划进度的偏差，进而判定该偏差对后续工作及总工期影响程度的一种方法。

采用前锋线比较法进行实际进度与计划进度的比较，其步骤如下：

1）绘制时标网络计划图。

2）绘制实际进度前锋线。

一般从时标网络计划图上方时间坐标的检查日期开始绘制，依次连接相邻工作的实际进展位置点，最后与时标网络计划图下方坐标的检查日期相连接。

工作实际进展位置点的标定方法有以下两种。

① 按该工作已完任务量比例进行标定。假设工程项目中各项工作均为匀速进展，根据实际进度检查时刻该工作已完任务量占其计划完成总任务量的比例，在工作箭线上从左至右按相同的比例标定其实际进展位置点。

② 按尚需作业时间进行标定。当某些工作的持续时间难以按实物工程量来计算而只能凭经验估算时，可以先估算出检查时刻到该工作全部完成尚需作业的时间，然后在该工作箭线上从右向左逆向标定其实际进展位置点。

3）进行实际进度与计划进度的比较。

针对匀速进展的工作，前锋线可以直观地反映检查日期有关工作实际进度与计划进度之间的关系。对某项工作来说，其实际进度与计划进度之间的关系可能存在以下三种情况：

① 工作实际进展位置点落在检查日期的左侧，表明实际进度拖后，拖后的时间为两者之差。

② 工作实际进展位置点与检查日期重合，表明实际进度与计划进度一致。

③ 工作实际进展位置点落在检查日期的右侧，表明实际进度超前，超前的时间为两者之差。

4）预测进度偏差对后续工作及总工期的影响。通过实际进度与计划进度的比较确定进度偏差后，还可根据工作的自由时差和总时差预测该进度偏差对后续工作及项目总工期的影响。由此可见，前锋线比较法既适用于工作实际进度与计划进度之间的局部比较，又可用来分析和预测工程项目整体进度状况。

【例 11-2】 某工程项目时标网络计划如图 11-11 所示。该计划执行到第 6 周周末检查实际进度时，发现工作 A 和 B 已经全部完成，工作 D 和 E 分别完成计划任务量的 20% 和 50%，工作 C 尚需 3 周完成，试用前锋线比较法进行实际进度与计划进度的比较。

解：根据第 6 周周末实际进度的检查结果绘制前锋线，如图 11-11 中点画线所示。通过比较可以看出：

1）工作 D 实际进度拖后 2 周，将使其后续工作 F 的最早开始时间推迟 2 周，并使总工期延长 1 周。

2）工作 E 实际进度拖后 1 周，既不影响总工期，也不影响其后续工作的正常进行。

3）工作 C 实际进度拖后 2 周，将使其后续工作 J、H、G 的最早开始时间推迟 2 周。由于工作 J、G 开始时间的推迟，从而使总工期延长 2 周。

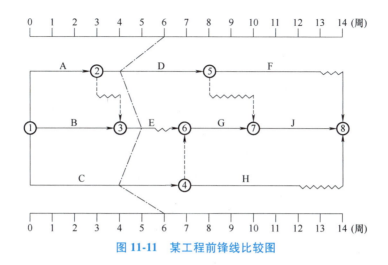

图 11-11 某工程前锋线比较图

综上所述，如果不采取措施加快进度，该工程项目的总工期将延长 2 周。

5. 列表比较法

当工程进度计划用非时标网络图表示时，可以采用列表比较法进行实际进度与计划进度的比较。这种方法是记录检查日期应该进行的工作名称及其已经作业的时间，然后列表计算有关时间参数，并根据工作总时差进行实际进度与计划进度比较的方法。采用列表比较法进行实际进度与计划进度的比较，其步骤如下：

1）对于实际进度检查日期应该进行的工作，根据已经作业的时间，确定其尚需作业时间。

2）根据原进度计划计算检查日期应该进行的工作从检查日期到原计划最迟完成时尚余时间。

3）计算工作尚有总时差，其值等于工作从检查日期到原计划最迟完成时间尚余时间与该工作尚需作业时间之差。

4）比较实际进度与计划进度，可能有以下几种情况：

① 如果工作尚有总时差与原有总时差相等，说明该工作实际进度与计划进度一致。

② 如果工作尚有总时差大于原有总时差，说明该工作实际进度超前，超前的时间为两者之差。

③ 如果工作尚有总时差小于原有总时差，且仍为非负值，说明该工作实际进度拖后，拖后的时间为两者之差，但不影响总工期。

④ 如果工作尚有总时差小于原有总时差，且为负值，说明该工作实际进度拖后，拖后的时间为两者之差，此时工作实际进度偏差将影响总工期。

11.4.3 进度计划实施中的调整方法

1. 分析进度偏差对后续工作及总工期的影响

在工程项目实施过程中，当通过实际进度与计划进度的比较，发现有进度偏差时，需要分析该偏差对后续工作及总工期的影响，从而采取相应的调整措施对原进度计划进行调整，以确保工期目标的顺利实现。进度偏差的大小及其所处的位置不同，对后续工作和总工期的影响程度不同，分析时需要利用网络计划中工作总时差和自由时差的概念进行判断。

分析步骤如下：

1）分析出现进度偏差的工作是否为关键工作。如果出现进度偏差的工作位于关键线路上，即该工作为关键工作，则无论其偏差有多大，都将对后续工作和总工期产生影响，必须采取相应的调整措施；如果出现偏差的工作是非关键工作，则需要根据进度偏差值与总时差和自由时差的关系做进一步分析。

2）分析进度偏差是否超过总时差。如果工作的进度偏差大于该工作的总时差，则此进度偏差必将影响其后续工作和总工期，必须采取相应的调整措施；如果工作的进度偏差未超过该工作的总时差，则此进度偏差不影响总工期。至于对后续工作的影响程度，还需要根据偏差值与其自由时差的关系做进一步分析。

3）分析进度偏差是否超过自由时差。如果工作的进度偏差大于该工作的自由时差，则此进度偏差将对其后续工作产生影响，此时应根据后续工作的限制条件确定调整方法；如果工作的进度偏差未超过该工作的自由时差，则此进度偏差不影响后续工作，因此，原进度计划可以不做调整。

2. 进度计划的调整方法

当实际进度偏差影响后续工作、总工期而需要调整进度计划时，其调整方法主要有以下两种：

（1）改变某些工作间的逻辑关系　当工程项目实施中产生的进度偏差影响到总工期，且有关工作的逻辑关系允许改变时，可以改变关键线路和超过计划工期的非关键线路上的有关工作之间的逻辑关系，达到缩短工期的目的。例如，将顺序进行的工作改为平行作业、搭接作业及分段组织流水作业等，都可以有效地缩短工期。

【例 11-3】　某工程项目基础工程包括挖基槽、做垫层、砌基础和回填土四个施工过程，各施工过程的持续时间分别为 21 天、15 天、18 天和 9 天，如果采取顺序作业方式进行施工，则其总工期为 63 天。为缩短该基础工程总工期，在工作面及资源供应允许的条件下，将基础工程划分为工程量大致相等的三个施工段组织流水作业，试绘制该基础工程流水作业网络计划，并确定其计算工期。

解：该基础工程流水作业网络计划如图 11-12 所示。通过组织流水作业，使得该基础工程的计算工期由 63 天缩短为 35 天。

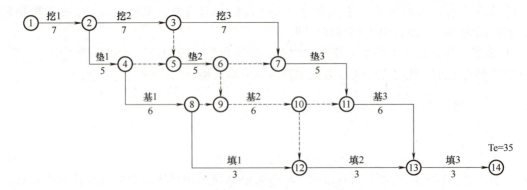

图 11-12　某基础工程流水作业网络计划

（2）缩短某些工作的持续时间　这种方法是不改变工程项目中各项工作之间的逻辑关系，而通过采取增加资源投入、提高劳动效率等措施来缩短某些工作的持续时间，使工程进度加快，以保证按计划工期完成该工程项目。被压缩持续时间的工作是位于关键线路或超过计划工期的非关键线路上的工作。同时，这些工作又是其持续时间可被压缩的工作。这种调整方法通常可以在网络图上直接进行。其调整方法视限制条件及对其后续工作的影响程度的不同而有所区别，一般可分为以下三种情况：

1）网络计划中某项工作进度拖延时间超过其自由时差但未超过其总时差。此时该工作的实际进度不会影响总工期，而只对其后续工作产生影响。因此，在进行调整前，需要确定其后续工作允许拖延的时间限制，并以此作为进度调整的限制条件。该限制条件的确定常常较复杂，尤其是当后续工作由多个平行的承包单位负责实施时更是如此。后续工作如不能按原计划进行，在时间上产生的任何变化都可能使合同不能正常履行，将导致蒙受损失的一方提出索赔，从而增加工程成本。因此，寻求合理的调整方案，把进度拖延对后续工作的影响减少到最低程度，是工程师的一项重要工作。

【例 11-4】　某工程项目双代号时标网络计划如图 11-13 所示，该计划在执行到第 35 天检查时，其实际进度如图 11-13 中前锋线所示。试分析目前实际进度对后续工作和总工期的影响，并提出相应的进度调整措施。

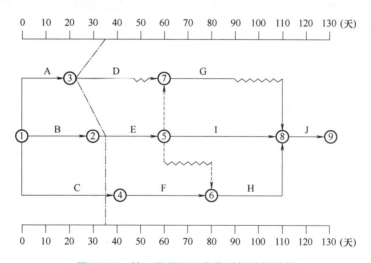

图 11-13　某工程项目双代号时标网络计划

解：从图中可以看出，目前只有工作 D 的开始时间拖后 15 天，而影响其后续工作 G 的最早开始时间，其他工作的实际进度均正常。由于工作 D 的总时差为 30 天，故此时工作 D 的实际进度不影响总工期。

该进度计划是否需要调整，取决于工作 D 和 G 的限制条件：

1）后续工作拖延的时间无限制。如果后续工作拖延的时间完全被允许时，可将拖延后的时间参数带入原计划，并简化网络图（即去掉已执行部分，以进度检查日期为起点，将实际数据带入，绘制未实施部分的进度计划），即可得调整方案。在本例中，以检查时刻第 35 天为起点，将工作 D 的实际进度数据及 G 被拖延后的时间参数带入原计划（此时工作 D、

G 的开始时间分别为 35 天和 65 天），可得图 11-14 所示的调整方案。

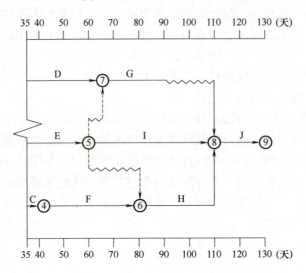

图 11-14　后续工作拖延时间无限制时的网络计划

2) 后续工作拖延的时间有限制。如果后续工作不允许拖延或拖延的时间有限制时，需要根据限制条件对网络计划进行调整，寻求最优方案。在本例中，如果工作 G 的开始时间不允许超过第 60 天，则只能将其紧前工作 D 的持续时间压缩为 25 天，调整后的网络计划如图 11-15 所示。如果在工作 D、G 之间还有多项工作，则可以利用工期优化的原理确定应压缩的工作，得到满足 G 工作限制条件的最优调整方案。

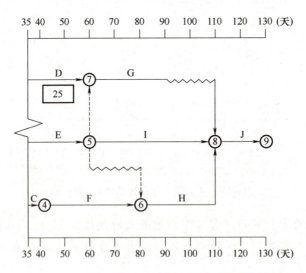

图 11-15　后续工作拖延时间有限制时的网络计划

2) 网络计划中某项工作进度拖延时间超过其总时差。

如果网络计划中某项工作进度拖延时间超过其总时差，则无论该工作是否为关键工作，其实际进度都将对后续工作和总工期产生影响。此时，进度计划调整方法又可分为以下三种

情况:

① 项目总工期不允许拖延,工程项目必须按照原计划工期完成,只能采取缩短关键线路上后续工作持续时间的方法来达到调整计划的目的,实质上就是工期优化。

② 项目总工期允许拖延。如果项目总工期允许拖延。则此时只需以实际数据取代原计划数据,并重新绘制实际进度检查日期之后的简化网络计划即可。

③ 项目总工期允许拖延的时间有限。如果项目总工期允许拖延,但允许拖延的时间有限。则当实际进度拖延的时间超过此限制时,也需要对网络计划进行调整,以便满足要求。具体调整方法是以总工期的限制时间作为规定工期,对检查日期之后尚未实施的网络计划进行工期优化,即通过缩短关键线路上后续工作持续时间的方法来使总工期满足规定工期的要求。

以上三种情况均是以总工期为限制条件调整进度计划。应注意,当某项工作实际进度拖延时间超过其总时差而需要对进度计划进行调整时,除需考虑总工期的限制条件外,还应考虑网络计划中后续工作的限制条件,特别是对总进度计划的控制更应注意这一点。因为在这类网络计划中,后续工作也许就是一些独立的合同段。时间上的任何变化都会带来协调上的麻烦或者引起索赔。因此,当网络计划中某些后续工作对时间的拖延有限制时,同样需要以此为条件,按上述方法进行调整。

(3) 网络计划中某项工作进度超前 工程师对建设工程实施进度控制的任务是在工程进度计划的执行过程中,采取必要的组织协调和控制措施,以保证建设工程按期完成。在建设工程计划阶段所确定的工期目标,往往是综合考虑了各方面因素而确定的合理工期。因此,时间上的任何变化,无论是进度拖延还是超前,都可能造成其他目标的失控。例如,在一个建设工程施工总进度计划中,由于某项工作的进度超前,致使资源需求发生变化,而打乱了原计划对人、材、物等资源的合理安排,也将影响资金计划的使用和安排,特别是当多个平行的承包单位进行施工时,由此引起后续工作时间安排的变化,势必给工程师的协调工作带来许多麻烦。因此,如果建设工程实施过程中出现进度超前的情况,进度控制人员必须综合分析进度超前对后续工作产生的影响,并同承包单位协商,提出合理的进度调整方案,以确保工期总目标的顺利实现。

11.5 建设工程项目进度控制的措施

1. 项目进度控制的组织措施

组织是目标能否实现的决定性因素,为实现项目的进度目标,应充分重视健全项目管理的组织体系。在项目组织结构中应有专门的工作部门和符合进度控制岗位资格的专人负责进度控制工作。

进度控制的主要工作环节包括进度目标的分析和论证、编制进度计划、定期跟踪进度计划的执行情况、采取纠偏措施及调整进度计划。这些工作任务和相应的管理职能应在项目管理组织设计的任务分工表和管理职能分工表中标示并落实。

应编制项目进度控制的工作流程,如:①定义项目进度计划系统的组成;②各类进度计划的编制程序、审批程序和计划调整程序等。

进度控制工作包含大量的组织和协调工作,而会议是组织和协调的重要手段,应进行有关进度控制会议的组织设计,以明确:①会议的类型;②各类会议的主持人及参加单位和人员;③各类会议的召开时间;④各类会议文件的整理、分发和确认等。

2. 项目进度控制的经济措施

建设工程项目进度控制的经济措施涉及资金需求计划、资金供应的条件和经济激励措施等。为确保进度目标的实现,应编制与进度计划相适应的资源需求计划(资源进度计划),包括资金需求计划和其他资源(人力和物力资源)需求计划,以反映工程实施的各时段所需要的资源。通过资源需求的分析,可发现所编制的进度计划实现的可能性,若资源条件不具备,则应调整进度计划。资金需求计划也是工程融资的重要依据。

资金供应条件包括可能的资金总供应量、资金来源(自有资金和外来资金)及资金供应的时间。在工程预算中应考虑加快工程进度所需要的资金,其中包括为实现进度目标将要采取的经济激励措施所需要的费用。

3. 项目进度控制的技术措施

建设工程项目进度控制的技术措施涉及对实现进度目标有利的设计技术和施工技术的选用。不同的设计理念、设计技术路线、设计方案会对工程进度产生不同的影响,在设计工作的前期,特别是在设计方案评审和选用时,应对设计技术与工程进度的关系做分析比较。在工程进度受阻时,应分析是否存在设计技术的影响因素,为实现进度目标有无设计变更的可能性。

施工方案对工程进度有直接的影响,在决策其是否选用时,不仅应分析技术的先进性和经济合理性,还应考虑其对进度的影响。在工程进度受阻时,应分析是否存在施工技术的影响因素,为实现进度目标有无改变施工技术、施工方法和施工机械的可能性。

思 考 题

1. 某建设工程项目,合同工期为 12 个月。承包人向监理机构呈交的施工进度计划如图 11-16 所示。(图中工作持续时间单位为月)

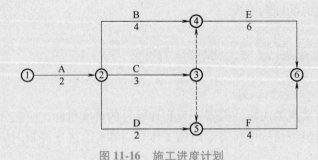

图 11-16 施工进度计划

1)该施工进度计划的计算工期为多少个月?是否满足合同工期的要求?

2)该施工进度计划中哪些工作应作为重点控制对象?为什么?

3)施工过程中检查发现,工作 C 将拖后 1 个月完成,其他工作均按计划进行,工作 C 的拖后对工期有何影响?

2. 拟建三台设备的基础工程,施工过程包括基础开挖、基础处理和混凝土浇筑。因型号与基础条件相同,为了缩短工期,监理人指示承包商分三个施工段组织专业流水施工(一项施工作业由一个专业队完成)。各施工作业在各施工段的施工时间见表11-1。

表11-1　各施工作业在各施工段的施工时间　　　　　（时间单位：月）

施工过程	施工段		
	设备A	设备B	设备C
基础开挖	3	3	3
基础处理	4	4	4
混凝土浇筑	2	2	2

1) 请根据监理工程师的要求绘制双代号专业流水（平行交叉作业）施工网络进度计划图。
2) 该网络计划的计算工期为多少？指出关键线路并在图上用粗线标出。

3. 某工程双代号时标网络计划如图11-17所示。计划实施到第5月月末时检查发现，A工作已完成1/2工程量，B工作已完成1/6工作量，E工作已完成2/5工程量。

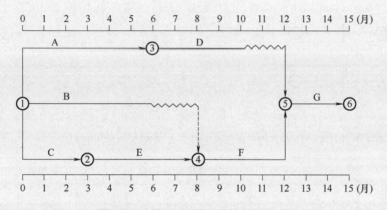

图11-17　某工程双代号时标网络计划

1) 在时标网络计划中标出上述检查结果的实际进度前锋线。
2) 把检查结果填入检查结果分析表中，见表11-2。

表11-2　检查结果分析

工作代号	工作名称	检查时尚需作业时间（月）	到计划最迟完成时尚余时间（月）	原有总时差（月）	尚有总时差（月）	进度偏差影响	
						影响工期（月）	影响紧后工作最早开始时间

3) 根据当前进度情况，如不做任何调整，工期将比原计划推迟多长时间？

4. 某建设项目合同工期为15个月，其双代号网络计划如图11-18所示。该计划已经由监理人批准。
1) 找出该网络计划的关键线路。
2) 工作D的总时差和自由时差各为多少？
3) 当该计划实施到第8个月月末时，经监理工程师检查发现工作C、B已按计划完成，而工作D还需要2个月才能完成。此时工作D实际进度是否会使总工期延长？为什么？
5. 某工程网络计划如图11-19所示，计划工期为16个月。

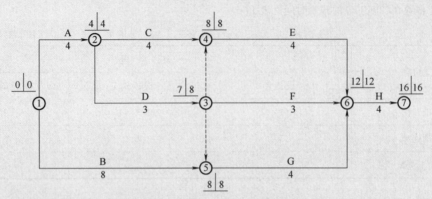

图 11-18 某建设项目双代号网络计划

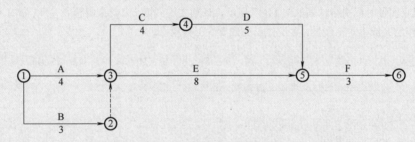

图 11-19 某工程网络计划

计划实施到第 4 个月月末时检查发现，B 已经完成，A 尚需 3 个月才能完成。

工作	正常持续时间（月）	最短持续时间（月）	费用率（万元/月）
A	4	4	∞
B	3	3	∞
C	4	1	4
D	5	2	8
E	8	5	2
F	3	2	5

1）工作 A 的实际进度拖后对总工期有何影响？为什么？

2）如果工作 A 的实际进度拖后对总工期产生影响，为保证该工程按原计划工期完成，在不改变工作间逻辑关系的前提下，用费用优化的纯压缩法，给出直接费用增加最少的调整方案，并简要写出调整过程。

6. 某工程网络计划如图 11-20 所示，时间单位为月。

1）计算该网络计划的时间参数，并确定关键线路。

2）根据上面的计算情况，回答下列问题。（计划中各工作按最早时间安排下达；某工作的进度发生偏差时，认为其他工作是按计划进行的）。

① 该工程的计算工期是多少？

② 若该工程计划工期等于计算工期，实施中 E 工作拖后 2 个月完成，对工期有何影响？

③ 若实施中 G 工作提前 2 个月完工，工期变为多少？

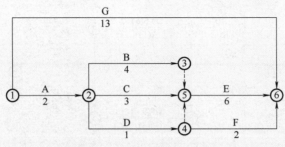

图 11-20 某工程网络计划

④ 若 D 工作拖延 1 个月完成，F 工作的总时差有哪些变化？

7. 已知某工程项目的时标网络计划如图 11-21 所示，时间单位为天。

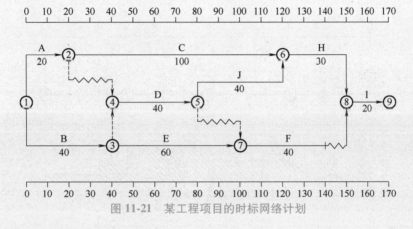

图 11-21 某工程项目的时标网络计划

1）工作 E 的总时差及自由时差各为多少天？
2）指出该网络计划的关键线路。
3）工程进行到 70 天下班时检查，发现工作 A、B 已完成，而工作 C、D 和 E 分别需要 40 天、30 天和 20 天才能完成。试绘制实际进度前锋线，分析工作 C、D 和 E 的实际进度与计划进度的偏差及影响。

8. 已知某工程双代号网络如图 11-22 所示，图中箭线下方括号外数字为工作的正常持续时间，括号内数字为工作的最短持续时间；图中箭线上方括号内数字为工作的优选系数，合同要求工期为 15 周，则确定初始网络图是否要进行工期优化？写出过程。

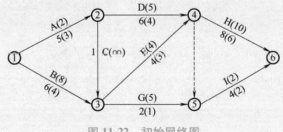

图 11-22 初始网络图

9. 已知某工程网络计划如图 11-23 所示，图中箭线下方括号外数字为工作的正常持续时间，括号内数字为工作的最短持续时间；图中箭线上方括号外数字为工作按正常持续时间完成使所需的直接费用，括号内数字为工作按最短持续时间完成使所需的直接费用。该工程的间接费用率为 0.8 万元/天。能否对该网络计划进行优化。

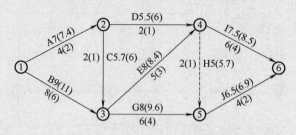

图 11-23 工期费用优化初始网络图

10. 已知某工程的早时标网络如图 11-24 所示，图中箭线上方数字为工作的资源强度，下方数字为工作的持续时间（周），若资源供给的最大量为 12 个单位，能否对其进行"资源有限—工期最短"的优化工作。

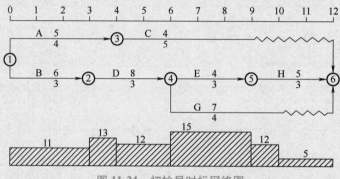

图 11-24 初始早时标网络图

第 12 章
工程项目质量控制

本章重点内容：工程项目质量的基本特性和影响因素；全面质量管理思想和方法的应用；施工生产要素的质量控制；施工过程的质量控制；建设工程项目施工质量验收；施工质量问题和质量事故的处理。

本章学习目标：熟悉建设工程项目质量控制的内涵，了解建设工程项目质量控制体系，掌握建设工程项目施工质量控制，掌握建设工程项目施工质量验收，掌握施工质量不合格的处理，了解数理统计方法在工程质量管理中的应用。学生通过本章学习，要认识到工程项目质量是百年大计，科学技术是推动产品质量的关键要素，形成科学发展观；认识到实际工作中实现质量管理必须遵守相关的法律法规，培养遵纪守法的品质和树立法制精神；培养实事求是、认真严谨的工作态度。

12.1 建设工程项目质量控制的内涵

12.1.1 工程项目质量控制概述

1. 工程项目质量控制的相关概念

（1）工程项目质量 工程项目质量是指通过项目实施形成的工程实体的质量，是反映建筑工程满足相关标准规定或合同约定的要求，包括其在安全、使用功能及其在耐久性能、环境保护等方面所有明显和隐含能力的特性总和。其质量特性主要体现在适用性、安全性、耐久性、可靠性、经济性及与环境的协调性六个方面。

（2）工程项目质量管理 工程项目质量管理是指在工程项目实施过程中，指挥和控制项目参与各方关于质量的相互协调的活动，是围绕着使工程项目满足质量要求而开展的策划、组织、计划、实施、检查、监督和审核等所有管理活动的总和。它是工程项目的建设、勘察、设计、施工、监理等单位的共同职责，项目参与各方的项目经理必须调动与项目质量有关的所有人员的积极性，共同做好本职工作，才能完成项目质量管理的任务。

（3）工程项目质量控制 工程项目质量控制是指在项目实施整个过程中，包括项目的勘察设计、招标采购、施工安装、竣工验收等各个阶段，项目参与各方致力于实现业主要求的项目质量总目标的一系列活动。

工程项目质量控制包括项目的建设、勘察、设计、施工、监理各方的质量控制活动。

2. 工程项目质量控制的目标与任务

工程项目质量控制的目标是实现由项目决策所决定的项目质量目标，使项目的适用性、安全性、耐久性、可靠性、经济性及与环境的协调性满足建设单位需要并符合国家法律、行政法规和技术标准、规范的要求。项目的质量涵盖设计质量、材料质量、设备质量、施工质量和影响项目运行或运营的环境质量等，各项质量均应符合相关的技术规范和标准的规定，满足业主方的质量要求。

工程项目质量控制的任务是对项目的建设、勘察、设计、施工、监理单位的工程质量行为，以及涉及项目工程实体质量的设计质量、材料质量、设备质量、施工安装质量进行控制。

由于项目的质量目标最终是由项目工程实体的质量来体现，而项目工程实体的质量最终通过施工作业过程直接形成，设计质量、材料质量、设备质量也要在施工过程中进行检验，因此，施工质量控制是项目质量控制的重点。

12.1.2 工程项目质量的基本特性和影响因素

1. 工程项目质量的基本特性

（1）有关使用功能的质量特性　　工程项目的功能性质量，主要表现为反映项目使用功能需求的一系列特性指标，如房屋建筑工程的平面空间布局、通风采光性能；工业建筑工程的生产能力和工艺流程；道路交通工程的路面等级、通行能力等。按照现代质量管理理念，功能性质量必须以顾客关注为焦点，满足顾客的需求或期望。

（2）有关安全可靠的质量特性　　建筑产品不仅要满足使用功能和用途的要求，而且在正常的使用条件下应能达到安全可靠的标准，如建筑结构自身安全可靠、使用过程防腐蚀、防坠、防火、防盗、防辐射，以及设备系统运行与使用安全等。可靠性质量必须在满足功能性质量需求的基础上，结合技术标准、规范（特别是强制性条文）的要求进行确定与实施。

（3）有关文化艺术的质量特性　　建筑产品具有深刻的社会文化背景，人们把具有某种特定历史文化的建筑产品视同艺术品。其个性的艺术效果，包括建筑造型、立面外观、文化内涵、时代表征以及装修装饰、色彩视觉等。工程项目文化艺术特性的质量来自于设计者的设计理念、创意和创新，以及施工者对设计意图的领会与精益施工。

（4）有关工程环境的质量特性　　建设工程环境质量主要是指在项目建设与使用过程中对周边环境的影响，包括项目用地范围内的规划布局、交通组织、绿化景观、节能环保，以及其与周边环境的协调性或适宜性。

2. 工程项目质量的影响因素

建设工程项目质量的影响因素，主要是指在项目质量目标策划、决策和实现过程中影响质量形成的各种客观因素和主观因素，包括人的因素、机械因素、材料因素、方法因素和环境因素（简称人、机、料、法、环）等。

（1）人的因素　　在工程项目质量管理中，人的因素起决定性作用。项目质量控制应以控制人的因素为基本出发点。影响项目质量的人的因素包括两个方面：一是指直接履行项目质量职能的决策者、管理者和作业者个人的质量意识及质量活动能力；二是指承担项目策划、决策或实施的建设单位、勘察设计单位、咨询服务机构、工程承包企业等实体组织的质量管理体系及其管理能力。我国实行建筑业企业经营资质管理制度、市场准入制度、执业资格注册制度、作业及管理人员持证上岗制度等，本质上都是对从事建设工程活动的人的素质和能力进行必要的控制。人，作为控制对象，人的工作应避免失误；作为控制动力，应充分调动人的积极性，发挥人的主导作用。因此，必须有效控制项目参与各方的人员素质，不断提高人的质量活动能力，才能保证项目质量。

（2）机械因素　机械包括工程设备、施工机械和各类施工工器具，是工程项目的重要组成部分，其质量的优劣，直接影响工程使用功能的发挥。施工机械是所有施工方案和工法得以实施的重要物质基础，合理选择和正确使用施工机械是保证项目施工质量和安全的重要条件。

（3）材料因素　材料包括工程材料和施工用料，又包括原材料、半成品、成品、构配件和周转材料等。各类材料是工程施工的基本物质条件，材料质量是工程质量的基础，材料质量不符合要求，工程质量就不可能达到标准。所以加强对材料设备的质量控制，是保证工程质量的基础。

（4）方法因素　方法因素也可以称为技术因素，包括勘察、设计、施工所采用的技术和方法，以及工程检测、试验的技术和方法等。技术方案和工艺水平的高低，决定了项目质量的优劣。依据科学的理论，采用先进合理的技术方案和措施，按照规范进行勘察、设计、施工，必将对保证项目的结构安全和满足使用功能，对组成质量因素的产品精度、强度、平整度、清洁度、耐久性等物理、化学特性等方面起到良好的推进作用。例如，建设主管部门在建筑业中推广应用的多项新技术，包括地基基础和地下空间工程技术、高性能混凝土技术、新型模板及脚手架应用技术、钢结构技术、建筑防水技术以及BIM等信息技术，对消除质量通病保证建设工程质量起到了积极作用，收到了明显的效果。

（5）环境因素　影响项目质量的环境因素，包括项目的自然环境因素、社会环境因素、管理环境因素和作业环境因素。

1）自然环境因素。主要是指工程地质、水文、气象条件和地下障碍物以及其他不可抗力等影响项目质量的因素。例如，复杂的地质条件必然对建设工程的地基处理和基础设计提出更高的要求，处理不当会对结构安全造成不利影响；在地下水位高的地区，若在雨期进行基坑开挖，遇到连续降雨或排水困难，会引起基坑塌方或地基受水浸泡影响承载力等。

2）社会环境因素。主要是指会对项目质量造成影响的各种社会环境因素，包括国家建设法律法规的健全程度及其执法力度；建设工程项目法人决策的理性化程度及经营者的经营管理理念；建筑市场（包括建设工程交易市场和建筑生产要素市场）的发育程度及交易行为的规范程度；政府工程质量监督及行业管理成熟程度；建设咨询服务业的发展程度及其服务水准的高低；廉政管理及行风建设的状况等。

3）管理环境因素。主要是指项目参建单位的质量管理体系、质量管理制度和各参建单位之间的协调等因素。如在项目施工中根据承发包的合同结构，理顺管理关系，建立统一的现场施工组织系统和质量管理的综合运行机制，确保工程项目质量保证体系处于良好的状态，创造良好的质量管理环境和氛围，则是施工顺利进行，提高施工质量的保证。

4）作业环境因素。主要是指项目实施现场平面和空间环境条件，各种能源介质供应，施工照明、通风、安全防护设施，施工场地给水排水，以及交通运输和道路条件等因素。这些条件是否良好，都直接影响施工能否顺利进行，以及施工质量能否得到保证。

12.2 建设工程项目质量控制体系

12.2.1 全面质量管理思想和方法的应用

1. 全面质量管理（TQC）的思想

全面质量管理（Total Quality Control，TQC）的基本原理是强调在企业或组织最高管理者的质量方针指引下，实行全面、全过程和全员参与的质量管理。其主要特点是：以顾客满意为宗旨；领导参与质量方针和目标的制订；提倡预防为主、科学管理、用数据说话等。建设工程项目的质量管理，同样应贯彻"三全"管理的思想和方法。

（1）全面质量管理　建设工程项目的全面质量管理，是指项目参与各方所进行的工程项目质量管理的总称，其中包括工程（产品）质量和工作质量的全面管理。工作质量是产品质量的保证，工作质量直接影响产品质量的形成。建设单位、监理单位、勘察单位、设计单位、施工总承包单位、施工分包单位、材料设备供应商等，任何一方、任何环节的怠慢疏忽或质量责任不落实都会对建设工程质量产生不利的影响。

（2）全过程质量管理　全过程质量管理，是指根据工程质量的形成规律，从源头抓起，全过程推进。我国质量管理体系强调质量管理的"过程方法"管理原则，要求应用"过程方法"进行全过程质量控制。

（3）全员参与质量管理　按照全面质量管理的思想，组织内部的每个部门和工作岗位都承担着相应的质量职能，组织的最高管理者确定了质量方针和目标，就应组织和动员全体员工参与到实施质量方针的系统活动中去，发挥自己的角色作用。开展全员参与质量管理的重要手段是运用目标管理方法，将组织的质量总目标逐级进行分解，使之形成自上而下的质量目标分解体系和自下而上的质量目标保证体系，发挥组织系统内部每个工作岗位、部门或团队在实现质量总目标过程中的作用。

2. 质量管理的PDCA循环

在长期的生产实践和理论研究中形成的计划、实施、检查、处置（Plan，Do，Check，Action，PDCA）循环，是建立质量管理体系和进行质量管理的基本方法。PDCA循环示意如图12-1所示。管理是确定任务目标，并通过PDCA循环来实现预期目标。每一循环都围绕着实现预期的目标，进行计划、实施、检查和处置活动，随着对存在问题的解决和改进，在每次的滚动循环中逐步上升，不断增强质量管理能力，不断提高质量水平。每一个循环的四大职能活动相互联系，共同构成了质量管理的系统过程。

（1）计划P（Plan）　建设工程项目的质量计划，是由项目参与各方根据其在项目实施中所承担的任务、责任范围和质量目标，分别制订质量计划而形成的质量计划体系。其中，建设单位的工程项目质量计划，包括确定和论证项目总体的质量目标，制订项目质量管理的组织、制度、工作程序、方法和要求。项目其他各参与方则根据国家法律法规和工程合同规定的质量责任和义务，在明确各自质量目标的基础上，制订实施相应范围质量管理的行动方案，包括技术方法、业务流程、资源配置、检验试验要求、质量记录方式、不合格处理及相应管理措施等具体内容和做法的质量管理文件，同时也须对其实现预期目标的可行性、有效性、经济合理性进行分析论证，并按照规定的程序与权限，经过审批后执行。

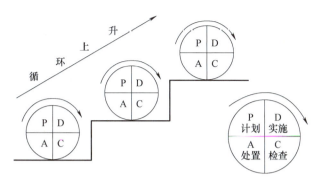

图 12-1 PDCA 循环示意图

（2）实施 D（Do） 实施职能在于将质量的目标值，通过生产要素的投入、作业技术活动和产出过程，转换为质量的实际值。为保证工程质量的产出或形成过程能够达到预期的结果，在各项质量活动实施前，要根据质量管理计划进行行动方案的部署和交底；交底的目的在于使具体的作业者和管理者明确计划的意图和要求，掌握质量标准及其实现的程序与方法。在质量活动的实施过程中，则要求严格执行计划的行动方案，规范行为，把质量管理计划的各项规定和安排落实到具体的资源配置和作业技术活动中。

（3）检查 C（Check） 检查是指对计划实施过程进行各种检查，包括作业者的自检、互检和专职管理者专检。各类检查都包含两大方面：一是检查是否严格执行了计划的行动方案，实际条件是否发生了变化，不执行计划的原因；二是检查计划执行的结果，即产出的质量是否达到标准的要求，对此进行确认和评价。

（4）处置 A（Action） 对于质量检查所发现的质量问题或质量不合格，及时进行原因分析，采取必要的措施，予以纠正，保持工程质量形成过程的受控状态。处置包括纠偏和预防改进两个方面。前者是采取有效措施，解决当前的质量偏差、问题或事故；后者是将目前质量状况信息反馈到管理部门，反思问题症结或计划不周的问题，确定改进目标和措施，为今后类似质量问题的预防提供借鉴。

12.2.2 工程项目质量控制体系的建立和运行

1. 工程项目质量控制体系的特点

建设工程项目质量控制体系是项目目标控制的一个工作体系，与建筑企业或其他组织机构按照《质量管理体系 基础和术语》（GB/T 19000/ISO 9000）族标准建立的质量管理体系相比较，有如下不同：

1）建立的目的不同。项目质量控制体系只用于特定的项目质量控制，而不用于建筑企业或组织的质量管理，其建立的目的不同。

2）服务的范围不同。项目质量控制体系涉及项目实施过程所有的质量责任主体，而不只是针对某一个承包企业或组织机构，其服务的范围不同。

3）控制的目标不同。项目质量控制体系的控制目标是项目的质量目标，并非某一具体建筑企业或组织的质量管理目标，其控制的目标不同。

4）作用的时效不同。项目质量控制体系与项目管理组织系统相融合，是一次性的质量工作体系，并非永久性的质量管理体系，其作用的时效不同。

5）评价的方式不同。项目质量控制体系的有效性一般由项目管理的总组织者进行自我评价与诊断，不需要进行第三方认证，其评价的方式不同。

2. 工程项目质量控制体系的建立原则及程序

（1）建立的原则

1）分层次规划原则。项目质量控制体系的分层次规划，是指项目管理的总组织者（建设单位或代建制项目管理企业）和承担项目实施任务的各参与单位，分别进行不同层次和范围的建设工程项目质量控制体系规划。

2）目标分解原则。项目质量控制系统总目标的分解，是根据控制系统内工程项目的分解结构，将工程项目的建设标准和质量总体目标分解到各个责任主体，明示于合同条件，由各责任主体制订相应的质量计划，确定其具体的控制方式和控制措施。

3）质量责任制原则。项目质量控制体系的建立，应按照《中华人民共和国建筑法》和《建设工程质量管理条例》有关工程质量责任的规定，界定各方的质量责任范围和控制要求。

（2）建立的程序

1）确立系统质量控制网络。首先明确系统各层面的工程质量控制负责人。一般应包括承担项目实施任务的项目经理（或工程负责人）、总工程师，项目监理机构的总监理工程师、专业监理工程师等，以形成明确的项目质量控制责任者的关系网络架构。然后建立项目各参与方共同遵循的质量管理制度和控制措施，并形成有效的运行机制。

2）制订质量控制制度。包括质量控制例会制度、协调制度、报告审批制度、质量验收制度和质量信息管理制度等，形成建设工程项目质量控制体系的管理文件或手册，作为承担建设工程项目实施任务各方主体共同遵循的管理依据。

3）分析质量控制界面。项目质量控制体系的质量责任界面，包括静态界面和动态界面。静态界面根据法律法规、合同条件、组织内部职能分工来确定。动态界面主要是指项目实施过程中设计单位之间、施工单位之间、设计与施工单位之间的衔接配合关系及其责任划分，必须通过分析研究，确定管理原则与协调方式。

4）编制质量控制计划。项目管理总组织者负责主持编制建设工程项目总质量计划，并根据质量控制体系的要求，部署各质量责任主体编制与其承担任务范围相符合的质量计划，并按规定程序完成质量计划的审批，作为其实施自身工程质量控制的依据。

3. 工程项目质量控制体系的运行环境与机制

（1）运行环境　项目质量控制体系的运行环境，主要是指以下几方面为系统运行提供支持的管理关系、组织制度和资源配置的条件。

1）项目的合同结构。建设工程合同是联系建设工程项目各参与方的纽带，只有在项目合同结构合理，质量标准和责任条款明确，并严格进行履约管理的条件下，质量控制体系的运行才能成为各方的自觉行动。

2）质量管理的资源配置。质量管理的资源配置，包括专职的工程技术人员和质量管理人员的配置；实施技术管理和质量管理所必需的设备、设施、器具、软件等物质资源的配置。人员和资源的合理配置是质量控制体系得以运行的基础条件。

3）质量管理的组织制度。项目质量控制体系内部的各项管理制度和程序性文件的建立，为质量控制系统各个环节的运行提供必要的行动指南、行为准则和评价基准的依据，是系统有序运行的基本保证。

（2）运行机制　项目质量控制体系的运行机制，是由一系列质量管理制度安排所形成的内在动力。运行机制是质量控制体系的生命，机制缺陷是造成系统运行无序、失效和失控的重要原因。因此，在系统内部的管理制度设计时，必须予以高度的重视，防止重要管理制度的缺失、制度本身的缺陷、制度之间的矛盾等现象出现，才能为系统的运行注入动力机制、约束机制、反馈机制和持续改进机制。

1）动力机制。动力机制是项目质量控制体系运行的核心机制，来源于公正、公开、公平的竞争机制和利益机制的制度设计或安排。这是因为项目的实施过程是由多主体参与的价值增值链，只有保持合理的供方及分供方等各方关系，才能形成合力，是项目管理成功的重要保证。

2）约束机制。约束机制取决于各质量责任主体内部的自我约束能力和外部的监控效力。约束能力表现为组织及个人的经营理念、质量意识、职业道德及技术能力的发挥；监控效力取决于项目实施主体外部对质量工作的推动和检查监督。两者相辅相成，构成了质量控制过程的制衡关系。

3）反馈机制。运行状态和结果的信息反馈，是对质量控制系统的能力和运行效果进行评价，并为及时做出处置提供决策依据。因此，必须有相关的制度安排，保证质量信息反馈的及时和准确；坚持质量管理者深入生产第一线，掌握第一手资料，才能形成有效的质量信息反馈机制。

4）持续改进机制。在项目实施的各个阶段，不同的层面、不同的范围和不同的质量责任主体之间，应用 PDCA 循环原理，即计划、实施、检查和处置不断循环的方式展开质量控制，同时注重抓好控制点的设置，加强重点控制和例外控制，并不断寻求改进机会、研究改进措施，才能保证建设工程项目质量控制系统的不断完善和持续改进，不断提高质量控制能力和控制水平。

12.3　建设工程项目施工质量控制

建设工程项目的施工质量控制有两个方面的含义：一是指项目施工单位的施工质量控制，包括施工总承包、分包单位，综合的和专业的施工质量控制；二是指广义的施工阶段项目质量控制，即除了施工单位的施工质量控制外，还包括建设单位、设计单位、监理单位以及政府质量监督机构，在施工阶段对项目施工质量所实施的监督管理和控制职能。

12.3.1　施工质量控制的依据与基本环节

1. 施工质量控制的依据

（1）共同性依据　是指适用于施工质量管理有关的、通用的、具有普遍指导意义和必须遵守的基本法规。主要包括国家和政府有关部门颁布的与工程质量管理有关的法律法规性文件，如《中华人民共和国建筑法》《中华人民共和国招标投标法》和《建设工程质量管理条例》等。

（2）专业技术性依据　是指针对不同的行业、不同质量控制对象制定的专业技术规范文件，包括规范、规程、标准、规定等，如工程建设项目质量检验评定标准，有关建筑材料、半成品和构配件质量方面的专门技术法规性文件，有关材料验收、包装和标志等方面的技术标准和规定，施工工艺质量等方面的技术法规性文件，有关新工艺、新技术、新材料、新设备的质量规定和鉴定意见等。

(3) 项目专用性依据 是指本项目的工程建设合同、勘察设计文件、设计交底及图纸会审记录、设计修改和技术变更通知，以及相关会议记录和工程联系单等。

2. 施工质量控制的基本环节

(1) 事前质量控制 在正式施工前进行的事前主动质量控制，通过编制施工质量计划，明确质量目标，制订施工方案，设置质量管理点，落实质量责任，分析可能导致质量目标偏离的各种影响因素，针对这些影响因素制订有效的预防措施，防患于未然。

事前质量预控要求针对质量控制对象的控制目标、活动条件、影响因素进行周密分析，找出薄弱环节，制订有效的控制措施和对策。

(2) 事中质量控制 是指在施工质量形成过程中，对影响施工质量的各种因素进行全面的动态控制。事中质量控制也称为作业活动过程质量控制，包括质量活动主体的自我控制和他人监控的控制方式。自我控制是第一位的，即作业者在作业过程对自己质量活动行为的约束和技术能力的发挥，以完成符合预定质量目标的作业任务；他人监控是对作业者的质量活动过程和结果，由来自企业内部管理者和企业外部有关方面进行监督检查，如工程监理机构、政府质量监督部门等的监控。

施工质量的自控和监控是相辅相成的系统过程。自控主体的质量意识和能力是关键，是施工质量的决定因素；各监控主体所进行的施工质量监控是对自控行为的推动和约束。因此，自控主体必须正确处理自控和监控的关系，在致力于施工质量自控的同时，还必须接受来自业主、监理等方面对其质量行为和结果所进行的监督管理，包括质量检查、评价和验收。自控主体不能因为监控主体的存在和监控职能的实施而减轻或免除其质量责任。

事中质量控制的目标是确保工序质量合格，杜绝质量事故发生；控制的关键是坚持质量标准；控制的重点是工序质量、工作质量和质量控制点的控制。

(3) 事后质量控制 事后质量控制也称为事后质量把关，以使不合格的工序或最终产品（包括单位工程或整个工程项目）不流入下道工序、不进入市场。事后质量控制包括对质量活动结果的评价、认定；对工序质量偏差的纠正；对不合格产品进行整改和处理。控制的重点是发现施工质量方面的缺陷，并通过分析提出施工质量改进的措施，保持质量处于受控状态。

12.3.2 施工质量计划的内容与质量控制点

1. 施工质量计划的形式和内容

在建设工程施工企业的质量管理体系中，以施工项目为对象的质量计划称为施工质量计划。

(1) 施工质量计划的形式 目前，我国除了已经建立质量管理体系的施工企业直接采用施工质量计划的形式外，通常还采用在工程项目施工组织设计或施工项目管理实施规划中包含质量计划内容的形式。

施工组织设计或施工项目管理实施规划之所以能发挥施工质量计划的作用，这是因为根据建筑生产的技术经济特点，每个工程项目都需要进行施工生产过程的组织与计划，包括施工质量、进度、成本、安全等目标的设定，实现目标的计划和控制措施的安排等。因此，施工质量计划所要求的内容，被包含于施工组织设计或项目管理实施规划中，而且能够充分体现施工项目管理目标（质量、工期、成本、安全）的关联性、制约性和整体性，这也和全面质量管理的思想方法相一致。

（2）施工质量计划的基本内容

1）工程特点及施工条件（如合同条件、法规条件和现场条件等）分析。

2）质量总目标及其分解目标。

3）质量管理组织机构和职责，人员及资源配置计划。

4）确定施工工艺与操作方法的技术方案和施工组织方案。

5）施工材料、设备等物资的质量管理及控制措施。

6）施工质量检验、检测、试验工作的计划安排及其实施方法与检测标准。

7）施工质量控制点及其跟踪控制的方式与要求。

8）质量记录的要求等。

2. 施工质量控制点的设置与管理

（1）质量控制点的设置　质量控制点应选择技术要求高、施工难度大、对工程质量影响大或是发生质量问题时危害大的对象进行设置。一般选择下列部位或环节作为质量控制点：

1）对工程质量形成过程产生直接影响的关键部位、工序、环节及隐蔽工程。

2）施工过程中的薄弱环节，或者质量不稳定的工序、部位或对象。

3）对下道工序有较大影响的上道工序。

4）采用新技术、新工艺、新材料的部位或环节。

5）施工质量无把握的、施工条件困难的或技术难度大的工序或环节。

6）用户反馈指出的和过去有过返工的不良工序。

（2）质量控制点的重点控制对象

1）人的行为。某些操作或工序应以人为重点控制对象，如高空、高温、水下、易燃易爆、重型构件吊装作业以及操作要求高的工序和技术难度大的工序等，都应从人的生理、心理、技术能力等方面进行控制。

2）材料的质量与性能。这是直接影响工程质量的重要因素，在某些工程中应作为控制的重点。如钢结构工程中使用的高强度螺栓、某些特殊焊接使用的焊条，都应重点控制其材质与性能；又如水泥的质量是直接影响混凝土工程质量的关键因素，施工中就应对进场的水泥质量进行重点控制，必须检查核对其出厂合格证，并按要求进行强度和安定性的复验等。

3）施工方法与关键操作。某些直接影响工程质量的关键操作应作为控制的重点，如预应力钢筋的张拉工艺操作过程及张拉力的控制，是可靠地建立预应力值和保证预应力构件质量的关键过程。同时，易对工程质量产生重大影响的施工方法，也应列为控制的重点，如大模板施工中模板的稳定和组装问题、液压滑模施工时支撑杆稳定问题、升板法施工中提升量的控制问题等。

4）施工技术参数。如混凝土的外加剂掺量、水胶比，回填土的含水量，砌体的砂浆饱满度,防水混凝土的抗渗等级,建筑物沉降与基坑边坡稳定监测数据,大体积混凝土内外温差及混凝土冬期施工受冻临界强度等技术参数都是应重点控制的质量参数与指标。

5）技术间歇。有些工序之间必须留有必要的技术间歇时间,如砌筑与抹灰之间,应在墙体砌筑后留 6~10 天时间,让墙体充分沉陷、稳定、干燥,然后再抹灰,抹灰层干燥后,才能喷白、刷浆；混凝土浇筑与模板拆除之间,应保证混凝土有一定的硬化时间,达到规定拆模强度后方可拆除等。

6）施工顺序。某些工序之间必须严格控制先后的施工顺序,如对冷拉的钢筋应当先焊接后冷拉,否则会失去冷强；屋架的安装固定,应采取对角同时施焊方法,否则会由于焊接应力导致校正好的屋架发生倾斜。

7）易发生或常见的质量通病。如混凝土工程的蜂窝、麻面、空洞,墙、地面、屋面工程渗水、漏水、空鼓、起砂、裂缝等,都与工序操作有关,均应事先研究对策,提出预防措施。

8）新技术、新材料及新工艺的应用。由于缺乏经验,施工时应将其作为重点进行控制。

9）产品质量不稳定和不合格率较高的工序应列为重点,认真分析,严格控制。

10）特殊地基或特种结构。对于湿陷性黄土、膨胀土、红黏土等特殊土地基的处理,以及大跨度结构、高耸结构等技术难度较大的施工环节和重要部位,均应予以特别的重视。

（3）质量控制点的管理　首先,要做好施工质量控制点的事前质量预控工作,包括明确质量控制的目标与控制参数；编制作业指导书和质量控制措施；确定质量检查检验方式及抽样的数量与方法；明确检查结果的判断标准及质量记录与信息反馈要求等。

其次,要向施工作业班组进行认真交底,使每一个控制点上的作业人员明白施工作业规程及质量检验评定标准,掌握施工操作要领；在施工过程中,相关技术管理和质量控制人员要在现场进行重点指导和检查验收。

同时,还要做好施工质量控制点的动态设置和动态跟踪管理。动态设置是指在工程开工前、设计交底和图纸会审时,可确定项目的一批质量控制点,随着工程的展开、施工条件的变化,随时或定期进行控制点的调整和更新。动态跟踪是应用动态控制原理,落实专人负责跟踪和记录控制点质量控制的状态和效果,并及时向项目管理组织的高层管理者反馈质量控制信息,保持施工质量控制点的受控状态。

对于危险性较大的分部分项工程或特殊施工过程,除按一般过程质量控制的规定执行外,还应由专业技术人员编制专项施工方案或作业指导书,经施工单位技术负责人、项目总监理工程师、建设单位项目负责人签字后执行。超过一定规模的危险性较大的分部分项工程,还要组织专家对专项方案进行论证。作业前施工员、技术员做好交底和记录,使操作人员在明确工艺标准、质量要求的基础上进行作业。为保证质量控制点的目标实现,应严格按照三级检查制度进行检查控制。在施工中发现质量控制点有异常时,应立即停止施工,召开分析会,查找原因采取对策予以解决。

施工单位应积极主动地支持、配合监理工程师的工作,应根据现场工程监理机构的要求,对施工作业质量控制点,按照不同的性质和管理要求,细分为"见证点"和"待检点"进行施工质量的监督和检查。凡属"见证点"的施工作业,如重要部位、特种作业、专门工艺等,施工方必须在该项作业开始前,书面通知现场监理机构到位旁站,见证施工作业过程；凡属"待检点"的施工作业，如隐蔽工程等，施工方必须在完成施工质量自检的基础上，提前通知项目监理机构进行检查验收，然后才能进行工程隐蔽或下道工序的施工。未经过项目监理机构检查验收合格，不得进行工程隐蔽或下道工序的施工。

12.3.3 施工生产要素的质量控制

1. 施工人员的质量控制

施工人员的质量包括参与工程施工各类人员的施工技能、文化素养、生理体能、心理行为等方面的个体素质，以及经过合理组织和激励发挥个体潜能综合形成的群体素质。企业应通过择优录用、加强思想教育及技能方面的教育培训，合理组织、严格考核，并辅以必要的激励机制，使企业员工的潜在能力得到充分的发挥和最好的组合，使施工人员在质量控制系统中发挥主体自控作用。

施工企业必须坚持执业资格注册制度和作业人员持证上岗制度；对所选派的施工项目领导者、组织者进行教育和培训，使其质量意识和组织管理能力能满足施工质量控制的要求；对所属施工队伍进行全员培训，加强质量意识的教育和技术训练，提高每个作业者的质量活动能力和自控能力；对分包单位进行严格的资质考核和施工人员的资格考核，其资质、资格必须符合相关法规的规定，与其分包的工程相适应。

2. 施工机械的质量控制

施工机械设备是所有施工方案和工法得以实施的重要物质基础，合理选择和正确使用施工机械设备是保证施工质量的重要措施。

1）对施工所用的机械设备，应根据工程需要从设备选型、主要性能参数及使用操作要求等方面加以控制，符合安全、适用、经济、可靠和节能、环保等方面的要求。

2）对施工中使用的模具、脚手架等施工设备，除可按适用的标准定型选用外，一般需按设计及施工要求进行专项设计，对其设计方案及制作质量的控制及验收应作为重点进行控制。

3）混凝土预制构件吊运应根据构件的形状、尺寸、重量和作业半径等要求选择吊具和起重设备。

4）按现行施工管理制度要求，工程所用的施工机械、模板、脚手架，特别是危险性较大的现场安装的起重机械设备，不仅要对其设计安装方案进行审批，而且安装完毕交付使用前必须经专业管理部门的验收，合格后方可使用。同时，在使用过程中尚需落实相应的管理制度，以确保其安全正常使用。

3. 材料设备的质量控制

对原材料、半成品及工程设备进行质量控制的主要内容：控制材料设备的性能、标准、技术参数与设计文件的相符性；控制材料、设备各项技术性能指标、检验测试指标与标准规范要求的相符性；控制材料、设备进场验收程序的正确性及质量文件资料的完备性；优先采用节能低碳的新型建筑材料和设备，禁止使用国家明令禁用或淘汰的建筑材料和设备等。

施工单位应按照现行的《建筑工程检测试验技术管理规范》（JGJ 190），在施工过程中贯彻执行企业质量程序文件中关于材料和设备封样、采购、进场检验、抽样检测及质保资料提交等方面明确规定的一系列控制标准。

装配式建筑的混凝土预制构件的原材料质量、钢筋加工和链接的力学性能、混凝土强度、构件结构性能、装饰材料、保温材料及拉结件的质量等均应根据国家现行有关标准进行检查和检验，并应具有生产操作规程和质量检验记录。企业因建立装配式建筑部品部件生产和施工安装全过程质量控制体系，对装配式建筑部品部件实行驻厂监造制度。混凝土构件出厂时间的强度不宜低于设计混凝土强度等级的75%。

4. 工艺技术方案的质量控制

对施工工艺技术方案的质量控制主要包括以下内容：

1）深入正确地分析工程特征、技术关键及环境条件等资料，明确质量目标、验收标准、控制的重点和难点。

2）制订合理有效的有针对性的施工技术方案和组织方案，前者包括施工工艺、施工方法，后者包括施工区段划分、施工流向及劳动组织等。

3）合理选用施工机械设备和设置施工临时设施，合理布置施工总平面图和各阶段施工平面图。

4）选用和设计保证质量和安全的模具、脚手架等施工设备。

5）编制工程所采用的新材料、新技术、新工艺的专项技术方案和质量管理方案。

6）针对工程具体情况，分析气象、地质等环境因素对施工的影响，制订应对措施。

5. 施工环境因素的控制

（1）对施工现场自然环境因素的控制　对地质、水文等方面影响因素，应根据设计要求，分析工程岩土地质资料，预测不利因素，并会同设计等方面制订相应的措施，采取如基坑降水、排水、加固围护等技术控制方案。

对天气气象方面的影响因素，应在施工方案中制订专项紧急预案，明确在不利条件下的施工措施，落实人员、器材等方面的准备，加强施工过程中的监控与预警。

（2）对施工质量管理环境因素的控制　要根据工程承发包的合同结构，理顺管理关系，建立统一的现场施工组织系统和质量管理的综合运行机制，确保质量保证体系处于良好的状态，创造良好的质量管理环境和氛围，使施工顺利进行，保证施工质量。

（3）对施工作业环境因素的控制　要认真实施经过审批的施工组织设计和施工方案，落实相关保证制度，严格执行施工平面规划和施工纪律，保证上述环境条件良好，制订应对停水、停电、火灾、食物中毒等方面的应急预案。

12.3.4　施工准备的质量控制

1. 施工技术准备工作的质量控制

施工技术准备是指在正式开展施工作业活动前进行的技术准备工作。例如，熟悉施工图，组织设计交底和图纸审查；进行工程项目检查验收的项目划分和编号；审核相关质量文件，细化施工技术方案和施工人员、机具的配置方案，编制施工作业技术指导书，绘制各种施工详图（如测量放线图、大样图及配筋、配板、配线图表等），进行必要的技术交底和技术培训。

技术准备工作的质量控制，包括对上述技术准备工作成果的复核审查，检查这些成果是否符合设计图和施工技术标准的要求；依据经过审批的质量计划审查、完善施工质量控制措施；针对质量控制点，明确质量控制的重点对象和控制方法；尽可能地提高上述工作成果对施工质量的保证程度等。

2. 现场施工准备工作的质量控制

（1）计量控制　施工过程中的计量，包括施工生产时的投料计量、施工测量、监测计量，以及对项目、产品或过程的测试、检验、分析计量等。开工前要建立和完善施工现场计量管理的规章制度；明确计量控制责任者和配置必要的计量人员；严格按规定对计量器具进行维修和校验；统一计量单位，组织量值传递，保证量值统一，从而保证施工过程中计量的准确。

（2）测量控制　工程测量放线是建设工程产品由设计转化为实物的第一步。施工测量质量的好坏，直接决定工程的定位和标高是否正确，并且制约施工过程有关工序的质量。因此，施工单位在开工前应编制测量控制方案，经项目技术负责人批准后实施。要对建设单位提供的原始坐标点、基准线和水准点等测量控制点线进行复核，并将复测结果上报监理工程师审核，批准后施工单位才能建立施工测量控制网，进行工程定位和标高基准的控制。

（3）施工平面图控制　建设单位应按照合同约定并充分考虑施工的实际需要，事先划定并提供施工用地和现场临时设施用地的范围，协调平衡和审查批准各施工单位的施工平面设计。施工单位要严格按照批准的施工平面布置图，科学合理地使用施工场地，正确安装设置施工机械设备和其他临时设施，维护现场施工道路畅通无阻和通信设施完好，合理控制材料的进场与堆放，保持良好的防洪排水能力，保证充分的给水和供电。建设（监理）单位应会同施工单位制订严格的施工场地管理制度、施工纪律和相应的奖惩措施，严禁乱占场地和擅自断水、断电、断路，及时制止和处理各种违纪行为，并做好施工现场的质量检查记录。

3. 工程质量检查验收的项目划分

根据《建筑工程施工质量验收统一标准》（GB 50300—2013）（简称《统一标准》）的规定，建筑工程施工质量验收应划分为单位工程、分部工程、分项工程和检验批。

1）单位工程的划分应按下列原则确定：

① 具备独立施工条件并能形成独立使用功能的建筑物及构筑物为一个单位工程。

② 对于建筑规模较大的单位工程，可将其能形成独立使用功能的部分划分为一个子单位工程。

2）分部工程的划分应按下列原则确定：

① 可按专业性质、工程部位确定。例如，一般的建筑工程可划分为地基与基础、主体结构、建筑装饰装修、建筑屋面、建筑给水排水及供暖、建筑电气、智能建筑、通风与空调、建筑节能、电梯等分部工程。

② 当分部工程较大或较复杂时，可按材料种类、施工特点、施工程序、专业系统及类别等划分为若干子分部工程。

3）分项工程可按主要工种、材料、施工工艺、设备类别等进行划分。

4）检验批可根据施工质量控制和专业验收需要，按工程量、楼层、施工段、变形缝等进行划分。

5）建筑工程的分部、分项工程划分宜按《统一标准》中的附录B采用。

6）室外工程可根据专业类别和工程规模按《统一标准》中的附录C的规定划分单位工程、分部工程。

12.3.5 施工过程的质量控制

1. 工序施工质量控制

工序是人、材料、机械设备、施工方法和环境因素对工程质量综合起作用的过程,对施工过程的质量控制,必须以工序作业质量控制为基础和核心。因此,工序的质量控制是施工阶段质量控制的重点。工序施工质量控制主要包括工序施工条件质量控制和工序施工效果质量控制。

(1) 工序施工条件质量控制 工序施工条件是指从事工序活动的各生产要素质量及生产环境条件。工序施工条件质量控制是指控制工序活动的各种投入要素质量和环境条件质量。控制的手段主要有检查、测试、试验、跟踪监督等。控制的主要依据包括设计质量标准、材料质量标准、机械设备技术性能标准、施工工艺标准以及操作规程等。

(2) 工序施工效果质量控制 工序施工效果是工序产品的质量特征和特性指标的反映。对工序施工效果质量的控制是指控制工序产品的质量特征和特性指标能否达到设计质量标准及施工质量验收标准的要求。工序施工效果控制属于事后质量控制,其控制的主要途径包括实测获取数据、统计分析所获取的数据、判断认定质量等级和纠正质量偏差。

2. 施工作业质量的自控

(1) 施工作业质量自控的意义 施工作业质量的自控,从经营的层面,强调的是作为建筑产品生产者和经营者的施工企业,应全面履行企业的质量责任,向顾客提供质量合格的工程产品;从生产的过程,强调的是施工作业者的岗位质量责任,向后道工序提供合格的作业成果(中间产品)。因此,施工方是施工阶段质量自控主体。施工方不能因为监控主体的存在和监控责任的实施而减轻或免除其质量责任。《中华人民共和国建筑法》和《建设工程质量管理条例》规定:施工单位对建设工程的施工质量负责;施工单位必须按照工程设计要求、施工技术标准和合同的约定,对建筑材料、建筑构配件和设备进行检验,不合格的不得使用。

施工方作为工程施工质量的自控主体,既要遵循本企业质量管理体系的要求,也要根据其在所承建的工程项目质量控制系统中的地位和责任,通过具体项目质量计划的编制与实施,有效地实现施工质量的自控目标。

(2) 施工作业质量自控的程序 施工作业质量的自控过程是由施工作业组织的成员进行的,其基本的控制程序包括作业技术交底、作业活动的实施和作业质量的自检自查、互检互查及专职管理人员的质量检查等。

1) 施工作业技术的交底。从项目的施工组织设计到分部分项工程的作业计划,在实施之前都必须逐级进行交底,其目的是使管理者的计划和决策意图为实施人员所理解。施工作业交底是最基层的技术和管理交底活动,施工总承包方和工程监理机构都要对施工作业交底进行监督。作业交底的内容包括作业范围、施工依据、作业程序、技术标准和要领、质量目标以及其他与安全、进度、成本、环境等目标管理有关的要求和注意事项。

2) 施工作业活动的实施。施工作业活动由一系列工序组成。为了保证工序质量的受控,首先要对作业条件进行再确认,即按照作业计划检查作业准备状态是否落实到位,其中包括对施工程序和作业工艺顺序的检查确认。然后在此基础上,严格按作业计划的程序、步骤和质量要求展开工序作业活动。

3) 施工作业质量的检查。施工作业的质量检查是贯穿整个施工过程的最基本的质量控制活动，包括施工单位内部的工序作业质量自检、互检、专检和交接检查，以及现场监理机构的旁站检查、平行检验等。施工作业质量检查是施工质量验收的基础，已完检验批及分部分项工程的施工质量，必须在施工单位完成质量自检并确认合格之后，才能报请现场监理机构进行检查验收。

前道工序作业质量经验收合格后，才可进入下道工序施工。未经验收合格的工序，不得进入下道工序施工。

（3）施工作业质量自控的要求　施工作业质量自控的要求如下：

1）预防为主。严格按照施工质量计划的要求，进行各分部分项施工作业的部署。同时，根据施工作业的内容、范围和特点，制订施工作业计划，明确作业质量目标和作业技术要领，认真进行作业技术交底，落实各项作业技术组织措施。

2）重点控制。在施工作业计划中，一方面要认真贯彻实施施工质量计划中的质量控制点的控制措施；另一方面要根据作业活动的实际需要，进一步建立工序作业控制点，深化工序作业的重点控制。

3）坚持标准。工序作业人员对工序作业过程应严格进行质量自检，通过自检不断改善作业，并创造条件开展作业质量互检，通过互检加强技术与经验的交流。对已完工序作业产品，即检验批或分部分项工程，应严格坚持质量标准。对不合格的施工作业质量，不得进行验收签证，必须按照规定的程序进行处理。

《统一标准》及配套使用的专业质量验收规范，是施工作业质量自控的合格标准。有条件的施工企业或项目经理部应结合自己的条件编制高于国家标准的企业内控标准或工程项目内控标准，或采用施工承包合同明确规定的更高标准，列入质量计划中，努力提升工程质量水平。

4）记录完整。施工图、质量计划、作业指导书、材料质保书、检验试验及检测报告、质量验收记录等，是形成可追溯性质量保证的依据，也是工程竣工验收所不可缺少的质量控制资料。因此，对工序作业质量，应有计划、有步骤地按照施工管理规范的要求进行填写记载，做到及时、准确、完整、有效，并具有可追溯性。

（4）施工作业质量自控的制度　根据实践经验的总结，施工作业质量自控的有效制度有：①质量自检制度；②质量例会制度；③质量会诊制度；④质量样板制度；⑤质量挂牌制度；⑥每月质量讲评制度等。

3. 施工作业质量的监控

（1）施工作业质量的监控主体　为了保证项目质量，建设单位、监理单位、设计单位及政府的工程质量监督部门，在施工阶段依据法律法规和工程施工承包合同，对施工单位的质量行为和项目实体质量实施监督控制。

设计单位应当就审查合格的施工图设计文件向施工单位做出详细说明；应当参与建设工程质量事故分析，并对因设计造成的质量事故，提出相应的技术处理方案。

建设单位在领取施工许可证或者开工报告前，应当按照国家有关规定办理工程质量监督手续。

作为监控主体之一的项目监理机构，在施工作业实施过程中，根据其监理规划与实施细则，采取现场旁站、巡视、平行检验等形式，对施工作业质量进行监督检查，如发现工程施工不符合工程设计要求、施工技术标准和合同约定的，有权要求施工单位改正。监理机构应进行检查而没有检查或没有按规定进行检查的，给建设单位造成损失时应承担赔偿责任。

（2）现场质量检查

1）现场质量检查的内容。

① 开工前的检查，主要检查是否具备开工条件，开工后是否能够保持连续正常施工，能否保证工程质量。

② 工序交接检查，对于重要的工序或对工程质量有重大影响的工序，应严格执行"三检"制度（即自检、互检、专检），未经监理工程师（或建设单位本项目技术负责人）检查认可，不得进行下道工序施工。

③ 隐蔽工程的检查，施工中凡是隐蔽工程必须检查认证后方可进行隐蔽掩盖。

④ 停工后复工的检查，因客观因素停工或处理质量事故等停工复工时，经检查认可后方能复工。

⑤ 分项、分部工程完工后的检查，应经检查认可，并签署验收记录后，才能进行下一工程的施工。

⑥ 成品保护的检查，检查成品有无保护措施以及保护措施是否有效可靠。

2）现场质量检查的方法。

① 目测法。也称为观感质量检验，其手段可概括为"看、摸、敲、照"。

看——根据质量标准要求进行外观检查。例如，清水墙面是否洁净，喷涂的密实度和颜色是否良好、均匀，工人的操作是否正常，内墙抹灰的大面及口角是否平直，混凝土外观是否符合要求等。

摸——通过触摸手感进行检查、鉴别。例如，油漆的光滑度，浆活是否牢固、不掉粉等。

敲——运用敲击工具进行音感检查。例如，对地面工程、装饰工程中的水磨石、面砖、石材饰面等，均应进行敲击检查。

照——通过人工光源或反射光照射，检查难以看到或光线较暗的部位。例如，管道井、电梯井等内部管线、设备安装质量，装饰吊顶内连接及设备安装质量等。

② 实测法。是指通过实测数据与施工规范、质量标准的要求及允许偏差值进行对照，以此判断质量是否符合要求，其手段可概括为"靠、量、吊、套"。

靠——用直尺、塞尺检查墙面、地面、路面等的平整度。

量——用测量工具和计量仪表等检查断面尺寸、轴线、标高、湿度、温度等的偏差。例如，大理石板拼缝尺寸，混凝土坍落度的检测等。

吊——利用托线板及线坠吊线检查垂直度。例如，砌体垂直度检查、门窗的安装等。

套——以方尺套方，辅以塞尺检查。例如，对阴阳角的方正、踢脚板的垂直度、预制构件的方正、门窗口及构件的对角线检查等。

③ 试验法。是指通过必要的试验手段对质量进行判断的检查方法，主要包括如下内容：

a. 理化试验。工程中常用的理化试验包括物理力学性能的检验和化学成分及化学性质的测定两个方面。物理力学性能的检验，包括各种力学指标的测定，如抗拉强度、抗压强度、抗弯强度、抗折强度等，以及各种物理性能方面的测定，如密度、含水量、凝结时间、安定性及抗渗等。化学成分及化学性质的测定，如钢筋中的磷、硫含量，混凝土中粗骨料中的活性氧化硅成分等。此外，根据规定有时还需进行现场试验。例如，对桩或地基的静载试验、下水管道的通水试验、压力管道的耐压试验、防水层的蓄水或淋水试验等。

b. 无损检测。利用专门的仪器仪表从表面探测结构物、材料、设备的内部组织结构或损伤情况。常用的无损检测方法有超声波检测、X 射线检测、γ 射线检测等。

(3) 技术核定与见证取样送检

1) 技术核定。在建设工程项目施工过程中，因施工方对施工图的某些要求不甚明白，或施工图中存在某些矛盾，或工程材料调整与代用，改变建筑节点构造、管线位置或走向等，需要通过设计单位明确或确认的，施工方必须以技术核定单的方式向监理工程师提出，报送设计单位核准确认。

2) 见证取样送检。为了保证建设工程质量，我国规定对工程所使用的主要材料、半成品、构配件以及施工过程留置的试块、试件等应实行现场见证取样送检。见证人员由建设单位及工程监理机构中有相关专业知识的人员担任；送检的试验室应具备经国家或地方工程检验检测主管部门核准的相关资质；见证取样送检必须严格按规定的程序进行，包括取样见证并记录、样本编号、填单、封箱、送试验室、核对、交接、试验检测、报告等。

检测机构应当建立档案管理制度。检测合同、委托单、原始记录、检测报告应当按年度统一编号，编号应当连续，不得随意抽撤、涂改。

4. 隐蔽工程验收与成品质量保护

(1) 隐蔽工程验收　凡被后续施工所覆盖的施工内容，如地基基础工程、钢筋工程、预埋管线等均属隐蔽工程。加强隐蔽工程质量验收，是施工质量控制的重要环节。其程序要求施工方首先应完成自检并合格，然后填写专用的《隐蔽工程验收单》。验收单所列的验收内容应与已完的隐蔽工程实物相一致，并事先通知监理机构及有关方面，按约定时间进行验收。验收合格的隐蔽工程由各方共同签署验收记录；验收不合格的隐蔽工程，应按验收整改意见进行整改后重新验收。严格隐蔽工程验收的程序和记录，对于预防工程质量隐患，提供可追溯质量记录具有重要作用。

(2) 施工成品质量保护　建设工程项目已完施工的成品保护，目的是避免已完施工成品受到来自后续施工以及其他方面的污染或损坏。已完施工的成品保护问题和相应措施，在工程施工组织设计与计划阶段就应该从施工顺序上考虑，防止施工顺序不当或交叉作业造成相互干扰、污染和损坏；成品形成后可采取防护、覆盖、封闭、包裹等相应措施进行保护。

装配式混凝土建筑施工过程中，应采取防止预制构件、部品及预制构件上的建筑附件、预埋件、预埋吊件等损伤或污染的保护措施。

12.4　建设工程项目施工质量验收

12.4.1　施工过程的质量验收

应将项目划分为单位工程、分部工程、分项工程和检验批进行验收。施工过程质量验收主要是指检验批和分项、分部工程的质量验收。

1. 施工过程质量验收的内容

《建筑工程施工质量验收统一标准》与各个专业工程施工质量验收规范，明确规定了各分项工程的施工质量的基本要求，规定了分项工程检验批量的抽查办法和抽查数量，规定了检验批主控项目、一般项目的检查内容和允许偏差，规定了对主控项目、一般项目的检验方法，规定了各分部工程验收的方法和需要的技术资料等，同时对涉及人民生命财产安全、人身健康、环境保护和公共利益的内容以强制性条文做出规定，要求必须坚决、严格遵照执行。

检验批和分项工程是质量验收的基本单元；分部工程是在所含全部分项工程验收的基础上进行验收的，在施工过程中随时完工随时验收，并留下完整的质量验收记录和资料；单位工程作为具有独立使用功能的完整的建筑产品，进行竣工质量验收。

施工过程的质量验收包括以下验收环节，通过验收后留下完整的质量验收记录和资料，为工程项目竣工质量验收提供依据。

（1）检验批质量验收　检验批是指"按同一的生产条件或按规定的方式汇总起来供检验用的，由一定数量样本组成的检验体"。检验批是工程验收的最小单位，是分项工程乃至整个建筑工程质量验收的基础。

检验批应由专业监理工程师组织施工单位项目专业质量检查员、专业工长等进行验收。

检验批质量验收合格应符合下列规定：

1）主控项目的质量经抽样检验均应合格。

2）一般项目的质量经抽样检验合格。

3）具有完整的施工操作依据、质量验收记录。

主控项目是指建筑工程中的对安全、节能、环境保护和主要使用功能起决定性作用的检验项目。主控项目的验收必须从严要求，不允许有不符合要求的检验结果，主控项目的检查具有否决权。除主控项目外的检验项目称为一般项目。

（2）分项工程质量验收　分项工程的质量验收在检验批验收的基础上进行。一般情况下，两者具有相同或相近的性质，只是批量的大小不同而已。分项工程可由一个或若干个检验批组成。

分项工程应由专业监理工程师组织施工单位项目专业技术负责人等进行验收。

分项工程质量验收合格应符合下列规定：

1）所含检验批的质量均应验收合格。

2）所含检验批的质量验收记录应完整。

（3）分部工程质量验收　分部工程的验收在其所含各分项工程验收的基础上进行。

分部工程应由总监理工程师组织施工单位项目负责人和项目技术负责人等进行验收；勘察、设计单位项目负责人和施工单位技术、质量部门负责人应参加地基与基础分部工程验收；设计单位项目负责人和施工单位技术、质量部门负责人应参加主体结构、节能分部工程验收。

分部工程质量验收合格应符合下列规定：

1）所含分项工程的质量均应验收合格。

2）质量控制资料应完整。

3）有关安全、节能、环境保护和主要使用功能的抽样检验结果应符合相应规定。

4）观感质量应符合要求。

必须注意的是，由于分部工程所含的各分项工程性质不同，因此它并不是在所含分项验收基础上的简单相加，即所含分项验收合格且质量控制资料完整，只是分部工程质量验收的基本条件，还必须在此基础上对涉及安全、节能、环境保护和主要使用功能的地基基础、主体结构和设备安装分部工程进行见证取样试验或抽样检测；而且还需要对其观感质量进行验收，并综合给出质量评价，对于评价为"差"的检查点应通过返修处理等进行补救。

2. 施工过程质量验收不合格的处理

1）施工过程的质量验收是以检验批的施工质量为基本验收单元。检验批质量不合格可能是由于使用的材料不合格，或施工作业质量不合格，或质量控制资料不完整等原因所致，其处理方法如下：

① 在检验批验收时，发现存在严重缺陷的应推倒重做，有一般缺陷的可通过返修或更换器具、设备消除缺陷经返工或返修后应重新进行验收。

② 个别检验批发现某些项目或指标（如试块强度等）不满足要求难以确定是否验收时，应请有资质的检测单位检测鉴定，当鉴定结果能够达到设计要求时，应予以验收。

③ 当检测鉴定达不到设计要求，但经原设计单位核算认可能够满足结构安全和使用功能的检验批，可予以验收。

2）严重质量缺陷或超过检验批范围内的缺陷，经法定检测单位检测鉴定以后，认为不能满足最低限度的安全储备和使用功能，则必须进行加固处理，经返修或加固处理的分项分部工程，满足安全及使用功能要求时，可按技术处理方案和协商文件的要求予以验收，责任方应承担经济责任。

3）通过返修或加固处理后仍不能满足安全或重要使用要求的分部工程及单位工程，严禁验收。

3. 装配式混凝土建筑的施工质量验收

装配式混凝土建筑的施工质量验收，除了要符合一般建筑工程施工质量验收的规定以外，还有一些专门的要求。

（1）预制构件的质量验收

1）预制构件进场时应检查质量证明文件或质量验收记录。

2）梁板类简支受弯预制构件进场时应进行结构性能检验，结构性能检验应符合国家现行有关标准的有关规定及设计要求。

3）钢筋混凝土构件和允许出现裂缝的预应力混凝土构件应进行承载力、挠度和裂缝宽度检验，不允许出现裂缝的预应力混凝土构件应进行承载力、挠度和抗裂检验。

4）对于不可单独使用的叠合板预制底板，可不进行结构性能检验。对叠合梁构件，是否进行结构性能检验、结构性能检验的方式应根据设计要求确定。

5）不做结构性能检验的预制构件，施工单位或监理单位代表应驻厂监督生产过程。当无驻厂监督时，预制构件进场时应对其主要受力钢筋数量、规格、间距、保护层厚度及混凝土强度等进行实体检验。检验数量为同一类型预制构件不超过1000个为一批，每批随机抽取1个构件进行结构性能检验。

6）预制构件的混凝土外观质量不应有严重缺陷，且不应有影响结构性能和安装、使用功能的尺寸偏差。对出现的一般缺陷应要求构件生产单位按技术处理方案进行处理，并重新检查验收。

7）预制构件粗糙面的外观质量、键槽的外观质量和数量、预制构件上的预埋件预留插筋、预留孔洞、预埋管线等规格型号、数量应符合设计要求。

8）预制板类、墙板类、梁柱类构件、装饰构件的装饰外观外形尺寸偏差和检验方法应符合现行《装配式混凝土建筑技术标准》（GB/T 51231）的规定。

（2）安装连接的质量验收

1）装配式结构采用后浇混凝土连接时，构件连接处后浇混凝土的强度应符合设计要求，并应符合现行《混凝土强度检验评定标准》（GB/T 50107）的相关规定。

2）钢筋采用套筒灌浆连接、浆锚搭接连接时，灌浆应饱满、密实，所有出口均应出浆，灌浆料强度应符合现行有关标准的规定及设计要求。

3）预制构件底部接缝座浆强度应满足设计要求。

4）钢筋采用机械连接、焊接连接时，其接头质量应符合现行行业标准的有关规定。

5）预制构件型钢焊接连接的型钢焊缝的接头质量，螺栓连接的螺栓材质、规格、拧紧力矩应满足设计要求，并应符合现行国家标准的有关规定。

6）装配式结构分项工程的外观质量不应有严重缺陷，且不得有影响结构性能和使用功能的尺寸偏差。施工尺寸偏差及检验方法应符合设计要求；当设计无要求时，应符合现行《装配式混凝土建筑技术标准》（GB/T 51231）的规定。

7）装配式混凝土建筑的饰面外观质量应符合设计要求，并应符合现行国家标准的相关规定。

12.4.2 竣工质量验收

1. 竣工质量验收的依据

1）国家相关法律法规和建设主管部门颁布的管理条例和办法。
2）工程施工质量验收统一标准。
3）专业工程施工质量验收规范。
4）批准的设计文件、施工图及说明书。
5）工程施工承包合同。
6）其他相关文件。

2. 竣工质量验收的条件

1）完成工程设计和合同约定的各项内容。

2）施工单位在工程完工后对工程质量进行了检查，确认工程质量符合有关法律、法规和工程建设强制性标准，符合设计文件及合同要求，并提出工程竣工报告。工程竣工报告应经项目经理和施工单位有关负责人审核签字。

3）对于委托监理的工程项目，监理单位对工程进行了质量评估，具有完整的监理资料，并提出工程质量评估报告。工程质量评估报告应经总监理工程师和监理单位有关负责人审核签字。

4）勘察、设计单位对勘察、设计文件及施工过程中由设计单位签署的设计变更通知书进行检查，并提出质量检查报告。质量检查报告应经该项目勘察、设计负责人和勘察、设计单位有关负责人审核签字。

5）有完整的技术档案和施工管理资料。

6）有工程使用的主要建筑材料、建筑构配件和设备的进场试验报告，以及工程质量检测和功能性试验资料。

7）建设单位已按合同约定支付工程款。

8）有施工单位签署的工程质量保修书。

9）对于住宅工程，进行分户验收并验收合格，建设单位按户出具《住宅工程质量分户验收表》。

10）建设主管部门及工程质量监督机构责令整改的问题全部整改完毕。

11）法律、法规规定的其他条件。

3. 竣工质量验收的标准

单位工程是工程项目竣工质量验收的基本对象。单位工程质量验收合格应符合下列规定：

1）所含分部工程的质量均应验收合格。

2）质量控制资料应完整。

3）所含分部工程有关安全、节能、环境保护和主要使用功能的检验资料应完整。

4）主要使用功能的抽查结果应符合相关专业质量验收规范的规定。

5）观感质量应符合要求。

4. 竣工质量验收的程序和组织

单位工程中的分包工程完工后，分包单位应对所承包的工程项目进行自检，并应按规定的程序进行验收。验收时，总包单位应派人参加。

单位工程完工后，施工单位应组织有关人员进行自检。总监理工程师应组织各专业监理工程师对工程质量进行竣工预验收。存在施工质量问题时，应由施工单位及时整改。

工程竣工质量验收由建设单位负责组织实施。

建设单位组织单位工程质量验收时，分包单位负责人应参加验收。

竣工质量验收应当按以下程序进行：

1）工程完工并对存在的质量问题整改完毕后，施工单位向建设单位提交工程竣工报告，申请工程竣工验收。实行监理的工程，工程竣工报告须经总监理工程师签署意见。

2）建设单位收到工程竣工报告后，对符合竣工验收要求的工程，组织勘察、设计、施工、监理等单位组成验收组，制订验收方案。对于重大工程和技术复杂工程，根据需要可邀请有关专家参加验收组。

3）建设单位应当在工程竣工验收 7 个工作日前将验收的时间、地点及验收组名单书面通知负责监督该工程的工程质量监督机构。

4）建设单位组织工程竣工验收。

① 建设、勘察、设计、施工、监理单位分别汇报工程合同履约情况和在工程建设各个环节执行法律、法规和工程建设强制性标准的情况。

② 审阅建设、勘察、设计、施工、监理单位的工程档案资料。

③ 实地查验工程质量。

④ 对工程勘察、设计、施工、设备安装质量和各管理环节等方面做出全面评价，形成经验收组人员签署的工程竣工验收意见。参与工程竣工验收的建设、勘察、设计、施工、监理等各方不能形成一致意见时，应当协商提出解决的方法，待意见一致后，重新组织工程竣工验收。

5. 竣工验收报告

工程竣工验收合格后，建设单位应当及时提出工程竣工验收报告。工程竣工验收报告主要包括工程概况，建设单位执行基本建设程序情况，对工程勘察、设计、施工、监理等方面的评价，工程竣工验收时间、程序、内容和组织形式，工程竣工验收意见等内容。工程竣工验收报告还应附有下列文件：

1）施工许可证。
2）施工图设计文件审查意见。
3）上述竣工质量验收的条件中2）、3）、4）、8）项规定的文件。
4）验收组人员签署的工程竣工验收意见。
5）法规、规章规定的其他有关文件。

6. 竣工验收备案

建设单位应当自建设工程竣工验收合格之日起15日内，向工程所在地的县级以上地方人民政府建设主管部门备案。

建设单位办理工程竣工验收备案应当提交下列文件：

1）工程竣工验收备案表。
2）工程竣工验收报告。
3）法律、行政法规规定应当由规划、环保等部门出具的认可文件或者准许使用文件。
4）法律规定应当由公安消防部门出具的对大型的人员密集场所和其他特殊建设工程验收合格的证明文件。
5）施工单位签署的工程质量保修书。
6）法规、规章规定必须提供的其他文件。

12.5 施工质量不合格的处理

12.5.1 工程质量问题和质量事故的分类

1. 工程质量不合格

（1）质量不合格和质量缺陷　根据我国标准《质量管理体系　基础和术语》（GB/T 19000—2016/ISO 9000：2015）的规定，工程产品未满足质量要求，即为质量不合格；而与预期或规定用途有关的质量不合格，称为质量缺陷。

（2）质量问题和质量事故　凡是工程质量不合格，影响使用功能或工程结构安全，造成永久质量缺陷或存在重大质量隐患，甚至直接导致工程倒塌或人身伤亡，必须进行返修、加固或报废处理，按照由此造成人员伤亡和直接经济损失的大小区分，小于规定限额的为质量问题，在限额以上的为质量事故。

2. 工程质量事故

根据住房和城乡建设部《关于做好房屋建筑和市政基础设施工程质量事故报告和调查处理工作的通知》（建质〔2010〕111号），工程质量事故是指由于建设、勘察、设计、施工、监理等单位违反工程质量有关法律法规和工程建设标准，使工程产生结构安全、重要使用功能等方面的质量缺陷，造成人身伤亡或者重大经济损失的事故。

（1）按事故造成损失的程度分级　建质〔2010〕111 号文件根据工程质量事故造成的人员伤亡或者直接经济损失，将工程质量事故分为四个等级：

1）特别重大事故，是指造成 30 人以上死亡，或者 100 人以上重伤，或者 1 亿元以上直接经济损失的事故。

2）重大事故，是指造成 10 人以上 30 人以下死亡，或者 50 人以上 100 人以下重伤，或者 5000 万元以上 1 亿元以下直接经济损失的事故。

3）较大事故，是指造成 3 人以上 10 人以下死亡，或者 10 人以上 50 人以下重伤，或者 1000 万元以上 5000 万元以下直接经济损失的事故。

4）一般事故，是指造成 3 人以下死亡，或者 10 人以下重伤，或者 100 万元以上 1000 万元以下直接经济损失的事故。

该等级划分所称的"以上"包括本数，所称的"以下"不包括本数。

（2）按事故责任分类　按事故责任分类，可将工程质量事故分为三类：

1）指导责任事故，是指由于工程实施指导或领导失误而造成的质量事故。例如，由于工程负责人片面追求施工进度，放松或不按质量标准进行控制和检验，降低施工质量标准等。

2）操作责任事故，是指在施工过程中，由于实施操作者不按规程和标准实施操作，而造成的质量事故。例如，浇筑混凝土时随意加水，或振捣疏漏造成混凝土质量事故等。

3）自然灾害事故，是指由于突发的严重自然灾害等不可抗力造成的质量事故。例如，地震、台风、暴雨、雷电、洪水等对工程造成破坏甚至倒塌。这类事故虽然不是人为责任直接造成，但灾害事故造成的损失程度也往往与人们是否在事前采取了有效的预防措施有关，相关责任人员也可能负有一定责任。

12.5.2　施工质量事故的预防

1. 施工质量事故发生的原因

（1）技术原因　是指引发的质量事故是由于在项目勘察、设计、施工中技术上的失误。例如，地质勘查过于疏略，对水文地质情况判断错误，致使地基基础设计采用不正确的方案；或结构设计方案不正确，计算失误，构造设计不符合规范要求。这些技术上的失误是造成质量事故的常见原因。

（2）管理原因　是指引发的质量事故是由于管理上的不完善或失误。例如，施工单位或监理单位的质量管理体系不完善，质量管理措施落实不力，施工管理混乱，不遵守相关规范，违章作业，检验制度不严密，质量控制不严格，检测仪器设备管理不善而失准，以及材料质量检验不严等原因引起质量事故。

（3）社会、经济原因　是指引发的质量事故是由于社会上存在的不正之风及经济上的原因，滋长了建设中的违法违规行为，而导致出现质量事故。例如，某些施工企业追求利润在投标报价中随意压低标价，中标后则依靠违法的手段或修改方案追加工程款等都会导致发生重大工程质量事故。

（4）人为事故和自然灾害原因　是指造成质量事故是由于人为的设备事故、安全事故，导致连带发生质量事故，以及严重的自然灾害等不可抗力造成质量事故。

2. 施工质量事故预防的具体措施

（1）严格按照基本建设程序办事　要做好项目可行性论证，不可未经深入的调查分析和严格论证就盲目决策；要彻底搞清工程地质水文条件方可开工；杜绝无证设计、无图施工；禁止任意修改设计和不按图施工；工程竣工不进行试车运转、不经验收不得交付使用。

（2）认真做好工程地质勘查　地质勘查时要适当布置钻孔位置和设定钻孔深度。钻孔间距过大，不能全面反映地基实际情况；钻孔深度不够，难以查清地下软土层、滑坡、墓穴、孔洞等有害地质构造。地质勘查报告必须详细、准确，防止因根据不符合实际情况的地质资料而采用错误的基础方案，导致地基不均匀沉降、失稳，使上部结构及墙体开裂、破坏、倒塌。

（3）科学地加固处理好地基　对软弱土、冲填土、杂填土、湿陷性黄土、膨胀土、岩层出露、岩溶、土洞等不均匀地基要进行科学的加固处理。要根据不同地基的工程特性，按照地基处理与上部结构相结合使其共同工作的原则，从地基处理与设计措施、结构措施、防水措施、施工措施等方面综合考虑治理。

（4）进行必要的设计审查复核　要请具有合格专业资质的审图机构对施工图进行审查复核，防止因设计考虑不周、结构构造不合理、设计计算错误、沉降缝及伸缩缝设置不当、悬挑结构未通过抗倾覆验算等，导致质量事故的发生。

（5）严格把好建筑材料及制品的质量关　要从采购订货、进场验收、质量复验、存储和使用等环节，严格控制建筑材料及制品的质量，防止不合格或者变质、损坏的材料和制品用到工程中。

（6）强化从业人员管理　要加强建筑从业人员职业教育，开展工人职业技能培训，使施工人员掌握基本的建筑结构和建筑材料知识，懂得遵守施工验收规范对保证工程质量的重要性，从而在施工中自觉遵守操作规程。

（7）依法进行施工组织管理　施工管理人员要认真学习、严格遵守国家相关政策法规和施工技术标准，依法进行施工组织管理；施工人员首先要熟悉施工图，对工程的难点和关键工序、关键部位应编制专项施工方案并严格执行；施工作业必须按照施工图和施工验收规范、操作规程进行；施工技术措施要正确，施工顺序不可搞错，脚手架和楼面不可超载堆放构件和材料；要严格按照制度进行质量检查和验收。

（8）做好应对不利施工条件和各种灾害的预案　要根据当地气象资料的分析和预测，事先针对可能出现的风、雨、高温、严寒、雷电等不利施工条件，制订相应的施工技术措施；要对不可预见的人为事故和严重自然灾害做好应急预案，并有相应的人力、物力储备。

（9）加强施工安全与环境管理　许多施工安全和环境事故都会连带发生质量事故，加强施工安全与环境管理，也是预防施工质量事故的重要措施。

12.5.3　施工质量问题和质量事故的处理

1. 施工质量事故处理的依据

（1）质量事故的实况资料　包括质量事故发生的时间、地点；质量事故状况的描述；质量事故发展变化的情况；有关质量事故的观测记录、事故现场状态的照片或录像；事故调查组调查研究所获得的第一手资料。

（2）有关合同及合同文件　包括工程承包合同、设计委托合同、设备与器材购销合同、监理合同及分包合同等。

（3）有关的技术文件和档案　主要是有关的设计文件（如施工图和技术说明）、与施工有关的技术文件、档案和资料（如施工方案、施工计划、施工记录、施工日志、有关建筑材料的质量证明资料、现场制备材料的质量证明资料、质量事故发生后对事故状况的观测记录、试验记录或试验报告等）。

（4）相关的建设法规　主要有《中华人民共和国建筑法》《建设工程质量管理条例》和《关于做好房屋建筑和市政基础设施工程质量事故报告和调查处理工作的通知》（建质〔2010〕111号）等与工程质量及质量事故处理有关的法规，以及勘察、设计、施工、监理等单位资质管理和从业者资格管理方面的法规，建筑市场管理方面的法规，以及相关技术标准、规范、规程和管理办法等。

2. 施工质量事故报告和调查处理程序

（1）事故报告　工程质量事故发生后，事故现场有关人员应当立即向工程建设单位负责人报告；工程建设单位负责人接到报告后，应于1小时内向事故发生地县级以上人民政府住房和城乡建设主管部门及有关部门报告；同时应按照应急预案采取相应措施。情况紧急时，事故现场有关人员可直接向事故发生地县级以上人民政府住房和城乡建设主管部门报告。

事故报告应包括下列内容：①事故发生的时间、地点、工程项目名称、工程各参建单位名称；②事故发生的简要经过、伤亡人数和初步估计的直接经济损失；③事故原因的初步判断；④事故发生后采取的措施及事故控制情况；⑤事故报告单位、联系人及联系方式；⑥其他应当报告的情况。

（2）事故调查　事故调查要按规定区分事故的大小分别由相应级别的人民政府直接或授权委托有关部门组织事故调查组进行调查。未造成人员伤亡的一般事故，县级人民政府也可以委托事故发生单位组织事故调查组进行调查。事故调查应力求及时、客观、全面，以便为事故的分析与处理提供正确的依据。调查结果要整理撰写成事故调查报告，其主要内容如下：①事故项目及各参建单位概况；②事故发生经过和事故救援情况；③事故造成的人员伤亡和直接经济损失；④事故项目有关质量检测报告和技术分析报告；⑤事故发生的原因和事故性质；⑥事故责任的认定和对事故责任者的处理建议；⑦事故防范和整改措施。

（3）事故的原因分析　原因分析要建立在事故情况调查的基础上，避免情况不明就主观推断事故的原因。特别是对涉及勘察、设计、施工、材料和管理等方面的质量事故，事故的原因往往错综复杂。因此，必须对调查所得到的数据、资料进行仔细的分析，依据国家有关法律法规和工程建设标准分析事故的直接原因和间接原因，必要时组织对事故项目进行检测鉴定和专家技术论证，去伪存真，找出造成事故的主要原因。

（4）制订事故处理的技术方案　事故的处理要建立在原因分析的基础上，要广泛地听取专家及有关方面的意见，经科学论证，决定事故是否要进行技术处理和处理方式。在制订事故处理的技术方案时，应做到安全可靠、技术可行、不留隐患、经济合理、具有可操作性、满足项目的安全和使用功能要求。

（5）事故处理　事故处理的内容包括：事故的技术处理，按经过论证的技术方案进行处理，解决事故造成的质量缺陷问题；事故的责任处罚，依据有关人民政府对事故调查报告的批复和有关法律法规的规定，对事故相关责任者实施行政处罚，负有事故责任的人员涉嫌犯罪的，依法追究刑事责任。

（6）事故处理的鉴定验收　质量事故的技术处理是否达到预期的目的，是否依然存在隐患，应当通过检查鉴定和验收做出确认。事故处理的质量检查鉴定，应严格按施工验收规范和相关质量标准的规定进行，必要时还应通过实际量测、试验和仪器检测等方法获取必要的数据，以便准确地对事故处理的结果做出鉴定，形成鉴定结论。

（7）提交事故处理报告　事故处理后，必须尽快提交完整的事故处理报告，其内容包括：事故调查的原始资料、测试的数据；事故原因分析和论证结果；事故处理的依据；事故处理的技术方案及措施；实施技术处理过程中有关的数据、记录、资料；检查验收记录；对事故相关责任者的处罚情况和事故处理的结论等。

3. 施工质量事故处理的基本要求

1）质量事故的处理应达到安全可靠、不留隐患、满足生产和使用要求、施工方便、经济合理的目的。

2）消除造成事故的原因，注意综合治理，防止事故再次发生。

3）正确确定技术处理的范围和正确选择处理的时间和方法。

4）切实做好事故处理的检查验收工作，认真落实防范措施。

5）确保事故处理期间的安全。

4. 施工质量缺陷处理的基本方法

（1）返修处理　当项目的某些部分的质量虽未达到规范、标准或设计规定的要求，存在一定的缺陷，但经过采取整修等措施后可以达到要求的质量标准，又不影响使用功能或外观的要求时，可采取返修处理的方法。例如，某些混凝土结构表面出现蜂窝、麻面，或者混凝土结构局部出现损伤，如结构受撞击、酸类腐蚀、碱骨料反应等，当这些缺陷或损伤仅仅在结构的表面或局部，不影响其使用和外观，可进行返修处理。

（2）加固处理　主要是针对危及结构承载力的质量缺陷所做的处理。通过加固处理，使建筑结构恢复或提高承载力，重新满足结构安全性与可靠性的要求，使结构能继续使用或改作其他用途。对混凝土结构常用的加固方法主要包括：增大截面加固法、外包角钢加固法、粘钢加固法、增设支点加固法、增设剪力墙加固法、预应力加固法等。

（3）返工处理　当工程质量缺陷经过返修、加固处理后，仍不能满足规定的质量标准要求，或不具备补救可能性，则必须采取重新制作、重新施工的返工处理措施。例如，某防洪堤坝填筑压实后，其压实土的干密度未达到规定值，经核算将影响土体的稳定且不满足抗渗能力的要求，须挖除不合格土，重新填筑，重新施工；某高层住宅施工中，有几层的混凝土结构误用了安定性不合格的水泥，无法采用其他补救办法，不得不爆破拆除重新浇筑。

（4）限制使用　当工程质量缺陷按修补方法处理后无法保证达到规定的使用要求和安全要求，而又无法返工处理的情况下，不得已时可做出诸如结构卸荷或减荷以及限制使用的决定。

（5）不做处理　某些工程质量问题虽然达不到规定的要求或标准，但是其情况不严重，对结构安全或使用功能影响很小，经过分析、论证、法定检测单位鉴定和设计单位等认可后可不做专门处理。一般可不做专门处理的情况有以下几种：

1）不影响结构安全和使用功能的。例如，有的工业建筑物出现放线定位的偏差，且严重超过规范标准规定，若要纠正会造成重大经济损失，但经过分析、论证其偏差不影响生产工艺和正常使用,在外观上也无明显影响,可不做处理。又如,某些部位的混凝土表面的裂缝,经检查分析,属于表面养护不够的干缩微裂,不影响安全和外观,也可不做处理。

2) 后道工序可以弥补的质量缺陷。例如,混凝土结构表面的轻微麻面,可通过后续的抹灰、刮涂、喷涂等弥补,也可不做处理。

3) 法定检测单位鉴定合格的。例如,某检验批混凝土试块强度值不满足规范要求,强度不足,但经法定检测单位对混凝土实体强度进行实际检测后,其实际强度达到规范允许和设计要求值时,可不做处理。经检测未达到要求值,但相差不多,经分析论证,只要使用前经再次检测达到设计强度,也可不做处理,但应严格控制施工荷载。

4) 出现的质量缺陷,经检测鉴定达不到设计要求,但经原设计单位核算,仍能满足结构安全和使用功能的。例如,某一结构构件截面尺寸不足,或材料强度不足,影响结构承载力,但按实际情况进行复核验算后仍能满足设计要求的承载力时,可不进行专门处理。这种做法实际上是挖掘设计潜力或降低设计的安全系数,应谨慎处理。

(6) 报废处理　出现质量事故的项目,通过分析或实践,采取上述处理方法后仍不能满足规定的质量要求或标准,则必须予以报废处理。

12.6　数理统计方法在工程质量管理中的应用

12.6.1　分层法的应用

1. 分层法的概念

分层法是把性质相同的问题,在同一条件下收集的数据归纳在一起,进行比较分析的一种方法。因项目质量的影响因素众多,对工程质量状况的调查和质量问题的分析,必须分门别类地进行,以便准确有效地找出问题及其原因。

例如,一个焊工班组有 A、B、C 三位工人实施焊接作业,共抽检 60 个焊接点,发现有 18 点不合格,占 30%。根据分层调查的统计数据表 12-1 可知,主要是作业工人 C 的焊接质量影响了总体的质量水平。

表 12-1　分层调查的统计数据表

作业工人	抽检点数	不合格点数	个体不合格率(%)	占不合格点总数百分率(%)
A	20	2	10	11
B	20	4	20	22
C	20	12	60	67
合计	60	18	—	100

2. 分层法的实际应用

应用分层法的关键是调查分析的类别和层次划分,根据管理需要和统计目的,通常可按照以下分层方法取得原始数据:

1) 按施工时间分,如月、日、上午、下午、白天、晚间、季节。

2）按地区部位分，如区域、城市、乡村、楼层、外墙、内墙。
3）按产品材料分，如产地、厂商、规格、品种。
4）按检测方法分，如方法、仪器、测定人、取样方式。
5）按作业组织分，如工法、班组、工长、工人、分包商。
6）按工程类型分，如住宅、办公楼、道路、桥梁、隧道。
7）按合同结构分，如总承包、专业分包、劳务分包。

经过第一次分层调查和分析，找出主要问题后，还可以针对此问题再次分层进行调查分析，直到分析结果满足管理需要为止。层次类别划分越明确、越细致，就越能够准确有效地找出问题及其原因。

12.6.2 因果分析图法的应用

1. 因果分析图法的概念

因果分析图法，也称为质量特性要因分析法，就是对每一个质量特性或问题，采用图 12-2 所示的方法，逐层深入排查可能原因，然后确定其中最主要原因，进行有的放矢的处置和管理。

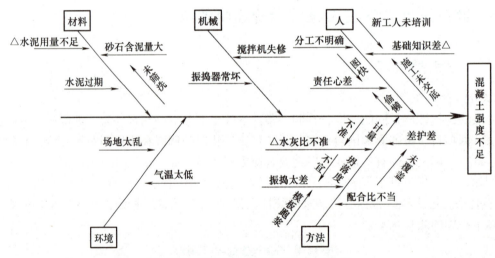

图 12-2 混凝土强度不合格的因果分析

图 12-2 所示为混凝土强度不合格的因果分析。首先把混凝土施工的生产要素，即人、机械、材料、施工方法和施工环境作为第一层面的因素进行分析；然后对第一层面的各个因素，进行第二层面的可能原因的深入分析。以此类推，直至把所有可能的原因，分层次地一一罗列出来。

2. 因果分析图法应用时的注意事项

1）一个质量特性或一个质量问题使用一张图分析。
2）通常采用 QC 小组活动的方式进行，集思广益，共同分析。
3）必要时可以邀请小组以外的有关人员参与，广泛听取意见。
4）分析时要充分发表意见，层层深入，列出所有可能的原因。

5)由各参与人员采用投票或其他方式,从中选择 1~5 项多数人达成共识的最主要原因。

12.6.3 排列图法的应用

1. 排列图法的适用范围

在质量管理过程中,通过抽样检查或检验试验所得到的关于质量问题、偏差、缺陷、不合格等方面的统计数据,以及造成质量问题的原因分析统计数据,均可采用排列图法进行状况描述,它具有直观、主次分明的特点。

2. 排列图法的应用示例

表 12-2 表示对某项模板施工精度进行抽样检查,得到 150 个不合格点数的统计数据。然后按照质量特性不合格点数(频数)由大到小的顺序,重新整理为表 12-3,并分别计算出累计频数和累计频率。

表 12-2 某项模板施工精度的抽样检查数据

序号	检查项目	不合格点数	序号	检查项目	不合格点数
1	轴线位置	1	5	平面水平度	15
2	垂直度	8	6	表面平整度	75
3	标高	4	7	预埋设施中心位置	1
4	截面尺寸	45	8	预留孔洞中心位置	1

表 12-3 重新整理后的抽样检查数据

序号	检查项目	频数	频率(%)	累计频率(%)
1	表面平整度	75	50.0	50.0
2	截面尺寸	45	30.0	80.0
3	平面水平度	15	10.0	90.0
4	垂直度	8	5.3	95.3
5	标高	4	2.7	98.0
6	其他	3	2.0	100.0
合计	—	150	100	—

根据表 12-3 的统计数据绘制排列图,如图 12-3 所示,并将其中累计频率 0~80% 定为 A 类问题,即主要问题,进行重点管理;将累计频率 80%~90% 定为 B 类问题,即次要问题,作为次重点管理;将其余累计频率 90%~100% 定为 C 类问题,即一般问题,按照常规适当加强管理。以上方法称为 ABC 分类管理法。

12.6.4 直方图法的应用

1. 直方图法的主要用途

1)整理统计数据,了解统计数据的分布特征,即数据分布的集中或离散状况,从中掌

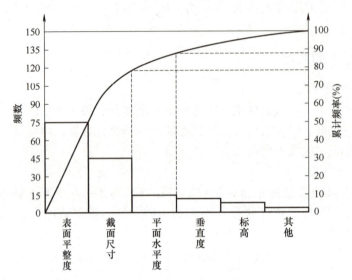

图 12-3 构件尺寸不合格点排列图

握质量能力状态。

2）观察分析生产过程质量是否处于正常、稳定和受控状态以及质量水平是否保持在公差允许的范围内。

2. 直方图法的应用示例

首先是收集当前生产过程质量特性抽检的数据，然后制作直方图进行观察分析，判断生产过程的质量状况和能力。

3. 直方图的观察分析

（1）通过分布形状观察分析

1）形状观察分析是指将绘制好的直方图形状与正态分布图的形状进行比较分析，一看形状是否相似，二看分布区间的宽窄。直方图的分布形状及分布区间宽窄是由质量特性统计数据的平均值和标准偏差所决定的。

2）正常直方图呈正态分布，其形状特征是中间高、两边低、成对称，如图 12-4a 所示。正常直方图反映生产过程质量处于正常、稳定状态。数理统计研究证明，当随机抽样方案合理且样本数量足够大时，在生产能力处于正常、稳定状态，质量特性检测数据趋于正态分布。

3）异常直方图呈偏态分布，常见的异常直方图有折齿型、缓坡型、孤岛型、双峰型、峭壁型，如图 12-4b ~ 图 12-4f 所示，出现异常的原因可能是生产过程存在影响质量的系统因素，或收集整理数据制作直方图的方法不当，要具体分析。

（2）通过分布位置观察分析

1）位置观察分析是指将直方图的分布位置与质量控制标准的上、下限范围进行比较分析，如图 12-5 所示。

2）生产过程的质量正常、稳定和受控，还必须在公差标准上、下限范围内达到质量合格的要求。只有这样的正常、稳定和受控，才是经济合理的受控状态，如图 12-5a 所示。

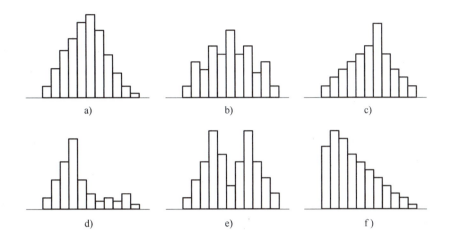

图 12-4 常见的直方图

a）正常型 b）折齿型 c）缓坡型 d）孤岛型 e）双峰型 f）峭壁型

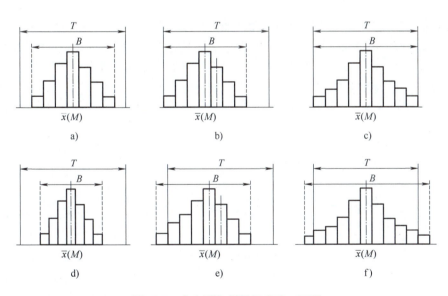

图 12-5 直方图与质量标准上、下限

3）图 12-5b 所示质量特性数据分布偏下限，易出现不合格，在管理上必须提高总体能力。

4）图 12-5c 所示质量特性数据的分布宽度边界达到质量标准的上、下限，其质量能力处于临界状态，易出现不合格，必须分析原因，采取措施。

5）图 12-5d 所示质量特性数据的分布居中且边界与质量标准的上、下限有较大的距离，说明其质量能力偏大，不经济。

6）图 12-5e、图 12-5f 所示的数据分布均已出现超出质量标准的上、下限，这些数据说明生产过程存在质量不合格，需要分析原因，采取措施进行纠偏。

思 考 题

1. 什么是建设工程项目质量和工程项目质量管理?
2. 什么是工程项目质量控制?简述其目标与任务。
3. 简述建设工程项目质量的基本特性及其影响因素。
4. 简述全面质量管理思想和 PDCA 原理。
5. 简述工程项目质量控制体系的特点。
6. 一般选哪些部位或环节作为质量控制点?
7. 质量控制点的重点控制对象有哪些?
8. 简述对施工工艺技术方案的质量控制的内容。
9. 什么是检验批?如何进行质量验收?
10. 简述施工过程质量验收不合格的处理。
11. 如何进行装配式混凝土预制构件的质量验收?
12. 简述竣工质量验收的条件。
13. 简述施工质量事故发生的原因及预防措施。
14. 简述施工质量事故处理的基本要求。
15. 某建筑公司承接了一项综合楼任务,建筑面积为 $100828m^2$,地下 3 层,地上 26 层,箱形基础,主体为框架剪力墙结构。施工单位在施工过程中加了对工序质量的控制。在第 5 层楼板钢筋隐蔽工程验收时发现整个楼板受力钢筋型号不对、位置放置错误,施工单位非常重视,及时进行了返工处理。在第 10 层混凝土部分试块检测时发现强度达不到设计要求,但实体经有资质的检测单位检测鉴定,强度达到了要求。由于加强了预防和检查,没有再发生类似情况。该楼最终顺利完工,达到验收条件后,建设单位组织了竣工验收。

1) 工序质量控制的内容有哪些?
2) 简述第 5 层钢筋隐蔽工程验收的要点。
3) 第 10 层的质量问题是否需要处理?请说明理由。
4) 如果第 10 层实体混凝土强度经检测达不到要求,施工单位应如何处理?
5) 该综合楼达到什么条件后方可竣工验收?

16. 某市建筑集团公司承担一栋 20 层智能化办公楼工程的施工总承包任务,层高为 3.3m,其中智能化安装工程分包给某科技公司施工。在工程主体结构施工至第 18 层、填充墙施工至第 8 层时,该集团公司对项目经理部组织了一次工程质量、安全生产检查。部分检查情况如下:①现场安全标志设置部位有现场出入口、办公室门口、安全通道 151、施工电梯吊笼内;②杂工班外运的垃圾中混有废弃的有害垃圾;③第 15 层外脚手架上有工人在进行电焊作业,动火证是由电焊班组申请,项目责任工程师审批;④第 5 层砖墙砌体发现梁底位置出现水平裂缝;⑤科技公司工人在第 3 层后置埋件施工时,打凿砖墙导致墙体开裂。

1) 指出施工现场安全标志设置部位中的不妥之处。
2) 对施工现场有毒有害的废弃物应如何处置?
3) 分析墙体出现水平裂缝的原因并提出防治措施。
4) 针对打凿引起的墙体开裂事件,项目经理部应采取哪些纠正和预防措施?

17. 某建筑公司承接一项办公楼施工任务,建筑面积为 $100828m^2$,地下 3 层,地上 26 层,箱形基础,框架结构,7 度设防,二级抗震。该项目地处城市主要街道交叉路口,是该地区的标志性建筑物。

在施工过程中,现场发生了以下事件:

事件一:考虑到该项目处在主要街道边,施工方采用了高 2.2m 的砖砌围墙,并在项目经理办公室内设立了"五牌一图"。

事件二：现场在进行第 5 层砖砌体工程质量检查时，发现一些临时间断处没有留槎。施工单位非常重视，及时进行了返工处理。

事件三：在第 10 层混凝土部分试块检测时发现强度达不到设计要求，但实体经有资质的检测单位检测鉴定，实体强度达到了使用要求。

事件四：该楼最终按期顺利完工，达到验收条件后，总监理工程师组织了施工方和建设方的竣工验收。

1) 事件三中，第 10 层的质量问题是否需要处理？请说明理由。
2) 如果第 10 层混凝土强度经检测达不到要求，施工单位应如何处理？
3) 事件四中，该综合楼工程质量验收有何不妥？该楼应达到什么条件方可组织竣工验收？其验收包括哪些内容？

第 13 章
工程项目合同管理

本章重点内容: 工程施工合同中的权利和义务;施工合同风险管理;施工合同实施的控制;索赔费用和工期的计算。

本章学习目标: 熟悉合同的谈判与签约,掌握工程施工合同中的权利和义务,熟悉建设工程施工合同风险管理和工程担保,熟悉建设工程施工合同实施,掌握建设工程索赔。学生通过本章学习,培养辩证思维和思辨能力,诚信意识和契约精神,社会责任意识和职业道德;建立自信、进取、知法守法的职业精神。

13.1 合同的谈判与签约

1. 合同订立的程序

建设工程合同的订立也要采取要约和承诺方式。根据《中华人民共和国招标投标法》对招标、投标的规定,招标、投标、中标的过程实质是要约、承诺的一种具体方式。招标人通过媒体发布招标公告,或向符合条件的投标人发出招标邀请,为要约邀请;投标人根据招标文件内容在约定的期限内向招标人提交投标文件,为要约;招标人通过评标确定中标人,发出中标通知书,为承诺;招标人和中标人按照中标通知书、招标文件和中标人的投标文件等订立书面合同时,合同成立并生效。

建设工程施工合同的订立往往要经历一个较长的过程。在明确中标人并发出中标通知书后,双方即可就建设工程施工合同的具体内容和有关条款展开谈判,直到最终签订合同。

2. 建设工程施工承包合同谈判的主要内容

(1) 关于工程内容和范围的确认 招标人和中标人可就招标文件中的某些具体工作内容进行讨论、修改、明确或细化,从而确定工程承包的具体内容和范围。在谈判中双方达成一致的内容,包括在谈判讨论中经双方确认的工程内容和范围方面的修改或调整,应以文字方式确定下来,并以"合同补遗"或"会议纪要"方式作为合同附件,并明确它是构成合同的一部分。

对于为监理工程师提供的建筑物、家具、车辆以及各项服务,也应逐项详细地予以明确。

(2) 关于技术要求、技术规范和施工技术方案 双方可对技术要求、技术规范和施工技术方案等进行进一步讨论和确认,必要的情况下甚至可以变更技术要求和施工方案。

(3) 关于合同价格条款 依据计价方式的不同,建设工程施工合同可以分为总价合同、单价合同和成本加酬金合同。一般在招标文件中会明确规定合同将采用的计价方式,在合同谈判阶段不能讨论。但在可能的情况下,中标人在谈判过程中仍然可以提出降低风险的改进方案。

（4）关于价格调整条款　对于工期较长的建设工程，容易遭受货币贬值或通货膨胀等因素的影响，可能给承包人造成较大损失。价格调整条款可以比较公正地解决承包人无法控制的风险损失。

无论是单价合同还是总价合同，都可以确定价格调整条款，即是否调整以及如何调整等。可以说，合同计价方式以及价格调整方式共同确定了工程承包合同的实际价格，直接影响着承包人的经济利益。在建设工程实践中，由于各种原因导致费用增加的概率远远大于费用减少的概率，有时最终的合同价格调整金额会很大，远远超过原定的合同总价，因此承包人在投标过程中，尤其是在合同谈判阶段务必对合同的价格调整条款予以充分的重视。

（5）关于合同款支付方式的条款　建设工程施工合同的付款分四个阶段进行，即预付款、工程进度款、最终付款和退还保留金。关于支付时间、支付方式、支付条件和支付审批程序等有很多种可能的选择，并且可能对承包人的成本、进度等产生比较大的影响，因此，合同支付方式的有关条款是谈判的重要方面。

（6）关于工期和维修期　中标人与招标人可根据招标文件中要求的工期，或者根据投标人在投标文件中承诺的工期，并考虑工程范围和工程量的变动而产生的影响来商定一个确定的工期。同时，还要明确开工日期、竣工日期等。双方可根据各自的项目准备情况、季节和施工环境因素等条件洽商适当的开工时间。

对于具有较多的单项工程的建设工程项目，可在合同中明确允许分部位或分批提交业主验收（如成批的房屋建筑工程应允许分栋验收，分多段的公路维修工程应允许分段验收，分多片的大型灌溉工程应允许分片验收等），并从该批验收时起开始计算该部分的维修期，以缩短承包人的责任期限，最大限度保障自己的利益。

双方应通过谈判明确，由于工程变更（业主在工程实施中增减工程或改变设计等）、恶劣的气候影响，以及"作为一个有经验的承包人无法预料的工程施工条件的变化"等原因对工期产生不利影响时的解决办法，通常在上述情况下应该给予承包人要求合理延长工期的权利。

合同文本中应当对维修工程的范围、维修责任及维修期的开始和结束时间有明确的规定，承包人应该只承担由于材料和施工方法及操作工艺等不符合合同规定而产生的缺陷。

承包人应力争以维修保函来代替业主扣留的保留金。与保留金相比，维修保函对承包人有利，主要是因为可提前取回被扣留的现金，而且保函是有时效的，期满将自动作废。同时，它对业主并无风险，真正发生维修费用，业主可凭保函向银行索回款项。因此，这一做法是比较公平的。维修期满后，承包人应及时从业主处撤回保函。

（7）合同条件中其他特殊条款的完善　主要包括：关于合同图纸、关于违约罚金和工期提前奖金、工程量验收以及衔接工序和隐蔽工程施工的验收程序、关于施工占地、关于向承包人移交施工现场和基础资料、关于工程交付、预付款保函的自动减额条款等。

3. 建设工程施工承包合同最后文本的确定和合同签订

（1）合同风险评估　在签订合同之前，承包人应对合同的合法性、完备性、合同双方的责任、权益以及合同风险进行评审、认定和评价。

（2）合同文件内容　建设工程施工承包合同文件构成：合同协议书；工程量及价格；合同条件，包括合同一般条件和合同特殊条件；投标文件；合同技术条件（含图纸）；中标通知书；双方代表共同签署的合同补遗（有时也以合同谈判会议纪要形式）；招标文件；其他双方认为应该作为合同组成部分的文件，如投标阶段业主要求投标人澄清问题的函件和承包人所做的文字答复，双方往来函件等。

对所有在招标投标及谈判前后各方发出的文件、文字说明、解释性资料进行清理。对与上述合同构成内容有矛盾的文件，应宣布作废。可以在双方签署的《合同补遗》中，对此做出排除性质的声明。

（3）关于合同协议的补遗　在合同谈判阶段双方谈判的结果一般以《合同补遗》的形式，有时也可以以《合同谈判纪要》形式，形成书面文件。

同时应该注意的是，建设工程施工承包合同必须遵守法律。对于违反法律的条款，即使由合同双方达成协议并已签字，也不受法律保护。

（4）签订合同　双方在合同谈判结束后，应按上述内容和形式形成一个完整的合同文本草案，经双方代表认可后形成正式文件。双方核对无误后，由双方代表草签，至此合同谈判阶段即宣告结束。此时，承包人应及时准备和递交履约保函，准备正式签署施工承包合同。

13.2　工程施工合同中的权利和义务

1. 施工合同示范文本

住房和城乡建设部与国家工商行政管理总局于2017年颁发了修改的《建设工程施工合同（示范文本）》（GF—2017—0201），自2017年10月1日执行。相比2013版，2017版施工合同主要针对缺陷责任和质量保证金两项内容进行了修改。该文本适用于房屋建筑工程、土木工程、线路管道和设备安装工程、装修工程等建设工程的施工承发包活动。

2. 施工承包合同文件

（1）各种施工合同示范文本　一般都由三部分组成：①协议书；②通用条款；③专用条款。

（2）施工合同文件的组成　施工合同文件的组成部分，除协议书、通用条款和专用条款外，一般还应该包括中标通知书、投标书及其附件、有关的标准、规范及技术文件、图纸、工程量清单、工程报价单或预算书等。

（3）施工合同文件解释的优先顺序　作为施工合同文件组成部分的上述各个文件，其优先顺序是不同的，解释合同文件优先顺序的规定一般在合同通用条款内，可以根据项目的具体情况在专用条款内进行调整。原则上应把文件签署日期在后的和内容重要的排在前面，即更加优先。《建设工程施工合同（示范文本）》（GF—2017—0201）通用条款规定的优先顺序：①合同协议书；②中标通知书（如果有）；③投标函及其附录（如果有）；④专用合同条款及其附件；⑤通用合同条款；⑥技术标准和要求；⑦图纸；⑧已标价工程量清单或预算书；⑨其他合同文件。

（4）各种施工合同示范文本的内容　一般包括：①词语定义与解释；②合同双方的一般权利和义务，包括代表业主利益进行监督管理的监理人员的权利和职责；③工程施工的进度控制；④工程施工的质量控制；⑤工程施工的费用控制；⑥施工合同的监督与管理；⑦工程施工的信息管理；⑧工程施工的组织与协调；⑨施工安全管理与风险管理等。

（5）发包人的责任与义务　发包人的责任与义务有许多，最主要的有以下内容：

1) 图纸的提供和交底（第1.6.1项）[○]。发包人应按照专用合同条款约定的期限、数量和内容向承包人免费提供图纸，并组织承包人、监理人和设计人进行图纸会审和设计交底。发包人最迟不得晚于第7.3.2项〔开工通知〕载明的开工日期前14天向承包人提供图纸。

2) 对化石、文物的保护（第1.9款）。发包人、监理人和承包人应按有关政府行政管理部门要求对施工现场发掘的所有文物、古迹以及具有地质研究或考古价值的其他遗迹、化石、钱币或物品采取妥善的保护措施，由此增加的费用和（或）延误的工期由发包人承担。

3) 出入现场的权利（第1.10.1项）。除专用合同条款另有约定外，发包人应根据施工需要，负责取得出入施工现场所需的批准手续和全部权利，以及取得因施工所需修建道路、桥梁以及其他基础设施的权利，并承担相关手续费用和建设费用。承包人应协助发包人办理修建场内外道路、桥梁以及其他基础设施的手续。

4) 场外交通（第1.10.2项）。发包人应提供场外交通设施的技术参数和具体条件，承包人应遵守有关交通法规，严格按照道路和桥梁的限制荷载行驶，执行有关道路限速、限行、禁止超载的规定，并配合交通管理部门的监督和检查。场外交通设施无法满足工程施工需要的，由发包人负责完善并承担相关费用。

5) 场内交通（第1.10.3项）。发包人应提供场内交通设施的技术参数和具体条件，并应按照专用合同条款的约定向承包人免费提供满足工程施工所需的场内道路和交通设施。因承包人原因造成上述道路或交通设施损坏的，承包人负责修复并承担由此增加的费用。

6) 许可或批准（第2.1款）。发包人应遵守法律，并办理法律规定由其办理的许可、批准或备案，包括但不限于建设用地规划许可证、建设工程规划许可证、建设工程施工许可证、施工所需临时用水、临时用电、中断道路交通、临时占用土地等许可和批准。发包人应协助承包人办理法律规定的有关施工证件和批件。因发包人原因未能及时办理完毕前述许可、批准或备案，由发包人承担由此增加的费用和（或）延误的工期，并支付承包人合理的利润。

7) 提供施工现场（第2.4.1项）。除专用合同条款另有约定外，发包人应最迟于开工日期7天前向承包人移交施工现场。

8) 提供施工条件（第2.4.2项）。除专用合同条款另有约定外，发包人应负责提供施工所需要的条件，包括：

① 将施工用水、电力、通信线路等施工所必需的条件接至施工现场内。

② 保证向承包人提供正常施工所需要的进入施工现场的交通条件。

③ 协调处理施工现场周围地下管线和邻近建筑物、构筑物、古树名木的保护工作，并承担相关费用。

④ 按照专用合同条款约定应提供的其他设施和条件。

9) 提供基础资料（第2.4.3项）。发包人应当在移交施工现场前向承包人提供施工现场及工程施工所必需的毗邻区域内供水、排水、供电、供气、供热、通信、广播电视等地下管线资料，气象和水文观测资料，地质勘查资料，相邻建筑物、构筑物和地下工程等有关基础资料，并对所提供资料的真实性、准确性和完整性负责。按照法律规定确需在开工后方能提供的基础资料，发包人应尽其努力及时地在相应工程施工前的合理期限内提供，合理期限

[○] 所列款项为《建设工程施工合同（示范文本）》（GF—2017—0201）中相应款项，后同。

应以不影响承包人的正常施工为限。

10）资金来源证明及支付担保（第2.5款）。除专用合同条款另有约定外，发包人应在收到承包人要求提供资金来源证明的书面通知后28天内，向承包人提供能够按照合同约定支付合同价款的相应资金来源证明。除专用合同条款另有约定外，发包人要求承包人提供履约担保的，发包人应当向承包人提供支付担保。支付担保可以采用银行保函或担保公司担保等形式，具体由合同当事人在专用合同条款中约定。

11）支付合同价款（第2.6款）。发包人应按合同约定向承包人及时支付合同价款。

12）组织竣工验收（第2.7款）。发包人应按合同约定及时组织竣工验收。

13）现场统一管理协议（第2.8款）。发包人应与承包人、由发包人直接发包的专业工程的承包人签订施工现场统一管理协议，明确各方的权利和义务。施工现场统一管理协议作为专用合同条款的附件。

（6）承包人的一般义务（第3.1款） 承包人在履行合同过程中应遵守法律和工程建设标准规范，并履行以下义务：

1）办理法律规定应由承包人办理的许可和批准，并将办理结果书面报送发包人留存。

2）按法律规定和合同约定完成工程，并在保修期内承担保修义务。

3）按法律规定和合同约定采取施工安全和环境保护措施，办理工伤保险，确保工程及人员、材料、设备和设施的安全。

4）按合同约定的工作内容和施工进度要求，编制施工组织设计和施工措施计划，并对所有施工作业和施工方法的完备性和安全可靠性负责。

5）在进行合同约定的各项工作时，不得侵害发包人与他人使用公用道路、水源、市政管网等公共设施的权利，避免对邻近的公共设施产生干扰。承包人占用或使用他人的施工场地，影响他人作业或生活的，应承担相应责任。

6）按照〔环境保护〕约定负责施工场地及其周边环境与生态的保护工作。

7）按〔安全文明施工〕约定采取施工安全措施，确保工程及其人员、材料、设备和设施的安全，防止因工程施工造成的人身伤害和财产损失。

8）将发包人按合同约定支付的各项价款专用于合同工程，且应及时支付其雇用人员工资，并及时向分包人支付合同价款。

9）按照法律规定和合同约定编制竣工资料，完成竣工资料立卷及归档，并按专用合同条款约定的竣工资料的套数、内容、时间等要求移交发包人。

10）应履行的其他义务。

（7）进度控制的主要条款内容 主要包括以下五个部分：施工进度计划、工期延误、暂停施工、提前竣工、竣工日期。

1）施工进度计划。

① 施工进度计划的编制（第7.2.1项）。承包人应按照第7.1款〔施工组织设计〕约定提交详细的施工进度计划，施工进度计划的编制应当符合国家法律规定和一般工程实践惯例，施工进度计划经发包人批准后实施。施工进度计划是控制工程进度的依据，发包人和监理人有权按照施工进度计划检查工程进度情况。

② 施工进度计划的修订（第7.2.2项）。施工进度计划不符合合同要求或与工程的实际进度不一致的，承包人应向监理人提交修订的施工进度计划，并附具有关措施和相关资料，

由监理人报送发包人。除专用合同条款另有约定外，发包人和监理人应在收到修订的施工进度计划后 7 天内完成审核和批准或提出修改意见。发包人和监理人对承包人提交的施工进度计划的确认，不能减轻或免除承包人根据法律规定和合同约定应承担的任何责任或义务。

③ 开工通知（第 7.3.2 项）。发包人应按照法律规定获得工程施工所需的许可。经发包人同意后，监理人发出的开工通知应符合法律规定。监理人应在计划开工日期 7 天前向承包人发出开工通知，工期自开工通知中载明的开工日期起算。

除专用合同条款另有约定外，因发包人原因造成监理人未能在计划开工日期之日起 90 天内发出开工通知的，承包人有权提出价格调整要求，或者解除合同。发包人应当承担由此增加的费用和（或）延误的工期，并向承包人支付合理利润。

2）工期延误。

① 因发包人原因导致工期延误（第 7.5.1 项）。在合同履行过程中，因下列情况导致工期延误和（或）费用增加的，由发包人承担由此延误的工期和（或）增加的费用，且发包人应支付承包人合理的利润：

发包人未能按合同约定提供图纸或所提供图纸不符合合同约定的。

发包人未能按合同约定提供施工现场、施工条件、基础资料、许可、批准等开工条件的。

发包人提供的测量基准点、基准线和水准点及其书面资料存在错误或疏漏的。

发包人未能在计划开工日期之日起 7 天内同意下达开工通知的。

发包人未能按合同约定日期支付工程预付款、进度款或竣工结算款的。

监理人未按合同约定发出指示、批准等文件的。

专用合同条款中约定的其他情形。

因发包人原因未按计划开工日期开工的，发包人应按实际开工日期顺延竣工日期，确保实际工期不低于合同约定的工期总日历天数。因发包人原因导致工期延误需要修订施工进度计划的，按照〔施工进度计划的修订〕执行。

② 因承包人原因导致工期延误（第 7.5.2 项）。因承包人原因造成工期延误的，可以在专用合同条款中约定逾期竣工违约金的计算方法和逾期竣工违约金的上限。承包人支付逾期竣工违约金后，不免除承包人继续完成工程及修补缺陷的义务。

3）暂停施工。

① 发包人原因引起的暂停施工（第 7.8.1 项）。因发包人原因引起暂停施工的，监理人经发包人同意后，应及时下达暂停施工指示。情况紧急且监理人未及时下达暂停施工指示的，按照〔紧急情况下的暂停施工〕执行。

因发包人原因引起的暂停施工，发包人应承担由此增加的费用和（或）延误的工期，并支付承包人合理的利润。

② 承包人原因引起的暂停施工（第 7.8.2 项）。因承包人原因引起的暂停施工，承包人应承担由此增加的费用和（或）延误的工期，且承包人在收到监理人复工指示后 84 天内仍未复工的，视为〔承包人违约的情形〕第 7 条约定的承包人无法继续履行合同的情形。

③ 指示暂停施工（第 7.8.3 项）。监理人认为有必要时，并经发包人批准后，可向承包

人做出暂停施工的指示，承包人应按监理人指示暂停施工。

④ 紧急情况下的暂停施工（第7.8.4项）。因紧急情况需暂停施工，且监理人未及时下达暂停施工指示的，承包人可先暂停施工，并及时通知监理人。监理人应在接到通知后24小时内发出指示，逾期未发出指示，视为同意承包人暂停施工。监理人不同意承包人暂停施工的，应说明理由，承包人对监理人的答复有异议，按照第20条〔争议解决〕约定处理。

4）提前竣工。发包人要求承包人提前竣工的，发包人应通过监理人向承包人下达提前竣工指示，承包人应向发包人和监理人提交提前竣工建议书，提前竣工建议书应包括实施的方案、缩短的时间、增加的合同价格等内容。发包人接受该提前竣工建议书的，监理人应与发包人和承包人协商采取加快工程进度的措施，并修订施工进度计划，由此增加的费用由发包人承担。承包人认为提前竣工指示无法执行的，应向监理人和发包人提出书面异议，发包人和监理人应在收到异议后7天内予以答复。任何情况下，发包人不得压缩合理工期（第7.9.1项）。

发包人要求承包人提前竣工，或承包人提出提前竣工的建议能够给发包人带来效益的，合同当事人可以在专用合同条款中约定提前竣工的奖励（第7.9.2项）。

5）竣工日期（第13.2.3项）。工程经竣工验收合格的，以承包人提交竣工验收申请报告之日为实际竣工日期，并在工程接收证书中载明；因发包人原因，未在监理人收到承包人提交的竣工验收申请报告42天内完成竣工验收，或完成竣工验收不予签发工程接收证书的，以提交竣工验收申请报告的日期为实际竣工日期；工程未经竣工验收，发包人擅自使用的，以转移占有工程之日为实际竣工日期。

(8) 质量控制的主要条款内容　主要包括以下内容。

1）承包人的质量管理（第5.2.2项）。承包人按照〔施工组织设计〕约定向发包人和监理人提交工程质量保证体系及措施文件，建立完善的质量检查制度，并提交相应的工程质量文件。对于发包人和监理人违反法律规定和合同约定的错误指示，承包人有权拒绝实施。

承包人应对施工人员进行质量教育和技术培训，定期考核施工人员的劳动技能，严格执行施工规范和操作规程。

承包人应按照法律规定和发包人的要求，对材料、工程设备以及工程的所有部位及其施工工艺进行全过程的质量检查和检验，并做详细记录，编制工程质量报表，报送监理人审查。此外，承包人还应按照法律规定和发包人的要求，进行施工现场取样试验、工程复核测量和设备性能检测，提供试验样品、提交试验报告和测量成果以及其他工作。

2）监理人的质量检查和检验（第5.2.3项）。监理人按照法律规定和发包人授权对工程的所有部位及其施工工艺、材料和工程设备进行检查和检验。承包人应为监理人的检查和检验提供方便，包括监理人到施工现场，或制造、加工地点，或合同约定的其他地方进行查看和查阅施工原始记录。监理人为此进行的检查和检验，不免除或减轻承包人按照合同约定应当承担的责任。

监理人的检查和检验不应影响施工正常进行。监理人的检查和检验影响施工正常进行的，且经检查检验不合格的，影响正常施工的费用由承包人承担，工期不予顺延；经检查检验合格的，由此增加的费用和（或）延误的工期由发包人承担。

3）隐蔽工程检查（第5.3款）。

① 承包人自检（第5.3.1项）。承包人应当对工程隐蔽部位进行自检，并经自检确认是否具备覆盖条件。

② 检查程序（第5.3.2项）。除专用合同条款另有约定外，工程隐蔽部位经承包人自检确认具备覆盖条件的，承包人应在共同检查前48小时书面通知监理人检查，通知中应载明隐蔽检查的内容、时间和地点，并应附有自检记录和必要的检查资料。

监理人应按时到场并对隐蔽工程及其施工工艺、材料和工程设备进行检查。经监理人检查确认质量符合隐蔽要求，并在验收记录上签字后，承包人才能进行覆盖。经监理人检查质量不合格的，承包人应在监理人指示的时间内完成修复，并由监理人重新检查，由此增加的费用和（或）延误的工期由承包人承担。

除专用合同条款另有约定外，监理人不能按时进行检查的，应在检查前24小时向承包人提交书面延期要求，但延期不能超过48小时，由此导致工期延误的，工期应予以顺延。监理人未按时进行检查，也未提出延期要求的，视为隐蔽工程检查合格，承包人可自行完成覆盖工作，并做相应记录报送监理人，监理人应签字确认。监理人事后对检查记录有疑问的，可按〔重新检查〕的约定重新检查。

③ 重新检查（第5.3.3项）。承包人覆盖工程隐蔽部位后，发包人或监理人对质量有疑问的，可要求承包人对已覆盖的部位进行钻孔探测或揭开重新检查，承包人应遵照执行，并在检查后重新覆盖恢复原状。经检查证明工程质量符合合同要求的，由发包人承担由此增加的费用和（或）延误的工期，并支付承包人合理的利润；经检查证明工程质量不符合合同要求的，由此增加的费用和（或）延误的工期由承包人承担。

④ 承包人私自覆盖（第5.3.4项）。承包人未通知监理人到场检查，私自将工程隐蔽部位覆盖的，监理人有权指示承包人钻孔探测或揭开检查，无论工程隐蔽部位质量是否合格，由此增加的费用和（或）延误的工期均由承包人承担。

4）不合格工程的处理（第5.4款）。

① 因承包人原因造成工程不合格的，发包人有权随时要求承包人采取补救措施，直至达到合同要求的质量标准，由此增加的费用和（或）延误的工期由承包人承担。无法补救的，按照〔拒绝接收全部或部分工程〕约定执行（第5.4.1项）。

② 因发包人原因造成工程不合格的，由此增加的费用和（或）延误的工期由发包人承担，并支付承包人合理的利润（第5.4.2项）。

5）分部分项工程验收。除专用合同条款另有约定外，分部分项工程经承包人自检合格并具备验收条件的，承包人应提前48小时通知监理人进行验收。监理人不能按时进行验收的，应在验收前24小时向承包人提交书面延期要求，但延期不能超过48小时。监理人未按时进行验收，也未提出延期要求的，承包人有权自行验收，监理人应认可验收结果。分部分项工程未经验收的，不得进入下一道工序施工。分部分项工程的验收资料应当作为竣工资料的组成部分（第13.1.2项）。

6）缺陷责任与保修。

① 工程保修的原则（第15.1款）。在工程移交发包人后，因承包人原因产生的质量缺陷，承包人应承担质量缺陷责任和保修义务。缺陷责任期届满，承包人仍应按合同约定的工程各部位保修年限承担保修义务。

② 缺陷责任期自实际竣工日期起计算，合同当事人应在专用合同条款约定缺陷责任期的具体期限，但该期限最长不超过 24 个月。单位工程先于全部工程进行验收，经验收合格并交付使用的，该单位工程缺陷责任期自单位工程验收合格之日起算。因发包人原因导致工程无法按合同约定期限进行竣工验收的，缺陷责任期自承包人提交竣工验收申请报告之日起开始计算；发包人未经竣工验收擅自使用工程的，缺陷责任期自工程转移占有之日起开始计算（第 15.2.1 项）。

③ 缺陷责任期内，由承包人原因造成的缺陷，承包人应负责维修，并承担鉴定及维修费用。如承包人不维修也不承担费用，发包人可按合同约定从保证金或银行保函中扣除，费用超出保证金额的，发包人可按合同约定向承包人进行索赔。承包人维修并承担相应费用后，不免除对工程的损失赔偿责任。发包人有权要求承包人延长缺陷责任期，并应在原缺陷责任期届满前发出延长通知。但缺陷责任期（含延长部分）最长不能超过 24 个月。

由他人原因造成的缺陷，发包人负责组织维修，承包人不承担费用，且发包人不得从保证金中扣除费用（第 15.2.2 项）。

④ 任何一项缺陷或损坏修复后，经检查证明其影响了工程或工程设备的使用性能，承包人应重新进行合同约定的试验和试运行，试验和试运行的全部费用应由责任方承担（第 15.2.3 项）。

⑤ 除专用合同条款另有约定外，承包人应于缺陷责任期届满后 7 天内向发包人发出缺陷责任期届满通知，发包人应在收到缺陷责任期满通知后 14 天内核实承包人是否履行缺陷修复义务，承包人未能履行缺陷修复义务的，发包人有权扣除相应金额的维修费用。发包人应在收到缺陷责任期届满通知后 14 天内，向承包人颁发缺陷责任期终止证书（第 15.2.4 项）。

⑥ 保修责任（第 15.4.1 项）。工程保修期从工程竣工验收合格之日起算，具体分部分项工程的保修期由合同当事人在专用合同条款中约定，但不得低于法定最低保修年限。在工程保修期内，承包人应当根据有关法律规定以及合同约定承担保修责任。发包人未经竣工验收擅自使用工程的，保修期自转移占有之日起算。

7）修复费用（第 15.4.2 项）

保修期内，修复的费用按照以下约定处理：

① 保修期内，因承包人原因造成工程的缺陷、损坏，承包人应负责修复，并承担修复的费用，以及因工程的缺陷、损坏造成的人身伤害和财产损失。

② 保修期内，因发包人使用不当造成工程的缺陷、损坏，可以委托承包人修复，但发包人应承担修复的费用，并支付承包人合理利润。

③ 因其他原因造成工程的缺陷、损坏，可以委托承包人修复，发包人应承担修复的费用，并支付承包人合理的利润，因工程的缺陷、损坏造成的人身伤害和财产损失由责任方承担。

8）未能修复（第 15.4.4 项）。因承包人原因造成工程的缺陷或损坏，承包人拒绝维修或未能在合理期限内修复缺陷或损坏，且经发包人书面催告后仍未修复的，发包人有权自行修复或委托第三方修复，所需费用由承包人承担。但修复范围超出缺陷或损坏范围的，超出范围部分的修复费用由发包人承担。

（9）费用控制的主要条款内容　主要包括以下五项：预付款、计量、工程进度款支付、进度款审核和支付、支付分解表。

1）预付款。

① 预付款的支付（第12.2.1项）。预付款的支付按照专用合同条款约定执行，但最迟应在开工通知载明的开工日期7天前支付。预付款应当用于材料、工程设备、施工设备的采购及修建临时工程、组织施工队伍进场等。

除专用合同条款另有约定外，预付款在进度付款中同比例扣回。在颁发工程接收证书前，提前解除合同的，尚未扣完的预付款应与合同价款一并结算。

发包人逾期支付预付款超过7天的，承包人有权向发包人发出要求预付的催告通知，发包人收到通知后7天内仍未支付的，承包人有权暂停施工，并按第16.1.1项〔发包人违约的情形〕执行。

② 预付款担保（第12.2.2项）。发包人要求承包人提供预付款担保的，承包人应在发包人支付预付款7天前提供预付款担保，专用合同条款另有约定除外。预付款担保可采用银行保函、担保公司担保等形式，具体由合同当事人在专用合同条款中约定。在预付款完全扣回之前，承包人应保证预付款担保持续有效。

发包人在工程款中逐期扣回预付款后，预付款担保额度应相应减少，但剩余的预付款担保金额不得低于未被扣回的预付款金额。

2）计量。

① 计量周期（第12.3.2项）。除专用合同条款另有约定外，工程量的计量按月进行。

② 单价合同的计量（第12.3.3项）。除专用合同条款另有约定外，单价合同的计量按照本项约定执行：

承包人应于每月25日向监理人报送上月20日至当月19日已完成的工程量报告，并附具进度付款申请单、已完成工程量报表和有关资料。

监理人应在收到承包人提交的工程量报告后7天内完成对承包人提交的工程量报表的审核并报送发包人，以确定当月实际完成的工程量。监理人对工程量有异议的，有权要求承包人进行共同复核或抽样复测。承包人应协助监理人进行复核或抽样复测，并按监理人要求提供补充计量资料。承包人未按监理人要求参加复核或抽样复测的，监理人复核或修正的工程量视为承包人实际完成的工程量。

监理人未在收到承包人提交的工程量报表后的7天内完成审核的，承包人报送的工程量报告中的工程量视为承包人实际完成的工程量，据此计算工程价款。

③ 总价合同的计量（第12.3.4项）。除专用合同条款另有约定外，按月计量支付的总价合同，按照本项约定执行：

承包人应于每月25日向监理人报送上月20日至当月19日已完成的工程量报告，并附具进度付款申请单、已完成工程量报表和有关资料。

监理人应在收到承包人提交的工程量报告后7天内完成对承包人提交的工程量报表的审核并报送发包人，以确定当月实际完成的工程量。监理人对工程量有异议的，有权要求承包人进行共同复核或抽样复测。承包人应协助监理人进行复核或抽样复测并按监理人要求提供补充计量资料。承包人未按监理人要求参加复核或抽样复测的，监理人审核或修正的工程量视为承包人实际完成的工程量。

监理人未在收到承包人提交的工程量报表后的 7 天内完成复核的，承包人提交的工程量报告中的工程量视为承包人实际完成的工程量。

3）工程进度款支付。除专用合同条款另有约定外，付款周期应与计量周期保持一致。

4）进度款审核和支付（第 12.4.4 项）。

① 除专用合同条款另有约定外，监理人应在收到承包人进度付款申请单以及相关资料后 7 天内完成审查并报送发包人，发包人应在收到后 7 天内完成审批并签发进度款支付证书。发包人逾期未完成审批且未提出异议的，视为已签发进度款支付证书。

发包人和监理人对承包人的进度付款申请单有异议的，有权要求承包人修正和提供补充资料，承包人应提交修正后的进度付款申请单。监理人应在收到承包人修正后的进度付款申请单及相关资料后 7 天内完成审查并报送发包人，发包人应在收到监理人报送的进度付款申请单及相关资料后 7 天内，向承包人签发无异议部分的临时进度款支付证书。存在争议的部分，按照第 20 条〔争议解决〕的约定处理。

② 除专用合同条款另有约定外，发包人应在进度款支付证书或临时进度款支付证书签发后 14 天内完成支付，发包人逾期支付进度款的，应按照中国人民银行发布的同期同类贷款基准利率支付违约金。

③ 发包人签发进度款支付证书或临时进度款支付证书，不表明发包人已同意、批准或接受了承包人完成的相应部分的工作。

5）支付分解表（第 12.4.6 项）。

① 支付分解表的编制要求。支付分解表中所列的每期付款金额，应为〔进度付款申请单的编制〕第（1）目的估算金额。

实际进度与施工进度计划不一致的，合同当事人可按照〔商定或确定〕修改支付分解表。

不采用支付分解表的，承包人应向发包人和监理人提交按季度编制的支付估算分解表，用于支付参考。

② 总价合同支付分解表的编制与审批。除专用合同条款另有约定外，承包人应根据〔施工进度计划〕约定的施工进度计划、签约合同价和工程量等因素对总价合同按月进行分解，编制支付分解表。承包人应当在收到监理人和发包人批准的施工进度计划后 7 天内，将支付分解表及编制支付分解表的支持性资料报送监理人。

监理人应在收到支付分解表后 7 天内完成审核并报送发包人。发包人应在收到经监理人审核的支付分解表后 7 天内完成审批，经发包人批准的支付分解表为有约束力的支付分解表。

发包人逾期未完成支付分解表审批的，也未及时要求承包人进行修正和提供补充资料的，则承包人提交的支付分解表视为已经获得发包人批准。

③ 单价合同的总价项目支付分解表的编制与审批。除专用合同条款另有约定外，单价合同的总价项目，由承包人根据施工进度计划和总价项目的总价构成、费用性质、计划发生时间和相应工程量等因素按月进行分解，形成支付分解表，其编制与审批参照总价合同支付分解表的编制与审批执行。

13.3 建设工程施工合同风险管理和工程担保

13.3.1 施工合同风险管理

1. 工程合同风险的概念

合同风险是指合同中的以及由合同引起的不确定性。工程合同风险可以按不同的方法进行分类。

（1）按合同风险产生的原因进行划分　可以分为合同工程风险和合同信用风险。合同工程风险是由于客观原因和非主观故意导致的。如工程进展过程中发生不利的地质条件变化、工程变更、物价上涨、不可抗力等。合同信用风险是由于主观故意原因导致的。表现为合同双方的机会主义行为，如业主拖欠工程款，承包商层层转包、非法分包、偷工减料、以次充好、知假买假等。

（2）按合同的不同阶段进行划分　可以将合同风险分为合同订立风险和合同履约风险。

2. 工程合同风险产生的原因

1）合同的不确定性。由于人的有限理性，对外在环境的不确定性是无法完全预期的，不可能把所有可能发生的未来事件都写入合同条款中，更不可能制定好处理未来事件的所有具体条款。

2）一个工程的实施会存在各种各样的风险事件，人们很难预测未来事件，无法根据未来情况做出计划，如不利的自然条件、工程变更、政策法规的变化、物价的变化等。

3）合同的语句表达不清晰、不细致、不严密、矛盾等可能造成合同的不完全，导致双方理解上的分歧而发生纠纷，甚至发生争端。

4）由于合同双方的疏忽未就有关的事宜订立合同，而使合同不完全。

5）交易成本的存在。因为合同双方为订立某一条款以解决某特定事宜的成本超出了其收益而造成合同的不完全。由于存在着交易成本，人们签订的合同在某些方面肯定是不完全的。

6）信息的不对称。信息不对称是合同不完全的根源，建筑市场上的信息不对称主要表现为以下方面：

① 业主并不真正了解承包商实际的技术和管理能力以及财务状况。

② 承包商也并不真正了解业主是否有足够的资金保证，不知道业主能否及时支付工程款，但是业主要比承包商清楚得多。

③ 总承包商对于分包商是否真有能力完成，并不十分有把握，承包商对建筑生产要素掌握的信息远不如这些要素的提供者清楚。

7）机会主义行为的存在。机会主义行为是指用虚假的或空洞的，也就是非真实的威胁或承诺来谋取个人利益的行为。

机会主义行为可分为事前的和事后的两种。前者不愿意坦露与自己真实条件有关的信息，甚至会制造扭曲的、虚假的或模糊的信息。后者也称为道德风险。事前的机会主义行为可以通过减少信息不对称部分地消除，但不能完全消除，而避免事后的机会主义行为方法之一是在订立合同时进行有效的防范和履约过程中进行监督管理。

3. 工程合同风险分配

（1）工程合同风险分配的重要性　业主起草招标文件和合同条件，确定合同类型，对风险的分配起主导作用，有更大的主动权和责任。业主不能任意在合同中增加对承包商的单方面约束性条款和对自己的免责条款，一定要理性分配风险。否则可能产生如下后果：

1）如果业主不承担风险，业主也缺乏工程控制的积极性和内在动力，工程也就不能顺利进行。

2）如果合同不平等，承包商没有合理利润，不可预见的风险太大，则会对工程缺乏信心和履约积极性。如果风险事件发生，不可预见风险费用不足以弥补承包商的损失，承包商通常会采取其他各种办法弥补损失或减少开支。例如，降低材料设备和施工质量标准以降低成本，甚至放慢施工速度，或停工等，最终影响工程的整体效益。

3）如果合同所定义的风险没有发生，则业主多支付了报价中的不可预见风险费，承包商取得了超额利润。

合理地分配风险的好处如下：

1）业主可以获得一个合理的报价，承包商报价中的不可预见风险费较少。

2）减少合同的不确定性，承包商可以准确地计划和安排工程施工。

3）可以最大限度发挥合同双方风险控制和履约的积极性。

4）整个工程的产出效益可能会更好。

（2）工程风险分配的原则　合同风险应该按照效率原则和公平原则进行分配。

1）从工程整体效益出发，最大限度发挥双方的积极性，尽可能做到以下方面：

① 谁能最有效地（有能力和经验）预测、防止和控制风险，或能有效地降低风险损失，或能将风险转移给其他方面，则应由他承担相应的风险责任。

② 承担者控制相关风险是经济的，即能够以最低的成本来承担风险损失，同时他管理风险的成本、自我防范和市场保险费用最低，同时又是有效、方便、可行的。

③ 通过风险分配，加强责任，发挥双方管理和技术革新的积极性等。

2）公平合理，责权利平衡，体现在以下方面：

① 承包商提供的工程（或服务）与业主支付的价格之间应体现公平，这种公平通常以当地当时的市场价格为依据。

② 风险责任与权利之间应平衡。

③ 风险责任与机会对等，即风险承担者同时应能享有风险控制获得的收益和机会收益。

④ 承担的可能性和合理性，即给风险承担者以风险预测、计划、控制的条件和可能性。

3）符合现代工程管理理念。

4）符合工程惯例，即符合通常的工程处理方法。

13.3.2　工程担保的内容

工程担保制度以经济责任链条建立起保证人与建设市场主体之间的责任关系。工程承包人在工程建设中的任何不规范行为都可能危害担保人的利益，担保人为维护自身的经济利益，在提供工程担保时，必然对申请人的资信、实力、履约记录等进行全面的审核，根据被保证人的资信情况实行差别费率，并在建设过程中对被担保人的履约行为进行监督。通过这种制约机制和经济杠杆，可以迫使当事人提高素质，规范行为，保证工程质量、工期和施工安全。另外，承包商拖延工期、拖欠工人工资和分包商工程款和货款、保修期内不履行保修义务，设计人延迟交付图纸及业主拖欠工程款等问题的解决也必须借助工程担保。实践证明，工程保证担保制度对规范建筑市场、防范建筑风险特别是违约风险、降低建筑业的社会成本、保障工程建设的顺利进行等都有十分重要和不可替代的作用。

建设工程中经常采用的担保种类有投标担保、履约担保、预付款担保、支付担保等。

（1）投标担保　投标担保是指投标人向招标人提供的担保，保证投标人一旦中标即按中标通知书、投标文件和招标文件等有关规定与业主签订承包合同。

投标担保可以采用银行保函、担保公司担保书、同业担保书和投标保证金担保方式，多数采用银行投标保函和投标保证金担保方式，具体方式由招标人在招标文件中规定。未能按照招标文件要求提供投标担保的投标，可被视为不响应招标而被拒绝。

根据《中华人民共和国招标投标法实施条例》（中华人民共和国国务院令第613号）投标保证金不得超过招标项目估算价的2%。投标保证金有效期应当与投标有效期一致。

根据《工程建设项目勘察设计招标投标办法》规定，招标文件要求投标人提交投标保证金的，保证金数额一般不超过勘察设计费投标报价的2%，最多不超过10万元人民币。

（2）履约担保　履约担保是指招标人在招标文件中规定的要求中标的投标人提交的保证履行合同义务和责任的担保。这是工程担保中最重要也是担保金额最大的工程担保。

履约担保的有效期始于工程开工之日，终止日期则可以约定为工程竣工交付之日或者保修期满之日。由于合同履行期限应该包括保修期，履约担保的时间范围也应该覆盖保修期，如果确定履约担保的终止日期为工程竣工交付之日，则需要另外提供工程保修担保。

履约担保可以采用银行保函、履约担保书和履约保证金的形式，也可以采用同业担保的方式，即由实力强、信誉好的承包商为其提供履约担保，但应当遵守国家有关企业之间提供担保的有关规定，不允许两家企业互相担保或多家企业交叉互保。在保修期内，工程保修担保可以采用预留保证金的方式。

根据《中华人民共和国招标投标法实施条例》（中华人民共和国国务院令第613号）第五十八条，招标文件要求中标人提交履约保证金的，中标人应当按照招标文件的要求提交。履约保证金不得超过中标合同金额的10%。

（3）预付款担保　建设工程合同签订以后，发包人往往会支付给承包人一定比例的预付款，一般为合同金额的10%，如果发包人有要求，承包人应该向发包人提供预付款担保。预付款担保是指承包人与发包人签订合同后领取预付款之前，为保证正确、合理使用发包人支付的预付款而提供的担保。

预付款担保可采用银行保函、由担保公司提供保证担保，或采取抵押等担保形式。

（4）支付担保　支付担保是中标人要求招标人提供的保证履行合同中约定的工程款支付义务的担保。在国际上还有一种特殊的担保——付款担保，即在有分包人的情况下，业主要求承包人提供的保证向分包人付款的担保，即承包商向业主保证，将把业主支付的用于实施分包工程的工程款及时、足额地支付给分包人。在美国等许多国家的公共投资领域，付款担保是一种法定担保。付款担保在私人项目中也有所应用。

支付担保通常采用的形式有银行保函、履约保证金和担保公司担保。

发包人的支付担保实行分段滚动担保。支付担保的额度为工程合同总额的20%~25%。本段清算后进入下段。已完成担保额度，发包人未能按时支付，承包人可依据担保合同暂停施工，并要求担保人承担支付责任和相应的经济损失。

13.4 建设工程施工合同实施

13.4.1 施工合同分析的任务

1. 合同分析的含义

合同分析是从合同执行的角度去分析、补充和解释合同的具体内容和要求，将合同目标和合同规定落实到合同实施的具体问题和具体时间上，用以指导具体工作，使合同能符合日常工程管理的需要，使工程按合同要求实施，为合同执行和控制确定依据。

合同分析不同于招标投标过程中对招标文件的分析，其目的和侧重点都不同。

合同分析往往由企业的合同管理部门或项目中的合同管理人员负责。

2. 合同分析的必要性和作用

（1）合同分析的必要性

1）许多合同条文采用法律用语，不够直观明了，不容易理解，通过补充和解释，可以使之简单、明确、清晰。

2）同一个工程中的不同合同形成一个复杂的体系，相互之间有十分复杂的关系。

3）合同事件和工程活动的具体要求（如工期、质量、费用等），合同各方的责任关系，事件和活动之间的逻辑关系等极为复杂。

4）许多工程小组，项目管理职能人员所涉及的活动和问题仅为合同的部分内容，全面理解合同对合同的实施将会产生重大影响。

5）在合同中依然存在问题和风险，包括合同审查时已经发现的风险和还可能隐藏着的尚未发现的风险。

6）合同中的任务需要分解和落实。

7）在合同实施过程中，合同双方会有许多争执，在分析时就可以预测预防。

（2）合同分析的作用

1）分析合同中的漏洞，解释有争议的内容。在合同起草和谈判过程中，双方都会力争完善，但仍会有所疏漏，通过合同分析，找出漏洞，可以作为履行合同的依据。

在合同执行过程中，合同双方有时也会发生争议，往往是由于对合同条款的理解不一致所造成的，通过分析，就合同条文达成一致理解，从而解决争议。在遇到索赔事件后，合同分析也可以为索赔提供理由和根据。

2）分析合同风险，制订风险对策。不同的工程合同，其风险的来源和风险量的大小都不同，要根据合同进行分析，并采取相应的对策。

3）合同任务分解、落实。在实际工程中，合同任务需要分解落实到具体的工程小组或部门、人员，要将合同中的任务进行分解，将合同中与各部分任务相对应的具体要求明确，然后落实到具体的工程小组或部门、人员身上，以便于实施与检查。

3. 合同分析的内容

（1）合同的法律基础　即合同签订和实施的法律背景。通过分析，承包人了解适用于合同的法律的基本情况（范围、特点等），用以指导整个合同实施和索赔工作。对合同中明示的法律应重点分析。

(2) 承包人的主要任务

1) 承包人的总任务，即合同标的。承包人在设计、采购、制作、试验、运输、土建施工、安装、验收、试生产、缺陷责任期维修等方面的主要责任，施工现场的管理，给业主的管理人员提供生活和工作条件等责任。

2) 工作范围。它通常由合同中的工程量清单、图纸、工程说明、技术规范所定义。工程范围的界限应很清楚，否则会影响工程变更和索赔，特别对固定总价合同。

在合同实施中，如果工程师指令的工程变更属于合同规定的工程范围，则承包人必须无条件执行；如果工程变更超过承包人应承担的风险范围，则可向业主提出工程变更的补偿要求。

3) 关于工程变更的规定。在合同实施过程中，变更程序非常重要，通常要作工程变更工作流程图，并交付相关的职能人员。

工程变更的补偿范围，通常以合同金额一定的百分比表示。通常这个百分比越大，承包人的风险越大。

工程变更的索赔有效期，由合同具体规定，一般为28天，也有14天的。一般这个时间越短，对承包人管理水平的要求越高，对承包人越不利。

(3) 发包人的责任

1) 业主雇用工程师并委托其在授权范围内履行业主的部分合同责任。

2) 业主和工程师有责任对平行的各承包人和供应商之间的责任界限做出划分，对这方面的争执做出裁决，对他们的工作进行协调，并承担管理和协调失误造成的损失。

3) 及时做出承包人履行合同所必需的决策，如下达指令、履行各种批准手续、做出认可、答复请示、完成各种检查和验收手续等。

4) 提供施工条件，如及时提供设计资料、图纸、施工场地、道路等。

5) 按合同规定及时支付工程款，及时接收已完工程等。

(4) 合同价格　对合同的价格，应重点分析以下几个方面：

1) 合同所采用的计价方法及合同价格所包括的范围。

2) 工程量计量程序，工程款结算（包括进度付款、竣工结算、最终结算）方法和程序。

3) 合同价格的调整，即费用索赔的条件、价格调整方法，计价依据，索赔有效期规定。

4) 拖欠工程款的合同责任。

(5) 施工工期　在实际工程中，工期拖延极为常见和频繁，而且对合同实施和索赔的影响很大，所以要特别重视。

(6) 违约责任　如果合同一方未遵守合同规定，造成对方损失，应受到相应的合同处罚。通常分析以下内容：

1) 承包人不能按合同规定工期完成工程的违约金或承担业主损失的条款。

2) 由于管理上的疏忽造成对方人员和财产损失的赔偿条款。

3) 由于预谋或故意行为造成对方损失的处罚和赔偿条款等。

4) 由于承包人不履行或不能正确地履行合同责任，或出现严重违约时的处理规定。

5) 由于业主不履行或不能正确地履行合同责任，或出现严重违约时的处理规定，特别是对业主不及时支付工程款的处理规定。

（7）验收、移交和保修　验收包括许多内容，如材料和机械设备的现场验收，隐蔽工程验收，单项工程验收，全部工程竣工验收等。

在合同分析中，应对重要的验收要求、时间、程序以及验收所带来的法律后果做说明。

（8）索赔程序和争执的解决　它决定着索赔的解决方法。这里要分析以下内容：

1) 索赔的程序。
2) 争议的解决方式和程序。
3) 仲裁条款，包括仲裁所依据的法律，仲裁地点、方式和程序，仲裁结果的约束力等。

13.4.2　施工合同交底的任务

合同和合同分析的资料是工程实施管理的依据。合同分析后，应向各层次管理者做"合同交底"，即由合同管理人员在对合同的主要内容进行分析、解释和说明的基础上，通过组织项目管理人员和各个工程小组学习合同条文和合同总体分析结果，使大家熟悉合同中的主要内容、规定、管理程序，了解合同双方的合同责任和工作范围，各种行为的法律后果等，使大家都树立全局观念，使各项工作协调一致，避免执行中的违约行为。

项目经理或合同管理人员应将各种任务或事件的责任分解，落实到具体的工作小组、人员或分包单位。合同交底的目的和任务如下：

1) 对合同的主要内容达成一致理解。
2) 将各种合同事件的责任分解落实到各工程小组或分包人。
3) 将工程项目和任务分解，明确其质量和技术要求以及实施的注意要点等。
4) 明确各项工作或各个工程的工期要求。
5) 明确成本目标和消耗标准。
6) 明确相关事件之间的逻辑关系。
7) 明确各个工程小组（分包人）之间的责任界限。
8) 明确完不成任务的影响和法律后果。
9) 明确合同有关各方（如业主、监理工程师）的责任和义务。

13.4.3　施工合同实施的控制

1. 施工合同跟踪

合同签订后，合同中各项任务的执行要落实到具体的项目经理部或具体的项目参与人员身上，承包单位作为履行合同义务的主体，必须对合同执行者（项目经理部或项目参与人）的履行情况进行跟踪、监督和控制，确保合同义务的完全履行。

施工合同跟踪有两个方面的含义：一是承包单位的合同管理职能部门对合同执行者（项目经理部或项目参与人）的履行情况进行的跟踪、监督和检查；二是合同执行者（项目经理部或项目参与人）本身对合同计划的执行情况进行的跟踪、检查与对比。在合同实施过程中两者缺一不可。

对合同执行者而言，应该掌握合同跟踪的以下方面。

(1) 合同跟踪的依据　合同跟踪的重要依据是合同以及依据合同编制的各种计划文件；各种实际工程文件如原始记录、报表、验收报告等；管理人员对现场情况的直观了解，如现场巡视、交谈、会议、质量检查等。

(2) 合同跟踪的对象

1) 承包的任务。

① 工程施工的质量，包括材料、构件、制品和设备等的质量，以及施工或安装质量，是否符合合同要求等。

② 工程进度，是否在预定期限内施工，工期有无延长，延长的原因等。

③ 工程数量，是否按合同要求完成全部施工任务，有无合同规定以外的施工任务等。

④ 成本的增加和减少。

2) 工程小组或分包人的工程和工作。可以将工程施工任务分解交由不同的工程小组或发包给专业分包完成，工程承包人必须对这些工程小组或分包人及其所负责的工程进行跟踪检查、协调关系，提出意见、建议或警告，保证工程总体质量和进度。

对专业分包人的工作和负责的工程，总承包商负有协调和管理的责任，并承担由此造成的损失，所以专业分包人的工作和负责的工程必须纳入总承包工程的计划和控制中，防止因分包人工程管理失误而影响全局。

3) 业主和其委托的工程师的工作。

① 业主是否及时、完整地提供了工程施工的实施条件，如场地、图纸、资料等。

② 业主和工程师是否及时给予了指令、答复和确认等。

③ 业主是否及时并足额地支付了应付的工程款项。

2. 合同实施的偏差分析

通过合同跟踪，可能会发现合同实施中存在着偏差，即工程实施实际情况偏离了工程计划和工程目标，应该及时分析原因，采取措施，纠正偏差，避免损失。

合同实施偏差分析的内容包括以下几个方面。

(1) 产生偏差的原因分析　通过对合同执行实际情况与实施计划的对比分析，不仅可以发现合同实施的偏差，而且可以探索引起差异的原因。原因分析可以采用鱼刺图、因果关系分析图（表）、成本量差、价差、效率差分析等方法定性或定量地进行。

(2) 合同实施偏差的责任分析　即分析产生合同偏差的原因是由谁引起的，应该由谁承担责任。责任分析必须以合同为依据，按合同规定落实双方的责任。

(3) 合同实施趋势分析　针对合同实施偏差情况，可以采取不同的措施，应分析在不同措施下合同执行的结果与趋势，包括：

1) 最终的工程状况，包括总工期的延误、总成本的超支、质量标准、所能达到的生产能力（或功能要求）等。

2) 承包商将承担的后果，如被罚款、被清算，甚至被起诉，对承包商资信、企业形象、经营战略的影响等。

3) 最终工程经济效益（利润）水平。

3. 合同实施偏差处理

根据合同实施偏差分析的结果，承包商应采取的调整措施可以分为以下四种：

1) 组织措施，如增加人员投入，调整人员安排，调整工作流程和工作计划等。

2) 技术措施,如变更技术方案,采用新的高效率的施工方案等。

3) 经济措施,如增加投入,采取经济激励措施等。

4) 合同措施,如进行合同变更,签订附加协议,采取索赔手段等。

4. 工程变更管理

工程变更一般是指在工程施工过程中,根据合同约定对施工的程序、工程的内容、数量、质量要求及标准等做出的变更。

(1) 工程变更的原因

1) 业主新的变更指令,对建筑的新要求,如业主有新的意图、修改项目计划、削减项目预算等。

2) 由于设计人员、监理方人员、承包商事先没有很好地理解业主的意图,或设计的错误,导致图纸修改。

3) 工程环境变化,预定的工程条件不准确,要求实施方案或实施计划变更。

4) 由于产生新技术和知识,有必要改变原设计、原实施方案或实施计划,或由于业主指令及业主责任的原因造成承包商施工方案的改变。

5) 政府部门对工程新的要求,如国家计划变化、环境保护要求、城市规划变动等。

6) 由于合同实施出现问题,必须调整合同目标或修改合同条款。

(2) 工程变更的范围　根据我国《建设工程施工合同(示范文本)》(GF—2017—0201)变更的范围,除专用合同条款另有约定外,合同履行过程中发生以下情形的,应按照本条约定进行变更:

1) 增加或减少合同中任何工作,或追加额外的工作。

2) 取消合同中任何工作,但转由他人实施的工作除外。

3) 改变合同中任何工作的质量标准或其他特性。

4) 改变工程的基线、标高、位置和尺寸。

5) 改变工程的时间安排或实施顺序。

(3) 工程变更的程序

1) 提出工程变更。根据工程实施的实际情况,以下单位都可以根据需要提出工程变更:承包商、业主方和设计方。

2) 工程变更的批准。由承包商提出的工程变更,应该交予工程师审查并批准;由设计方提出的工程变更,应该与业主协商或经业主审查并批准;由业主方提出的工程变更,涉及设计修改的应该与设计单位协商,并一般通过工程师发出。工程师发出工程变更的权利,一般会在施工合同中明确约定,通常在发出变更通知前应征得业主批准。

3) 工程变更指令的发出及执行。为避免耽误工程,工程师和承包人就变更价格和工期补偿达成一致意见之前有必要先行发布变更指示,先执行工程变更工作,再就变更价格和工期补偿进行协商和确定。

工程变更指示的发出有两种形式:书面形式和口头形式。一般情况下要求用书面形式发布变更指示,如果由于情况紧急来不及发出书面指示,承包人应该根据合同规定要求工程师书面认可。

除非工程师明显超越合同权限,承包人应该无条件地执行工程变更的指示。即使工程变更价款没有确定,或者承包人对工程师答应给予付款的金额不满意,承包人也必须一边进行变更工作，一边根据合同寻求解决办法。

（4）工程变更的责任分析与补偿要求　根据工程变更的具体情况可以分析确定工程变更的责任和费用补偿。

1）由于业主要求、政府部门要求、环境变化、不可抗力、原设计错误等导致的设计修改，应该由业主承担责任。由此所造成的施工方案的变更以及工期的延长和费用的增加应该向业主索赔。

2）由于承包人的施工过程、施工方案出现错误、疏忽而导致设计的修改，应该由承包人承担责任。

3）施工方案变更要经过工程师的批准，不论这种变更是否会给业主带来好处（如工期缩短、节约费用）。

由于承包人的施工过程、施工方案本身的缺陷而导致施工方案的变更，由此所引起的费用增加和工期延长应该由承包人承担责任。

业主向承包人授标前（或签订合同前），可以要求承包人对施工方案进行补充、修改或做出说明，以便符合业主的要求。在授标后（或签订合同后），业主为了加快工期、提高质量等要求变更施工方案，由此所引起的费用增加可以向业主索赔。

13.5　建设工程索赔

13.5.1　索赔的证据及成立条件

建设工程索赔通常是指在工程合同履行过程中，合同当事人一方因对方不履行或未能正确履行合同或者由于其他非自身因素而受到经济损失或权利损害，通过合同规定的程序向对方提出经济或时间补偿要求的行为。索赔是一种正当的权利要求，它是合同当事人之间一项正常的而且普遍存在的合同管理业务，是一种以法律和合同为依据的合情合理的行为。

1. 索赔的起因

1）合同对方违约，不履行或未能正确履行合同义务与责任。
2）合同错误，如合同条文不全、错误等，设计图、技术规范错误等。
3）合同变更。
4）工程环境变化，包括法律、物价和自然条件的变化等。
5）不可抗力因素，如恶劣气候条件、地震、洪水、战争状态等。

2. 索赔的依据

①合同文件；②法律、法规；③工程建设惯例。

针对具体的索赔要求（工期或费用），索赔的具体依据也不相同。例如，有关工期的索赔要依据有关的进度计划、变更指令等。

3. 索赔的证据

（1）可以作为证据使用的材料

1）书证。是指以其文字或数字记载的内容起证明作用的书面文书和其他载体。如合同文本、财务账册、欠据、收据、往来信函、判决书、法律文件等。

2）物证。以其存在、存放的地点外部特征及物质特性来证明案件事实真相的证据。如购销过程中封存的样品，被损坏的机械、设备，有质量问题的产品等。

3）证人证言。是指知道、了解事实真相的人所提供的证词，或向司法机关所做的陈述。

4）视听材料。能够证明案件真实情况的音像资料，如录音带、录像带等。

5）被告人供述和有关当事人陈述。它包括犯罪嫌疑人、被告人向司法机关所做的承认犯罪并交代犯罪事实的陈述或否认犯罪或具有从轻、减轻、免除处罚的辩解、申诉。被害人、当事人就案件事实向司法机关所做的陈述。

6）鉴定结论。是指专业人员就案件有关情况向司法机关提供的专门性的书面鉴定意见，如损伤鉴定、痕迹鉴定、质量责任鉴定等。

7）勘验、检验笔录。是指司法人员或行政执法人员对与案件有关的现场物品、人身等进行勘察、试验、实验或检查的文字记载。这项证据也具有专门性。

(2) 常见的工程索赔证据

1）各种合同文件，包括施工合同协议书及其附件、中标通知书、投标书、标准和技术规范、图纸、工程量清单、工程报价单或者预算书、有关技术资料和要求、施工过程中的补充协议等。

2）工程各种往来函件、通知、答复等。

3）各种会谈纪要。

4）经过发包人或者工程师批准的承包人的施工进度计划、施工方案、施工组织设计和现场实施情况记录。

5）工程各项会议纪要。

6）气象报告和资料，如有关温度、风力、雨雪的资料。

7）施工现场记录，包括有关设计交底、设计变更、施工变更指令、验收与使用等方面的凭证及材料供应清单、合格证书，工程现场水、电、道路等开通、封闭的记录，停水、停电等各种干扰事件的时间和影响记录等。

8）工程有关照片和录像等。

9）施工日记、备忘录等。

10）发包人或者工程师签认的签证。

11）发包人或者工程师发布的各种书面指令和确认书，以及承包人的要求、请求、通知书等。

12）工程中的各种检查验收报告和各种技术鉴定报告。

13）工地的交接记录（应注明交接日期，场地平整情况，水、电、路情况等），图纸和各种资料交接记录。

14）建筑材料和设备的采购、订货、运输、进场、使用方面的记录、凭证和报表等。

15）市场行情资料，包括市场价格、官方的物价指数、工资指数、外汇比率等公布材料。

16）投标前发包人提供的参考资料和现场资料。

17）工程结算资料、财务报告、财务凭证等。

18）各种会计核算资料。

19）国家法律、法令、政策文件。

索赔证据应该具有真实性、及时性、全面性、关联性、有效性。

4. 索赔成立的条件

（1）构成施工项目索赔条件的事件　承包商可以提起索赔的事件如下：

1）发包人违反合同给承包人造成时间、费用的损失。

2）因工程变更（含设计变更、发包人提出的工程变更、监理工程师提出的工程变更，以及承包人提出并经监理工程师批准的变更）造成的时间、费用损失。

3）由于监理工程师对合同文件的歧义解释、技术资料不确切，或由于不可抗力导致施工条件的改变，造成时间、费用的增加。

4）发包人提出提前完成项目或缩短工期而造成承包人的费用增加。

5）发包人延误支付期限造成承包人的损失。

6）对合同规定以外的项目进行检验，且检验合格，或非承包人的原因导致项目缺陷的修复所发生的损失或费用。

7）非承包人的原因导致工程暂时停工。

8）物价上涨，法规变化及其他。

（2）索赔成立的前提条件

1）与合同对照，事件已造成承包人工程项目成本的额外支出，或直接工期损失。

2）造成费用增加或工期损失的原因，按合同约定不属于承包人的行为责任或风险责任。

3）承包人按合同规定的程序和时间提交索赔意向通知和索赔报告。

以上三个条件必须同时具备，缺一不可。

13.5.2　承包人和发包人提出的索赔

1. 承包商向业主提出的索赔

（1）因合同文件引起的索赔　包括：①有关合同文件的组成问题引起的索赔；②关于合同文件有效性引起的索赔；③因图纸或工程量表中的错误而引起的索赔。

（2）有关工程施工的索赔　包括：①地质条件变化引起的索赔；②工程中人为障碍引起的索赔；③增减工程量的索赔；④各种额外的试验和检查费用的偿付；⑤工程质量要求的变更引起的索赔；⑥指定分包商违约或延误造成的索赔；⑦其他有关施工的索赔。

（3）关于价款方面的索赔　包括：①关于价格调整方面的索赔；②关于货币贬值和严重经济失调导致的索赔；③拖延支付工程款的索赔。

（4）关于工期的索赔　包括：①关于延长工期的索赔；②由于延误产生损失的索赔；③赶工费用的索赔。

（5）特殊风险和人力不可抗拒灾害的索赔

1）特殊风险的索赔。特殊风险一般是指战争、核污染及冲击波破坏等。

2）人力不可抗拒灾害的索赔。人力不可抗拒灾害主要是指自然灾害，由这类灾害造成的损失应向承保的保险公司索赔。在许多合同中承包人以业主和承包人共同的名义投保工程一切险，这种索赔可同业主一起进行。

（6）工程暂停、终止合同的索赔

1）施工过程中，工程师有权下令暂停全部或任何部分工程，只要这种暂停命令并非承包人违约或其他意外风险造成的，承包人不仅可以得到要求工期延长的权利，而且可以就其停工损失获得合理的额外费用补偿。

2）终止合同和暂停工程的意义是不同的。有些是由于意外风险造成的损害十分严重因而终止合同，也有些是由"错误"引起的合同终止，例如，业主认为承包人不能履约而终止合同，甚至从工地驱逐该承包人。

（7）财务费用补偿的索赔　财务费用的损失要求补偿，是指因各种原因使承包人财务开支增入而导致的贷款利息等财务费用。

2. 业主向承包商提出的索赔

在承包商未按合同要求实施工程时，除了工程师可向承包商发出批评或警告，要求承包商及时改正外，在许多情况下，工程师可以代表业主根据合同向承包商提出索赔。

（1）索赔费用和利润　承包商未按合同要求实施工程，发生下列损害业主权益或违约的情况时，业主可索赔费用和（或）利润：

1）工程进度太慢，要求承包商赶工时，可索赔工程师的加班费。

2）合同工期已到而工程仍未完工，可索赔误期损害赔偿费。

3）质量不满足合同要求，如不按照工程师的指示拆除不合格工程和材料，不进行返工或不按照工程师的指示在缺陷责任期内修复缺陷，则业主可找另一家公司完成此类工作，并向承包商索赔成本及利润。

4）质量不满足合同要求，工程被拒绝接收，在承包商自费修复后，业主可索赔重新检验费。

5）未按合同要求办理保险，业主可前去办理并扣除或索赔相应的费用。

6）由于合同变更或其他原因造成工程施工的性质、范围或进度计划等方面发生变化，承包商未按合同要求去及时办理保险，由此造成的损失或损害可向承包商索赔。

7）未按合同要求采取合理措施，造成运输道路、桥梁等的破坏。

8）未按合同条件要求，无故不向分包商付款。

9）严重违背合同（如工程进度一拖再拖，质量经常不合格等），工程师一再警告而没有明显改进时，业主可没收履约保函。

（2）索赔工期　当承包商的工程质量不能满足要求，即某项缺陷或损害使工程、区段或某项主要生产设备不能按原定目的使用时，业主有权延长工程或某一区段的缺陷通知期。

13.5.3　索赔的基本程序

1. 索赔意向通知

在工程实施过程中发生索赔事件以后，或者承包人发现索赔机会，首先要提出索赔意向，即在合同规定时间内将索赔意向用书面形式及时通知发包人或者工程师，向对方表明索赔愿望、要求或者声明保留索赔权利。

索赔意向通知要简明扼要地说明索赔事由发生的时间、地点、简单事实情况描述和发展动态、索赔依据和理由、索赔事件的不利影响等。

2. 索赔资料的准备

1）跟踪和调查干扰事件，掌握事件产生的详细经过。

2）分析干扰事件产生的原因，划清各方责任，确定索赔依据。

3）损失或损害调查分析与计算，确定工期索赔和费用索赔值。

4）搜集证据，获得充分而有效的各种证据。

5）起草索赔文件。

3. 索赔文件的提交

提出索赔的一方应该在合同规定的时限内向对方提交正式的书面索赔文件。例如，FIDIC 合同条件和我国《建设工程施工合同（示范文本）》（GF—2017—0201）都规定，承包人必须在发出索赔意向通知后的 28 天内或经过工程师同意的其他合理时间内向工程师提交一份详细的索赔文件和有关资料。如果干扰事件对工程的影响持续时间长，承包人则应按工程师要求的合理间隔（一般为 28 天），提交中间索赔报告，并在干扰事件影响结束后的 28 天内提交一份最终索赔报告。否则将失去就该事件请求补偿的索赔权利。

索赔文件的主要内容包括以下方面：

1）总述部分。概要论述索赔事项发生的日期和过程；承包人为该索赔事项付出的努力和附加开支；承包人的具体索赔要求。

2）论证部分。论证部分是索赔报告的关键部分，其目的是说明自己有索赔权，是索赔能否成立的关键。

3）索赔款项（和/或工期）计算部分。如果索赔报告论证部分的任务是解决索赔权能否成立，则款项计算是为解决能得多少款项。前者定性，后者定量。

4）证据部分。要注意引用的每个证据的效力或可信程度，对重要的证据资料最好附以文字说明，或附以确认件。

4. 索赔文件的审核

对于承包人向发包人的索赔请求，索赔文件首先应该交由工程师审核。工程师根据发包人的委托或授权，对承包人索赔的审核工作主要分为判定索赔事件是否成立和核查承包人的索赔计算是否正确、合理两个方面，并可在授权范围内做出判断：初步确定补偿额度，或者要求补充证据，或者要求修改索赔报告等。对索赔的初步处理意见要提交发包人。

5. 发包人审查

对于工程师的初步处理意见，首先发包人需要进行审查和批准，然后工程师才可以签发有关证书。

如果索赔额度超过工程师权限范围，应由工程师将审查的索赔报告报请发包人审批，并与承包人谈判解决。

6. 协商

对于工程师的初步处理意见，发包人和承包人可能都不接受或者其中的一方不接受，三方可就索赔的解决进行协商，达成一致，其中可能包括复杂的谈判过程，经过多次协商才能达成。

如果经过努力无法就索赔事宜达成一致意见，则发包人和承包人可根据合同约定选择采用仲裁或者诉讼方式解决。

13.5.4 索赔费用和工期的计算

1. 索赔费用的计算

（1）索赔费用的组成

1）人工费。人工费包括施工人员的基本工资、工资性质的津贴、加班费、奖金以及法定的安全福利等费用。对于索赔费用中的人工费，是指完成合同之外的额外工作所花费的人工费用；由于非承包人责任的工效降低所增加的人工费用；超过法定工作时间加班劳动；法定人工费增长以及非承包人责任工程延期导致的人员窝工费和工资上涨费等。

2）材料费。材料费的索赔包括：由于索赔事项材料实际用量超过计划用量而增加的材料费；由于客观原因导致材料价格大幅度上涨；由于非承包人责任工程延期导致的材料价格上涨和超期储存费用。材料费中应包括运输费、仓储费以及合理的损耗费用。如果由于承包人管理不善，造成材料损坏失效，则不能列入索赔计价。承包人应该建立健全物资管理制度，记录建筑材料的进货日期和价格，建立领料耗用制度，以便索赔时能准确地分离出索赔事项所引起的材料额外耗用量。为了证明材料单价的上涨，承包人应提供可靠的订货单、采购单，或官方公布的材料价格调整指数。

3）施工机具使用费。施工机具使用费的索赔包括：由于完成额外工作增加的机械使用费；非承包人责任工效降低增加的机械使用费；由于业主或监理工程师原因导致机械停工的窝工费。窝工费的计算，如系租赁设备，一般按实际租金和调进调出费的分摊计算；如系承包人自有设备，一般按台班折旧费计算，而不能按台班费计算，因台班费中包括了设备使用费。

4）分包费用。分包费用索赔是指分包人的索赔费，一般也包括人工、材料、机械使用费的索赔。分包人的索赔应如数列入总承包人的索赔款总额以内。

5）现场管理费。现场管理费是指承包人完成额外工程、索赔事项工作以及工期延长期间的现场管理费，包括管理人员工资、办公、通信、交通费等。

6）利息。在索赔款额的计算中，经常包括利息。利息的索赔通常发生于下列情况：拖期付款的利息；错误扣款的利息。至于具体利率应是多少，在实践中可采用不同的标准，主要有这些规定：按当时的银行贷款利率；按当时的银行透支利率；按合同双方协议的利率；按中国人民银行贴现率加三个百分点。

7）总部（企业）管理费。索赔款中的总部管理费主要是指工程延期期间所增加的管理费，包括总部职工工资、办公大楼、办公用品、财务管理、通信设施以及总部领导人员赴工地检查指导工作等开支。这项索赔款的计算目前没有统一的方法。在国际工程施工索赔中总部管理费的计算有以下几种：

按照投标书中总部管理费的比例（3%～8%）计算：

总部管理费＝合同中总部管理费比率(%)×(直接费索赔款额＋现场管理费索赔款额等)

按照公司总部统一规定的管理费比率计算：

总部管理费＝公司管理费比率(%)×(直接费索赔款额＋现场管理费索赔款额等)

以工程延期的总天数为基础，计算总部管理费的索赔额，计算公式如下：

$$该工程的每日管理费 = \frac{该工程向总部上缴的管理费}{合同实施天数}$$

8）利润。通常由于工程范围的变更、文件有缺陷或技术性错误、业主未能提供现场等引起的索赔，承包人可以列入利润。但对于工程暂停的索赔，由于利润通常是包括在每项实施工程内容的价格之内，而延长工期并未影响削减某些项目的实施，也未导致利润减少。所以一般监理工程师很难同意在工程暂停的费用索赔中加进利润损失。

索赔利润的款额计算通常与原报价单中的利润百分率保持一致。

(2) 索赔费用的计算方法　索赔费用的计算方法有实际费用法、总费用法和修正的总费用法。

1）实际费用法。实际费用法是一种计算工程索赔时最常用的方法。这种方法的计算原则是以承包人为某项索赔工作所支付的实际开支为根据，向业主要求费用补偿。

用实际费用法计算时，在直接费的额外费用部分的基础上，再加上应得间接费和利润，即是承包人的索赔金额。由于实际费用法所依据的是实际发生的成本记录或单据，所以在施工过程中，系统而准确地积累记录资料非常重要。

2）总费用法。总费用法是当发生多次索赔事件以后，重新计算该工程的实际总费用。实际总费用减去投标报价时的估算总费用为索赔金额，即

$$索赔金额 = 实际总费用 - 投标报价估算总费用$$

不少人对采用该方法计算索赔费用持批评态度，因为实际发生的总费用中可能包括了承包人的原因，如施工组织不善而增加的费用；同时投标报价估算的总费用也可能为了中标而过低。所以这种方法只有在难以采用实际费用法时才应用。

3）修正的总费用法。修正的总费用法是对总费用法的改进，即在总费用计算的原则上，去掉一些不合理的因素，使其更合理。修正的内容如下：①将计算索赔款的时段局限于受到外界影响的时间，而不是整个施工期；②只计算受影响时段内的某项工作所受影响的损失，而不是计算该时段内所有施工工作所受的损失；③与该项工作无关的费用不列入总费用中；④对投标报价费用重新进行核算，按受影响时段内该项工作的实际单价进行核算，乘以实际完成的该项工作的工程量，得出调整后的报价费用。

按修正后的总费用计算索赔金额的公式为

$$索赔金额 = 某项工作调整后的实际总费用 - 该项工作的报价费用$$

修正的总费用法与总费用法相比，有了实质性的改进，它的准确程度已接近实际费用法。

2. 工期索赔的计算

（1）工期索赔的分析　　工期索赔的分析包括延误原因分析、延误责任的界定、网络计划（CPM）分析和工期索赔的计算等。

运用网络计划（CPM）方法分析延误事件是否发生在关键线路上，以决定延误是否可以索赔。在工期索赔中，一般只考虑对关键线路上的延误或者非关键线路因延误而变为关键线路时才给予顺延工期。

（2）工期索赔的计算方法　　工期索赔的计算方法有以下三种。

1）直接法。如果某干扰事件直接发生在关键线路上，造成总工期的延误，可以直接将该干扰事件的实际干扰时间（延误时间）作为工期索赔值。

2）比例分析法。如果某干扰事件仅仅影响某单项工程、单位工程或分部分项工程的工期，要分析其对总工期的影响，可以采用比例分析法。

3）网络分析法。在实际工程中，影响工期的干扰事件可能会很多，每个干扰事件的影响程度可能都不一样，有的直接在关键线路上，有的不在关键线路上，多个干扰事件的共同影响结果究竟是多少可能引起合同双方很大的争议，采用网络分析法是比较科学合理的方法，其思路是：假设工程按照双方认可的工程网络计划确定的施工顺序和时间施工，当某个或某几个干扰事件发生后，网络中的某个工作或某些工作受到影响，使其持续时间延长或开始时间推迟，从而影响总工期，则将这些工作受干扰后的新的持续时间和开始时间等代入网络中，重新进行网络分析和计算，得到的新工期与原工期之间的差值就是干扰事件对总工期的影响，也就是承包商可以提出的工期索赔值。

网络分析法通过分析干扰事件发生前和发生后网络计划的计算工期之差来计算工期索赔值，可以用于各种干扰事件和多种干扰事件共同作用所引起的工期索赔。

思 考 题

1. 简述建设工程施工承包合同谈判的主要内容。
2. 根据《建设工程施工合同（示范文本）》(GF—2017—0201)通用条款规定，简述施工合同文件解释的优先顺序。
3. 根据《建设工程施工合同（示范文本）》(GF—2017—0201)，简述承包人的一般义务。
4. 简述工程合同风险产生的原因。
5. 简述工程风险分配的原则。
6. 什么是合同分析？简述其目的和作用。
7. 简述施工合同交底的目的和任务。
8. 简述构成施工项目索赔条件的事件有哪些？
9. 简述工程项目索赔成立的前提条件。
10. 简述工程项目索赔的基本程序。
11. 某办公楼工程，地下1层，地上10层，现浇钢筋混凝土框架结构，预应力管桩基础。建设单位与施工总承包单位签订了施工总承包合同，合同工期为29个月。按合同约定，施工总承包单位将预应力管桩工程分包给了符合资质要求的专业分包单位。施工总承包单位提交的施工总进度计划如图13-1所示（时间单位：月），该计划通过了监理工程师的审查和确认。

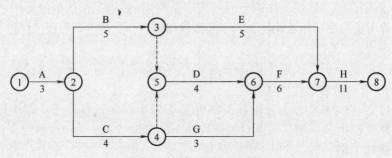

图13-1 施工总进度计划

合同履行过程中，发生了如下事件。

事件一：专业分包单位将管桩专项施工方案报送监理工程师审批，遭到了监理工程师拒绝。在桩基施工过程中，由于专业分包单位没有按设计图要求对管桩进行封底施工，监理工程师向施工总承包单位下达了停工令，施工总承包单位认为监理工程师应直接向专业分包单位下达停工令，拒绝签收停工令。

事件二：在工程施工进行到第7个月时，因建设单位提出设计变更，导致G工作停止施工1个月。由于建设单位要求按期完工，施工总承包单位据此向监理工程师提出了赶工费索赔。根据合同约定，赶工费标准为18万元/月。

事件三：在H工作开始前，为了缩短工期，施工总承包单位将原施工方案中H工作的异节奏流水施工调整为成倍节拍流水施工。原施工方案中H工作异节奏流水施工横道图如图13-2所示（时间单位：月）。

1) 施工总承包单位计划工期能否满足合同工期要求？为保证工程进度目标，施工总承包单位应重点控制哪条施工线路？
2) 事件一中，监理工程师及总承包单位的做法是否妥当？分别说明理由。
3) 事件二中，施工总承包单位可索赔的赶工费为多少万元？说明理由。
4) 事件三中，流水施工调整后，H工作相邻工序的流水步距为多少个月？工期可缩短多少个月？

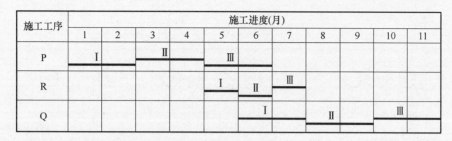

图 13-2 原施工方案中 H 工作异节奏流水施工横道图

12. 某大学城工程包括结构形式与建设规模一致的四栋单体建筑。每栋建筑面积为 21000m^2，地下 2 层，地上 4 层，层高为 4.2m，钢筋混凝土框架-剪力墙结构。A 施工单位与建设单位签订了施工总承包合同，合同约定，除主体结构外的其他分部分项工程施工，总承包单位可以自行依法分包，建设单位负责供应油漆等部分材料。合同履行过程中，发生了下列事件：

事件一：A 施工单位拟对四栋单体建筑的某分项工程组织流水施工，流水施工参数见表 13-1。

表 13-1 流水施工参数 （单位：周）

施工过程	流水节拍			
	单体建筑一	单体建筑二	单体建筑三	单体建筑四
Ⅰ	2	2	2	2
Ⅱ	2	2	2	2
Ⅲ	2	2	2	2

其中，施工顺序Ⅰ→Ⅱ→Ⅲ；施工过程Ⅱ与Ⅲ之间存在工艺间隔时间为 1 周。

事件二：由于工期较紧，A 施工单位将其中两栋单体建筑的室内精装修和幕墙工程分包给具备相应资质的 B 施工单位。B 施工单位经 A 施工单位同意后，将其承包范围内的幕墙工程分包给其具备相应资质的 C 施工单位组织施工，油漆劳务作业分包给其具备资质的 D 施工单位组织施工。

事件三：油漆作业完成后，发现油漆成膜存在质量问题，经鉴定，原因是油漆材质不合格。B 施工单位就由此造成的返工损失向 A 施工单位提出索赔，A 施工单位以油漆建设单位供应为由，认为 B 施工单位应直接向建设单位提出索赔。

B 施工单位直接向建设单位提出索赔，建设单位认为油漆在进场时已由 A 施工单位进行了质量验证并办理接收手续，其对油漆材料的质量责任已经完成，因油漆不合格而返工的损失应由 A 施工单位承担，建设单位拒绝受理该索赔。

1）事件一中，最适宜采用何种流水施工组织形式？除此之外，流水施工通常还有哪些基本组织形式？

2）绘制事件一中流水施工进度计划横道图，并计算其流水施工工期。

3）分别判断事件二中 A 施工单位、B 施工单位、C 施工单位之间的分包行为是否合法？并逐一说明理由。

4）分别指出事件三中的错误之处，并说明理由。

13. 建筑公司（承包方）与某建设单位（发包方）签订了建筑面积为 2100m^2 的单层工业厂房的施工合同，合同工期为 20 周。承包方按时提交了施工方案和施工网络计划，如图 13-3 和表 13-2 所示，并获得工程师代表的批准。该项工程中各项工作的计划资金需用量由承包方提交，经工程师代表审查批准后，作为施工阶段投资控制的依据。

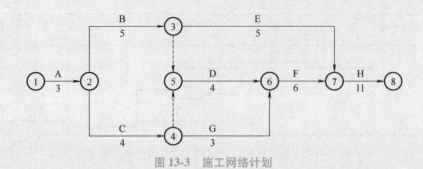

图 13-3 施工网络计划

表 13-2 施工网络计划工作时间及费用

工作名称	A	B	C	D	E	F	G	H	I	J	K	L	M
持续时间（周）	3	4	3	3	3	4	3	2	4	5	6	4	6
费用（万元）	10	12	8	15	24	28	22	16	12	26	30	23	24

实际施工过程中发生了下列事件：

事件一：在工程进行到第 9 周结束时，检查发现 A、B、C、E 和 G 工作均全部完成，D、F 和 H 三项工作实际完成的资金用量分别为 15 万元、14 万元和 8 万元，且前 9 周各项工作的实际投资均与计划投资相符。

事件二：在随后的施工过程中，J 工作由于施工质量问题，工程师代表下达了停工令使其暂停施工，并进行返工处理 1 周，造成返工费用 2 万元；M 工作因发包方要求的设计变更，使该工作因施工图晚到，推迟 2 周施工，并造成承包方因停工和机械闲置而损失 1.2 万元。为此承包方向发包方提出了 3 周工期索赔和 3.2 万元的费用索赔。

1）试绘制该工程的早时标网络进度计划，根据第 9 周周末的检查结果标出实际进度前锋线，分析 D、F 和 H 三项工作的实际进度与计划进度的偏差。到第 9 周周末的实际累计投资额是多少？

2）如果后续施工按计划进行，试分析上述三项工作的进度偏差对计划工期产生什么影响？其总工期是否大于合同工期？

3）试重新绘制第 10 周开始至完工的早时标网络进度计划。

4）承包方提出的索赔要求是否合理？并说明原因。

5）正确的工期索赔应如何计算？索赔工期为多少周？

6）承包方合理的费用索赔额是多少？

14. 某综合楼工程，地下 1 层，地上 10 层，钢筋混凝土框架结构，建筑面积为 $28500m^2$，某施工单位与建设单位签订了工程施工合同，合同工期约定为 20 个月。施工单位根据合同工期编制了该工程项目的施工进度计划，并且绘制出施工网络计划如图 13-4 所示（时间单位：月）。

在工程施工中发生了如下事件。

事件一：因建设单位修改设计，致使 K 工作停工 2 个月。

事件二：因建设单位供应的建筑材料未按时进场，致使 H 工作延期 1 个月。

事件三：因不可抗力原因致使 F 工作停工 1 个月。

事件四：因施工单位原因工程发生质量事故返工，致使 M 工作实际进度延迟 1 个月。

1）指出该网络计划的关键线路，并指出由哪些关键工作组成。

2）针对上述各事件，施工单位是否可以提出工期索赔？并分别说明理由。

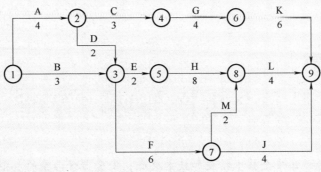

图 13-4 施工网络计划

3) 上述事件发生后,该工程网络计划的关键线路是否发生改变?如有改变,指出新的关键线路。
4) 对于索赔成立的事件,工期可以顺延几个月?实际工期是多少?

第 14 章
建设工程安全生产与环境管理

本章重点内容：施工安全技术措施和技术交底；安全监督检查的类型与内容；安全隐患处理；职业健康安全事故的分类和处理；施工现场文明施工的要求；施工现场环境保护的要求。

本章学习目标：掌握建设工程安全生产管理制度，掌握施工安全技术措施及技术交底；熟悉安全生产监督检查的类型与内容，掌握安全隐患的处理，熟悉职业健康安全事故的分类和处理；熟悉建设工程施工现场职业健康安全与环境管理的要求。通过本章教学，培养学生在生活和工作中生命至上的价值观和科学发展观；培养学生在工作中的安全责任感；促使学生建立起生态环保理念和共享发展的理念。

14.1 建设工程安全生产管理

14.1.1 安全生产管理制度

现阶段正在执行的主要安全生产管理制度包括：安全生产责任制度；安全生产许可证制度；政府安全生产监督检查制度；安全生产教育培训制度；安全措施计划制度；特种作业人员持证上岗制度；专项施工方案专家论证制度；危及施工安全工艺、设备、材料淘汰制度；施工起重机械使用登记制度；安全检查制度；生产安全事故报告和调查处理制度；"三同时"制度；安全预评价制度；意外伤害保险制度等。

1. 安全生产责任制度

安全生产责任制度是最基本的安全管理制度，是所有安全生产管理制度的核心。安全生产责任制度是按照安全生产管理方针和"管生产的同时必须管安全"的原则，将各级负责人员、各职能部门及其工作人员和各岗位生产工人在安全生产方面应做的事情及应负的责任加以明确规定的一种制度。即将安全生产责任分解到相关单位的主要负责人、项目负责人、班组长以及每个岗位的作业人员身上。根据《建设工程安全生产管理条例》和《建筑施工安全检查标准》的相关规定，安全生产责任制度的主要内容如下：

1) 安全生产责任制度主要包括企业主要负责人的安全责任，负责人或其他副职的安全责任，项目负责人（项目经理）的安全责任，生产、技术、材料等各职能管理负责人及其工作人员的安全责任，技术负责人（工程师）的安全责任，专职安全生产管理人员的安全责任，施工员的安全责任，班组长的安全责任和岗位人员的安全责任等。

2) 项目应对各级、各部门安全生产责任制度规定检查和考核办法，并按规定期限进行考核，对考核结果及兑现情况应有记录。

3）项目独立承包的工程在签订承包合同中必须有安全生产工作的具体指标和要求。工程由多单位施工时，总分包单位在签订分包合同的同时要签订安全生产合同（协议），签订合同前要检查分包单位的营业执照、企业资质证、安全资格证等。分包队伍的资质应与工程要求相符，在安全合同中应明确总分包单位各自的安全职责，原则上，实行总承包的由总承包单位负责，分包单位向总包单位负责，服从总包单位对施工现场的安全管理，分包单位在其分包范围内建立施工现场安全生产管理制度，并组织实施。

4）项目的主要工种应有相应的安全技术操作规程，砌筑、抹灰、混凝土、木工、电工、钢筋、机械、起重机驾驶员、信号指挥、脚手架、水暖、油漆、塔式起重机、电梯、电气焊等工种，特殊作业应另行补充。应将安全技术操作规程列为日常安全活动和安全教育的主要内容，并应悬挂在操作岗位前。

5）工程项目部专职安全人员的配备应按住房和城乡建设部的规定：1万 m^2 以下工程 1 人；1万~5万 m^2 的工程不少于 2 人；5万 m^2 以上的工程不少于 3 人。

2. 安全生产许可证制度

《安全生产许可证条例》规定国家对建筑施工企业实施安全生产许可证制度。其目的是严格规范安全生产条件，进一步加强安全生产监督管理，防止和减少生产安全事故。

省、自治区、直辖市人民政府建设主管部门负责建筑施工企业安全生产许可证的颁发和管理，并接受国务院建设主管部门的指导和监督。

企业进行生产前，应当依照该条例的规定向安全生产许可证颁发管理机关申请领取安全生产许可证，并提供该条例第六条规定的相关文件、资料。安全生产许可证颁发管理机关应当自收到申请之日起 45 日内审查完毕，经审查符合该条例规定的安全生产条件的，颁发安全生产许可证；不符合该条例规定的安全生产条件的，不予颁发安全生产许可证，书面通知企业并说明理由。

安全生产许可证的有效期为 3 年。安全生产许可证有效期满需要延期的，企业应当于期满前 3 个月向原安全生产许可证颁发管理机关办理延期手续。

企业在安全生产许可证有效期内，严格遵守有关安全生产的法律法规，未发生死亡事故的，安全生产许可证有效期届满时，经原安全生产许可证颁发管理机关同意，不再审查，安全生产许可证有效期延期 3 年。

企业不得转让、冒用安全生产许可证或者使用伪造的安全生产许可证。

3. 政府安全生产监督检查制度

《建设工程安全生产管理条例》第五章"监督管理"对建设工程安全监督管理的规定内容如下：

1）国务院负责安全生产监督管理的部门依照《中华人民共和国安全生产法》的规定，对全国建设工程安全生产工作实施综合监督管理。

2）县级以上地方人民政府负责安全生产监督管理的部门依照《中华人民共和国安全生产法》的规定，对本行政区域内建设工程安全生产工作实施综合监督管理。

3）国务院建设行政主管部门对全国的建设工程安全生产实施监督管理。国务院铁路、交通、水利等有关部门按照国务院规定的职责分工，负责有关专业建设工程安全生产的监督管理。

4）县级以上地方人民政府建设行政主管部门对本行政区域内的建设工程安全生产实施

监督管理。县级以上地方人民政府交通、水利等有关部门在各自的职责范围内，负责本行政区域内的专业建设工程安全生产的监督管理。

5）县级以上人民政府负有建设工程安全生产监督管理职责的部门在各自的职责范围内履行安全监督检查职责时，有权纠正施工中违反安全生产要求的行为，责令立即排除检查中发现的安全事故隐患，对重大隐患可以责令暂时停止施工。建设行政主管部门或者其他有关部门可以将施工现场安全监督检查委托给建设工程安全监督机构具体实施。

4. 安全生产教育培训制度

企业安全生产教育培训一般包括对管理人员、特种作业人员和企业员工的安全教育。

（1）管理人员的安全教育

1）企业领导的安全教育。企业法定代表人安全教育的主要内容包括：①国家有关安全生产的方针、政策、法律、法规及有关规章制度；②安全生产管理职责、企业安全生产管理知识及安全文化；③有关事故案例及事故应急处理措施等。

2）项目经理、技术负责人和技术干部的安全教育。项目经理、技术负责人和技术干部安全教育的主要内容包括：①安全生产方针、政策和法律、法规；②项目经理部安全生产责任；③典型事故案例剖析；④本系统安全及其相应的安全技术知识。

3）行政管理干部的安全教育。行政管理干部安全教育的主要内容包括：①安全生产方针、政策和法律、法规；②基本的安全技术知识；③本职的安全生产责任。

4）企业安全管理人员的安全教育。企业安全管理人员安全教育的主要内容包括：①国家有关安全生产的方针、政策、法律、法规和安全生产标准；②企业安全生产管理、安全技术、职业病知识、安全文件；③员工伤亡事故和职业病统计报告及调查处理程序；④有关事故案例及事故应急处理措施。

5）班组长和安全员的安全教育。班组长和安全员的安全教育的主要内容包括：①安全生产法律、法规、安全技术及技能、职业病和安全文化的知识；②本企业、本班组和工作岗位的危险因素、安全注意事项；③本岗位安全生产职责；④典型事故案例；⑤事故抢救与应急处理措施。

（2）特种作业人员的安全教育　特种作业人员必须经专门的安全技术培训并考核合格，取得《中华人民共和国特种作业操作证》后，方可上岗作业。

特种作业人员应当接受与其所从事的特种作业相应的安全技术理论培训和实际操作培训。已经取得职业高中、技工学校及中专以上学历的毕业生从事与其所学专业相应的特种作业，持学历证明经考核发证机关同意，可以免予相关专业的培训。

跨省、自治区、直辖市从业的特种作业人员，可以在户籍所在地或者从业所在地参加培训。

（3）企业员工的安全教育　企业员工的安全教育主要有新员工上岗前的三级安全教育、改变工艺和变换岗位安全教育、经常性安全教育三种形式。

1）新员工上岗前的三级安全教育。三级安全教育通常是指进厂、进车间、进班组三级，对建设工程来说，具体指企业（公司）、项目（或工区、工程处、施工队）、班组三级。

企业新员工上岗前必须进行三级安全教育，企业新员工须按规定通过三级安全教育和实际操作训练，并经考核合格后方可上岗。企业新上岗的从业人员，岗前培训时间不得少于24学时。

① 企业（公司）级安全教育由企业主管领导负责，企业职业健康安全管理部门会同有关部门组织实施，内容应包括安全生产法律、法规，通用安全技术、职业卫生和安全文化的基本知识，本企业安全生产规章制度及状况、劳动纪律和有关事故案例等内容。

② 项目（或工区、工程处、施工队）级安全教育由项目级负责人组织实施，专职或兼职安全员协助，内容包括工程项目的概况，安全生产状况和规章制度，主要危险因素及安全事项，预防工伤事故和职业病的主要措施，典型事故案例及事故应急处理措施等。

③ 班组级安全教育由班组长组织实施，内容包括遵章守纪，岗位安全操作规程，岗位间工作衔接配合的安全生产事项，典型事故及发生事故后应采取的紧急措施，劳动防护用品（用具）的性能及正确使用方法等内容。

2）改变工艺和变换岗位安全教育。

① 企业（或工程项目）在实施新工艺、新技术或使用新设备、新材料时，必须对有关人员进行相应级别的安全教育，要按新的安全操作规程教育和培训参加操作的岗位员工和有关人员，使其了解新工艺、新设备、新产品的安全性能及安全技术，以适应新的岗位作业的安全要求。

② 当组织内部员工发生从一个岗位调到另外一个岗位，或从某工种改变为另一工种，或因放长假离岗一年以上重新上岗的情况，企业必须进行相应的安全技术培训和教育，以使其掌握现岗位安全生产特点和要求。

3）经常性安全教育。无论何种教育都不可能一劳永逸，安全教育同样如此，必须坚持不懈、经常不断地进行，这就是经常性安全教育。在经常性安全教育中，安全思想、安全态度教育最重要。进行安全思想、安全态度教育，要通过采取多种多样形式的安全教育活动，激发员工搞好安全生产的热情，促使员工重视和真正实现安全生产。经常性安全教育的形式：每天的班前班后会上说明安全注意事项；安全活动日；安全生产会议；事故现场会；张贴安全生产招贴画、宣传标语及标志等。

5. **安全措施计划制度**

安全措施计划制度是指企业进行生产活动时，必须编制安全措施计划，它是企业有计划地改善劳动条件和安全卫生设施、防止工伤事故和职业病的重要措施之一，对企业加强劳动保护、改善劳动条件、保障职工的安全和健康、促进企业生产经营的发展都起着积极作用。

安全措施计划的范围应包括改善劳动条件、防止事故发生、预防职业病和职业中毒等内容，具体包括以下内容：

（1）安全技术措施　安全技术措施是预防企业员工在工作过程中发生工伤事故的各项措施，包括防护装置、保险装置、信号装置和防爆炸装置等。

（2）职业卫生措施　职业卫生措施是预防职业病和改善职业卫生环境的必要措施，包括防尘、防毒、防噪声、通风、照明、取暖、降温等措施。

（3）辅助用房间及设施　辅助用房间及设施是为了保证生产过程安全卫生所必需的房间及一切设施，包括更衣室、休息室、淋浴室、消毒室、妇女卫生室、厕所和冬期作业取暖室等。

（4）安全宣传教育措施　安全宣传教育措施是为了宣传普及有关安全生产法律、法规、基本知识所需要的措施，其主要内容包括安全生产教材、图书、资料，安全生产展览，安全生产规章制度，安全操作方法训练设施，劳动保护和安全技术的研究与实验等。

6. 特种作业人员持证上岗制度

《建设工程安全生产管理条例》第二十五条规定：垂直运输机械作业人员、起重机械安装拆卸工、爆破作业人员、起重信号工、登高架设作业人员等特种作业人员，必须按照国家有关规定经过专门的安全作业培训，并取得特种作业操作资格证书后，方可上岗作业。

专门的安全作业培训，是指由有关主管部门组织的专门针对特种作业人员的培训，也就是特种作业人员在独立上岗作业前，必须进行与本工种相适应的、专门的安全技术理论学习和实际操作训练。经培训考核合格，取得特种作业操作证后，才能上岗作业。特种作业操作证在全国范围内有效，离开特种作业岗位6个月以上的特种作业人员，应当重新进行实际操作考试，经确认合格后方可上岗作业。对于未经培训考核即从事特种作业的，条例第六十二条规定了行政处罚；造成重大安全事故，构成犯罪的，对直接责任人员，依照刑法的有关规定追究刑事责任。

7. 专项施工方案专家论证制度

依据《建设工程安全生产管理条例》第二十六条的规定：施工单位应当在施工组织设计中编制安全技术措施和施工现场临时用电方案，对下列达到一定规模的危险性较大的分部分项工程编制专项施工方案，并附具安全验算结果，经施工单位技术负责人、总监理工程师签字后实施，由专职安全生产管理人员进行现场监督，包括基坑支护与降水工程；土方开挖工程；模板工程；起重吊装工程；脚手架工程；拆除、爆破工程；国务院建设行政主管部门或者其他有关部门规定的其他危险性较大的工程。

对上述所列工程中涉及深基坑、地下暗挖工程、高大模板工程的专项施工方案，施工单位还应当组织专家进行论证、审查。

8. 危及施工安全工艺、设备、材料淘汰制度

严重危及施工安全的工艺、设备、材料是指不符合生产安全要求，极有可能导致生产安全事故发生，致使人民生命和财产遭受重大损失的工艺、设备和材料。

《建设工程安全生产管理条例》第四十五条规定："国家对严重危及施工安全的工艺、设备、材料实行淘汰制度。具体目录由国务院建设行政主管部门会同国务院其他有关部门制定并公布。"本条明确规定，国家对严重危及施工安全的工艺、设备和材料实行淘汰制度。一方面有利于保障安全生产；另一方面也体现了优胜劣汰的市场经济规律，有利于提高生产经营单位的工艺水平，促进设备更新。

根据本条的规定，对严重危及施工安全的工艺、设备和材料，实行淘汰制度，需要国务院建设行政主管部门会同国务院其他有关部门确定哪些是严重危及施工安全的工艺、设备和材料，并且以明示的方法予以公布。对于已经公布的严重危及施工安全的工艺、设备和材料，建设单位和施工单位都应当严格遵守和执行，不得继续使用此类工艺和设备，也不得转让他人使用。

9. 施工起重机械使用登记制度

《建设工程安全生产管理条例》第三十五条规定："施工单位应当自施工起重机械和整体提升脚手架、模板等自升式架设设施验收合格之日起30日内，向建设行政主管部门或者其他有关部门登记。登记标志应当置于或者附着于该设备的显著位置。"

这是对施工起重机械的使用进行监督和管理的一项重要制度，能够有效防止不合格机械和设施投入使用；同时有利于监管部门及时掌握施工起重机械和整体提升脚手架、模板等自

升式架设设施的使用情况，以利于监督管理。

监管部门应当对登记的施工起重机械建立相关档案，及时更新，加强监管，减少生产安全事故的发生。施工单位应当将标志置于显著位置，便于使用者监督，保证施工起重机械的安全使用。

10. 安全检查制度

（1）安全检查的目的　安全检查制度是清除隐患、防止事故、改善劳动条件的重要手段，是企业安全生产管理工作的一项重要内容。通过安全检查可以发现企业及生产过程中的危险因素，以便有计划地采取措施，保证安全生产。

（2）安全检查的方式　安全检查方式有企业组织的定期安全检查，各级管理人员的日常巡回检查，专业性检查，季节性检查，节假日前后的安全检查，班组自检、交接检查，不定期检查等。

（3）安全检查的内容　安全检查的主要内容包括：查思想、查制度、查管理、查隐患、查整改、查伤亡事故处理等。安全检查的重点是检查"三违"和安全责任制的落实。检查后应编写安全检查报告，报告应包括：已达标项目，未达标项目，存在问题，原因分析，纠正和预防措施。

（4）安全隐患的处理程序　对查出的安全隐患，不能立即整改的要制订整改计划，定人、定措施、定经费、定完成日期，在未消除安全隐患前，必须采取可靠的防范措施，如有危及人身安全的紧急险情，应立即停工。应按照"登记—整改—复查—销案"的程序处理安全隐患。

11. 生产安全事故报告和调查处理制度

关于生产安全事故报告和调查处理制度，《中华人民共和国安全生产法》《中华人民共和国建筑法》《建设工程安全生产管理条例》《生产安全事故报告和调查处理条例》《特种设备安全监察条例》等法律法规都对此做了相应的规定。

《中华人民共和国安全生产法》第八十三条规定："生产经营单位发生生产安全事故后，事故现场有关人员应当立即报告本单位负责人。单位负责人接到事故报告后，应当迅速采取有效措施，组织抢救，防止事故扩大，减少人员伤亡和财产损失，并按照国家有关规定立即如实报告当地负有安全生产监督管理职责的部门，不得隐瞒不报、谎报或者迟报，不得故意破坏事故现场、毁灭有关证据。"

《中华人民共和国建筑法》第五十一条规定："施工中发生事故时，建筑施工企业应当采取紧急措施减少人员伤亡和事故损失，并按照国家有关规定及时向有关部门报告。"

《建设工程安全生产管理条例》第五十条对建设工程生产安全事故报告制度的规定："施工单位发生生产安全事故，应当按照国家有关伤亡事故报告和调查处理的规定，及时、如实地向负责安全生产监督管理的部门、建设行政主管部门或者其他有关部门报告；特种设备发生事故的，还应当同时向特种设备安全监督管理部门报告。接到报告的部门应当按照国家有关规定，如实上报。"本条是关于发生伤亡事故时的报告义务的规定。一旦发生安全事故，及时报告有关部门是及时组织抢救的基础，也是认真进行调查分清责任的基础。因此，施工单位在发生安全事故时，不能隐瞒事故情况。

12. "三同时"制度

"三同时"制度是指凡是我国境内新建、改建、扩建的基本建设项目（工程），技术改建项目（工程）和引进的建设项目，其安全生产设施必须符合国家规定的标准，必须与主体工程同时设计、同时施工、同时投入生产和使用。安全生产设施主要是指安全技术方面的设施、职业卫生方面的设施、生产辅助性设施。

《中华人民共和国劳动法》第五十三条规定："新建、改建、扩建工程的劳动安全卫生设施必须与主体工程同时设计、同时施工、同时投入生产和使用。"

《中华人民共和国安全生产法》第三十一条规定："生产经营单位新建、改建、扩建工程项目的安全设施，必须与主体工程同时设计、同时施工、同时投入生产和使用。安全设施投资应当纳入建设项目概算。"

新建、改建、扩建工程的初步设计要经过行业主管部门、安全生产管理部门、卫生部门和工会的审查，同意后方可进行施工；工程项目完成后，必须经过主管部门、安全生产管理行政部门、卫生部门和工会的竣工检验；建设工程项目投产后，不得将安全设施闲置不用，生产设施必须和安全设施同时使用。

13. 安全预评价制度

安全预评价是在建设工程项目前期，应用安全评价的原理和方法对工程项目的危险性、危害性进行预测性评价。

开展安全预评价工作，是贯彻落实"安全第一，预防为主"方针的重要手段，是企业实施科学化、规范化安全管理的工作基础。科学、系统地开展安全评价工作，不仅直接起到了消除危险有害因素、减少事故发生的作用，有利于全面提高企业的安全管理水平，而且有利于系统地、有针对性地加强对不安全状况的治理、改造，最大限度地降低安全生产风险。

14. 意外伤害保险制度

根据2010年12月20日修订后重新公布的《工伤保险条例》规定，工伤保险是属于法定的强制性保险。工伤保险费的征缴按照《社会保险费征缴暂行条例》关于基本养老保险费、基本医疗保险费、失业保险费的征缴规定执行。

而自2019年4月23日起实施的新《中华人民共和国建筑法》第四十八条规定："建筑施工企业应当依法为职工参加工伤保险缴纳工伤保险费。鼓励企业为从事危险作业的职工办理意外伤害保险，支付保险费。"修正后的《中华人民共和国建筑法》与修订后的《社会保险法》和《工伤保险条例》等法律法规的规定保持一致，明确了建筑施工企业作为用人单位，为职工参加工伤保险并缴纳工伤保险费是其应尽的法定义务，但为从事危险作业的职工投保意外伤害险并非强制性规定，是否投保意外伤害险由建筑施工企业自主决定。

14.1.2　施工安全技术措施和安全技术交底

1. 建设工程施工安全技术措施

（1）施工安全控制

1）安全控制的目标。

① 减少或消除人的不安全行为的目标。

② 减少或消除设备、材料的不安全状态的目标。

③ 改善生产环境和保护自然环境的目标。

2）施工安全的控制程序。

① 确定每项具体建设工程项目的安全目标。按"目标管理"方法在以项目经理为首的

项目管理系统内进行分解，从而确定每个岗位的安全目标，实现全员安全控制。

② 编制建设工程项目安全技术措施计划。工程施工安全技术措施计划是对生产过程中的不安全因素，用技术手段加以消除和控制的文件，是落实"预防为主"方针的具体体现，是进行工程项目安全控制的指导性文件。

③ 安全技术措施计划的落实和实施。安全技术措施计划的落实和实施包括建立健全安全生产责任制，设置安全生产设施，采用安全技术和应急措施，进行安全教育和培训，安全检查，事故处理，沟通和交流信息，通过一系列安全措施的贯彻，使生产作业的安全状况处于受控状态。

④ 安全技术措施计划的验证。安全技术措施计划的验证是通过施工过程中对安全技术措施计划实施情况的安全检查，纠正不符合安全技术措施计划的情况，保证安全技术措施的贯彻和实施。

⑤ 持续改进根据安全技术措施计划的验证结果，对不适宜的安全技术措施计划进行修改、补充和完善。

（2）施工安全技术措施的一般要求和主要内容

1）施工安全技术措施的一般要求。

① 施工安全技术措施必须在工程开工前制订。施工安全技术措施是施工组织设计的重要组成部分，应在工程开工前与施工组织设计一同编制。为保证各项安全设施的落实，在工程图会审时，应特别注意考虑安全施工的问题，并在开工前制订好安全技术措施，使得用于该工程的各种安全设施有较充分的时间进行采购、制作和维护等准备工作。

② 施工安全技术措施要有全面性。按照有关法律法规的要求，在编制工程施工组织设计时，应当根据工程特点制订相应的施工安全技术措施。对于大中型工程项目、结构复杂的重点工程，除必须在施工组织设计中编制施工安全技术措施外，还应编制专项工程施工安全技术措施，详细说明有关安全方面的防护要求和措施，确保单位工程或分部分项工程的施工安全。对爆破、拆除、起重吊装、水下、基坑支护和降水、土方开挖、脚手架、模板等危险性较大的作业，必须编制专项安全施工技术方案。

③ 施工安全技术措施要有针对性。施工安全技术措施是针对每项工程的特点制订的，编制安全技术措施的技术人员必须掌握工程概况、施工方法、施工环境、条件等一手资料，并熟悉安全法规、标准等，才能制订有针对性的安全技术措施。

④ 施工安全技术措施应力求全面、具体、可靠。施工安全技术措施应把可能出现的各种不安全因素考虑周全，制订的对策措施方案应力求全面、具体、可靠，这样才能真正做到预防事故的发生。但是，全面具体不等于罗列一般通常的操作工艺、施工方法及日常安全工作制度、安全纪律等。这些制度性规定，安全技术措施中不需要再做抄录，但必须严格执行。

对大型群体工程或一些面积大、结构复杂的重点工程，除必须在施工组织总设计中编制施工安全技术总体措施外，还应编制单位工程或分部分项工程安全技术措施，详细地制订出有关安全方面的防护要求和措施，确保该单位工程或分部分项工程的安全施工。

⑤ 施工安全技术措施必须包括应急预案。由于施工安全技术措施是在相应的工程施工实施之前制订的，所涉及的施工条件和危险情况大都是建立在可预测的基础上，而建设工程施工过程是开放的过程，在施工期间的变化是经常发生的，还可能出现预测不到的突发事件

或灾害（如地震、火灾、台风、洪水等）。所以，施工安全技术措施计划必须包括面对突发事件或紧急状态的各种应急设施、人员逃生和救援预案，以便在紧急情况下，能及时启动应急预案，减少损失，保护人员安全。

⑥ 施工安全技术措施要有可行性和可操作性。施工安全技术措施应能够在每个施工工序之中得到贯彻实施，既要考虑保证安全要求，又要考虑现场环境条件和施工技术条件。

2）施工安全技术措施的主要内容。

① 进入施工现场的安全规定。
② 地面及深槽作业的防护。
③ 高处及立体交叉作业的防护。
④ 施工用电安全。
⑤ 施工机械设备的安全使用。
⑥ 在采取"四新"技术时，有针对性的专门安全技术措施。
⑦ 有针对自然灾害预防的安全措施。
⑧ 预防有毒、有害、易燃、易爆等作业造成危害的安全技术措施。
⑨ 现场消防措施。

施工安全技术措施中必须包含施工总平面图，在图中必须对危险的油库、易燃材料库、变电设备、材料和构配件的堆放位置、塔式起重机、物料提升机（井架、龙门架）、施工用电梯、垂直运输设备位置、搅拌台的位置等按照施工需求和安全规程的要求明确定位，并提出具体要求。

结构复杂、危险性大、特性较多的分部分项工程，应编制专项施工方案和安全措施。如基坑支护与降水工程、土方开挖工程、模板工程、起重吊装工程、脚手架工程、拆除工程、爆破工程等，必须编制单项的安全技术措施，并要有设计依据、有计算、有详图、有文字要求。

季节性施工安全技术措施，要考虑夏季、冬季等不同季节的气候对施工生产带来的不安全因素可能造成的各种突发性事故，而从防护上、技术上、管理上采取的防护措施。一般工程可在施工组织设计或施工方案的安全技术措施中编制季节性施工安全措施；危险性大、高温期长的工程，应单独编制季节性的施工安全措施。

2. 安全技术交底

(1) 安全技术交底的内容

1) 工程项目和分部分项工程的概况。
2) 本施工项目的施工作业特点和危险点。
3) 针对危险点的具体预防措施。
4) 作业中应遵守的安全操作规程以及应注意的安全事项。
5) 作业人员发现安全事故隐患应采取的措施。
6) 发生事故后应及时采取的避难和急救措施。

(2) 安全技术交底的要求

1) 项目经理部必须实行逐级安全技术交底制度，纵向延伸到班组全体作业人员。
2) 技术交底必须具体、明确，针对性强。
3) 技术交底的内容应针对分部分项工程施工中给作业人员带来的潜在危险因素和存在

问题。

4）应优先采用新的安全技术措施。

5）对于涉及"四新"项目或技术含量高、技术难度大的单项技术设计，必须经过两阶段技术交底，即初步设计技术交底和实施性施工图设计技术交底。

6）应将工程概况、施工方法、施工程序、安全技术措施等向工长、班组长进行详细交底。

7）定期向由两个以上作业队和多工种进行交叉施工的作业队伍进行书面交底。

8）保存书面安全技术交底签字记录。

14.1.3 安全生产检查监督的类型和内容

1. 安全生产检查监督的主要类型

（1）全面安全检查　全面安全检查应包括职业健康安全管理方针、管理组织机构及其安全管理的职责、安全设施、操作环境、防护用品、卫生条件、运输管理、危险品管理、火灾预防、安全教育和安全检查制度等内容。对全面安全检查的结果必须进行汇总分析，详细探讨所出现的问题及相应对策。

（2）经常性安全检查　工程项目和班组应开展经常性安全检查，及时排除事故隐患。工作人员必须在工作前，对所用的机械设备和工具进行仔细的检查，发现问题立即上报。下班前，还必须进行班后检查，做好设备的维修保养和清整场地等工作，保证交接安全。

（3）专业或专职安全管理人员的专业安全检查　专业或专职安全管理人员在进行安全检查时，必须不徇私情，按章检查，发现违章操作情况要立即纠正，发现隐患及时指出并提出相应防护措施，并及时上报检查结果。

（4）季节性安全检查　要对防风防沙、防涝抗旱、防雷电、防暑防害等工作进行季节性的检查，根据各个季节自然灾害的发生规律，及时采取相应的防护措施。

（5）节假日安全检查　在节假日，坚持上班的人员较少，容易发生意外，而且一旦发生意外事故，也难以进行有效的救援和控制。因此，节假日必须安排专业安全管理人员进行安全检查，对重点部位要进行巡视。同时配备一定数量的安全保卫人员，做好安全保卫工作。

（6）要害部门重点安全检查　对于企业要害部门和重要设备必须进行重点检查。由于其重要性和特殊性，一旦发生意外，会造成大的伤害，给企业的经济效益和社会效益带来不良的影响。为确保安全，对设备的运转和零部件的状况要定时进行检查，发现损伤立刻更换；过有效年限即使没有故障，也应该予以更新，不能因小失大。

2. 安全生产检查监督的主要内容

（1）查思想　检查企业领导和员工对安全生产方针的认识程度，对建立健全安全生产管理和安全生产规章制度的重视程度，对安全检查中发现的安全问题或安全隐患的处理态度等。

（2）查制度　为了实施安全生产管理制度，工程承包企业应结合自身的实际情况，建立健全一整套本企业的安全生产规章制度，并落实到具体的工程项目施工任务中。在安全检查时，应对企业的施工安全生产规章制度进行检查。

（3）查管理　主要检查安全生产管理是否有效，安全生产管理和规章制度是否真正得到落实。

（4）查隐患　主要检查生产作业现场是否符合安全生产要求，检查人员应深入作业现场，检查工人的劳动条件、卫生设施、安全通道，零部件的存放，防护设施状况，电气设备、压力容器、化学用品的储存，粉尘及有毒有害作业部位点的达标情况，车间内的通风照明设施，个人劳动防护用品的使用是否符合规定等。要特别注意对要害部位和设备加强检查，如锅炉房、变电所、各种剧毒、易燃、易爆等场所。

（5）查整改　主要检查对过去提出的安全问题和发生安全生产事故及安全隐患后是否采取了安全技术措施和安全管理措施，进行整改的效果如何。

（6）查事故处理　主要检查对伤亡事故是否及时报告，对责任人是否已经做出严肃处理。在安全检查中必须成立一个适应安全检查工作需要的检查组，配备适当的人力物力。检查结束后应编写安全检查报告，说明已达标项目、未达标项目、存在问题、原因分析，给出纠正和预防措施的建议。

14.1.4　安全隐患的处理

1. 建设工程安全的隐患

建设工程安全隐患包括三个部分的不安全因素：人的不安全因素、物的不安全状态和组织管理上的不安全因素。

（1）人的不安全因素　人的不安全因素包括能够使系统发生故障或发生性能不良的事件的个人的不安全因素和违背安全要求的错误行为。

1）个人的不安全因素。包括人员的心理、生理、能力中所具有不能适应工作、作业岗位要求的影响安全的因素。

① 心理上的不安全因素有影响安全的性格、气质和情绪（如急躁、懒散、粗心等）。

② 生理上的不安全因素大致有五个方面：视觉、听觉等感觉器官不能适应作业岗位要求的因素；体能不能适应作业岗位要求的因素；年龄不能适应作业岗位要求的因素；有不适合作业岗位要求的疾病；疲劳和酒醉或感觉朦胧。

③ 能力上的不安全因素包括知识技能、应变能力、资格等不能适应工作和作业岗位要求的影响因素。

2）人的不安全行为。人的不安全行为是指能造成事故的人为错误，是人为地使系统发生故障或发生性能不良事件，是违背设计和操作规程的错误行为。

不安全行为的类型：操作失误、忽视安全、忽视警告；造成安全装置失效；使用不安全设备；手代替工具操作；物体存放不当；冒险进入危险场所；攀坐不安全位置；在起吊物下作业、停留；在机器运转时进行检查、维修和保养；有分散注意力的行为；未正确使用个人防护用品、用具；不安全装束；对易燃易爆等危险物品处理错误。

（2）物的不安全状态　物的不安全状态是指能导致事故发生的物质条件，包括机械设备或环境所存在的不安全因素。

1）物的不安全状态的内容。包括：①物本身存在的缺陷；②防护保险方面的缺陷；③物的放置方法的缺陷；④作业环境场所的缺陷；⑤外部的和自然界的不安全状态；⑥作业方法导致的物的不安全状态；⑦保护器具信号、标志和个体防护用品的缺陷。

2）物的不安全状态的类型。包括：①防护等装置缺陷；②设备、设施等缺陷；③个人防护用品缺陷；④生产场地环境的缺陷。

(3) 组织管理上的不安全因素　组织管理上的缺陷，也是事故潜在的不安全因素，作为间接的原因有以下方面：①技术上的缺陷；②教育上的缺陷；③生理上的缺陷；④心理上的缺陷；⑤管理工作上的缺陷；⑥学校教育和社会、历史上的原因造成的缺陷。

2. 建设工程安全隐患的处理

在工程建设过程中，安全事故隐患是难以避免的，但要尽可能预防和消除安全事故隐患的发生。首先需要项目参与各方加强安全意识，做好事前控制，建立健全各项安全生产管理制度，落实安全生产责任制度，注重安全生产教育培训，保证安全生产条件所需资金的投入，将安全隐患消除在萌芽之中；其次是根据工程的特点确保各项安全施工措施的落实，加强对工程安全生产的检查监督，及时发现安全事故隐患；最后是对发现的安全事故隐患及时进行处理，查找原因，防止事故隐患的进一步扩大。

(1) 安全事故隐患治理原则

1) 冗余安全度治理原则。为确保安全，在治理事故隐患时应考虑设置多道防线，即使发生有一两道防线无效，还有冗余的防线可以控制事故隐患。例如，道路上有一个坑，既要设防护栏及警示牌，又要设照明及夜间警示红灯。

2) 单项隐患综合治理原则。人、机、料、法、环境五者任一个环节产生安全事故隐患，都要从五者安全匹配的角度考虑，调整匹配的方法，提高匹配的可靠性。一件单项隐患问题的整改需综合（多角度）治理。人的隐患，既要治人也要治机械及生产环境等各环节。例如，某工地发生触电事故，一方面要进行人的安全用电操作教育；另一方面现场也要设置漏电开关，对配电箱、用电线路进行防护改造，也要严禁非专业电工乱接乱拉电线。

3) 事故直接隐患与间接隐患并治原则。对人、机、环境系统进行安全治理的同时，还需治理安全管理措施。

4) 预防与减灾并重治理原则。治理安全事故隐患时，需尽可能减少发生事故的可能性，如果不能安全控制事故的发生，也要设法将事故等级减低。但是不论预防措施如何完善，都不能保证事故绝对不会发生，还必须对事故减灾做好充分准备，研究应急技术操作规范。如应及时切断供料及切断能源的操作方法；应及时降压、降温、降速及停止运行的方法；应及时排放毒物的方法；应及时疏散及抢救的方法；应及时请求救援的方法等。还应定期组织训练和演习，使该生产环境中每名干部及工人都真正掌握这些减灾技术。

5) 重点治理原则。按对隐患的分析评价结果实行危险点分级治理，也可以用安全检查表打分，对隐患危险程度分级。

6) 动态治理原则。动态治理是对生产过程进行动态随机安全化治理，生产过程中发现问题及时治理，既可以及时消除隐患，又可以避免小的隐患发展成大的隐患。

(2) 安全事故隐患的处理　在建设工程中，安全事故隐患的发现可以来自于各参与方，包括建设单位、设计单位、监理单位、施工单位、供货商、工程监管部门等。各方对于事故安全隐患处理的义务和责任，以及相关的处理程序在《建设工程安全生产管理条例》中已有明确的界定。这里仅从施工单位角度谈其对事故安全隐患的处理方法。

1) 当场指正，限期纠正，预防隐患发生。对于违章指挥和违章作业行为，检查人员应当场指出，并限期纠正，预防事故的发生。

2) 做好记录，及时整改，消除安全隐患。对检查中发现的各类安全事故隐患，应做好记录，分析安全隐患产生的原因，制订消除隐患的纠正措施，报相关方审查批准后进行整改，及时消除隐患。对重大安全事故隐患排除前或者排除过程中无法保证安全的，责令从危险区域内撤出作业人员或者暂时停止施工，待隐患消除再行施工。

3）分析统计，查找原因，制订预防措施。对于反复发生的安全隐患，应通过分析统计，属于多个部位存在的同类型隐患，即"通病"；属于重复出现的隐患，即"顽症"，查找产生"通病"和"顽症"的原因，修订和完善安全管理措施，制订预防措施，从源头上消除安全事故隐患。

4）跟踪验证。检查单位应对受检单位的纠正和预防措施的实施过程和实施效果，进行跟踪验证，并保存验证记录。

14.2　职业健康安全事故的分类和处理

1. 职业伤害事故的分类

职业健康安全事故分两大类型，即职业伤害事故与职业病。职业伤害事故是指因生产过程及工作原因或与其相关的其他原因造成的伤亡事故。

（1）按事故发生的原因分类　按照《企业职工伤亡事故分类标准》（GB 6441—1986）规定，职业伤害事故分为二十类，其中与建筑业有关的有以下十二类。

物体打击、车辆伤害、机械伤害、起重伤害、触电、灼烫、火灾、高处坠落、坍塌、火药爆炸、中毒和窒息、其他伤害。

以上十二类职业伤害事故中，在建设工程领域中最常见的是高处坠落、物体打击、机械伤害、触电、坍塌、中毒、火灾七类。

（2）按事故严重程度分类　《企业职工伤亡事故分类标准》（GB 6441—1986）规定，按事故严重程度分类，事故分为以下三类：

1）轻伤事故，是指造成职工肢体或某些器官功能性或器质性轻度损伤，能引起劳动能力轻度或暂时丧失的伤害的事故，一般每个受伤人员休息1个工作日以上（含1个工作日），105个工作日以下。

2）重伤事故，一般指受伤人员肢体残缺或视觉、听觉等器官受到严重损伤，能引起人体长期存在功能障碍或劳动能力有重大损失的伤害，或者造成每个受伤人员损失105个工作日以上（含105个工作日）的失能伤害的事故。

3）死亡事故，其中，重大伤亡事故是指一次事故中死亡1~2人的事故；特大伤亡事故是指一次事故死亡3人以上（含3人）的事故。

（3）按事故造成的人员伤亡或者直接经济损失分类　依据2007年6月1日起实施的《生产安全事故报告和调查处理条例》规定，按生产安全事故（简称事故）造成的人员伤亡或者直接经济损失，事故分为以下四类：

1）特别重大事故，是指造成30人以上死亡，或者100人以上重伤（包括急性工业中毒，下同），或者1亿元以上直接经济损失的事故。

2）重大事故，是指造成10人以上30人以下死亡，或者50人以上100人以下重伤，或者5000万元以上1亿元以下直接经济损失的事故。

3）较大事故，是指造成3人以上10人以下死亡，或者10人以上50人以下重伤，或者

1000万元以上5000万元以下直接经济损失的事故。

4) 一般事故，是指造成3人以下死亡，或者10人以下重伤，或者1000万元以下直接经济损失的事故。

目前，在建设工程领域中，判别事故等级较多采用的是《生产安全事故报告和调查处理条例》。

2. 建设工程安全事故的处理

(1) 事故处理的原则("四不放过"原则) 国家对发生事故后的"四不放过"处理原则，其具体内容如下：

1) 事故原因未查清不放过。要求在调查处理伤亡事故时，首先要把事故原因分析清楚，找出导致事故发生的真正原因，未找到真正原因决不轻易放过。直到找到真正原因并搞清各因素之间的因果关系才算达到事故原因分析的目的。

2) 责任人员未处理不放过。这是安全事故责任追究制的具体体现，对事故责任者要严格按照安全事故责任追究的法律法规的规定进行严肃处理；不仅要追究事故直接责任人的责任，同时要追究有关负责人的领导责任。当然，处理事故责任者必须谨慎，避免事故责任追究的扩大化。

3) 有关人员未受到教育不放过。使事故责任者和广大群众了解事故发生的原因及所造成的危害，并深刻认识到搞好安全生产的重要性，从事故中吸取教训，提高安全意识，改进安全管理工作。

4) 整改措施未落实不放过。必须针对事故发生的原因，提出防止相同或类似事故发生的切实可行的预防措施，并督促事故发生单位加以实施。只有这样，才算达到了事故调查和处理的最终目的。

(2) 建设工程安全事故处理措施

1) 按规定向有关部门报告事故情况。事故发生后，事故现场有关人员应当立即向本单位负责人报告；单位负责人接到报告后，应当于1小时内向事故发生地县级以上人民政府安全生产监督管理部门和负有安全生产监督管理职责的有关部门报告，并有组织、有指挥地抢救伤员、排除险情；应当防止人为或自然因素的破坏，便于事故原因的调查。

由于建设行政主管部门是建设安全生产的监督管理部门，对建设安全生产实行的是统一的监督管理，因此，各个行业的建设施工中出现了安全事故，都应当向建设行政主管部门报告。对于专业工程的施工中出现生产安全事故的，由于有关的专业主管部门也承担着对建设安全生产的监督管理职能，因此，专业工程出现安全事故，还需要向有关行业主管部门报告。

① 情况紧急时，事故现场有关人员可以直接向事故发生地县级以上人民政府安全生产监督管理部门和负有安全生产监督管理职责的有关部门报告。

② 安全生产监督管理部门和负有安全生产监督管理职责的有关部门接到事故报告后，应当依照下列规定上报事故情况，并通知公安机关、劳动保障行政部门、工会和人民检察院：

特别重大事故、重大事故逐级上报至国务院安全生产监督管理部门和负有安全生产监督管理职责的有关部门。

较大事故逐级上报至省、自治区、直辖市人民政府安全生产监督管理部门和负有安全生产监督管理职责的有关部门。

一般事故上报至设区的市级人民政府安全生产监督管理部门和负有安全生产监督管理职责的有关部门。

安全生产监督管理部门和负有安全生产监督管理职责的有关部门依照前款规定上报事故情况，应当同时报告本级人民政府。国务院安全生产监督管理部门和负有安全生产监督管理职责的有关部门以及省级人民政府接到发生特别重大事故、重大事故的报告后，应当立即报告国务院。必要时，安全生产监督管理部门和负有安全生产监督管理职责的有关部门可以越级上报事故情况。

安全生产监督管理部门和负有安全生产监督管理职责的有关部门逐级上报事故情况，每级上报的时间不得超过 2 小时。事故报告后出现新情况的，应当及时补报。

2）组织调查组，开展事故调查。

① 特别重大事故由国务院或者国务院授权有关部门组织事故调查组进行调查。重大事故、较大事故、一般事故分别由事故发生地省级人民政府、设区的市级人民政府、县级人民政府负责调查。省级人民政府、设区的市级人民政府、县级人民政府可以直接组织事故调查组进行调查，也可以授权或者委托有关部门组织事故调查组进行调查。未造成人员伤亡的一般事故，县级人民政府也可以委托事故发生单位组织事故调查组进行调查。

② 事故调查组有权向有关单位和个人了解与事故有关的情况，并要求其提供相关文件、资料，有关单位和个人不得拒绝。事故发生单位的负责人和有关人员在事故调查期间不得擅离职守，并应当随时接受事故调查组的询问，如实提供有关情况。事故调查中发现涉嫌犯罪的，事故调查组应当及时将有关材料或者其复印件移交司法机关处理。

3）现场勘察。事故发生后，调查组应迅速到现场进行及时、全面、准确和客观的勘察，包括现场笔录、现场拍照和现场绘图。

4）分析事故原因。通过调查分析，查明事故经过，按受伤部位、受伤性质、起因物、致害物、伤害方法、不安全状态、不安全行为等，查清事故原因，包括人、物、生产管理和技术管理等方面的原因。通过直接和间接地分析，确定事故的直接责任者、间接责任者和主要责任者。

5）制订预防措施。根据事故原因分析，制订防止类似事故再次发生的预防措施。根据事故后果和事故责任者应负的责任提出处理意见。

6）提交事故调查报告。事故调查组应当自事故发生之日起 60 日内提交事故调查报告；特殊情况下，经负责事故调查的人民政府批准，提交事故调查报告的期限可以适当延长，但延长的期限最长不超过 60 日。事故调查报告应当包括下列内容：事故发生单位概况；事故发生经过和事故救援情况；事故造成的人员伤亡和直接经济损失；事故发生的原因和事故性质；事故责任的认定及对事故责任者的处理建议；事故防范和整改措施。

7）事故的审理和结案。重大事故、较大事故、一般事故，负责事故调查的人民政府应当自收到事故调查报告之日起 15 日内做出批复；特别重大事故，30 日内做出批复，特殊情况下，批复时间可以适当延长，但延长的时间最长不超过 30 日。

有关机关应当按照人民政府的批复，依照法律、行政法规规定的权限和程序，对事故发生单位和有关人员进行行政处罚，对负有事故责任的国家工作人员进行处分。事故发生单位应当按照负责事故调查的人民政府的批复，对本单位负有事故责任的人员进行处理。

负有事故责任的人员涉嫌犯罪的，依法追究刑事责任。

事故处理的情况由负责事故调查的人民政府或者其授权的有关部门、机构向社会公布，依法应当保密的除外。事故调查处理的文件记录应长期完整地保存。

14.3 建设工程施工现场职业健康安全与环境管理的要求和措施

14.3.1 施工现场文明施工的要求和措施

1. 建设工程施工现场文明施工的要求

依据我国相关标准，文明施工的要求主要包括现场围挡、封闭管理、施工场地、材料堆放、现场住宿、现场防火、治安综合治理、施工现场标牌、生活设施、保健急救、社区服务十一项内容。总体上应符合以下要求：

1）有整套的施工组织设计或施工方案，施工总平面图布置紧凑，施工场地规划合理，符合环保、市容、卫生的要求。

2）有健全的施工组织管理机构和指挥系统，岗位分工明确；工序交叉合理，交接责任明确。

3）有严格的成品保护措施和制度，大小临时设施和各种材料构件、半成品按平面布置堆放整齐。

4）施工场地平整，道路畅通，排水设施得当，水电线路整齐，机械设备状况良好，使用合理，施工作业符合消防和安全要求。

5）做好环境卫生管理，包括施工区、生活区环境卫生和食堂卫生管理。

6）文明施工应贯穿施工结束后的清场。

实现文明施工，不仅要抓好现场的场容管理，而且要做好现场材料、机械、安全、技术、保卫、消防和生活卫生等方面的工作。

2. 建设工程施工现场文明施工的措施

（1）加强施工现场文明施工的管理

1）建立文明施工的管理组织。应确立项目经理为现场文明施工的第一责任人，以各专业工程师、施工质量、安全、材料、保卫等现场项目经理部人员为成员的施工现场文明管理组织，共同负责本工程现场文明施工工作。

2）健全文明施工的管理制度。包括建立各级文明施工岗位责任制、将文明施工工作考核列入经济责任制，建立定期的检查制度，实行自检、互检、交接检制度，建立奖惩制度，开展文明施工立功竞赛，加强文明施工教育培训等。

（2）落实施工现场文明施工的各项管理措施 针对现场文明施工的各项要求，落实相应的各项管理措施。

1）施工总平面图布置。施工总平面图是现场管理、实现文明施工的依据。施工总平面图应对施工机械设备、材料和构配件的堆场、现场加工场地，以及现场临时运输道路、临时供水供电线路和其他临时设施进行合理布置，并随工程实施的不同阶段进行场地布置和调整。

2）现场围挡、标牌。

① 施工现场必须实行封闭管理，设置进出口大门，制订门卫制度，严格执行外来人员

进场登记制度。沿工地四周连续设置围挡，市区主要路段和其他涉及市容景观路段的工地设置围挡的高度不低于2.5m，其他工地的围挡高度不低于1.8m，围挡材料要求坚固、稳定、统一、整洁和美观。

② 施工现场必须设有"五牌一图"，即工程概况牌、管理人员名单及监督电话牌、消防保卫（防火责任）牌、安全生产牌、文明施工牌和施工现场总平面图。

③ 施工现场应合理悬挂安全生产宣传和警示牌，标牌悬挂牢固可靠，特别是主要施工部位、作业点和危险区域以及主要通道口都必须有针对性地悬挂醒目的安全警示牌。

3）施工场地。

① 施工现场应积极推行硬地坪施工，作业区、生活区主干道地面必须用一定厚度的混凝土硬化，场内其他道路地面也应硬化处理。

② 施工现场道路畅通、平坦、整洁，无散落物。

③ 施工现场设置排水系统，排水畅通，不积水。

④ 严禁泥浆、污水、废水外流或未经允许排入河道，严禁堵塞下水道和排水河道。

⑤ 施工现场适当地方设置吸烟处，作业区内禁止随意吸烟。

⑥ 积极美化施工现场环境，根据季节变化，适当进行绿化布置。

4）材料堆放、周转设备管理。

① 建筑材料、构配件、料具必须按施工现场总平面布置图堆放，布置合理。

② 建筑材料、构配件及其他料具等必须做到安全、整齐堆放（存放），不得超高。堆料分门别类，悬挂标牌，标牌应统一制作，标明名称、品种、规格数量等。

③ 建立材料收发管理制度，仓库、工具间材料堆放整齐，易燃易爆物品分类堆放，专人负责，确保安全。

④ 施工现场建立清扫制度，落实到人，做到工完料尽场地清，车辆进出场应有防泥带出措施。建筑垃圾及时清运，临时存放现场的也应集中堆放整齐、悬挂标牌。不用的施工机械和设备应及时出场。

⑤ 施工设施、大模板、砖夹等集中堆放整齐，大模板成对放稳，角度正确。钢模及零配件、脚手扣件分类分规格，集中存放。竹木杂料，分类堆放、规则成方，不散不乱，不作他用。

5）现场生活设施。

① 施工现场作业区与办公、生活区必须明显划分，确因场地狭窄不能划分的，要有可靠的隔离栏防护措施。

② 宿舍内应确保主体结构安全，设施完好。宿舍周围环境应保持整洁、安全。

③ 宿舍内应有保暖、消暑、防煤气中毒、防蚊虫叮咬等措施。严禁使用煤气灶、煤油炉、电饭煲、热得快、电炒锅、电炉等器具。

④ 食堂应有良好的通风和洁卫措施，保持卫生整洁，炊事员持健康证上岗。

⑤ 建立现场卫生责任制，设卫生保洁员。

⑥ 施工现场应设固定的男、女简易淋浴室和厕所，并要保证结构稳定、牢固和防风雨。并实行专人管理、及时清扫，保持整洁，要有灭蚊蝇滋生措施。

6）现场消防、防火管理。

① 现场建立消防管理制度，建立消防领导小组，落实消防责任制和责任人员，做到思

想重视、措施跟上、管理到位。

② 定期对有关人员进行消防教育，落实消防措施。

③ 现场必须有消防平面布置图，临时设施按消防条例有关规定搭设，做到标准规范。

④ 易燃易爆物品堆放间、油漆间、木工间、总配电室等消防防火重点部位要按规定设置灭火器和消防沙箱，并有专人负责，对违反消防条例的有关人员进行严肃处理。

⑤ 施工现场用明火做到严格按动用明火规定执行，审批手续齐全。

7）医疗急救的管理。展开卫生防病教育，准备必要的医疗设施，配备经过培训的急救人员，有急救措施、急救器材和保健医药箱。在现场办公室的显著位置张贴急救车和有关医院的电话号码等。

8）社区服务的管理。建立施工不扰民的措施。现场不得焚烧有毒、有害物质等。

9）治安管理。

① 建立现场治安保卫领导小组，有专人管理。

② 新入场的人员做到及时登记，做到合法用工。

③ 按照治安管理条例和施工现场的治安管理规定做好各项管理工作。

④ 建立门卫值班管理制度，严禁无证人员和其他闲杂人员进入施工现场，避免安全事故和失盗事件的发生。

（3）建立检查考核制度　对于建设工程文明施工，国家和各地大多制定了标准或规定，也有比较成熟的经验。在实际工作中，项目应结合相关标准和规定建立文明施工考核制度，推进各项文明施工措施的落实。

（4）抓好文明施工建设工作

1）建立宣传教育制度。现场宣传安全生产、文明施工、国家大事、社会形势、企业精神、优秀事迹等。

2）坚持以人为本，加强管理人员和班组文明建设。教育职工遵纪守法，提高企业整体管理水平和文明素质。

3）主动与有关单位配合，积极开展共建文明活动，树立企业良好的社会形象。

14.3.2　施工现场环境保护的要求和措施

1. 建设工程施工现场环境保护的要求

根据《中华人民共和国环境保护法》和《中华人民共和国环境影响评价法》的有关规定，建设工程项目对环境保护的基本要求如下：

1）涉及依法划定的自然保护区、风景名胜区、生活饮用水水源保护区及其他需要特别保护的区域时，应当符合国家有关法律法规及该区域内建设工程项目环境管理的规定，不得建设污染环境的工业生产设施；建设的工程项目设施的污染物排放不得超过规定的排放标准。已经建成的设施，其污染物排放超过排放标准的，限期整改。

2）开发利用自然资源的项目，必须采取措施保护生态环境。

3）建设工程项目选址、选线、布局应当符合区域、流域规划和城市总体规划。

4）应满足项目所在区域环境质量、相应环境功能区划和生态功能区划标准或要求。

5）拟采取的污染防治措施应确保污染物排放达到国家和地方规定的排放标准，满足污染物总量控制要求；涉及可能产生放射性污染的，应采取有效预防和控制放射性污染措施。

6）建设工程应当采用节能、节水等有利于环境与资源保护的建筑设计方案、建筑材料、装修材料、建筑构配件及设备。建筑材料和装修材料必须符合国家标准。禁止生产、销售和使用有毒、有害物质超过国家标准的建筑材料和装修材料。

7）尽量减少建设工程施工中所产生的干扰周围生活环境的噪声。

8）应采取生态保护措施，有效预防和控制生态破坏。

9）对环境可能造成重大影响、应当编制环境影响报告书的建设工程项目，可能严重影响项目所在地居民生活环境质量的建设工程项目，以及存在重大意见分歧的建设工程项目，环保部门可以举行听证会，听取有关单位、专家和公众的意见，并公开听证结果，说明对有关意见采纳或不采纳的理由。

10）建设工程项目中防治污染的设施，必须与主体工程同时设计、同时施工、同时投产使用。防治污染的设施必须经原审批环境影响报告书的环境保护行政主管部门验收合格后，该建设工程项目方可投入生产或者使用。防治污染的设施不得擅自拆除或者闲置，确有必要拆除或者闲置的，必须征得所在地的环境保护行政主管部门同意。

11）新建工业企业和现有工业企业的技术改造，应当采取资源利用率高、污染物排放量少的设备和工艺，采用经济合理的废弃物综合利用技术和污染物处理技术。

12）排放污染物的单位，必须依照国务院环境保护行政主管部门的规定申报登记。

13）禁止引进不符合我国环境保护规定要求的技术、设备、材料和产品。

14）任何单位不得将产生严重污染的生产设备转移给没有污染防治能力的单位使用。

2. 建设工程施工现场环境保护的措施

建设工程施工现场环境保护措施主要包括大气污染的防治、水污染的防治、噪声污染的防治和固体废物的处理等。

（1）大气污染的防治措施

1）施工现场垃圾渣土要及时清理出现场。

2）高大建筑物清理施工垃圾时，要使用封闭式的容器或者采取其他措施处理高空废弃物，严禁凌空随意抛撒。

3）施工现场道路应指定专人定期洒水清扫，形成制度，防止道路扬尘。

4）对于细颗粒散体材料（如水泥、粉煤灰、白灰等）的运输、储存要注意遮盖、密封，防止和减少扬尘。

5）车辆开出工地要做到不带泥沙，基本做到不洒土、不扬尘，减少对周围环境污染。

6）除设有符合规定的装置外，禁止在施工现场焚烧油毡、橡胶、塑料、皮革、树叶、枯草、各种包装物等废弃物品以及其他会产生有毒、有害烟尘和恶臭气体的物质。

7）机动车都要安装减少尾气排放的装置，确保符合国家标准。

8）工地茶炉应尽量采用电热水器。若只能使用烧煤茶炉和锅炉时，应选用消烟除尘型茶炉和锅炉，大灶应选用消烟节能回风炉灶，使烟尘降至允许排放范围为止。

9）大城市市区的建设工程已不容许搅拌混凝土。在容许设置搅拌站的工地，应将搅拌站封闭严密，并在进料仓上方安装除尘装置，采用可靠措施控制工地粉尘污染。

10）拆除旧建筑物时，应适当洒水，防止扬尘。

（2）水污染的防治措施

1）禁止将有毒有害废弃物作土方回填。

2)施工现场搅拌站废水，现制水磨石的污水，电石（碳化钙）的污水必须经沉淀池沉淀合格后再排放，最好将沉淀水用于工地洒水降尘或采取措施回收利用。

3)现场存放油料，必须对库房地面进行防渗处理，如采用防渗混凝土地面、铺油毡等措施。使用时，要采取防止油料跑、冒、滴、漏的措施，以免污染水体。

4)施工现场100人以上的临时食堂，污水排放时可设置简易有效的隔油池，定期清理，防止污染。

5)工地临时厕所、化粪池应采取防渗漏措施。中心城市施工现场的临时厕所可采用水冲式厕所，并有防蝇灭蛆措施，防止污染水体和环境。

6)化学用品、外加剂等要妥善保管，库内存放，防止污染环境。

(3)噪声污染的防治措施　噪声控制技术可从声源、传播途径、接收者防护等方面来考虑。

1)声源控制。

① 声源上降低噪声，这是防止噪声污染的最根本的措施。

② 尽量采用低噪声设备和加工工艺代替高噪声设备与加工工艺，如低噪声振捣器、风机、电动空压机、电锯等。

③ 在声源处安装消声器消声，即在通风机、鼓风机、压缩机、燃气机、内燃机及各类排气放空装置等进出风管的适当位置设置消声器。

2)传播途径的控制。

① 吸声。利用吸声材料（大多由多孔材料制成）或由吸声结构形成的共振结构（金属或木质薄板钻孔制成的空腔体）吸收声能，降低噪声。

② 隔声。应用隔声结构，阻碍噪声向空间传播，将接收者与噪声声源分隔。隔声结构包括隔声室、隔声罩、隔声屏障、隔声墙等。

③ 消声。利用消声器阻止传播。允许气流通过的消声降噪是防治空气动力性噪声的主要装置。如对空气压缩机、内燃机产生的噪声等。

④ 减振降噪。对来自振动引起的噪声，通过降低机械振动减小噪声，如将阻尼材料涂在振动源上，或改变振动源与其他刚性结构的连接方式等。

3)接收者的防护。让处于噪声环境下的人员使用耳塞、耳罩等防护用品，减少相关人员在噪声环境中的暴露时间，以减轻噪声对人体的危害。

4)严格控制人为噪声。

① 进入施工现场不得高声喊叫、无故敲打模板、乱吹哨，限制高音喇叭的使用，最大限度地减少噪声扰民。

② 凡在人口稠密区进行强噪声作业时，须严格控制作业时间，一般晚10点到次日早6点之间停止强噪声作业。确系特殊情况必须昼夜施工时，尽量采取降低噪声措施，并会同建设单位找当地居委会、村委会或当地居民协调，出安民告示，求得群众谅解。

(4)固体废物的处理措施　固体废物处理的基本思想是：采取资源化、减量化和无害化的处理，对固体废物产生的全过程进行控制。固体废物的主要处理方法如下：

1)回收利用。回收利用是对固体废物进行资源化的重要手段之一。粉煤灰在建设工程领域的广泛应用是对固体废物进行资源化利用的典型范例。又如，发达国家炼钢原料中有70%是利用回收的废钢铁，所以钢材可以看作可再生利用的建筑材料。

2）减量化处理。减量化是对已经产生的固体废物进行分选、破碎、压实浓缩、脱水等减少其最终处置量，减少处理成本，减少对环境的污染。在减量化处理的过程中，也包括和其他处理技术相关的工艺方法，如焚烧、热解、堆肥等。

3）焚烧处理。焚烧用于不适合再利用且不宜直接予以填埋处置的废物，除有符合规定的装置外，不得在施工现场熔化沥青和焚烧油毡、油漆，也不得焚烧其他可产生有毒有害和恶臭气体的废物。垃圾焚烧处理应使用符合环境要求的处理装置，避免对大气的二次污染。

4）稳定和固化处理。稳定和固化处理是利用水泥、沥青等胶结材料，将松散的废物胶结包裹起来，减少有害物质从废物中向外迁移、扩散，使得废物对环境的污染减少。

5）填埋处理。填埋是固体废物经过无害化、减量化处理的废物残渣集中到填埋场进行处置。禁止将有毒有害废弃物现场填埋，填埋场应利用天然或人工屏障。尽量使需处置的废物与环境隔离，并注意废物的稳定性和长期安全性。

14.3.3 施工现场职业健康安全卫生的要求和措施

1. 施工现场职业健康安全卫生的要求

1）施工现场应设置办公室、宿舍、食堂、厕所、淋浴间、开水房、文体活动室、密闭式垃圾站（或容器）及盥洗设施等临时设施。临时设施所用建筑材料应符合环保、消防要求。

2）办公区和生活区应设密闭式垃圾容器。

3）办公室内布局合理，文件资料宜归类存放，并应保持室内清洁卫生。

4）施工企业应根据法律、法规的规定，制订施工现场的公共卫生突发事件应急预案。

5）施工现场应配备常用药品及绷带、止血带、颈托、担架等急救器材。

6）施工现场应设专职或兼职保洁员，负责卫生清扫和保洁。

7）办公区和生活区应采取灭鼠、蚊、蝇、蟑螂等措施，并应定期投放和喷洒药物。

8）施工企业应结合季节特点，做好作业人员的饮食卫生和防暑降温、防寒保暖、防煤气中毒、防疫等工作。

9）施工现场必须建立环境卫生管理和检查制度，并应做好检查记录。

2. 施工现场职业健康安全卫生的措施

施工现场的卫生与防疫应由专人负责，全面管理施工现场的卫生工作，监督和执行卫生法规规章、管理办法，落实各项卫生措施。

(1) 现场宿舍的管理

1）宿舍内应保证有必要的生活空间，室内净高不得小于2.4m，通道宽度不得小于0.9m，每间宿舍居住人员不得超过16人。

2）施工现场宿舍必须设置可开启式窗户，宿舍内的床铺不得超过2层，严禁使用通铺。

3）宿舍内应设置生活用品专柜，有条件的宿舍宜设置生活用品储藏室。

4）宿舍内应设置垃圾桶，宿舍外宜设置鞋柜或鞋架，生活区内应提供为作业人员晾晒衣服的场地。

(2) 现场食堂的管理

1）食堂必须有卫生许可证，炊事人员必须持身体健康证上岗。

2）炊事人员上岗应穿戴洁净的工作服、工作帽和口罩，并应保持个人卫生。不得穿工作服出食堂，非炊事人员不得随意进入制作间。

3）食堂炊具、餐具和公用饮水器具必须清洗消毒。

4）施工现场应加强食品、原料的进货管理，食堂严禁出售变质食品。

5）食堂应设置在远离厕所、垃圾站、有毒有害场所等污染源的地方。

6）食堂应设置独立的制作间、储藏间，门扇下方应设不低于0.2m的防鼠挡板。制作间灶台及其周边应贴瓷砖，所贴瓷砖高度不宜小于1.5m，地面应做硬化和防滑处理。粮食存放台距墙和地面应大于0.2m。

7）食堂应配备必要的排风设施和冷藏设施。

8）食堂的燃气罐应单独设置存放间，存放间应通风良好并严禁存放其他物品。

9）食堂制作间的炊具宜存放在封闭的橱柜内，刀、盆、案板等炊具应生熟分开。食品应有遮盖，遮盖物品应用正反面标识。各种作料和副食应存放在密闭器皿内，并应有标识。

10）食堂外应设置密闭式泔水桶，并应及时清运。

（3）现场厕所的管理

1）施工现场应设置水冲式或移动式厕所，厕所地面应硬化，门窗应齐全。蹲位之间宜设置隔板，隔板高度不宜低于0.9m。

2）厕所大小应根据作业人员的数量设置。高层建筑施工超过8层以后，每隔4层宜设置临时厕所。厕所应设专人负责清扫、消毒，化粪池应及时清掏。

（4）其他临时设施的管理

1）淋浴间应设置满足需要的淋浴喷头，可设置储衣柜或挂衣架。

2）盥洗设施应设置满足作业人员使用的盥洗池，并应使用节水水嘴。

3）生活区应设置开水炉、电热水器或饮用水保温桶；施工区应配备流动保温水桶。

4）文体活动室应配备电视机、书报和杂志等文体活动设施和用品。

5）施工现场作业人员发生法定传染病、食物中毒或急性职业中毒时，必须在2小时内向施工现场所在地建设行政主管部门和有关部门报告，并应积极配合调查处理。

6）现场施工人员患有法定传染病时，应及时进行隔离，并由卫生防疫部门进行处置。

思 考 题

1. 简述现阶段正在执行的主要安全生产管理制度的内容。
2. 简述安全生产责任制度的主要内容。
3. 简述施工安全控制的目标和程序。
4. 简述施工安全技术措施的一般要求。
5. 简述施工安全技术措施的主要内容。
6. 简述安全技术交底的内容。
7. 简述安全技术交底的要求。
8. 简述安全生产检查监督的类型和内容。
9. 简述建设工程安全隐患的处理原则。
10. 简述建设工程安全事故的处理措施。
11. 简述建设工程施工现场文明施工的要求。
12. 某高层办公楼，总建筑面积为137500m^2，地下3层，地上25层。业主与施工总承包单位签订了施工总承包合同，并委托了工程监理单位。

施工总承包前段时间完成桩基工程后，将深基坑支护工程的设计委托给了专业设计单位，并自行决定将基坑支护和土方开挖工程分包给了一家专业分包单位施工。专业设计单位根据业主提供的勘察报告完成了基坑支护设计后，即将设计文件直接交给了专业分包单位。专业分包单位在收到设计文件后编制了基坑支护工程和降水工程专项施工组织方案，方案经施工总承包单位项目经理签字后即由专业分包单位组织了施工，专业分包单位在开工前进行了三级安全教育。

专业分包单位在施工过程中，由负责质量管理工作的施工人员兼任现场安全生产监督工作。土方开挖到接近基坑设计标高（自然地坪下8.5m）时，总监理工程师发现基坑四周地表出现裂缝，即向施工总承包单位发出书面通知，要求停止施工，并要求立即撤离现场施工人员，查明原因后再恢复施工。但总承包单位认为地表裂缝属正常现象没有予以理睬。不久基坑发生了严重坍塌，并造成4名施工人员被掩埋，经抢救3人死亡，1人重伤。

事故发生后，专业分包单位立即向有关安全生产监督管理部门上报了事故情况。经事故调查组调查，造成坍塌事故的主要原因是地质勘查资料中未标明地下存在古河道，基坑支护设计中未能考虑这一因素而造成的。事故造成直接经济损失80万元，于是专业分包单位要求设计单位赔偿事故损失80万元。

1) 请指出上述整个事件中有哪些做法不妥，并写出正确的做法。
2) 三级安全教育是指哪三级？
3) 本起事故可定为哪种等级的事故？请说明理由。
4) 本起事故中的主要责任者是谁？请说明理由。

第 15 章 工程项目风险管理

本章重点内容：工程项目风险管理过程；工程项目施工阶段风险识别；工程项目施工阶段风险衡量；工程项目施工阶段风险防范策略与措施。

本章学习目标：了解工程项目风险管理的概念，熟悉风险管理的过程，掌握施工阶段的风险识别、衡量，熟悉施工阶段的风险防范策略。通过本章教学，培养学生对社会的使命感和责任感；培养学生的职业道德和忧患意识，时刻保持理性判断；培养学生的风险防范意识和责任意识。

15.1 工程项目风险管理概述

15.1.1 工程项目风险管理的基本概念

1. 相关定义

（1）风险

1）风险层次。我国的风险管理学界主流的风险定义分为两个层次：

第一层次：强调风险的不确定性。可以用概率来衡量风险的不确定性。

第二层次：强调风险给人们带来的损害。可以用风险度来衡量风险的各种结果差异给风险承担主体带来的损害。

2）风险三要素。包括风险因素、风险事故和风险损失。

风险因素：是指产生、诱发风险的条件或潜在原因，是造成损失的直接原因。不同领域的风险因素的表现形态各异，根据其性质，可分为物理风险因素、道德风险因素和心理风险因素。

风险事故：是指造成生命财产损失的偶发事件，它是导致损失的媒介物。

风险损失：是指非正常的、非预期的经济价值的减少，通常以货币单位来衡量，并且必须满足以上所有条件才能称其为损失。

3）风险作用链条。风险作用链条如图 15-1 所示。

（2）工程项目风险 工程项目风险是一种特定的风险。比较有代表性的有两种。一种是指标的物在工程各个阶段过程中遇到各种自然灾害和意外事故而导致标的物受损的风险；另一种是指所有影响工程项目目标实现的不确定因素的集合。结合工程项目特点，在本书中对工程项目风险的定义为：在整个建筑工程项目全寿命周期过程中，自然灾害和各种意外事故的发生而造成的人身伤亡、财产损失和其他经济损失的不确定性，与工程项目各阶段、各管理主体、各项目目标有紧密的联系。

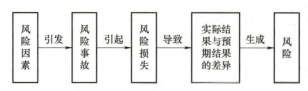

图 15-1 风险作用链条

从产生风险的原因可将工程项目风险分成以下八类：

1）自然风险。由于自然因素带来的风险，在工程项目施工过程中出现的洪水、暴雨、地震、飓风等，造成财产毁损或人员伤亡。

2）政治风险。是指由于政局变化、政权更迭、罢工、战争等引起社会动荡而造成财产损失和损害以及人员伤亡的风险。

3）经济风险。是指人们在从事经济活动中，国家和社会一些大的经济因素的变化带来的风险以及由于经营管理不善、市场预测失误、价格波动、供求关系发生变化、通货膨胀、汇率变动等所导致经济损失的风险。

4）技术风险。是指伴随科学技术的发展而带来的风险。

5）信用风险。是指合同一方的业务能力、管理能力、财务能力等有缺陷或者没有圆满履行合同而给另一方带来的风险。

6）社会风险。包括宗教信仰的影响和冲击、社会治安的稳定性、社会的禁忌、劳动者的文化素质，社会风气等。

7）组织风险。是指由于项目有关各方关系不协调以及其他不确定性而引起的风险。

8）行为风险。由于个人或组织的过失、疏忽、侥幸、恶意等不当行为造成财产毁损、人员伤亡的风险。

（3）风险管理　风险管理是指风险管理经济单位通过对风险的识别和衡量，采用合理的经济和技术手段对风险加以处理，以最小的成本获得最大的安全保障的一种管理活动。风险管理是对风险进行认识、估计、评价乃至采取防范和处理措施等一系列过程。

风险管理作为一种管理活动，由一系列行为构成，描述的是一种风险管理机制，其过程可分为四个步骤：风险辨识、风险估计、风险评价和风险处理。

1）风险辨识是整个风险管理工作的基础，不经过识别并用语言表述，风险是无法衡量、无法进行科学管理的。风险辨识是指风险管理人员通过对大量来源可靠的信息资料进行系统了解和分析，认清经济单位存在的各种风险因素，进而确定经济单位所面临的风险及其性质，并把握其发展趋势。

2）风险估计是在风险辨识的基础上，通过对所收集的大量资料的分析，利用概率统计理论，估计和预测风险发生的可能性和相应损失的大小。

3）风险评价是在风险辨识和风险估计的基础上，对风险发生的概率、损失程度和其他因素进行综合考虑，得到描述风险的综合指标——风险度，以便对工程的单个风险因素进行重要性排序和评价工程项目的总体风险。

4）风险处理是指针对经过风险辨识、风险估计和风险评价之后的风险问题采取行动或不采取行动，它是风险管理过程的一个关键性阶段。风险管理人员对于经济单位所面临的风险，在弄清风险的性质和大小（或等级）之后，必须运用合理而有效的方法对风险加以处理。这一阶段的核心是风险处理手段的选择。

2. 工程项目风险管理

（1）工程项目风险管理的概念　工程项目风险管理是对工程项目风险进行辨识、分析并采取相应措施，进行处理以达到减少意外损失或利用风险盈利目的的工作，包含两个环节：工程项目风险分析，制订并实施风险处置方案。同样分为四个步骤：工程项目风险辨识、工程项目风险估计、工程项目风险评价和工程项目风险处理。

（2）工程项目风险管理的目标与责任范围

1）工程项目风险管理的目标。工程项目风险管理最主要的目标是控制与处置风险，以防止和减少损失，保障社会生产及各项活动的顺利进行。工程项目风险管理的目标通常分为两部分：一部分是损失前的目标；另一部分是损失后的目标。损失前的管理目标是避免或减少损失的发生；损失后的管理目标是尽快恢复到损失前的状态，两者构成了风险管理的完整目标。

① 损失前的目标：节约成本；减少忧虑心理；履行有关义务。

② 损失后的目标：维持生存；保证生产服务的持续，尽快恢复正常的生产生活秩序；实现稳定的收入；实现生产的持续增长；履行社会责任。

2）工程项目风险管理的责任范围。承担工程项目风险管理单位的负责风险管理人员的一般责任范围是：确定和评估风险，识别潜在损失因素及估算损失大小；制订风险财务对策（确定自负额水平和保险限额、投保还是自留风险，确定投保范围）；采取预防措施；制订保护措施，提出保护方案；落实安全措施；管理索赔，负责一切可索赔事项的准备、谈判并签证有关索赔的协议和文件；负责保险谈判、分配保费、统计损失；完成有关风险管理的预算。

15.1.2　工程项目风险管理的过程

工程项目风险管理的过程与风险管理的基本程序是一致的，包括四个步骤：工程项目风险辨识、工程项目风险估计、工程项目风险评价、工程项目风险处理。

1. 工程项目风险辨识

对面临的及潜在的风险所做的认识、判断、归类并鉴定风险性质的工作。该工作目的为：认清直接、间接、隐蔽、净收入、责任和人身损失等风险。

工程项目风险辨识首先要弄清项目的组成、各变数的性质和相互间的关系、项目与环境之间的关系等。然后在此基础上利用系统的、有章可循的步骤和方法查明对项目可能风险的诸事项。工程项目风险辨识可分三步进行：收集资料；估计项目风险形势；根据直接或间接的症状将潜在的风险识别出来。

工程项目风险辨识包括确定风险的来源，风险产生的条件，描述其风险特征和确定哪些风险会对本项目产生影响。工程项目风险辨识的参与者应尽可能包括项目队伍，风险管理小组，来自公司其他部门的某一问题专家、客户、最终使用者、其他项目经理、项目利益相关者、外界专家等。

2. 工程项目风险估计

工程项目风险估计是指通过各种风险分析技术，采用定性或定量分析方法，估计各种风险的风险度的工作。它是联系工程项目风险辨识和工程项目风险管理的纽带。该工作的目的是将各种风险对项目的影响程度尽量给予量化描述，反映出种种风险间相互作用，使业主全面理解，给选择正确管理措施打下基础。

工程项目风险估计的原则包括系统性原则、谨慎性原则、相对性原则、定性估计与定量估计相结合的原则。

3. 工程项目风险评价

工程项目风险评价是在工程风险辨识和估计的基础上，综合考虑风险属性、风险管理的目标和风险主体的风险承受能力，确定工程风险和风险处理措施对系统的影响程度的工作。

（1）工程项目风险评价的目的

1）对工程项目风险进行比较和评价，确定先后顺序。

2）从工程项目整体出发，弄清各个风险事件之间确切的因果关系。

3）考虑各种不同风险之间相互转化的条件，研究如何才能化威胁为机会。

4）进一步量化已识别风险的发生概率和后果，减少风险发生概率和后果估计中的不确定性。必要时根据项目形势的变化重新分析风险发生的概率和可能的后果。

（2）工程项目风险评价的步骤

1）确定风险评价基准。风险评价基准是项目主体针对每一种风险后果确定的可接受水平。单个风险和整体风险都要确定评价基准，可分别称为单个评价基准和整体评价基准。风险的可接受水平可以是绝对的，也可以是相对的。

2）确定项目整体风险水平。项目整体风险水平是在综合所有的个别风险后确定的。

3）将单个风险与单个评价基准、项目整体风险水平与整体评价基准对比，看项目风险是否在可接受的范围内，进而确定该项目应该就此止步，还是继续进行。

4. 工程项目风险处理

工程项目风险处理是指面对风险应采取措施，尽可能规避、减少或降低风险损失，完成工程预期目标的工作。该工作顺序为：分析评价风险辨识、风险估计及风险评价阶段的结论→比选风险处理方案→提出处理方案及措施→组织落实。

15.2 工程项目施工阶段风险管理

15.2.1 工程项目施工阶段风险管理概述

1. 工程项目施工阶段的主要风险

工程项目施工阶段的主要风险见表 15-1。

表 15-1 工程项目施工阶段的主要风险

分类依据	风险种类	内容
风险原因	自然风险	自然力的不确定性变化给工程项目施工阶段带来的风险，如地震、洪水、沙尘暴等 未预测到的工程项目施工阶段的复杂水文地质条件、不利的现场条件、恶劣的地理环境等，使交通运输受阻，施工无法正常进行，造成人财损失等风险
	社会风险	社会治安状况、宗教信仰的影响、风俗习惯、人际关系及劳动者素质等形成的障碍或不利条件给项目施工带来的风险

（续）

分类依据	风险种类	内容
风险原因	政治风险	政治方面的各种事件和原因给项目施工带来意外干扰的风险，如战争、政变、动乱、恐怖袭击、国际关系变化、政策变化、权力部门专制和腐败等
	法律风险	法律不健全、有法不依、执法不严，相关法律内容变化给项目带来的风险 未能正确全面地理解有关法规，施工中发生触犯法律行为被起诉和处罚的风险
	经济风险	项目所在国或地区的经济领域出现的或潜在的各种因素变化，如经济政策的变化、产业结构的调整、市场供求变化带来的风险（如汇率风险、金融风险等）
	管理风险	经营者因不能适应客观形势的变化、或因主观判断失误、或因对已发生的事件处理不当而带来的风险，包括财务风险、市场风险、投资风险、生产风险等
	技术风险	由于科技进步、技术结构及相关因素的变动给工程项目施工阶段技术管理带来的风险 由于项目所处施工条件或项目复杂程度带来的风险 施工中采用新技术、新工艺、新材料、新设备带来的风险
风险的行为主体	承包商	企业经济实力差，财务状况恶化，处于破产境地，无力采购和支付工资 对项目环境调查、预测不准确，错误理解业主意图和招标文件，投标报价失误 项目合同条款遗漏、表达不清，合同索赔管理工作不力 施工技术、方案不合理，施工工艺落后，施工安全措施不当 工程价款估算错误、结算错误 没有适合的项目经理和技术专家，技术、管理能力不足，造成失误，工程中断 项目经理部没有认真履行合同和保证进度、质量、安全、成本目标的有效措施 项目经理部初次承担施工技术复杂的项目，缺少经验，控制风险能力差 项目组织结构不合理、不健全，人员素质差，纪律涣散，人员责任心差 项目经理缺乏权威，指挥不力 没有选择好合作伙伴（分包商、供应商），责任不明，产生合同纠纷和索赔
	业主	经济实力不强，抵御工程项目施工阶段风险能力差 经营状况恶化，支付能力差或撤走资金，改变投资方向或项目目标 缺乏诚信，不能履行合同：不能及时交付场地、供应材料、支付工程款 管理能力差，不能很好地与项目相关单位协调沟通，影响施工顺利进行 业主违约、苛刻刁难，发出错误指令，干扰正常施工活动
	监理工程师	起草错误的招标文件、合同条件 管理组织能力低，不能正确执行合同，下达错误指令，要求苛刻 缺乏职业道德和公正性
	其他方面	设计内容不全，有错误、遗漏，或不能及时交付图纸，造成返工或延误工期 分包商、供应商违约，影响工程进度、质量和成本 中介人的资信、可靠性差，水平低难以胜任其职，或为获私利不择手段 权力部门（主管部门、城市公共部门：水、电）的不合理干预和个人需求 施工现场周边居民、单位的干预
风险对目标的影响	工期风险	造成局部或整个工程的工期延长，项目不能及时投产
	费用风险	包括报价风险、财务风险、利润降低、成本超支、投资追加、收入减少等
	质量风险	包括材料、工艺、工程不能通过验收，试生产不合格，工程质量评价为不合格
	信誉风险	造成对企业形象和信誉的损害
	安全风险	造成人身伤亡，工程或设备的损坏

2. 工程项目施工阶段风险管理流程

工程项目施工阶段风险管理流程一般分为风险识别、风险衡量、风险处理与风险防范措施四个阶段，各阶段及其内容如图 15-2 所示。

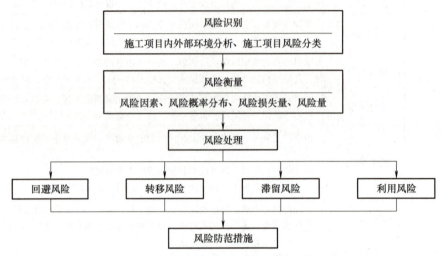

图 15-2　工程项目施工阶段风险管理流程示意图

15.2.2　工程项目施工阶段风险识别

1. 风险识别的基本步骤

（1）在调查研究的基础上列出初步风险清单　一般首先对企业过去项目管理的历史资料进行整理，也包括收集同类项目、同地区项目档案资料或其他公开资料，包括商业数据库、学术研究、行业标准和规章制度等。然后结合本项目的特点，包括本项目的目标、范围、任务、进度计划、费用计划、资源计划、采购计划、WBS，以及业主、出资人、承包商等，对项目目标的期望值等。最后列出初步风险清单。

（2）对列入清单的风险进行分析评价　初步风险清单列出后，要对产生这些风险的源头、促成风险产生的条件、风险发生概率、风险影响面和危害程度进行分析评价。

（3）在风险分析评价的基础上，对各项风险进行分类排队　风险分类排队的目的是对不同类型的风险采取不同的对策和措施。可以从不同的角度进行分类。如按影响程度分类以便确定管理的重点，按可能发生概率的时段和部门分类，如地下作业风险、高空作业风险等，以利于有关部门加强风险管理。也可以按风险处理途径分类，如可以通过保险转移的风险，通过与合作者签订协议或合同分散或转移的风险等。

2. 风险识别的依据

1）企业外部有关风险管理的信息资源。在风险识别过程中，收集已发表的资料，包括商业数据库、学术研究、基准或其他行业研究等。

2）组织内部信息资源。可以从以前项目的档案中获得相关信息，包括实际数据和经验教训。

3）项目范围说明书。通过项目范围说明书可以查到项目假设信息，应当把项目假设中的不确定性作为项目风险的可能原因进行评价。

4）风险管理体系文件。风险管理体系文件包括风险分类、岗位职责、在预算和进度计划中为风险管理活动所做的准备等。风险分类可以用风险分解结构表示，如图 15-3 所示。

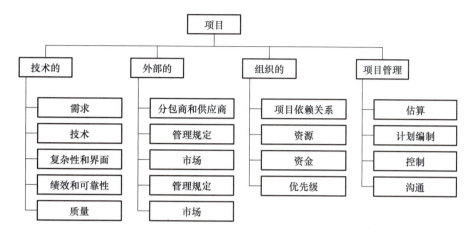

图 15-3　风险分解结构

注：风险分解结构（RBS）列出了一个典型项目中可能发生的风险分类和风险子分类。不同的 RBS 适用于不同类型的项目和组织。这种方法的一个好处是提醒风险识别人员认清风险产生的原因是多种多样的。

5）相关项目管理计划。对项目管理计划中的进度计划、费用和质量管理计划有所了解。

3. 风险识别的基本方法

项目风险的分解是根据项目风险的相互关系将其分解成若干个子系统，而且分解的程度足以使人们较为容易地识别出项目的风险，使风险识别具有较好的准确性、完整性和系统性。项目风险的分解可以根据工程项目的特点以及风险管理人员的知识按以下途径进行：

1）目标维。按项目目标分解，即考虑影响项目费用、进度、质量和安全目标实现的风险。

2）时间维。按项目建设阶段分解，即考虑工程项目进展不同阶段的不同风险。

3）结构维。按项目结构组成分解，同时相关技术群也能按其并列或相互支持的关系进行分解。

4）环境维。按项目与其所在环境的关系分解。在此，环境是指自然环境和社会、政治、军事、社会心理等非自然环境中一切同项目建设有关的联系。

5）因素维。按项目风险因素的分类分解。

4. 风险识别的结果

1）风险清单。风险识别过程的结果一般载入风险名单文件中。风险识别的主要成果是进入风险清单，随着风险管理过程的继续，风险清单作为风险管理流程的成果，可以用于项目风险管理过程和其他项目管理过程。风险清单描述已经识别出来的风险，包括其根本原因、不确定的项目假设等。风险几乎可以涉及任何方面。

2）可能的应对措施。在风险识别过程中，可以确定针对一种风险可能的应对措施。如果确定了这样的措施，它可作为风险应对计划过程的依据。

3）风险因素。包括风险发生的基本条件或事件，风险征兆或预警信号。

4) 更新的风险分类。识别风险的过程可能产生需要加入风险分类清单的新风险分类。根据风险识别过程的成果，可能需要扩大或改进风险管理计划过程中形成的风险分解结构。

15.2.3 工程项目施工阶段风险衡量

1. 风险衡量的指标

（1）风险量 R　衡量风险大小的指标是风险事件可能发生的概率 p 和该事件发生对项目的影响程度 q（损失量）的综合结果。

（2）风险量的性质　项目风险概率与损失量的乘积就是损失的期望值。

（3）等风险量曲线　根据风险量的性质和影响因素，可以在二维风险坐标中表示风险量与风险事件发生概率及其损失量的关系，即可得到等风险量曲线群，如图15-4所示。曲线群中每一条曲线均表示相同的风险；各条曲线的风险量则不同，曲线距原点越远，风险就越大。

2. 风险因素的衡量

（1）风险损失的衡量　风险损失可以表现为费用超支、进度延期、质量事故和安全事故等多方面，有些可用货币表示，有些可用时间表示或者更为复杂，为了便于综合和比较，其度量的尺度可统一为用风险引起的经济损失来衡量，即用风险损失值衡量。

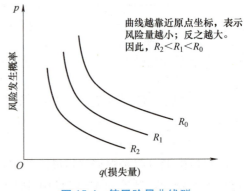

图15-4　等风险量曲线群

风险损失值是指项目风险导致的各种损失发生后，为恢复项目正常进行所需要的最大费用支出，即统一用货币表示。主要有以下四种：

1）费用超支风险。项目费用各组成部分的超支，如价格、汇率和利率等的变化，或资金使用安排不当等风险事件引起的实际费用超出计划费用的那一部分即为损失值。

2）进度延期风险。当项目施工各个阶段的延误或总体进度的延误时，为追赶计划进度所发生的包括加班的人工费、机械使用费和管理费等一切额外的非计划费用；另外，进度风险的发生可能会对现金流动造成影响，考虑货币的时间价值，应根据利率作用计算出损失费用。

3）质量事故风险。工程质量不合格导致的损失包括质量事故引起的直接经济损失，以及修复和补救等措施发生的费用及第三者责任损失等。如建筑物、构筑物或其他结构倒塌所造成的直接经济损失；复位纠偏、加固补强等补救措施的费用；返工损失；造成工期拖延的损失；永久性缺陷对于项目使用造成的损失；第三者责任损失等。

4）安全事故风险。在施工活动中，由于操作者失误、操作对象的缺陷以及环境因素等导致的人身伤亡、财产损失和第三者责任等损失。如受伤人员的医疗费用和补偿费用；材料、设备等财产的损毁或被盗损失；因引起工期延误带来的损失；为恢复项目正常施工所发生的费用；第三者责任损失等。

（2）风险发生概率的衡量

1）统计概率法。实践中，经常用在基本条件不变的情况下，对类似事件进行大量观察得到的风险统计数据发生的频率分布来代替概率分布，收集数据时，应注意参考相同条件下的历史资料和借鉴统计部门、保险公司、同行业及专家的经验和建议。

2）相对比较法。由专家根据以往经验做出判断、打分，一般分为几乎是0、很小的、中等的、一定的几种情况，相应地，这时项目风险导致的损失大小也相应划分为几乎没有损失、轻度损失、中等损失、重大损失，于是通过在风险坐标上对项目风险定位，反映风险量的大小。

15.2.4 工程项目施工阶段风险防范策略与措施

1. 工程项目施工阶段风险防范策略

承包商在对工程项目施工阶段进行风险识别和衡量后，应根据工程项目施工阶段风险的性质、发生概率和损失程度，以及承包商自身的状态和外部环境，针对各种风险采取不同的防范策略。常用的风险防范策略有回避风险、转移风险、自留风险和利用风险。

（1）回避风险 回避风险是指承包商设法远离、躲避可能发生风险的行为和环境，从而达到避免风险发生或遏制其发展的可能性的一种策略。

单纯回避风险是一种消极的风险防范手段，因为对于投机风险来说，回避了风险虽然避免了损失，但也意味着失去了获利的机会。另外，现代社会经济活动中广泛存在着各种风险，如果处处回避，只能是无所作为，实质上是承受了放弃发展的风险，因而单纯回避风险是有局限性的。积极回避风险策略是承担小风险回避大风险，损失一定小利益避免更大的损失，避重就轻，趋利避害，控制损失。回避风险的措施及内容见表15-2。

表 15-2 回避风险的措施及内容

回避风险措施	内容
拒绝承担风险	不参与存在致命风险或风险很大的工程项目投标 放弃明显亏损的项目、风险损失超过自己承受能力和把握不大的项目 利用合同保护自己，不承担应该由业主或其他方承担的风险 不与实力差、信誉不佳的分包商和材料、设备供应商合作 不委托道德水平低下或综合素质不高的中介组织或个人
控制损失	选择风险小或适中的项目，回避风险大的项目，降低风险损失严重性 施工活动（方案、技术、材料）有多种选择时，面临不同风险，采用损失最小化方案 回避一种风险将面临新的风险时，选择风险损失较小而收益较大的风险防范措施 损失一定小利益避免更大的损失 投标时加上不可预见费，承担减少竞争力的风险，但可回避成本亏损的风险 选择信誉好的分包商、供应商和中介，虽价格高些，但可减小其违约造成的损失 对产生项目风险的行为、活动，订立禁止性规章制度，回避和减小风险损失 按国际惯例（标准合同文本）公平合理的规定业主和承包商之间的风险分配

（2）转移风险 转移风险是承包商通过财务手段，寻求用外来资金补偿确实会发生或者已发生的风险，从而将自身面临的风险转移给其他主体承担，以保护自己的一种防范风险的策略。因而又称为风险的财务转移，一般包括保险转移和非保险的合同转移。

转移风险不是转嫁风险，因为有些承包商无法控制的风险因素，在转移后并非给其他主体造成损失，或者是由于其他主体具有的优势能够有效地控制风险，因而转移风险是工程项目施工阶段风险管理中非常重要而且广泛采用的一项策略。转移风险的措施及内容见表15-3。

表 15-3 转移风险的措施及内容

转移风险措施	内容
合同转移	通过与业主、分包商、材料设备供应商、设计方等非保险方签订合同（承包、分包、租赁）或协商等方式，明确规定双方工作范围和责任，以及工程技术的要求，从而将风险转移给对方 将有风险因素的活动、行为本身转移给对方，或由双方合理分担风险 减少承包商对对方损失的责任 减少承包商对第三方损失的责任 通过工程担保可将债权人违约风险损失转移给担保人
保险转移	承包商通过购买保险，将工程项目施工阶段的可保风险转移给保险公司承担，使自己免受损失，工程承包领域的主要险别有： 建筑工程一切险，包括建筑工程第三者责任险（也称民事责任险） 安装工程一切险，包括安装工程第三者责任险 社会保险（包括人身意外伤害险） 机动车辆险 十年责任险（房屋建筑的主体工程）和两年责任险（细小工程）

（3）自留风险　自留风险是指承包商以自身的风险准备金来承担风险的一种策略。与风险控制损失不同的是，自留风险的对策并不能改变风险的性质，即其发生的频率和损失的严重性。自留风险一般有以下三种情况，具体措施及内容见表 15-4。

表 15-4 自留风险的措施及内容

自留风险措施	内容
风险预防	增强全体人员的风险意识，进行风险防范措施的培训、教育和考核 根据项目特点，对重要的风险因素进行随时监控，做到及早发现，有效控制 制订完善的安全计划，针对性地预防风险，避免或减小损失发生 评估及监控有关系统及安全装置，经常检查预防措施的落实情况 制订灾难性计划，为人们提供损失发生时必要的技术组织措施和紧急处理事故的程序 制订应急性计划，指导人们在事故发生后，如何以最小的代价使施工活动恢复正常
风险分离	将项目的各风险单位分离间隔，避免发生连锁反应或互相牵连波及，而使损失扩大，如： 向不同地区（国家）供应商采购材料、设备，减小或平衡价格、汇率浮动带来的风险 将材料进行分隔存放，分离了风险单位，减少了风险源影响的范围和损失
风险分散	通过增加风险单位减轻总体风险的压力，达到共同分担集体风险的目的，如： 承包商承包若干个工程，避免单一工程项目上的过大风险 在国际承包工程中，工程付款采用多种货币组合也可分散国际金融风险

1）被动自留，对风险的程度估计不足，认为该风险不会发生，或没有识别出这种风险的存在，但是在承包商毫无准备时风险发生了。

2）被迫自留，即这种风险既无法回避，又没有转移的可能性，承包商别无选择。

3）主动自留，是经分析和权衡，认为风险损失微不足道，或者自留比转移更有利，而决定由自己承担风险。

其中被迫自留、主动自留又可称为计划自留，因为这时承包商都已做好了应对风险的准备。

(4) 利用风险　利用风险是指对于风险与利润并存的投机风险，承包商可以在确认可行性和效益性的前提下，所采取的一种承担风险并排除（减小）风险损失而获取利润的策略。如投机风险的不确定性结果表现为造成损失、没有损失、获得收益三种。因此利用风险并不一定保证次次利用成功，它本身也是一种风险。

承包商采取利用风险策略的条件：所面临的是投机风险，并具有利用的可行性；承包商有承担风险损失的经济实力，有远见卓识、善抓机遇的风险管理人才；慎重决策，权衡冒风险所付出的代价，确认利用风险的利大于弊；分析形势，事先制订利用风险的策略和实施步骤，并随时监测风险态势及其因素的变化，做好应变的紧急措施。

2. 常见的工程项目施工阶段风险防范措施

常见的工程项目施工阶段风险及其防范策略和措施见表 15-5。

表 15-5　常见的工程项目施工阶段风险及其防范策略和措施

风险目录		风险防范策略	风险防范措施
政治风险	战争、内乱、恐怖袭击	转移风险	保险
		回避风险	放弃投标
	政策法规的不利变化	自留风险	索赔
	没收	自留风险	援引不可抗力条款索赔
	禁运	损失控制	降低损失
	污染及安全规则约束	自留风险	采取环保措施、制订安全计划
	权力部门专制、腐败	自留风险	适应环境 利用风险
自然风险	对永久结构的损坏	转移风险	保险
	对材料设备的损坏	风险控制	预防措施
	造成人员伤亡	转移风险	保险
	火灾、洪水、地震	转移风险	保险
	塌方	转移风险	保险
		风险控制	预防措施
经济风险	商业周期	利用风险	扩张时抓住机遇，紧缩时争取生存
	通货膨胀、通货紧缩	自留风险	合同中列入价格调整条款
	汇率浮动	自留风险	合同中列入汇率保值条款
		转移风险	投保汇率险、套汇交易
		利用风险	市场调整
	分包商或供应商违约	转移风险	履约保函
		回避风险	对进行分包商或供应商资格预审
	业主违约	自留风险	索赔
		转移风险	严格合同条款
	项目资金无保证	回避风险	放弃承包
	标价过低	转移风险	分包
		自留风险	加强管理控制成本做好索赔

（续）

	风险目录	风险防范策略	风险防范措施
设计施工风险	设计错误、内容不全、图纸不及时	自留风险	索赔
	工程项目水文地质条件复杂	转移风险	合同中分清责任
	恶劣的自然条件	自留风险	索赔、预防措施
	劳务争端、内部罢工	自留风险 损失控制	预防措施
	施工现场条件差	自留风险	加强现场管理、改善现场条件
		转移风险	保险
	工作失误、设备损毁、工伤事故	转移风险	保险
社会风险	宗教节假日影响施工	自留风险	合理安排进度、留出损失费
	相关部门工作效率低	自留风险	留出损失费
	社会风气腐败	自留风险	留出损失费
	现场周边单位或居民干扰	自留风险	遵纪守法，沟通交流，搞好关系

思 考 题

1. 什么是工程风险？按产生的原因可将工程风险分哪几类？
2. 简述风险管理的步骤。
3. 什么是工程风险管理？简述其目标。
4. 简述工程风险管理的过程。
5. 简述工程项目施工阶段风险的识别步骤及依据。
6. 简述工程项目回避风险的措施及内容。
7. 简述工程项目转移风险的措施及内容。
8. 简述工程项目自留风险的措施及内容。

附录
复利系数表

附表1 1%的复利系数表

年份	一次支付		等额系列			
	终值系数	现值系数	年金终值系数	年金现值系数	资本回收系数	偿债基金系数
n	$F/P, i, n$	$P/F, i, n$	$F/A, i, n$	$P/A, i, n$	$A/P, i, n$	$A/F, i, n$
1	1.010	0.9901	1.000	0.9901	1.0100	1.0000
2	1.020	0.9803	2.010	0.2463	0.5075	0.4975
3	1.030	0.9706	3.030	0.3676	0.3400	0.3300
4	1.041	0.9610	4.060	0.4877	0.2563	0.2463
5	1.051	0.9515	5.101	0.6067	0.2060	0.1960
6	1.062	0.9420	6.152	0.7244	0.1725	0.1625
7	1.072	0.9327	7.214	0.8410	0.1486	0.1386
8	1.083	0.9235	8.286	0.9565	0.1307	0.1207
9	1.094	0.9143	9.369	1.0708	0.1167	0.1067
10	1.105	0.9053	10.462	1.1839	0.1056	0.0956
11	1.116	0.8963	11.567	1.2960	0.0965	0.0865
12	1.127	0.8874	12.683	1.4069	0.0888	0.0788
13	1.138	0.8787	13.809	1.5167	0.0824	0.0724
14	1.149	0.8700	14.947	1.6255	0.0769	0.0669
15	1.161	0.8613	16.097	1.7331	0.0721	0.0621
16	1.173	0.8528	17.258	1.8397	0.0679	0.0579
17	1.184	0.8444	18.430	1.9453	0.0643	0.0543
18	1.196	0.8360	19.615	2.0498	0.0610	0.0510
19	1.208	0.8277	20.811	2.1533	0.0581	0.0481
20	1.220	0.8195	22.019	2.2557	0.0554	0.0454
21	1.232	0.8114	23.239	2.3571	0.0530	0.0430
22	1.245	0.8034	24.472	2.4575	0.0509	0.0409

（续）

年份	一次支付		等额系列			
	终值系数	现值系数	年金终值系数	年金现值系数	资本回收系数	偿债基金系数
n	$F/P, i, n$	$P/F, i, n$	$F/A, i, n$	$P/A, i, n$	$A/P, i, n$	$A/F, i, n$
23	1.257	0.7954	25.716	2.5570	0.0489	0.0389
24	1.270	0.7876	26.973	2.6554	0.0471	0.0371
25	1.282	0.7798	28.243	2.7529	0.0454	0.0354
26	1.295	0.7720	29.526	2.8494	0.0439	0.0339
27	1.308	0.7644	30.821	2.9450	0.0424	0.0324
28	1.321	0.7568	32.129	3.0396	0.0411	0.0311
29	1.335	0.7493	33.450	3.1332	0.0399	0.0299
30	1.348	0.7419	34.785	3.2260	0.0387	0.0287

附表2　2%的复利系数表

年份	一次支付		等额系列			
	终值系数	现值系数	年金终值系数	年金现值系数	资本回收系数	偿债基金系数
n	$F/P, i, n$	$P/F, i, n$	$F/A, i, n$	$P/A, i, n$	$A/P, i, n$	$A/F, i, n$
1	1.020	0.9804	1.0000	0.9804	1.0200	1.0000
2	1.040	0.9612	2.0200	1.9416	0.5150	0.4950
3	1.061	0.9423	3.0604	2.8839	0.3468	0.3268
4	1.082	0.9238	4.1216	3.8077	0.2626	0.2426
5	1.104	0.9057	5.2040	4.7135	0.2122	0.1922
6	1.126	0.8880	6.3081	5.6014	0.1785	0.1585
7	1.149	0.8706	7.4343	6.4720	0.1545	0.1345
8	1.172	0.8535	8.5830	7.3255	0.1365	0.1165
9	1.195	0.8368	9.7546	8.1622	0.1225	0.1025
10	1.219	0.8203	10.9497	8.9826	0.1113	0.0913
11	1.243	0.8043	12.1687	9.7868	0.1022	0.0822
12	1.268	0.7885	13.4121	10.5753	0.0946	0.0746
13	1.294	0.7730	14.6803	11.3484	0.0881	0.0681
14	1.319	0.7579	15.9739	12.1062	0.0826	0.0626
15	1.346	0.7430	17.2934	12.8493	0.0778	0.0578
16	1.373	0.7284	18.6393	13.5777	0.0737	0.0537

（续）

年份	一次支付		等额系列			
	终值系数	现值系数	年金终值系数	年金现值系数	资本回收系数	偿债基金系数
n	$F/P, i, n$	$P/F, i, n$	$F/A, i, n$	$P/A, i, n$	$A/P, i, n$	$A/F, i, n$
17	1.400	0.7142	20.0121	14.2919	0.0700	0.0500
18	1.428	0.7002	21.4123	14.9920	0.0667	0.0467
19	1.457	0.6864	22.8406	15.6785	0.0638	0.0438
20	1.486	0.6730	24.2974	16.3514	0.0612	0.0412
21	1.516	0.6598	25.7833	17.0112	0.0588	0.0388
22	1.546	0.6468	27.2990	17.6580	0.0566	0.0366
23	1.577	0.6342	28.8450	18.2922	0.0547	0.0347
24	1.608	0.6217	30.4219	18.9139	0.0529	0.0329
25	1.641	0.6095	32.0303	19.5235	0.0512	0.0312
26	1.673	0.5976	33.6709	20.1210	0.0497	0.0297
27	1.707	0.5859	35.3443	20.7069	0.0483	0.0283
28	1.741	0.5744	37.0512	21.2813	0.0470	0.0270
29	1.776	0.5631	38.7922	21.8444	0.0458	0.0258
30	1.811	0.5521	40.5681	22.3965	0.0446	0.0246

附表3 4%的复利系数表

年份	一次支付		等额系列			
	终值系数	现值系数	年金终值系数	年金现值系数	资本回收系数	偿债基金系数
n	$F/P, i, n$	$P/F, i, n$	$F/A, i, n$	$P/A, i, n$	$A/P, i, n$	$A/F, i, n$
1	1.040	0.9615	1.0000	0.9615	1.0400	1.0000
2	1.082	0.9246	2.0400	1.8861	0.5302	0.4902
3	1.125	0.8890	3.1216	2.7751	0.3603	0.3203
4	1.170	0.8548	4.2465	3.6299	0.2755	0.2355
5	1.217	0.8219	5.4163	4.4518	0.2246	0.1846
6	1.265	0.7903	6.6330	5.2421	0.1908	0.1508
7	1.316	0.7599	7.8983	6.0021	0.1666	0.1266
8	1.369	0.7307	9.2142	6.7327	0.1485	0.1085
9	1.423	0.7026	10.5828	7.4353	0.1345	0.0945
10	1.480	0.6756	12.0061	8.1109	0.1233	0.0833

（续）

年份	一次支付		等额系列			
	终值系数	现值系数	年金终值系数	年金现值系数	资本回收系数	偿债基金系数
n	$F/P, i, n$	$P/F, i, n$	$F/A, i, n$	$P/A, i, n$	$A/P, i, n$	$A/F, i, n$
11	1.539	0.6496	13.4864	8.7605	0.1141	0.0741
12	1.601	0.6246	15.0258	9.3851	0.1066	0.0666
13	1.665	0.6006	16.6268	9.9856	0.1001	0.0601
14	1.732	0.5775	18.2919	10.5631	0.0947	0.0547
15	1.801	0.5553	20.0236	11.1184	0.0899	0.0499
16	1.873	0.5339	21.8245	11.6523	0.0858	0.0458
17	1.948	0.5134	23.6975	12.1657	0.0822	0.0422
18	2.026	0.4936	25.6454	12.6593	0.0790	0.0390
19	2.107	0.4746	27.6712	13.1339	0.0761	0.0361
20	2.191	0.4564	29.7781	13.5903	0.0736	0.0336
21	2.279	0.4388	31.9692	14.0292	0.0713	0.0313
22	2.370	0.4220	34.2480	14.4511	0.0692	0.0292
23	2.465	0.4057	36.6179	14.8568	0.0673	0.0273
24	2.563	0.3901	39.0826	15.2470	0.0656	0.0256
25	2.666	0.3751	41.6459	15.6221	0.0640	0.0240
26	2.772	0.3607	44.3117	15.9828	0.0626	0.0226
27	2.883	0.3468	47.0842	16.3296	0.0612	0.0212
28	2.999	0.3335	49.9676	16.6631	0.0600	0.0200
29	3.119	0.3207	52.9663	16.9837	0.0589	0.0189
30	3.243	0.3083	56.0849	17.2920	0.0578	0.0178

附表4　5%的复利系数表

年份	一次支付		等额系列			
	终值系数	现值系数	年金终值系数	年金现值系数	资本回收系数	偿债基金系数
n	$F/P, i, n$	$P/F, i, n$	$F/A, i, n$	$P/A, i, n$	$A/P, i, n$	$A/F, i, n$
1	1.050	0.9524	1.0000	0.9524	1.0500	1.0000
2	1.103	0.9070	2.0500	1.8594	0.5378	0.4878
3	1.158	0.8638	3.1525	2.7232	0.3672	0.3172
4	1.216	0.8227	4.3101	3.5460	0.2820	0.2320

（续）

年份	一次支付		等额系列			
	终值系数	现值系数	年金终值系数	年金现值系数	资本回收系数	偿债基金系数
n	$F/P, i, n$	$P/F, i, n$	$F/A, i, n$	$P/A, i, n$	$A/P, i, n$	$A/F, i, n$
5	1.276	0.7835	5.5256	4.3295	0.2310	0.1810
6	1.340	0.7462	6.8019	5.0757	0.1970	0.1470
7	1.407	0.7107	8.1420	5.7864	0.1728	0.1228
8	1.477	0.6768	9.5491	6.4632	0.1547	0.1047
9	1.551	0.6446	11.0266	7.1078	0.1407	0.0907
10	1.629	0.6139	12.5779	7.7217	0.1295	0.0795
11	1.710	0.5847	14.2068	8.3064	0.1204	0.0704
12	1.796	0.5568	15.9171	8.8633	0.1128	0.0628
13	1.886	0.5303	17.7130	9.3936	0.1065	0.0565
14	1.980	0.5051	19.5986	9.8986	0.1010	0.0510
15	2.079	0.4810	21.5786	10.3797	0.0963	0.0463
16	2.183	0.4581	23.6575	10.8378	0.0923	0.0423
17	2.292	0.4363	25.8404	11.2741	0.0887	0.0387
18	2.407	0.4155	28.1324	11.6896	0.0855	0.0355
19	2.527	0.3957	30.5390	12.0853	0.0827	0.0327
20	2.653	0.3769	33.0660	12.4622	0.0802	0.0302
21	2.786	0.3589	35.7193	12.8212	0.0780	0.0280
22	2.925	0.3418	38.5052	13.1630	0.0760	0.0260
23	3.072	0.3256	41.4305	13.4886	0.0741	0.0241
24	3.225	0.3101	44.5020	13.7986	0.0725	0.0225
25	3.386	0.2953	47.7271	14.0939	0.0710	0.0210
26	3.556	0.2812	51.1135	14.3752	0.0696	0.0196
27	3.733	0.2678	54.6691	14.6430	0.0683	0.0183
28	3.920	0.2551	58.4026	14.8981	0.0671	0.0171
29	4.116	0.2429	62.3227	15.1411	0.0660	0.0160
30	4.322	0.2314	66.4388	15.3725	0.0651	0.0151

附表 5　6%的复利系数表

年份	一次支付		等额系列			
	终值系数	现值系数	年金终值系数	年金现值系数	资本回收系数	偿债基金系数
n	$F/P, i, n$	$P/F, i, n$	$F/A, i, n$	$P/A, i, n$	$A/P, i, n$	$A/F, i, n$
1	1.060	0.9434	1.0000	0.9434	1.0600	1.0000
2	1.124	0.8900	2.0600	1.8334	0.5454	0.4854
3	1.191	0.8396	3.1836	2.6730	0.3741	0.3141
4	1.262	0.7921	4.3746	3.4651	0.2886	0.2286
5	1.338	0.7473	5.6371	4.2124	0.2374	0.1774
6	1.419	0.7050	6.9753	4.9173	0.2034	0.1434
7	1.504	0.6651	8.3938	5.5824	0.1791	0.1191
8	1.594	0.6274	9.8975	6.2098	0.1610	0.1010
9	1.689	0.5919	11.4913	6.8017	0.1470	0.0870
10	1.791	0.5584	13.1808	7.3601	0.1359	0.0759
11	1.898	0.5268	14.9716	7.8869	0.1268	0.0668
12	2.012	0.4970	16.8699	8.3838	0.1193	0.0593
13	2.133	0.4688	18.8821	8.8527	0.1130	0.0530
14	2.261	0.4423	21.0151	9.2950	0.1076	0.0476
15	2.397	0.4173	23.2760	9.7122	0.1030	0.0430
16	2.540	0.3936	25.6725	10.1059	0.0990	0.0390
17	2.693	0.3714	28.2129	10.4773	0.0954	0.0354
18	2.854	0.3503	30.9057	10.8276	0.0924	0.0324
19	3.026	0.3305	33.7600	11.1581	0.0896	0.0296
20	3.207	0.3118	36.7856	11.4699	0.0872	0.0272
21	3.400	0.2942	39.9927	11.7641	0.0850	0.0250
22	3.604	0.2775	43.3923	12.0416	0.0830	0.0230
23	3.820	0.2618	46.9958	12.3034	0.0813	0.0213
24	4.049	0.2470	50.8156	12.5504	0.0797	0.0197
25	4.292	0.2330	54.8645	12.7834	0.0782	0.0182
26	4.549	0.2198	59.1564	13.0032	0.0769	0.0169
27	4.822	0.2074	63.7058	13.2105	0.0757	0.0157
28	5.112	0.1956	68.5281	13.4062	0.0746	0.0146
29	5.418	0.1846	73.6398	13.5907	0.0736	0.0136
30	5.743	0.1741	79.0582	13.7648	0.0726	0.0126

附表 6 8%的复利系数表

年份	一次支付		等额系列			
	终值系数	现值系数	年金终值系数	年金现值系数	资本回收系数	偿债基金系数
n	$F/P, i, n$	$P/F, i, n$	$F/A, i, n$	$P/A, i, n$	$A/P, i, n$	$A/F, i, n$
1	1.080	0.9259	1.0000	0.9259	1.0800	1.0000
2	1.166	0.8573	2.0800	1.7833	0.5608	0.4808
3	1.260	0.7938	3.2464	2.5771	0.3880	0.3080
4	1.360	0.7350	4.5061	3.3121	0.3019	0.2219
5	1.469	0.6806	5.8666	3.9927	0.2505	0.1705
6	1.587	0.6302	7.3359	4.6229	0.2163	0.1363
7	1.714	0.5835	8.9228	5.2064	0.1921	0.1121
8	1.851	0.5403	10.6366	5.7466	0.1740	0.0940
9	1.999	0.5002	12.4876	6.2469	0.1601	0.0801
10	2.159	0.4632	14.4866	6.7101	0.1490	0.0690
11	2.332	0.4289	16.6455	7.1390	0.1401	0.0601
12	2.518	0.3971	18.9771	7.5361	0.1327	0.0527
13	2.720	0.3677	21.4953	7.9038	0.1265	0.0465
14	2.937	0.3405	24.2149	8.2442	0.1213	0.0413
15	3.172	0.3152	27.1521	8.5595	0.1168	0.0368
16	3.426	0.2919	30.3243	8.8514	0.1130	0.0330
17	3.700	0.2703	33.7502	9.1216	0.1096	0.0296
18	3.996	0.2502	37.4502	9.3719	0.1067	0.0267
19	4.316	0.2317	41.4463	9.6036	0.1041	0.0241
20	4.661	0.2145	45.7620	9.8181	0.1019	0.0219
21	5.034	0.1987	50.4229	10.0168	0.0998	0.0198
22	5.437	0.1839	55.4568	10.2007	0.0980	0.0180
23	5.871	0.1703	60.8933	10.3711	0.0964	0.0164
24	6.341	0.1577	66.7648	10.5288	0.0950	0.0150
25	6.848	0.1460	73.1059	10.6748	0.0937	0.0137
26	7.396	0.1352	79.9544	10.8100	0.0925	0.0125
27	7.988	0.1252	87.3508	10.9352	0.0914	0.0114
28	8.627	0.1159	95.3388	11.0511	0.0905	0.0105
29	9.317	0.1073	103.9659	11.1584	0.0896	0.0096
30	10.063	0.0994	113.2832	11.2578	0.0888	0.0088

附表 7　10%的复利系数表

年份	一次支付		等额系列			
	终值系数	现值系数	年金终值系数	年金现值系数	资本回收系数	偿债基金系数
n	$F/P, i, n$	$P/F, i, n$	$F/A, i, n$	$P/A, i, n$	$A/P, i, n$	$A/F, i, n$
1	1.100	0.9091	1.0000	0.9091	1.1000	1.0000
2	1.210	0.8264	2.1000	1.7355	0.5762	0.4762
3	1.331	0.7513	3.3100	2.4869	0.4021	0.3021
4	1.464	0.6830	4.6410	3.1699	0.3155	0.2155
5	1.611	0.6209	6.1051	3.7908	0.2638	0.1638
6	1.772	0.5645	7.7156	4.3553	0.2296	0.1296
7	1.949	0.5132	9.4872	4.8684	0.2054	0.1054
8	2.144	0.4665	11.4359	5.3349	0.1874	0.0874
9	2.358	0.4241	13.5795	5.7590	0.1736	0.0736
10	2.594	0.3855	15.9374	6.1446	0.1627	0.0627
11	2.853	0.3505	18.5312	6.4951	0.1540	0.0540
12	3.138	0.3186	21.3843	6.8137	0.1468	0.0468
13	3.452	0.2897	24.5227	7.1034	0.1408	0.0408
14	3.797	0.2633	27.9750	7.3667	0.1357	0.0357
15	4.177	0.2394	31.7725	7.6061	0.1315	0.0315
16	4.595	0.2176	35.9497	7.8237	0.1278	0.0278
17	5.054	0.1978	40.5447	8.0216	0.1247	0.0247
18	5.560	0.1799	45.5992	8.2014	0.1219	0.0219
19	6.116	0.1635	51.1591	8.3649	0.1195	0.0195
20	6.727	0.1486	57.2750	8.5136	0.1175	0.0175
21	7.400	0.1351	64.0025	8.6487	0.1156	0.0156
22	8.140	0.1228	71.4027	8.7715	0.1140	0.0140
23	8.954	0.1117	79.5430	8.8832	0.1126	0.0126
24	9.850	0.1015	88.4973	8.9847	0.1113	0.0113
25	10.835	0.0923	98.3471	9.0770	0.1102	0.0102
26	11.918	0.0839	109.1818	9.1609	0.1092	0.0092
27	13.110	0.0763	121.0999	9.2372	0.1083	0.0083
28	14.421	0.0693	134.2099	9.3066	0.1075	0.0075
29	15.863	0.0630	148.6309	9.3696	0.1067	0.0067
30	17.449	0.0573	164.4940	9.4269	0.1061	0.0061

附表 8 12%的复利系数表

年份	一次支付		等额系列			
	终值系数	现值系数	年金终值系数	年金现值系数	资本回收系数	偿债基金系数
n	$F/P, i, n$	$P/F, i, n$	$F/A, i, n$	$P/A, i, n$	$A/P, i, n$	$A/F, i, n$
1	1.120	0.8929	1.0000	0.8929	1.1200	1.0000
2	1.254	0.7972	2.1200	1.6901	0.5917	0.4717
3	1.405	0.7118	3.3744	2.4018	0.4163	0.2963
4	1.574	0.6355	4.7793	3.0373	0.3292	0.2092
5	1.762	0.5674	6.3528	3.6048	0.2774	0.1574
6	1.974	0.5066	8.1152	4.1114	0.2432	0.1232
7	2.211	0.4523	10.0890	4.5638	0.2191	0.0991
8	2.476	0.4039	12.2997	4.9676	0.2013	0.0813
9	2.773	0.3606	14.7757	5.3282	0.1877	0.0677
10	3.106	0.3220	17.5487	5.6502	0.1770	0.0570
11	3.479	0.2875	20.6546	5.9377	0.1684	0.0484
12	3.896	0.2567	24.1331	6.1944	0.1614	0.0414
13	4.363	0.2292	28.0291	6.4235	0.1557	0.0357
14	4.887	0.2046	32.3926	6.6282	0.1509	0.0309
15	5.474	0.1827	37.2797	6.8109	0.1468	0.0268
16	6.130	0.1631	42.7533	6.9740	0.1434	0.0234
17	6.866	0.1456	48.8837	7.1196	0.1405	0.0205
18	7.690	0.1300	55.7497	7.2497	0.1379	0.0179
19	8.613	0.1161	63.4397	7.3658	0.1358	0.0158
20	9.646	0.1037	72.0524	7.4694	0.1339	0.0139
21	10.804	0.0926	81.6987	7.5620	0.1322	0.0122
22	12.100	0.0826	92.5026	7.6446	0.1308	0.0108
23	13.552	0.0738	104.6029	7.7184	0.1296	0.0096
24	15.179	0.0659	118.1552	7.7843	0.1285	0.0085
25	17.000	0.0588	133.3339	7.8431	0.1275	0.0075
26	19.040	0.0525	150.3339	7.8957	0.1267	0.0067
27	21.325	0.0469	169.3740	7.9426	0.1259	0.0059
28	23.884	0.0419	190.6989	7.9844	0.1252	0.0052
29	26.750	0.0374	214.5828	8.0218	0.1247	0.0047
30	29.960	0.0334	241.3327	8.0552	0.1241	0.0041

附表9 14%的复利系数表

年份	一次支付		等额系列			
	终值系数	现值系数	年金终值系数	年金现值系数	资本回收系数	偿债基金系数
n	$F/P, i, n$	$P/F, i, n$	$F/A, i, n$	$P/A, i, n$	$A/P, i, n$	$A/F, i, n$
1	1.140	0.8772	1.0000	0.8772	1.1400	1.0000
2	1.300	0.7695	2.1400	1.6467	0.6073	0.4673
3	1.482	0.6750	3.4396	2.3216	0.4307	0.2907
4	1.689	0.5921	4.9211	2.9137	0.3432	0.2032
5	1.925	0.5194	6.6101	3.4331	0.2913	0.1513
6	2.195	0.4556	8.5355	3.8887	0.2572	0.1172
7	2.502	0.3996	10.7305	4.2883	0.2332	0.0932
8	2.853	0.3506	13.2328	4.6389	0.2156	0.0756
9	3.252	0.3075	16.0853	4.9464	0.2022	0.0622
10	3.707	0.2697	19.3373	5.2161	0.1917	0.0517
11	4.226	0.2366	23.0445	5.4527	0.1834	0.0434
12	4.818	0.2076	27.2707	5.6603	0.1767	0.0367
13	5.492	0.1821	32.0887	5.8424	0.1712	0.0312
14	6.261	0.1597	37.5811	6.0021	0.1666	0.0266
15	7.138	0.1401	43.8424	6.1422	0.1628	0.0228
16	8.137	0.1229	50.9804	6.2651	0.1596	0.0196
17	9.276	0.1078	59.1176	6.3729	0.1569	0.0169
18	10.575	0.0946	68.3941	6.4674	0.1546	0.0146
19	12.056	0.0829	78.9692	6.5504	0.1527	0.0127
20	13.743	0.0728	91.0249	6.6231	0.1510	0.0110
21	15.668	0.0638	104.7684	6.6870	0.1495	0.0095
22	17.861	0.0560	120.4360	6.7429	0.1483	0.0083
23	20.362	0.0491	138.2970	6.7921	0.1472	0.0072
24	23.212	0.0431	158.6586	6.8351	0.1463	0.0063
25	26.462	0.0378	181.8708	6.8729	0.1455	0.0055
26	30.167	0.0331	208.3327	6.9061	0.1448	0.0048
27	34.390	0.0291	238.4993	6.9352	0.1442	0.0042
28	39.204	0.0255	272.8892	6.9607	0.1437	0.0037
29	44.693	0.0224	312.0937	6.9830	0.1432	0.0032
30	50.950	0.0196	356.7868	7.0027	0.1428	0.0028

附表10　15%的复利系数表

年份	一次支付		等额系列			
	终值系数	现值系数	年金终值系数	年金现值系数	资本回收系数	偿债基金系数
n	$F/P, i, n$	$P/F, i, n$	$F/A, i, n$	$P/A, i, n$	$A/P, i, n$	$A/F, i, n$
1	1.150	0.8696	1.0000	0.8696	1.1500	1.0000
2	1.323	0.7561	2.1500	1.6257	0.6151	0.4651
3	1.521	0.6575	3.4725	2.2832	0.4380	0.2880
4	1.749	0.5718	4.9934	2.8550	0.3503	0.2003
5	2.011	0.4972	6.7424	3.3522	0.2983	0.1483
6	2.313	0.4323	8.7537	3.7845	0.2642	0.1142
7	2.660	0.3759	11.0668	4.1604	0.2404	0.0904
8	3.059	0.3269	13.7268	4.4873	0.2229	0.0729
9	3.518	0.2843	16.7858	4.7716	0.2096	0.0596
10	4.046	0.2472	20.3037	5.0188	0.1993	0.0493
11	4.652	0.2149	24.3493	5.2337	0.1911	0.0411
12	5.350	0.1869	29.0017	5.4206	0.1845	0.0345
13	6.153	0.1625	34.3519	5.5831	0.1791	0.0291
14	7.076	0.1413	40.5047	5.7245	0.1747	0.0247
15	8.137	0.1229	47.5804	5.8474	0.1710	0.0210
16	9.358	0.1069	55.7175	5.9542	0.1679	0.0179
17	10.761	0.0929	65.0751	6.0472	0.1654	0.0154
18	12.375	0.0808	75.8364	6.1280	0.1632	0.0132
19	14.232	0.0703	88.2118	6.1982	0.1613	0.0113
20	16.367	0.0611	102.4436	6.2593	0.1598	0.0098
21	18.822	0.0531	118.8101	6.3125	0.1584	0.0084
22	21.645	0.0462	137.6316	6.3587	0.1573	0.0073
23	24.891	0.0402	159.2764	6.3988	0.1563	0.0063
24	28.625	0.0349	184.1678	6.4338	0.1554	0.0054
25	32.919	0.0304	212.7930	6.4641	0.1547	0.0047
26	37.857	0.0264	245.7120	6.4906	0.1541	0.0041
27	43.535	0.0230	283.5688	6.5135	0.1535	0.0035
28	50.066	0.0200	327.1041	6.5335	0.1531	0.0031
29	57.575	0.0174	377.1697	6.5509	0.1527	0.0027
30	66.212	0.0151	434.7451	6.5660	0.1523	0.0023

附表 11　20%的复利系数表

年份	一次支付		等额系列			
	终值系数	现值系数	年金终值系数	年金现值系数	资本回收系数	偿债基金系数
n	$F/P, i, n$	$P/F, i, n$	$F/A, i, n$	$P/A, i, n$	$A/P, i, n$	$A/F, i, n$
1	1.200	0.8333	1.0000	0.8333	1.2000	1.0000
2	1.440	0.6944	2.2000	1.5278	0.6545	0.4545
3	1.728	0.5787	3.6400	2.1065	0.4747	0.2747
4	2.074	0.4823	5.3680	2.5887	0.3863	0.1863
5	2.488	0.4019	7.4416	2.9906	0.3344	0.1344
6	2.986	0.3349	9.9299	3.3255	0.3007	0.1007
7	3.583	0.2791	12.9159	3.6046	0.2774	0.0774
8	4.300	0.2326	16.4991	3.8372	0.2606	0.0606
9	5.160	0.1938	20.7989	4.0310	0.2481	0.0481
10	6.192	0.1615	25.9587	4.1925	0.2385	0.0385
11	7.430	0.1346	32.1504	4.3271	0.2311	0.0311
12	8.916	0.1122	39.5805	4.4392	0.2253	0.0253
13	10.699	0.0935	48.4966	4.5327	0.2206	0.0206
14	12.839	0.0779	59.1959	4.6106	0.2169	0.0169
15	15.407	0.0649	72.0351	4.6755	0.2139	0.0139
16	18.488	0.0541	87.4421	4.7296	0.2114	0.0114
17	22.186	0.0451	105.9306	4.7746	0.2094	0.0094
18	26.623	0.0376	128.1167	4.8122	0.2078	0.0078
19	31.948	0.0313	154.7400	4.8435	0.2065	0.0065
20	38.338	0.0261	186.6880	4.8696	0.2054	0.0054
21	46.005	0.0217	225.0256	4.8913	0.2044	0.0044
22	55.206	0.0181	271.0307	4.9094	0.2037	0.0037
23	66.247	0.0151	326.2369	4.9245	0.2031	0.0031
24	79.497	0.0126	392.4842	4.9371	0.2025	0.0025
25	95.396	0.0105	471.9811	4.9476	0.2021	0.0021
26	114.475	0.0087	567.3773	4.9563	0.2018	0.0018
27	137.371	0.0073	681.8528	4.9636	0.2015	0.0015
28	164.845	0.0061	819.2233	4.9697	0.2012	0.0012
29	197.814	0.0051	984.0680	4.9747	0.2010	0.0010
30	237.376	0.0042	1181.8816	4.9789	0.2008	0.0008

附表 12 25%的复利系数表

年份 n	一次支付		等额系列			
	终值系数 $F/P, i, n$	现值系数 $P/F, i, n$	年金终值系数 $F/A, i, n$	年金现值系数 $P/A, i, n$	资本回收系数 $A/P, i, n$	偿债基金系数 $A/F, i, n$
1	1.250	0.8000	1.0000	0.8000	1.2500	1.0000
2	1.563	0.6400	2.2500	1.4400	0.6944	0.4444
3	1.953	0.5120	3.8125	1.9520	0.5123	0.2623
4	2.441	0.4096	5.7656	2.3616	0.4234	0.1734
5	3.052	0.3277	8.2070	2.6893	0.3718	0.1218
6	3.815	0.2621	11.2588	2.9514	0.3388	0.0888
7	4.768	0.2097	15.0735	3.1611	0.3163	0.0663
8	5.960	0.1678	19.8419	3.3289	0.3004	0.0504
9	7.451	0.1342	25.8023	3.4631	0.2888	0.0388
10	9.313	0.1074	33.2529	3.5705	0.2801	0.0301
11	11.642	0.0859	42.5661	3.6564	0.2735	0.0235
12	14.552	0.0687	54.2077	3.7251	0.2684	0.0184
13	18.190	0.0550	68.7596	3.7801	0.2645	0.0145
14	22.737	0.0440	86.9495	3.8241	0.2615	0.0115
15	28.422	0.0352	109.6868	3.8593	0.2591	0.0091
16	35.527	0.0281	138.1085	3.8874	0.2572	0.0072
17	44.409	0.0225	173.6357	3.9099	0.2558	0.0058
18	55.511	0.0180	218.0446	3.9279	0.2546	0.0046
19	69.389	0.0144	273.5558	3.9424	0.2537	0.0037
20	86.736	0.0115	342.9447	3.9539	0.2529	0.0029
21	108.420	0.0092	429.6809	3.9631	0.2523	0.0023
22	135.525	0.0074	538.1011	3.9705	0.2519	0.0019
23	169.407	0.0059	673.6264	3.9764	0.2515	0.0015
24	211.758	0.0047	843.0329	3.9811	0.2512	0.0012
25	264.698	0.0038	1054.7912	3.9849	0.2509	0.0009
26	330.872	0.0030	1319.4890	3.9879	0.2508	0.0008
27	413.590	0.0024	1650.3612	3.9903	0.2506	0.0006
28	516.988	0.0019	2063.9515	3.9923	0.2505	0.0005
29	646.235	0.0015	2580.9394	3.9938	0.2504	0.0004
30	807.794	0.0012	3227.1743	3.9950	0.2503	0.0003

附表 13　30%的复利系数表

年份	一次支付		等额系列			
	终值系数	现值系数	年金终值系数	年金现值系数	资本回收系数	偿债基金系数
n	$F/P, i, n$	$P/F, i, n$	$F/A, i, n$	$P/A, i, n$	$A/P, i, n$	$A/F, i, n$
1	1.300	0.7692	1.0000	0.7692	1.3000	1.0000
2	1.690	0.5917	2.3000	1.3609	0.7348	0.4348
3	2.197	0.4552	3.9900	1.8161	0.5506	0.2506
4	2.856	0.3501	6.1870	2.1662	0.4616	0.1616
5	3.713	0.2693	9.0431	2.4356	0.4106	0.1106
6	4.827	0.2072	12.7560	2.6427	0.3784	0.0784
7	6.275	0.1594	17.5828	2.8021	0.3569	0.0569
8	8.157	0.1226	23.8577	2.9247	0.3419	0.0419
9	10.604	0.0943	32.0150	3.0190	0.3312	0.0312
10	13.786	0.0725	42.6195	3.0915	0.3235	0.0235
11	17.922	0.0558	56.4053	3.1473	0.3177	0.0177
12	23.298	0.0429	74.3270	3.1903	0.3135	0.0135
13	30.288	0.0330	97.6250	3.2233	0.3102	0.0102
14	39.374	0.0254	127.9125	3.2487	0.3078	0.0078
15	51.186	0.0195	167.2863	3.2682	0.3060	0.0060
16	66.542	0.0150	218.4722	3.2832	0.3046	0.0046
17	86.504	0.0116	285.0139	3.2948	0.3035	0.0035
18	112.455	0.0089	371.5180	3.3037	0.3027	0.0027
19	146.192	0.0068	483.9734	3.3105	0.3021	0.0021
20	190.050	0.0053	630.1655	3.3158	0.3016	0.0016
21	247.065	0.0040	820.2151	3.3198	0.3012	0.0012
22	321.184	0.0031	1067.2796	3.3230	0.3009	0.0009
23	417.539	0.0024	1388.4635	3.3254	0.3007	0.0007
24	542.801	0.0018	1806.0026	3.3272	0.3006	0.0006
25	705.641	0.0014	2348.8033	3.3286	0.3004	0.0004
26	917.333	0.0011	3054.4443	3.3297	0.3003	0.0003
27	1192.533	0.0008	3971.7776	3.3305	0.3003	0.0003
28	1550.293	0.0006	5164.3109	3.3312	0.3002	0.0002
29	2015.381	0.0005	6714.6042	3.3317	0.3001	0.0001
30	2619.996	0.0004	8729.9855	3.3321	0.3001	0.0001

附表 14　35% 的复利系数表

年份	一次支付		等额系列			
	终值系数	现值系数	年金终值系数	年金现值系数	资本回收系数	偿债基金系数
n	$F/P, i, n$	$P/F, i, n$	$F/A, i, n$	$P/A, i, n$	$A/P, i, n$	$A/F, i, n$
1	1.350	0.7407	1.0000	0.7407	1.3500	1.0000
2	1.823	0.5487	2.3500	1.2894	0.7755	0.4255
3	2.460	0.4064	4.1725	1.6959	0.5897	0.2397
4	3.322	0.3011	6.6329	1.9969	0.5008	0.1508
5	4.484	0.2230	9.9544	2.2200	0.4505	0.1005
6	6.053	0.1652	14.4384	2.3852	0.4193	0.0693
7	8.172	0.1224	20.4919	2.5075	0.3988	0.0488
8	11.032	0.0906	28.6640	2.5982	0.3849	0.0349
9	14.894	0.0671	39.6964	2.6653	0.3752	0.0252
10	20.107	0.0497	54.5902	2.7150	0.3683	0.0183
11	27.144	0.0368	74.6967	2.7519	0.3634	0.0134
12	36.644	0.0273	101.8406	2.7792	0.3598	0.0098
13	49.470	0.0202	138.4848	2.7994	0.3572	0.0072
14	66.784	0.0150	187.9544	2.8144	0.3553	0.0053
15	90.158	0.0111	254.7385	2.8255	0.3539	0.0039
16	121.714	0.0082	344.8970	2.8337	0.3529	0.0029
17	164.314	0.0061	466.6109	2.8398	0.3521	0.0021
18	221.824	0.0045	630.9247	2.8443	0.3516	0.0016
19	299.462	0.0033	852.7483	2.8476	0.3512	0.0012
20	404.274	0.0025	1152.2103	2.8501	0.3509	0.0009
21	545.769	0.0018	1556.4838	2.8519	0.3506	0.0006
22	736.789	0.0014	2102.2532	2.8533	0.3505	0.0005
23	994.665	0.0010	2839.0418	2.8543	0.3504	0.0004
24	1342.797	0.0007	3833.7064	2.8550	0.3503	0.0003
25	1812.776	0.0006	5176.5037	2.8556	0.3502	0.0002
26	2447.248	0.0004	6989.2800	2.8560	0.3501	0.0001
27	3303.785	0.0003	9436.5280	2.8563	0.3501	0.0001
28	4460.109	0.0002	12740.3128	2.8565	0.3501	0.0001
29	6021.148	0.0002	17200.4222	2.8567	0.3501	0.0001
30	8128.550	0.0001	23221.5700	2.8568	0.3500	0.0000

参 考 文 献

[1] 杨海红，何亚伯，王望珍，等. 建设工程经济与企业管理［M］. 3版. 武汉：武汉大学出版社，2021.
[2] 都沁军. 工程经济与项目管理［M］. 北京：北京大学出版社，2015.
[3] 李慧民. 工程经济与项目管理［M］. 北京：科学出版社，2016.
[4] 蒋红妍，李慧民. 工程经济与项目管理［M］. 2版. 北京：中国建筑工业出版社，2018.
[5] 王付宇，汪和平，夏明长. 工程经济与项目管理［M］. 北京：机械工业出版社，2021.
[6] 赵忠伟. 项目管理与工程经济决策［M］. 北京：高等教育出版社，2020.
[7] 辛集思，聂叙平，郑燕云. 建设工程经济与项目管理［M］. 北京：科学技术文献出版社，2021.
[8] 李南. 工程经济学［M］. 5版. 北京：科学出版社，2018.
[9] 魏法杰，王玉灵，郑筠. 工程经济学［M］. 3版. 北京：电子工业出版社，2020.
[10] 杨晓冬. 工程经济学［M］. 北京：机械工业出版社，2021.
[11] 黄有亮，徐向阳，谈飞，等. 工程经济学［M］. 4版. 南京：东南大学出版社，2021.
[12] 杨晓庄. 工程项目管理［M］. 3版. 武汉：华中科技大学出版社，2018.
[13] 张建新，杜亚丽，鞠蕾，等. 工程项目管理［M］. 3版. 北京：清华大学出版社，2019.
[14] 曹明，徐宁，徐长会. 建设工程项目管理［M］. 北京：清华大学出版社，2019.
[15] 刘伊生. 建设工程项目管理理论与实务［M］. 2版. 北京：中国建筑工业出版社，2018.
[16] 封金财. 建设工程项目管理［M］. 北京：中国建筑工业出版社，2018.
[17] 王卓甫，王文顺. 工程项目管理原理［M］. 北京：机械工业出版社，2019.
[18] 侯祥朝. 工程项目管理案例教学［M］. 北京：清华大学出版社，2020.
[19] 杨晓林. 工程项目管理［M］. 北京：机械工业出版社，2021.
[20] 黄琨，张坚. 工程项目管理［M］. 北京：清华大学出版社，2019.
[21] 杨毅刚，王泉，苏涛，等. 设计开发流程与工程项目管理的原理及运用［M］. 北京：人民邮电出版社，2021.
[22] 项勇，卢立宇，徐姣姣. 现代工程项目管理［M］. 北京：机械工业出版社，2020.
[23] 杨嘉玲，张宇帆. 施工项目成本管理［M］. 北京：机械工业出版社，2020.
[24] 徐霞，叶彩霞，杨会东. 工程项目管理［M］. 北京：清华大学出版社，2021.
[25] 刘泽俊，周杰. 工程项目管理［M］. 南京：东南大学出版社，2019.
[26] 邓铁军，邓世维. 工程建设项目管理［M］. 4版. 武汉：武汉理工大学出版社，2018.
[27] 彭麟，蒋叶. 工程招投标与合同管理［M］. 武汉：华中科技大学出版社，2018.
[28] 廖劲松，邢霖. 建设工程项目管理［M］. 天津：天津大学出版社，2020.
[29] 胡英盛，缪同强. 建筑工程项目施工管理［M］. 3版. 北京：中国林业出版社，2018.
[30] 张伟，仲景冰. 工程项目管理［M］. 武汉：华中科技大学出版社，2020.
[31] 陈云钢. 工程项目管理［M］. 北京：机械工业出版社，2018.